保险理论
与案例分析

BAOXIAN LILUN
YU ANLI FENXI

卓志　等◎编著

西南财经大学出版社

图书在版编目(CIP)数据

保险理论与案例分析/卓志等编著 .—成都:西南财经大学出版社,2014.2

ISBN 978-7-5504-0745-9

Ⅰ.①保… Ⅱ.①卓… Ⅲ.①保险—经济理论—中国—教材 ②保险—案例—中国—教材 Ⅳ.①F842.0

中国版本图书馆 CIP 数据核字(2014)第 022739 号

保险理论与案例分析

卓志 等 编著

责任编辑:张明星
助理编辑:李 筱
责任校对:刘恒璐
封面设计:墨创文化
责任印制:封俊川

出版发行	西南财经大学出版社(四川省成都市光华村街 55 号)
网 址	http://www.bookcj.com
电子邮件	bookcj@foxmail.com
邮政编码	610074
电 话	028-87353785 87352368
照 排	四川胜翔数码印务设计有限公司
印 刷	郫县犀浦印刷厂
成品尺寸	185mm×260mm
印 张	19.5
字 数	430 千字
版 次	2014 年 2 月第 1 版
印 次	2014 年 2 月第 1 次印刷
印 数	1—3000 册
书 号	ISBN 978-7-5504-0745-9
定 价	38.80 元

前言

Qianyan

研究生教育是培养高层次人才的主要途径，是国家创新体系的重要组成部分。改革开放以来，我国研究生教育取得了重大成就，基本实现了立足国内培养高层次人才的战略目标。但总体上看，研究生教育还不能完全适应经济社会发展的多样化需求，培养质量与国际先进水平还有较大差距。

教育部、国家发改委和财政部2013年3月就深化研究生教育改革的意见联合发文，其中提出了创新人才培养模式的若干意见：在拓展思想政治教育有效途径的基础上，完善以提高创新能力为目标的学术学位研究生培养模式，建立以提升职业能力为导向的专业学位研究生培养模式。重视发挥课程教学在研究生培养中的作用。增强学术学位研究生课程内容前沿性，通过高质量课程学习强化研究生的科学方法训练和学术素养培养。构建符合专业学位特点的课程体系，改革教学内容和方式，加强案例教学，探索不同形式的实践教学。

专业学位教育是新时期高等教育发展的必然选择，是高等教育体系中一个相对独立完整的教育体系，发展专业学位教育已经成为迎接新科技革命与发展知识经济的重大举措。然而，作为一项新的培养模式，构建课程体系、改革教学内容、加强案例教学等，需要教育工作者大胆尝试和探索。基于这些意见，并充分考虑我国保险专业硕士出现才两年左右，不仅这方面师资队伍和教学水平以及范式亟待加强和改进，而且作为课程体系建设基础的教材更是缺乏，甚至鲜有见到的现实。经过一定时间的调研、思考、策划和编著，我们从教材体例、内容、形式和写作风格等方面大胆探索，力求开发适应国家对培养创新人才的要求，同时适合我国保险硕士尤其是专业学位研究生使用的教材，以期通过教材体系建设推动课程体系建设，为我国保险硕士研究生教育的发展作出我们的贡献。

我们注意到已有保险专业教材多偏重理论和知识介绍，缺乏实际情况分析，而已有保险案例汇编多偏重法律法条的情况等。本着既考虑目前保险应用型硕士出现后教材的匮乏和为教学服务的紧迫性，又兼顾学术性硕士对前沿和新知识了解掌握的需要，以及业界人士对理论和热难点等的关注的宗旨，我们编著了《保险理论与案例分析》一书。

本教材和参考读物有三个方面的显著特点：①除了系统回顾相关保险理论外，还详细阐述了国内外保险制度发展与市场业务的最新内容，努力做到反映保险硕士应掌握的基本原理、基本理论、基本应用方法；②结合近些年我国保险业发展的新理念、新理论、新方法，教材紧紧抓住保险市场发展改革中的基本现实问题，以问题为导向，以分析问题与解决问题为目标，着力于理论与实践的有机结合；③积极回应保险行业实践领域对专门人才的知识与素质要求，注重对读者分析能力和创造性解决实际问题能力的培养，倡导教师运用案例分析、团队学习、现场研究、模拟训练等教学方法。总之，《保险理论与案例分析》在相当意义上填补了当前我国保险硕士特别是专业学位教材的空白。

此外，《保险理论与案例分析》在通篇布局和章节安排上均作了创新尝试。全教材紧扣保险理论与实践发展的关键问题，分为三个大的部分：保险与宏观管理、保险业改革与发展、保险公司经营管理。其内容涵盖二十个理论及案例分析（章）：保险与宏观经济，保险与金融，保险与社会保障，保险与农业经济，保险与社会管理，保险与灾害管理；保险业监管，保险业的偿付能力，保险业的重组、并购和上市，保险行业自律与消费者保护，保险业投融资与资产管理，保险费率市场化，保险业的盈利模式，保险中介与营销体系，保险业的市场退出与救助；保险公司业务创新，保险公司渠道创新，保险公司经营风险，保险公司风险内控，保险公司综合经营架构。每章内容的结构设计为：引言、知识回顾、案例呈现与理论分析、问题与思考、参考文献等，力求使得理论和案例浑然一体，阐述精简，内容系统、完整、有新意，便于读者熟悉和把握。

西南财经大学卓志教授策划、组织、统筹和领衔编著全书，西南交通大学副教授杨一帆博士负责协调和总纂全书。各篇章分工为：西南财经大学卓志教授编撰第一、第二、第四章，西南交通大学副教授杨一帆博士编撰第三、第十一、第十三、第十六、第十九章，西南财经大学保险学院讲师王伊琳博士编撰第五、第六、第九、第十二、第十五、第十八章，四川保险监督管理局李珺编撰第七、第八、第十、第十四、第十七、第二十章。此外，参加编写和参与资料收集整理的人员还有：西南财经大学研究生战通、吴姗、郭晓航、谭亚鸿；西南交通大学研究生朱衡、米曾丽；战通同学协助校对整理了全书。本教材的完成，是前述团队所有成员精诚合作，本着为保险教育做贡献的宗旨放弃大量休息时间、不辞辛苦撰写的一项成果。本教材的内容，不仅有我们的研究成果、思考和分析，而且也渗透着我们按照学术规范借鉴和吸纳的不少前人的成果和事实。本教材的出版，得到西南财经大学出版社的大力支持。在此，对上述所有给予本教材支持的贡献者和出版者，致以诚挚谢意！本教材作为我国保险专业硕士教材的“开山之作”，由于没有现成教材和模式可借鉴，再加上我们的编写水平有限，所以，不免存在不完善甚至错误之处，请参考使用者和读者不吝赐教，批评斧正。

虽然《保险理论与案例分析》一书的初衷和目标主要是为保险专业学位硕士研究生编写的教材，但是，由于本书具有理论、实务、案例兼而有之的特点，所以也适合作为学术型硕士研究生的教学参考教材，并为保险业中高级管理人员及其他有兴趣的相关人员提供富有新意与新知识的学习参考读物。

卓志

2013 年冬

目录 MULU

第一部分

保险与宏观管理

第一章 保险与宏观经济

学习目的

通过对本章的学习，了解宏观经济、经济发展周期、顺周期性等相关概念以及概念中所涉及的要素。同时，熟悉向量自回归（VAR）模型、格兰杰因果检验两种统计工具，并分析其在保险与宏观经济关系领域研究中的应用。此外，掌握保险与宏观经济之间的相互影响关系，其中既包括宏观经济对于保险业的影响，如：保险与相关经济因素顺周期波动、保险与经济增长的关系、保险与通货膨胀的关系；也包括保险业对宏观经济的作用。在理论和研究学习的基础上，关注现实中保险与宏观经济之间相互作用的现象，并学会使用理论对案例进行分析。

引言

我国保险业自1980年恢复以来，连续多年以两位数的速度高速增长。保险业在国民经济中的作用越来越显著，与银行业、证券业一起，共同构成现代金融的三大支柱。保险业所具有的经济补偿、资金融通和社会管理三大功能，决定了其既是重要的经济主体，也是社会管理的有效工具。保险业以保险费的形式预提分摊金并积蓄下来形成了积蓄基金，从而达到在时间上分散风险的功能。同时保险参与经济建设和社会生活的各个领域，通过特有的交换机制促进社会资源的合理分配，提高了整个社会的资本配置效率，推动了经济发展，起到了稳定器和助推器的双重作用。作为社会的“安全网”和“稳定器”，保险业在保障经济生产的正常进行、完善社会保障体系以及社会风险的管理方面发挥着举足轻重的作用。此外，保险业通过作用于商品市场、劳动力市场等不同领域，刺激消费与投资，从而促进经济发展和市场繁荣。

宏观经济作为描述一国经济发展状况与趋势的综合概念，既是反映一国总需求的指标，也是反映总供给的指标。通常，影响企业运行的宏观经济指标主要包括：国民生产总值及其变化、社会商品零售总值及其变化、价格水平及其变化。就保险业而言，宏观经济对其发展同样有着深刻的影响。其中，对保险业发展影响较大的指标为国民生产总值、储蓄存款、通货膨胀率以及固定资产投资。此外，保险与经济发展有着双向的作用，在保险业发展影响经济发展的同时，经济发展状况和所处的经济周期，即“坚挺市场”或“疲软市场”，也影响着保险市场的需求和保险行业本身应对周期性经济变化的举措。因此，本章主要从两方面对保险与宏观经济之间的关系进行分析，一是宏观经济对保险业的影响，二是保险业对经济增长的作用。在对所涉及的基本概念进行界定的基础上，对当前保险与宏观经济关系的研究进行文献的梳理，并对二者关系研究中所使用的方法和工具——向量自回归（VAR）模型、格兰杰因果检验进行分析介绍。

知识回顾

一、基本概念

（一）保险

保险，是指投保人根据合同的约定，向保险人支付保险费，保险人对于合同约定的可能发生的事故因其发生所造成的财产损失承担赔偿保险金责任，或者当被保险人死亡、伤残、疾病或者达到合同约定的年龄、期限时承担给付保险金责任的保险行为。

从经济角度看，保险是分摊意外事故损失的一种财务安排；从法律角度看，保险是一种合同行为，是一方同意补偿另一方损失的一种合同安排；从社会角度看，保险是社会经济保障制度的重要组成部分，是社会生产和社会生活“精巧的稳定器”；从风险管理角度看，保险是风险管理的一种方法。

（二）宏观经济

宏观经济（Macro Economy）是1933年由挪威经济学家拉格纳·弗里希（Ragnar Frisch）在建立“宏观经济学”时所提出，指总量经济活动，即国民经济的总体活动。宏观经济呈现出整个国民经济或国民经济总体及其经济活动和运行状态，如总供给与总需求、国民经济的总值及其增长速度、国民经济中的主要比例关系、物价的总水平、劳动就业的总水平与失业率、货币发行的总规模与增长速度、进出口贸易的总规模及其变动等。因此，在特定时段内的宏观经济形势成为人们所关注的焦点之一，这也是宏观经济的具体化。宏观经济形势是指国家宏观经济发展状况及其趋势。其中，宏观经济状况好与坏对企业的影响十分明显，所涉及的宏观经济指标有：国民生产总值及其变化、社会商品零售总值及其变化、价格水平及其变化等。为了更为详细地了解宏观经济的形势与成因，人们通常会对宏观经济运行进行研究，其中包括两个重要方面：一是经济增长；二是总量平衡。经济增长是经济运行的结果；经济总量的平衡，也是社会总供给与社会总需求互为条件、互相适应、互相决定的连续运行的基本表现形式。宏观经济形势分析就是通过分析社会总供给与社会总需求之间的关系，进而分析宏观经济运行和经济增长的过程。市场经济条件下，需求是决定经济运行特点的主导，因此对宏观经济形势的分析主要集中在对社会总需求变化特点以及与之相适应的社会总供给增长和经济增长的分析方面。

（三）经济发展周期

经济发展周期，是指经济运行中周期性出现的经济波动，其中包括经济扩张、经济紧缩，是经济运行中周期性出现的经济扩张与经济紧缩交替更迭、循环往复的一种现象。它是国民总产出、总收入和总就业的波动，是国民收入或总体经济活动扩张与紧缩的交替或周期性波动变化。作为对宏观经济整体发展态势和特点的描述，经济周期主要有四个阶段，即繁荣、衰退、萧条和复苏。对于宏观经济而言，经济学者对经济周期的主要关注点是产出变量的长期增长趋势反复出现的波动，以及各经济变量之间的联动关系。而在保险领域，对于保险学者而言，大部分的注意力则集中在对承保周期的研究，即“坚挺市场”和“疲软市场”的交替出现问题。当前学术界不是单从宏观的角度针对保险和经济发展周期之间的相互影响来探讨保险和经济发展周期的，同时也通过保险和经济发展周期的一些内生因素和外在影响条件（如保险数量、保险质量、微观的市场环境等），来研究两者是否存在必然联系以及相关的原因。

（四）顺周期性

顺周期性是指在一个复杂的系统中，存在一些类似于增效器的正反馈机制，从而引起了自激振荡和零点漂移。保险业的顺周期性可以定义为在经济周期的更迭过程中，宏观经济带来的风险通过保险业体系内部以及保险体系与宏观经济的相互作用被催生甚至放大。保险业的顺周期性主要体现在承保业务顺周期性、投保业务顺周期性、保险财务管理顺周期性、公允价值会计准则顺周期性、偿付能力监管的顺周期性、经营激励机制顺周期性等几个方面。保险业的顺周期性与商业银行的顺周期性比较而言，既有相同点也有不同点，相同点主要在于：准备金计提、公允价值会计准则、偿付能力监管、经营激励机制等方面。保险业和银行业都存在顺周期性，其不同点是保险业的保费收入存在顺周期性，而商业银行的信贷行为存在顺周期性[1]。

二、统计工具

（一）向量自回归（VAR）模型

向量自回归模型（Vector Autoregression Model，VAR）1980年由西姆斯（Sims）提出。VAR模型采用多方程联立的形式，不以经济理论为基础，在模型的每一个方程中，内生变量对模型的全部内生变量的滞后值进行回归，从而估计全部内生变量的动态关系，并进行预测。VAR模型是自回归模型的联立形式，所以称向量自回归模型。假设y_{1t}，y_{2t}之间存在关系，若分别建立两个自回归模型$y_{1t}=f(y_1, t-1, y_1, t-2, \cdots)$，$y_{2t}=f(y_2, t-1, y_2, t-2, \cdots)$则无法捕捉两个变量之间的关系。如果采用联立的形式，就可以建立起两个变量之间的关系。

VAR模型具有如下特点：①不以严格的经济理论为依据。在建模过程中只需明确两件事：一是共有哪些变量是相互有关系的，把有关系的变量包括在VAR模型中；二是确定滞后期k，使模型能反映出变量间相互影响的绝大部分。②对参数不施加零约束。③VAR模型的解释变量中不包括任何当期变量，所有与联立方程模型有关的问题在VAR模型中都不存在（主要是参数估计量的非一致性问题）。④有相当多的参数需要估计。比如一个VAR模型含有三个变量，最大滞后期$k=3$，则有$KN^2=3\times3^2=27$个参数需要估计。当样本容量较小时，多数参数的估计量误差较大。⑤用VAR模型做样本外近期预测非常准确。做样本外长期预测时，则只能预测出变动的趋势，而对短期波动预测不理想。VAR模型常通过Eviews软件实现，在实现的过程中十分注重稳定性的检验。由于只有稳定的VAR模型，脉冲响应函数才会收敛，因而VAR模型的脉冲响应函数则是检验其稳定性的一个重要途径。

VAR模型在保险与经济关系的研究中被广泛使用，主要用来分析二者之间是否存在相互影响的关系，以及经济中的哪些因素对保险业的发展存在影响作用，进而从实证研究的角度，对保险与经济的关系进行细化和度量。黄英君、陈晔婷（2012）基于1982—2010年的年度数据，运用VAR模型，并且不考虑变量的内生性和外生性问题，来对保险业发展与经济增长之间的关系进行分析研究[2]。该研究采用保险业的规模（LIP）、结构（LIS）和效率（PREMIUM）三个指标来度量保险业发展，并采用实际国内生产总值（Gross Domestic Product，GDP）作为经济增长指标。由于数据样本较小，该研究中的VAR模型采用一阶差分形式而非水平值形式，并在建立模型前对变量的平稳性和协整性进行检验。由于变量的同期值和滞后值只会影响短期因果关系，而变量却要受到长期均衡关系偏离的影响，因此VAR模型还涉及是否应该含有误差修正项的问题。该研究认为，首先应对变量组进行协整检验，以识别变量之间是否存在长期的均衡关系。如果存在长期均衡关系，那么为了消除长期均衡关系的这种影响，在进行格兰杰因果关系检验时，VAR模型应该含有误差修正项。如果不存在协整关系，那么VAR模型中就没有必要包含误差修正项。该研究结果表明，我国保险业发展对经济增长的贡献是非常微弱的，经济增长的“需求追随”效应促进了我国保险业规模的扩大和结构的改变；但保险业的运行效率与经济增长几乎没有关系。

（二）格兰杰因果检验

格兰杰（Granger）因果检验是指：在序列 X 和 Y 消除了趋势之后，如果利用过去的 X 和 Y 的值对 Y 进行预测时，比单用 Y 的过去值预测的效果更好，则序列 X 和 Y 存在因果关系，这种关系称为格兰杰因果关系。该检验方法为2003年诺贝尔经济学奖得主克莱夫·格兰杰（Clive W. J. Granger）所开创，用于分析经济变量之间的因果关系。他给因果关系的定义为“依赖于使用过去某些时点上所有信息的最佳最小二乘预测的方差”。在时间序列情形下，两个经济变量 X、Y 之间的格兰杰因果关系定义为：若在包含了变量 X、Y 的过去信息的条件下，对变量 Y 的预测效果要优于只单独由 Y 的过去信息对 Y 进行的预测效果，即变量 X 有助于解释变量 Y 的将来变化，则认为变量 X 是引致变量 Y 的格兰杰原因。进行格兰杰因果关系检验的一个前提条件是时间序列必须具有平稳性，否则可能会出现虚假回归问题。因此在进行格兰杰因果关系检验之前首先应对各指标时间序列的平稳性进行单位根检验。

而在实施格兰杰因果检验的过程中，涉及平稳性和滞后阶段的选取两个问题。陈雄兵、张宗成（2008）认为，在变量均为平稳的情况下，直接建立VAR模型来研究变量之间的因果关系[3]。由于变量以水平值出现，因此此时检验的是长期意义上的因果关系；在变量均非平稳但协整的情况下，则建立VEC模型。由于误差修正项的出现，我们可以同时研究短期与长期的因果关系；在变量均非平稳且非协整的情况下，在差分的基础上建立VAR模型。对于滞后阶的选取，最好采用“从一般到具体”的方法，即从预先设定的最大滞后阶开始进行估计，依次丢掉不显著的回归元，直到得到一个所有系数均显著的相对简洁的模型。

案例呈现

日本A生命保险公司破产

2000年10月9日，日本A生命保险公司（以下简称A公司）正式向东京地方法院申请破产，从而成为日本第二次世界大战后破产的最大的保险公司。这与其说是偶然，还不如说是必然。千疮百孔的日本保险巨人A公司在勉强熬过了三年惨淡经营的日子后，终于支撑不住，轰然倒地。这是继日产生命保险、东邦生命保险、第百生命保险和大正生命保险破产以来，日本历史上第五家人寿保险公司破产案，而A公司将作为日本最大的经营不善的寿险公司被载入史册。据A公司总经理米山令士透露，如果将准备支付保险金的责任准备金包括在内，A公司的负债总额为29 366亿日元。同时，A公司的倒闭，使东京股市遭受重挫，金融股大跌。

A公司为什么破产？从表面上看，该公司破产事件显然属于个案，但透过这艘金融巨舰的沉没事故，人们还是看到了一个至今仍伤痕累累的日本金融体系。更确切地说，A公司的沉没，只不过是日本早已破败的金融体系难以为继的例证。

保险公司的生财之道在于，它可以将投保人的保费投资于债券、股票等有价证券和不动产等领域。日本保险公司连续破产是世界金融自由化和日本经济结构调整的必然结果。在经济高速增长和繁荣时期，保险业大量投资、参股企业，而被投资企业又大量购买保险公司的保单，两者形成了相互促进的良性互动关系，尤其是在20世纪80年代至90代初期销售了大量预订利率高达8%左右的储蓄性较强的养老保险和个人年金保险，导致保险公司特别是寿险公司的业务规模剧增，为后来的发展埋下了隐患。在日本泡沫经济破产后，保险公司和企业之间的保险投资的互动循环链被打破。企业为降低经营成本竞相削减保险计划；保险公司面对保险业务的负增长不得不减持企业股份，从而导致企业团体业务的持续下降，形成了恶性循环。再加上银行在存款方面实行零利率政策，造成了保险公司巨额的利差损的同时，致使股票收益减少，房地产市场低迷，投资贷款产生大量坏账，保险公司资产收益率下降的链式反应发生，使保险业出现了巨额亏损，使抗风险能力不强的保险业和处于衰退期的日本经济雪上加霜。而另一个背景则是，随着金融体系改革的深入，日本金融市场越来越开放，欧美大保险公司乘机大举进军日本。他们凭借着雄厚的资金实力、强大的市场开发能力和营销能力，迅速占领日本保险市场。从1998年起，日本开始放开保险费率，保险市场的竞争更为激烈。

当然，在进行这种分析时，并不否认日本政府对保险业实施护航式监管，且业界弊端为经济高速增长所带动保险业高速增长的发展表象掩盖，使日本保险市场长期处于封闭状态，产品结构不合理、市场竞争不充分等致命因素得不到根治，也是其破产的原因之一。但从日本保险业的兴盛衰败的发展过程看，日本宏观上实施的泡沫经济破灭是保险公司破产倒闭的最直接原因。

资料来源：根据 http://www.people.com.cn/GB/channel3/23/20001016/273613.html 和涂学荣《宏观经济的变化对保险业的影响分析》等材料综合整理。

理论分析

作为保险业生存的外部环境之一，宏观经济状况对于保险业的经营和保险市场的需求均有显著的影响。从历史数据来看，宏观经济的变换在一定程度上左右着保险业的发展，如：自1999年以来，随着我国经济以8%左右的增速增长，保险业的年均增长超过30%；此外，在我国GDP在2002年底突破10万亿元大关的同时，我国保险业的保费收入突破了3000亿元大关，行业资产年均增长也高达40.52%。由此可见，宏观经济对于保险业的经营状况、发展状况甚至发展质量都有着巨大的影响。

一、宏观经济对保险业的影响

(一) 保险与相关经济因素顺周期波动

由于保险业的发展本身具有周期性，而保险周期性与经济周期有着相关关系。目前学术界将二者的关系主要界定为以下三种：一是顺周期波动关系，二是逆周期波动关系，三是二者关系不明显。其中保险与经济周期的顺周期波动是指保险业随着经济状况的变好或变坏，保险业的发展也呈现相应的状态。目前对二者顺周期性关系的研究较多，如：吴洪（2011）通过将保险波动关系解构为保险数量波动和保险质量波动，并构建保险数量波动模型和保险质量波动模型，以研究保险波动和宏观经济波动的相依关系，结果表明保险数量和 GDP 是顺周期波动的[4]。此外，也有学者从风险管理的角度对保险与经济发展周期的关系进行研究，如：卓志等（2010）认为一般情况下，在一个经济周期内会出现复苏、高涨、衰退、萧条四个阶段，每个阶段又各自会呈现出不同的特征，这些不同的特征对保险业产生不同的影响，进而导致风险的发展和变化[5]。从影响程度看，保险公司的环境风险受到经济周期的影响最大，行业风险次之，个别风险在三类中受影响最小。

在保险与经济周期研究中许多学者发现，在保险与经济周期顺周期波动的同时，其中的某些经济因素，如：市场利率等，与保险中的重要因素存在反向波动。如：孙祁祥等（2011）在研究中提到，保险质量和市场利率显著反向波动，同时，保险质量与 GDP、投资、消费、贸易、消费者物价指数（Consumer Price Inden，CPI）、股市均无显著的规律波动关系。此外，也有学者认为，保险与经济发展周期的相互影响较大程度仅局限于新兴市场国家，对于工业化国家而言，经济波动对保险波动的影响并不显著[6]。从宏观角度来看，熊海帆等（2011）认为，保险行业运行在长期来看与经济体系的发展较为一致，但经济的短期扰动对保险行业影响不大，同时，保险经营业绩与利率变动存在负相关关系，财产保险业的发展与宏观经济的联系并不紧密[7]。

(二) 保险与经济增长

就宏观经济对保险的影响的角度来看，保险与经济增长的关系所解决的问题与经济增长对保险业的发展是否有影响、有什么样的影响以及在何种程度上进行影响。就现实情况而言，一国的经济增长意味着居民收入水平的提高，这将在很大程度上增加居民的储蓄和对于未来保障的需求，而保险作为兼具储蓄与保障性质的投资方式，在经济增长过程中得到良好的发展也是理所应当的。

目前学界在经济增长对保险业发展的影响方面研究较多，可分为以下两类：经济发展对整个保险业的影响研究和经济发展对某类保险的影响研究。第一类研究通过从国家或地区的宏观经济发展入手，以整个保险行业的影响分析为重点展开研究。史丽媛

(2012) 认为从理论上讲，经济发展对保险增长具有正向影响，这一方面主要是因为，经济增长可以提高消费者的收入水平，增强其对保险产品的购买能力；收入水平的提高，也会使消费者拥有的社会财富不断增加，风险资产的价值也随之增加，因此对保险的需求增加；同时，经济发展会导致社会教育水平的提升，消费者风险意识增强，保险需求增加[8]。另一方面，经济体制的变革，促使风险管理和风险保障的责任由政府向企业和居民转移，也促进了对保险需求的增加。为了验证这种正向关系，她选取了1982—2009年保费收入与GDP收入数据，通过建立向量误差修正（VEC）模型并进行Granger因果检验，证明了经济增长有助于带动保险增长，即经济发展推动了保险业的发展。此外，孙祁祥（2003）认为，经济环境和谐是实现保险业可持续发展的长期引擎，如果国民经济不发展，保险业就缺乏可承接的载体，经济发展直接制约保险业的可持续发展[9]。在实证研究方面，龙文等（2010）以12个国家和地区作为研究样本，通过对样本的定量研究发现，一个国家（或地区）的保费收入与其经济总量之间存在着显著的线性关系，从单个国家的时间序列来看，多数国家的保费收入与人均GDP也具有比较明显的正相关关系，但是不同国家和地区之间存在着明显的差异。他们的研究证明了经济总量对保费收入的巨大影响，也间接印证了经济发展对保险发展的巨大影响[10]。任善英(2011) 基于青海2000—2009年的保险业发展数据，采用灰色关联分析方法，结果显示，经济发展与保险发展之间是相互促进的影响关系。就经济发展对某类保险的影响来看，由于保险种类特征各异，经济发展对不同险种的影响作用是有明显差异的[11]。戴成峰等（2012）通过研究发现，财产保险的保费收入和赔款支出与宏观经济关系密切[12]。

（三）保险与通胀

通货膨胀率作为宏观经济运行状况的重要测评依据之一，其对保险业的影响主要表现在对保险公司本身经营和保险市场的影响。其中，在对保险公司本身的影响中，通胀对保险公司的资产、负债影响和公司的运营结果影响较为显著。李键（2010）认为，由于保险公司资产的绝大部分为保险投资，而银行存款和债券的投资构成了保险投资的主要部分，因此，衡量通货膨胀对银行存款和债券投资的影响为衡量通货膨胀对保险投资的主要内容[13]。通过对通货膨胀率与市场基准利率的关系进行研究，人们发现通货膨胀与保险公司投资收益有着正相关的关系。

在通货膨胀的情况下，保险公司的投资收益会上升，资产规模会扩大。而就保险公司债务情况来看，虽然从监管报表中无法看到通胀对保险负债产生的影响，但是通货膨胀对"长尾责任"险种的影响较为明显，并且对保险公司的责任准备金产生影响。此外，通胀会直接导致保险公司的经营成本上升，具体表现为寿险业保单支付费用的增长。就通胀对保险市场的需求影响来看，由于在一段时间内物价水平上升的同时，保险的赔付标准保持不变，从而降低保障程度；此外，通胀使投保人降低对未来的预期和投资信心，因而减少保险的投资。因此，整体而言，通胀将直接降低市场对保险的需求，进而降低保费收入。

二、保险业对经济增长的影响

世界贸易与发展组织在1964年的第一次会议上指出："一国的保险与再保险市场的发展是其经济增长的至关重要的一部分。"从理论上讲，保险业的增长对经济增长确实有促进作用，然而在实证研究中，保险业增长对经济增长的作用仍然没有定论，部分学者的实证研究结果，如周海珍（2008）的研究显示，保险业增长能够促进经济增长[14]。另外一些研究（曹乾等，2006；胡宏兵，2007）的实证结果却显示，保险增长对经济增长没有影响或者产生负面影响。还有一些研究没有得到明确的结论，也就是对于保险业的增长到底能否促进一国的经济增长还没有定论[15][16]。

就理论研究来看，饶晓辉等（2005）、谢利人（2006）均认为保险业的资金融通、经济补偿和社会管理的功能是保险业促进经济增长的主要途径。并通过选择保费收入和国民生产总值两个变量，采用VAR，ECM和Granger因果关系检验等方法来研究二者的关系[17][18]。然而就研究结果来看，各学者给出了不同的结果。其中饶晓辉等与曹乾等认为，现阶段的中国保险业的发展并不是经济增长的原因，主要原因是现阶段中国保险业各项功能的发挥受到了多种约束条件的限制。在实证研究方面，不同学者对于保险业增长对经济增长的内在机理从不同视角加以分析，其中任燕燕和徐晓艳（2008）通过以中国1980—2004年及31个省、市、区1997—2004年的保险密度与人均国内生产总值的数据为样本，对中国保险业发展与经济增长关系进行了实证分析，研究认为二者为近似的因果关系，但经济增长对保险业发展的作用远大于保险业发展对经济增长的作用，并对作用的大小进行了量化[19]。刘晴辉（2008）利用1999—2008年的月度数据，通过世代交叠的内生经济增长框架，分析了财产险和人身险促进经济增长的机制，并进行了检验。结果表明，保险的发展产生储蓄结构效应，储蓄结构效应导致的非流动性资产投资的相对增加促进了资本和知识的积累，进而形成内生经济增长[20]。赵尚梅、李勇等（2009）运用两部门模型和基于传统总生产函数的模型，揭示了保险业发展对经济增长贡献的传导机制，证明了保险业发展不仅对经济增长做出贡献，而且对非保险部门还存在明显的溢出效应[21]。庞楷（2009）选用1994—2007年国内14组数据，基于修正的索洛模型，在控制了教育、贸易出口、财政支出和投资增长率等变量后，认为财产保险深度对经济增长具有显著的正面影响，而人身保险深度的影响却不显著[22]。

综上所述，保险与宏观经济之间存在着双向作用、影响的关系。就宏观经济对保险业的影响作用来看，保险业应把握经济变动和经济周期，做好保险业的逆周期管理，降低保险业的市场和自身发展的风险。同时，充分利用经济增长对保险业的推动和促进作用，同时注重在经济增长时期保险质量的控制，降低不良保单所带来的经营风险。而对于通胀时期的保险业，则要在注重市场占有率的同时，加强保险公司内部的运营和控制，进而减少保险业在通胀时期的损失。

延伸阅读：2013 年或是保险业发展最困难的一年

“今年可能是保险业发展最为困难的一年，行业的首要任务是保持业务平稳健康增长。”在 2013 年全国保险监管工作会议上，保监会主席项俊波表示。2012 年，保险没能保住自己的地位，惨淡的经营现状使得全国第三大金融支柱保险业资产规模增长频频止步，最终不得不让位于信托业排名屈居金融资产规模第四。2012 年，几大保险巨头保费收入规模齐齐陷入逆境，险资平均收益率甚至低于五年期银行存款利率。受投资收益不高、经营成本上升等因素影响，使得改善行业经营效益的难度加大。然而，没有最惨只有更惨，对于那些曾经预测 2012 年是保险业最冷一年的人们而言，这只是个开始，更为残酷的考验还在后面。

2013 年，国际经济形势依然错综复杂，全球仍处于应对金融危机中，宏观经济增长正面临下行压力，国际国内形势变化将通过实体经济、金融市场和消费者需求等多种渠道传导至保险业，对业务发展、资金运用和偿付能力等产生多方面影响，增加了保险市场稳定运行和风险防范的难度与压力。“屋漏偏逢连夜雨”。2013 年是寿险满期给付高峰，个别公司可能面临现金流不足的风险，保险这个保障国民生活、经济安全无忧的金融体系似乎正在暴风骤雨中摇曳。

事实上，随着近十年来粗放发展的“增长红利”逐渐消失，中国保险业正进入深化调整期。在这一转折的关键时刻，保险监管部门推出了一系列重大变革，其中包括保险资金入市、大病医保启动等。而在业内被诟病多年的营销员体制改革，也因《关于坚定不移推进保险营销员管理体制改革的意见》的公布有了明确的推进时间表。除此之外，保险监管部门在车险费率市场化、中介监管、农业保险和巨灾保险等方向的改革信号，同样值得市场期待。需要说明的是，“不经历风雨，怎能见彩虹”，保险业发展面临重重困境，因此转型发展势在必行。

2013 年，保险业不会因为磨难而止步不前，而是整装待发，此刻整个保险业自上而下都在探索，向内涵式增长转型。或许这最为艰难的一年恰恰可能成为中高保险业自己的凤凰涅槃。

资料来源：新华网. http://news.xinhuanet.com/fortune/2013-01/31/c_124302515.htm.

问题与思考

从学界对保险与宏观经济的研究来看，我们得知，宏观经济状况对保险业的发展有着重要影响的观点得到了众多学者的认可。就现实情况而言，存在保险公司因受宏观经济的影响而破产的案例；此外，保险公司的保费收入也与宏观经济形势紧密相连。对于既已存在的宏观经济对保险业影响而言，除了从理论角度分析宏观经济中的要素对于保险业中的衡量指标是否存在影响，找到二者的作用点之外，研究结论对于实务中操作的指导也将是我们关注的重点之一。就宏观经济的经济周期问题而言，我们在关注宏观经济状况是衰退还是复苏，市场是疲软还是坚挺，投资环境是良好还是恶化的同时，更要关注保险业本身的发展所处的周期。保险业本身具有一定的周期，即保险周期，主要是对保险数量和保险质量的考量；一般而言，在保险数量迅速增加的同时，保险质量必然将有所下降，即保险业的顺周期性。而将保险周期纳入宏观经济发展状况和经济发展周期中进行考量时，不难发现，保险数量和GDP基本为顺周期波动，即为保险业与经济之间的顺周期性波动。对于保险业本身的顺周期性和宏观经济对保险业发展过程中所存在的顺周期性，不仅是监管机构要加强对保险业的逆周期性管理，保险公司本身也应做好逆周期性监管的对策，如：加强对保险业承保业务、准备金计提规则、公允价值会计准则等的逆周期监管，从而保持保险业的平稳发展，降低顺周期性带来的风险。

此外，当宏观经济处于通胀时期时，保险业所面临的内部和外部环境都将有很大程度上的变化，如何将这种影响最小化，保险业如何做好应对通胀的措施，这都是未来理论与实践操作中必须解决的问题。就目前的研究来看，在通胀对保险业影响领域的研究尚处于初级阶段，因此对影响的认识还不够深入，具体表现为：对影响的形成机制、影响的具体因素及其作用机理以及相应的对策措施等方面研究的缺乏。因此，这是实际操作中遇到的问题，也是将来研究中应更加关注的方面。

在保险与宏观经济的实践和研究方面，人们都越来越多，越来越深入地了解到二者之前存在着怎样的影响关系；在此基础上，人们也试图找到多种趋利避害的方法和途径，在利用二者关系带来利益的同时，加强对于损失风险的管理。然而，宏观经济的复杂性与多变性决定未来在保险与宏观经济的研究将更加深入，同时在实践方法和策略的选择上也将更具有创新性和多样性。随着研究的深入，也将对目前研究的方法加以思考和改进，如对审视保险业发展程度的衡量指标的确定等，都将更加贴近我国的实际，并且改变从总量上进行衡量的一贯做法，找到更为客观、准确的反应指标。而对于保险业在宏观经济影响下的操作的研究和实务而言，保险的逆周期管理是当前也将是未来的一大热点，这是使企业降低其运行风险的有效途径。

问题1：

保险业的发展能否对宏观经济产生影响？试述影响的产生机制。

问题2：

通货膨胀和通货紧缩将分别对保险业的哪些方面产生影响？保险机构应如何应对以降低运营风险？

问题3：

除以上提到的保险业的应对措施，您认为在宏观经济变化的情况下，保险业还面临着哪些风险，应如何应对？

参考文献

[1] 刘志威. 保险业顺周期形成机制及其逆周期监管研究 [D]. 山东：山东财经大学，2012.

[2] 黄英君，陈晔婷. 中国保险业发展与经济增长关系研究——基于VAR模型的实证分析 [J]. 保险研究，2012 (1).

[3] 陈雄兵，张宗成. 再议Granger因果检验 [J]. 数量经济技术经济研究，2008 (1).

[4] 吴洪. 保险波动与经济波动：顺周期抑或逆周期 [J]. 经济评论，2011 (5).

[5] 卓志，吴洪，宋清. 保险业风险管理框架：基于经济周期的扩展建构 [J]. 保险研究，2010 (7).

[6] 孙祁祥，郑伟，肖志光. 经济周期与保险周期——中国案例与国际比较 [J]. 数量经济技术经济研究，2011 (3).

[7] 熊海帆，卓志，王威明. 保险周期存在性的协整模型检验：基于中国市场的分析 [J]. 保险研究，2011 (6).

[8] 史丽媛. 保险与经济增长引致关系研究 [J]. 生产力研究，2012 (1).

[9] 孙祁祥. 创造六大和谐环境，保证中国保险业的可持续发展 [J]. 经济科学，2003 (5).

[10] 龙文，杨海珍，李晶，等. 从国际比较的视角看中国再保险市场发展前景 [J]. 统计与决策，2010 (13).

[11] 任善英. 青海保险与经济增长关系的实证分析 [J]. 开发研究，2011 (4).

[12] 戴成峰，张连增. 我国财产保险区域差异与宏观经济的关系研究——基于省级面板数据的实证分析 [J]. 保险研究，2012 (11).

[13] 李健. 通货膨胀对保险公司资产、负债及经营结果的影响 [J]. 宁夏社会科学，2010 (3).

[14] 周海珍. 保险业发展与经济增长的关系研究 [J]. 管理世界，2008 (11).

[15] 曹乾，何建敏. 保险增长与经济增长的互动关系：理论假说与实证研究 [J]. 上海金融，2006 (3).

[16] 胡宏兵. 中国保险发展与经济增长关系的协整分析：1999—2007 [J]. 山东经济，2007 (6).

[17] 饶晓辉，钟正生. 保险能否促进经济增长——基于中国的实证分析 [J]. 上海经济研究，2005 (12).

[18] 谢利人. 保险发展与经济增长关系的实证检验 [J]. 求索，2006 (8).

[19] 任燕燕，徐晓艳. 中国保险业发展与经济增长关系的研究 [J]. 山东大学学报，

2008 (1).
[20] 刘晴辉，保险发展、储蓄结构变化与经济增长 [J]. 当代经济科学，2008 (6).
[21] 赵尚梅，李勇，庞玉锋. 保险业对经济增长贡献的理论模型与实证检验 [J]. 保险研究，2009 (1).
[22] 庞楷. 保险业对经济增长影响的实证分析——基于修正的 Solow 模型 [J]. 保险研究，2009 (7).
[23] 涂学荣. 宏观经济的变化对保险业的影响分析 [J]. 湖北民族学院学报：哲学社会科学版，2005 (1).
[24] 李勇，赵尚梅. 中国保险业对经济增长贡献的理论模型与实证检验 [D]. 山东：山东大学，2008.
[25] 吴洪，赵桂芹. 保险发展、金融协同和经济增长——基于省级面板数据的研究 [J]. 经济科学，2010 (3).
[26] 田玲，高俊. "助推器" 还是 "稳定器"：保险业对经济产出作用的经验数据 [J]. 保险研究，2011 (3).
[27] Babbe, I D F. Measuring Inflation Impact on Life Insurance Costs [J]. Journal of Riskand Insurance, 1979, (3).
[28] ENGLE ROBERT F. Autoregressive conditional heteroekedasticity with estimates of the variance of U. K. in flation [J]. Econometrica, 1982 (50) .
[29] Lipton Richard. New IRS Ruling Sanctions Some Variable Prepaid Forward Contracts [J]. Journal of Passthrough Entities, 2003 (6).
[30] Beenstock Michael, Blake David. The stochastic analysis of competitive unemployment insurance premiums [J]. European Economic Review, 1988 (1).
[31] J. Francois Outreville. The Economic Significance of Insurance Markets in Developing Countries [J]. The Journal of Risk and Insurance, 1990 (57).
[32] Doherty, Neil A., and Han Bin Kang. Interest Rates and Insurance Price Cycles [J]. Journal of Banking and Finance, 1988 (2).
[33] Grace, Martin F., and Julie L. Hotchkiss. External Impacts on Property—Liability Insurance Cycle [J]. Journal of Risk and Insurance, 1995 (4).
[34] Meier, U. B., and J. F. Outreville. Business Cycles in Insurance and Reinsurance: The Case of France, Germany and Switzerland [J]. Jounal of Risk Finance, 2006, 7 (2).
[35] 朱浩然，张帅. 保险业发展与宏观经济运行相互关系的实证研究 [J]. 西安财经学院学报，2011 (24).
[36] 张颖，刘金全. 我国保险业发展与经济增长之间的作用机制和关联机制分析 [J]. 当代经济研究，2010 (2).
[37] 罗鸣，叶安照. 保险业发展对促进宏观经济均衡发展的作用研究 [J]. 武汉金融，2008 (2).

[38] 胡宏兵，郭金龙. 中国保险发展与经济增长关系检验——基于 Bootstrap 仿真方法的实证分析 [J]. 宏观经济研究，2010 (2).
[39] 周波. 金融发展和经济增长：来自中国的实证检验 [J]. 财经问题研究，2007 (02).
[40] 林宝清. 保险需求与 GNP 增长同步相关验证 [J]. 发展研究，1996 (07).
[41] 沈声才. GDP 增长对保费收入影响的实证分析 [J]. 金融在线，2006 (7).
[42] 冯占军. 中国保险业与经济协调发展研究 [M]. 武汉：武汉大学出版社，2007.
[43] 饶蔚楠. 中国保险业保费收入总额与 GDP 的关系研究 [J]. 经济研究，2011 (4).
[44] 梁来存，胡扬赞. 保险消费与经济增长实证 [J]. 求索，2005 (3).
[45] 张森. 中国保险业发展与经济增长的实证研究 [J]. 学术研究，2009 (1).

第二章
保险业与金融

学习目的

通过对本章的学习，了解保险与金融融合过程中涉及的相关概念，如：银行保险、再保险、金融工程，以及银行保险、证保合作、再保险、保险与金融工程的国内外研究现状。同时，熟悉 Panzar-Rosse 模型、SWOT 分析方法的原理以及在保险业与金融融合研究领域的具体应用。掌握和了解保险与金融融合的类型，如：企业组织形式上的融合，包括银保合作和证保合作、风险转移方式的融合，包括再保险和保险与金融工程。并从整体的角度把握当今保险与金融融合的现状和未来的发展趋势，进而在已有的研究基础上对经济生活中保险与金融融合的案例进行较为深入的理论分析。

引言

保险就其本质而言是保险所反映的特殊矛盾以及由这一特殊矛盾所决定的保险职能和作用的统一，而金融反映的是种种原因导致的货币资金在需求者以及供给者之间暂时、相对的不平衡，并通过货币资金融通达到暂时相对的平衡。从二者的本质角度出发比较，不难发现在运作上两者具有不同的目的。保险是基于对未来意外灾害或者事故损失的预防，投保者不是基于赚钱的目的而投保；相反，金融本质注定其存在即是为了盈利，这种盈利活动是在金融双方参与的情况下发生的，对金融活动的参与者而言，盈利是其存在的动力。

就目前世界情况来看，保险与金融的融合已经成为现实，特别对于西方发达国家而言，保险与金融融合的产物——银保合作、保险与证券的合作，已发展得比较成熟。而国内保险与金融融合时间较晚，目前处于初创时期，并逐渐成为未来的一大趋势。在保险与金融融合的时代，我们看到其产生的巨大利益，同时也见证其因运营不当而产生的巨大损失。因此，面对保险与金融的融合，我们要在利用和追求其带来利益的同时，注重在将来的完善、监控和预警，以降低风险，确保其安全运行。

知识回顾

一、基本概念

（一）银行保险

银行保险是由银行、邮政、基金组织以及其他金融机构与保险公司合作，通过共同的销售渠道向客户提供产品和服务；银行保险是不同金融产品、服务的相互整合，互为补充，共同发展；银行保险作为一种新型的保险概念，在金融合作中，体现出银行与保险公司的强强联手，互联互动。这种方式首先兴起于法国，于中国市场才刚刚起步。与传统的保险销售方式相比，它最大的特点是能够实现客户、银行和保险公司的“三赢”。

（二）再保险

再保险（Reinsurance）也称分保，是保险人在原保险合同的基础上，通过签订分保合同，将其所承保的部分风险和责任向其他保险人进行保险的行为。

在再保险交易中，分出业务的公司称为原保险人（Original Insurer）或分出公司（Ceding Company），接受业务的公司称为再保险人（Reinsurer），或分保接受人或分入公司（Ceded Company）。再保险转嫁风险责任支付的保费叫做分保费或再保险费；由于分出公司在招揽业务过程中支出了一定的费用，由分入公司支付给分出公司的费用报酬称为分保佣金（Reinsurance commission）或分保手续费。如果分保接受人又将其接受的业务再分给其他保险人，这种业务活动称为转分保（Retrocession）或再再保险，双方分别称为转分保分出人和转分保接受人。

（三）金融工程

金融工程的概念有狭义和广义两种。狭义的金融工程主要是指利用先进的数学及通信工具，在各种现有基本金融产品的基础上，进行不同形式的组合分解，以设计出符合客户需要并具有特定 P/L（损益，Profit and Loss）性的新的金融产品。而广义的金融工程则是指一切利用工程化手段来解决金融问题的技术开发，它不仅包括金融产品设计，还包括金融产品定价、交易策略设计、金融风险管理等各个方面。

二、统计工具

(一) Panzar-Rosse 模型

帕恩查 (Panzar) 和罗斯 (Rosse) 在 1987 年证明了对企业的简化形式的收入函数采用比较静态方法来确定市场结构的可行性，基于勒纳 (Lerner) 对垄断力量的度量、岩田 (Iwata) 对寡头垄断的度量及布雷斯纳汉 (Bresnahan)、洛 (Lau)、帕恩查 (Ranzar) 和罗斯 (Rosse) 对可竞争性市场的竞争状况的检测而提出了 Panzar-Rosse (简称 PR) 模型。

PR 模型假定企业将根据不同的市场结构决定的投入成本来制定不同的定价策略，从而通过对企业要素投入成本对总收益的弹性变动分析可以判断出企业所处的市场结构类型，在单个企业和整个行业均实现利润最大化的条件下求解出均衡产出和均衡企业数量。这种方法的优点在于尽管它的原理是与成本相关的，但实际上不需要成本的数据，避免了数据不完善所带来的问题。该模型是建立在以下假设基础上的：

(1) 企业在长期均衡的环境中运作；

(2) 企业的行为受到其他企业行为的影响 (除非在完全垄断的环境中)；

(3) 企业的成本结构是同质的，符合柯布-道格拉斯 (Cobb-Douglas) 生产函数。

1. 优势

PR 模型的最大优势首先在于仅需公司的相关数据，而且对数据来源没有地区的限制。其次，PR 模型可以对市场内不同类型的企业同时进行检验，用来比较不同企业的特质差异。最后，PR 方法的优越性还体现在直接使用 H 统计量测度竞争程度，即 H 统计量的大小代表竞争程度。

2. 劣势

PR 模型的不足之处在于它的实证检验需要在长期均衡的市场条件下进行，但可以通过单独的市场均衡条件来检验、判断市场是否处于长期均衡中。

PR 模型主要应用于金融行业分析。纵观以前的研究，该模型在银行业、保险业、证券业这三大金融支柱行业中广泛应用，主要包括金融行业竞争行为研究、成本效率研究和金融市场行为研究，等等。

3. 举例

何苗 (2012) 通过 PR 模型对我国金融市场竞争程度进行实证研究，先后对银保市场、银证市场和证保市场进行实证分析研究。结果证明银保市场在第一阶段 (2004—2006 年) 由竞争性检验结果知银保市场在第一阶段属于典型的垄断竞争市场结构，认为银保市场在第一阶段是典型垄断竞争的；而在第二阶段 (2007—2010 年) 的论证后，认为我国银保市场在第二阶段属于垄断竞争且接近完全竞争的市场结构。证保市场在第一阶段通过实证分析属于垄断竞争且接近完全垄断的市场结构；第二阶段是垄断竞争且接近完全竞争的。实证结果表明我国金融市场总体垄断力减弱，竞争性增强。根据 PR 模型实现了对金融行业竞争程度的分析判断，充分展示银保合作、证保合作的金融机制竞争特点，有利于从宏观上把控保险与金融未来的发展方向。

（二）马氏链模型

马氏链在数学领域是一个随机考察过程，若已知现在 t 的状态 $X(t)$，那么将来的状态 $X(t+n)$ 取值（或取某些状态）的概率与过去状态 $X(s)$ $(s<t)$ 取值无关，或更简单地说，已知现在，将来与过去无关（条件独立），则称此性质为马尔可夫性（无后效性或简称马氏性）。具有这种马尔可夫性的过程称为马尔可夫过程。对于马尔可夫过程的状态取值为可列无限集或有限集时，通常称为马尔可夫链，简称马氏链。这一点可适用于随机变量的判别，作为随机变量和非随机变量的主要区别。

马氏链数学定义如下：

设 $\{X(t),t\in T\}$ 为随机过程，如果任意正整数 n 及 $t_1<t_2<\cdots<t_n$，$P\{X(t_1)=x_1,X(t_2)=x_2,\cdots,X(t_{n-1})=x_{n-1}\}>0$，并且其条件分布为 $P\{X(t_n)\leqslant x_n \mid X(t_1)=x1,X(t_2)=x_2,\cdots X(t_{n-1})=x_{n-1}\}=P\{X(t_n)\leqslant x_n \mid X(t_{n-1})=x_{n-1}\}$

则称 $\{X(t),t\in T\}$ 为马氏链，或称该过程具有马尔可夫性。

按照时间和状态的离散、连续情况马尔可夫过程可分为三类：

（1）时间与状态（空间）都离散过程，称马尔可夫链；

（2）时间连续与状态（空间）离散过程，称为连续时间的马尔可夫过链；

（3）时间与状态（空间）都连续的马尔可夫过程。

相对于经典的金融保险模型而言，马氏链的金融保险模型似乎更能适应现实中的金融保险数据。在风险理论中，马氏链的风险模型有这样一个优点：保险公司可以随外界环境（天气，经济，政府政策等）的改变而调节自身的保险政策。马氏链的金融市场模型对现实金融数据的适合程度明显优于其他一些比较常用金融市场模型。基于以上原因，马氏链模型在金融保险理论中正变得越来越重要。

举例：

张鑫（2009）利用马氏链模型分析解决了金融保险领域的一系列问题，首先研究出马氏调节复合泊松（poisson）风险模型的格伯—兆（Gerber-Shiu）期望折现罚金函数，并且利用双鞅理论完全化马氏调节几何布朗运动金融市场的方法，同时分析卖空限制与具有多个风险资产的扩展马氏调节金融市场下最大化期望效用的再保险与投资问题，最后研究解决了马氏调节跳扩散市场下的均值—方差问题以及隐马尔可夫模型中的最优再保险与投资问题。

（三）保险业顺周期理论

“顺周期”一词用于描述经济变量如何随经济波动，其具有两层含义：一是指经济变量与经济总量呈正相关关系，具体表现为经济变量在经济繁荣时增加，在经济萧条时减少；另一是指经济中某特征因素导致经济周期波动幅度扩大的经济现象。

保险业的顺周期性是指在经济周期的更迭过程中，保险风险通过保险行业本身及其与金融体系乃至宏观经济的相互作用被催生甚至放大的相互强化机制，以及由此机制造成的金融系统不稳定性加剧，经济周期波动幅度扩大的现象。

保险周期与保险业的顺周期性两个概念之间有着本质的区别“保险业的顺周期性强调的是保险行业与经济周期之间的互动关系，实际是一种正反馈机制；而保险周期是保险变量围绕某一趋势值波动的倾向，是保险业自身经营规律的周期性变化”但是这两者之间又存在着一定的联系，导致人们在认识上对二者产生混淆，从而经常将二者混为一谈。

黄华盈（2011）分析了保险业顺周期性的形成因素，分别包括会计与风险计量方法导致的顺周期性、保险公司经营行为的顺周期性、偿付能力监管下的顺周期性以及宏观审慎监管的缺失。并在此基础上，对我国保险业当前的顺周期状况与顺周期潜在风险进行全面的认识，便于有的放矢，更有针对性地建立适合我国国情的保险业逆周期监管制度。同时，通过顺周期理论，总结了其对保险业的影响，包括顺周期性对承保风险的影响、对市场风险的影响、对信用风险的影响以及保险业顺周期性对金融体系及实体经济的影响。最终通过保险业顺周期理论，提出保险业经营行为顺周期性的缓释措施，并建立保险业逆周期宏观审慎监管框架。

案例呈现

AIG 的衰落

1987 年，美国国际集团（American International Group，AIG）在伦敦设立了一家子公司，名为美国国际集团金融产品公司（英文简称 AIGFP），其很早就进入刚刚兴起的金融衍生市场，成为美国最早投资金融衍生产品的公司之一。金融产品公司主营业务是从事金融衍生产品交易，最初的衍生产品交易业务大多是利率互换之类的产品，从 20 世纪 90 年代后期开始大量介入为担保债务权证（CDO）提供担保的信用违约互换（CDS）业务。当时由于其母公司 AIG 自身是 AAA 评级的公司，不必提供任何抵押，便可以担保，再加上当时美国经济蓬勃向上，违约率相当有限，这些 CDS 交易对金融产品公司来讲极为盈利，每年净收保费，这也给 AIG 带来了丰厚的回报。金融产品公司在 1999 年的营业额是 7.37 亿美元，到 2005 年达到 32.6 亿美元，营业收入在 AIG 所占比率由 4.2%升至 17.5%。

高风险与高收益并存。美国次贷危机爆发后，AIG 开展的 CDS 业务损失惨重，受其拖累，自 2007 年第四季度开始 AIG 连续五个季度巨额亏损。2007 年第四季度净亏损 52.9 亿美元，2008 年四个季度亏损额分别为 78 亿、53.6 亿、244.68 亿、617 亿美元，全年净亏损累计 933 亿美元，而 2007 年净盈利 62 亿美元。

2008 年 9 月 15 日，雷曼宣告破产保护当天，AIG 的股价暴跌 61%，跌至 4.76 美元元，成交量剧增至 7.38 亿手，相当于平日的 15 倍以上。虽然在 2008 年早些时候，AIG 筹资 200 亿美元，但不断增加的需求令 AIG 的资源捉襟见肘。资金方面的压力导致三大信用评级机构均下调了对其的评级。而信用评级下调又反过来致使 AIG 财务状况短期内出现急速恶化，AIG 不得不迅速拿出更多的抵押品，以提升其信用评级。同时在债券市场上，AIG 还必须向与之交易的投资银行等追加抵押品。总之，股价暴跌、信用评级下调、交易对手追索抵押品，这些危机环环相扣，仅用三天时间就使 AIG 走入绝境。

在次贷危机中，“利润第一，风控第二”的金融巨头纷纷倒下了，即使是 AIG 这样的保险业龙头，也难以预先估计次贷危机所带来的系统性风险，最终以被美国政府接管收场。对采取激进投资策略的中国保险公司而言，又应该如何构建对抗系统性风险的预警机制？

资料来源：根据 http://www.caijing.com.cn/2009-04-08/110134467.html，《AIG 案例：反映美国经济的镜子》等材料综合整理。

理论分析

传统的金融概念以货币和银行为中心内容，而现代金融则以金融市场为运营中心。现代金融市场的三大支柱产业分别是银行、保险、证券，在属于金融二级市场的保险市场上，保险人设计并且向被保险人提供保险劳务商品，这使保险公司具有生产性的特点，也使保险产品从劳务和金融工具两个层面都具有了可交易性。

20 世纪 80 年代开始，特别是在 90 年代以后，作为金融市场一员的保险业，在金融系统的界定逐渐模糊，保险、银行、证券日益相互融合渗透，渗透先是从寿险业开始，并逐渐扩展，发展到非寿险业。金融与保险的渗透融合，主要表现在两个方面：分别是企业组织形式上的融合、风险转移方式上的融合。

一、企业组织形式上的融合

所谓企业组织形式上的融合其实质在于金融混业经营模式，也就是当下金融与保险业之间进行企业的收购兼并活动，出现保险金融联合集团等组织形式。随着当今世界经济一体化和金融全球化的不断推动，金融混业经营已经成为世界性潮流，这是一个不争的事实。现阶段金融业的混业经营现状，主要表现为银行、证券和保险三业之间的业务合作关系。本章探讨的是保险与金融，因而将以保险业为标的，探索保险行业下的金融混业发展。

(一) 银保合作

银保合作被当作拓展业务空间、增强市场竞争力的有效手段，因而备受保险业的推崇，尤其是新成立的保险公司，更是将其视为实现市场扩张、提高企业知名度的有效途径。银保合作的典型是银行和保险公司建立的合作关系，被称作银行保险，近些年银行保险才引起学术界关注，其实早在 19 世纪时，比利时的富通银行（CGER）、西班牙的巴塞罗那储蓄银行（Gaixa of Barcelona）以及法国的国家人寿保险（CNP），就已经全面提供银行与保险服务了[1]。就目前的发展势头而言，银行保险的发展令世界瞩目，在当今金融混业时代，银行保险成为世界各国金融发展的趋势，其发展在世界金融体系中引起广泛关注。

1. 银行保险内涵

对于银行保险内涵的定义，业内学者从不同角度对银行保险进行了界定，包括销售渠道、经营策略、组织形式、业务流程等。本章将从渠道说、产品服务说和经营策略说进行定义。

（1）渠道说。

从最直观的角度定义银行保险是渠道说的出发点，也就是所谓的银行保险指的是利用银行等渠道来销售保险产品。多利萨 · K. 弗勒（Dolisa K.Flur）曾这样描述银行保险："Bancassurance is a term for selling of insurance by banks." 也就是银行保险就是通过银行进行保险买卖[2]。寿险营销与研究协会（LIMRA）在编写的保险词典中将银行保险定义为："通过银行与建房互助协会下属全资分支机构提供寿险服务，而不是保险公司。"瑞士再保险公司 2002 年发表了世界著名的《亚洲的银行保险》报告中提出这样的观点，从最为简单的形式上看，银行保险就是经由银行销售保单[3]。

（2）产品服务说。

产品服务说是将银行保险界定为银行和保险公司联手提供的产品和服务。西格玛（Sigma，2002）对银行保险的定义为银行保险并不仅仅意味着银行单方面进入保险领域，也包括保险公司进入银行领域；银行保险提供的不仅限于保险产品或与保险有关的金融产品，还包括保险公司出售银行产品[4]。在美国，学者迈克尔 · D. 怀特（Michael D. White）博士，将银行保险定义为："由银行或其分支机构、银行和保险公司交叉持股的机构，经营具有资产管理功能的保险类产品、交叉营销或销售银行和保险产品所能带来的任何产品或服务。"[5] 在我国，学者郑伟、孙祁祥（2001）从产品提供的角度来理解银行保险："银行保险，又称银保融通，是银行和保险公司之间达成的一种金融服务一体化的安排，其中，保险公司负责产品的制造，银行负责产品的销售。"[6]

（3）经营策略说。

经营策略说从战略层面来定义银行保险。瑞士再保险公司 1992 年发表的《银行保险：关于银行业和保险业竞争的调查》中，将银行保险界定为："银行或保险公司采取的旨在金融服务市场以一种或强或弱的一体化方式经营的策略。"我国学者张洪涛

（2003）将银行保险视为："保险公司和银行采用的一种相互渗透和融合的战略，是将银行和保险等多种金融服务联系在一起，并通过客户资源的整合与销售渠道的共享，提供与保险有关的金融产品和服务，以一体化的经营形式来满足客户多元化的金融服务需求。"[7]

2. 银行保险发展研究

银行保险在全世界范围内异军突起，成为新一代金融体系发展潮流，有其深刻的制度背景。业内学者纷纷跻身银行保险发展研究，目前已颇具成果。

首先，部分学者从国内银行保险发展出发，通过对国内监管制度等的研究，实现对银行保险发展的研究。宋明岷（2005）在指出我国银行保险发展的四大特点后，运用SWOT分析指出我国银行保险存在的优势与劣势、面临的机遇与威胁，以及相应的四种发展策略[8]。阎建军（2006）从实现金融综合效应的视角出发，分析了中国银行保险转型的必要性和可行性，并提出"长期合作+多元化营销组合+客户关系管理"的创新模式[9]。孙健、刘铮（2012）从银行外部性的视角分析银保合作的选择问题，依据科斯定理，借助数理过程，说明银行保险的产生是为解决银行外部性所进行的自由"协商"的结果[10]。孟龙、施强、张领（2012），提出银保模式选择是市场主体逐利行为、自身风控能力和政府管制三个因素共同作用的结果，并对银保模式专业化变革的具体方式和需要关注的重点问题进行了研究[11]。

其次，也有部分学者从国内外银行保险比较出发，研究银行保险的发展。吴韧强（2008）通过分析银行保险在国际寿险领域中的发展状况，研究了银行保险寿险产品的特征与趋势，以及影响银行保险在寿险领域中发展的相关因素，认为在我国应首先保证银行保险的低成本优势，同时依据现阶段的政策环境，顺应银行与客户的需求，开发新型的银保寿险产品[12]。赵立航（2005）从推动我国银行保险更快更好地发展出发，对欧洲银行保险的发展情况、经营管理模式与经验进行了考查与分析，从而对银行保险的发展进行探究[13]。闻岳春、严谷军（2005）则从东南亚国家出发，重点探讨了东南亚银行保险在运作模式、产品种类和销售渠道等方面所呈现的特点，并剖析了金融管制放松、利差下降等因素对东南亚地区银行保险进一步发展的推动作用，最后提出了对中国银行保险发展有益的启示[14]。郭琳（2005）指出与欧美相比，亚洲的很多国家、地区在经营模式、销售渠道、融合方式、产品策略等方面对我国银保发展具有重要的借鉴意义。同时我国应该建立更为紧密的合作模式和融合方式，通过合适的渠道销售满足客户需求的银保产品[15]。

2000 年，银行保险热潮席卷华夏大地，保险公司和银行双方都乐此不疲地相互结成合作伙伴，成为我国银行保险开始发展的标志。银行保险的发展成为新时代金融混业的标志性组合方式，其作为一个集产品创新、渠道创新、组织创新和制度创新为一体的综合体，从其产生到发展变迁，实务领域一直都领先于理论研究。如何选择适合我国国情的银行保险经营模式并获得有力的政策支持是我们不断努力突破的方向。

（二）证保合作

纵观金融发展史，西方发达国家的证券市场，保险资金都是推动其股市长期走牛的生力军。我国商业保险资金间接进入股市，开启了证券与保险业务合作的先河。证保合作旨在将资本市场作为解决保险资金保值增值问题的重要途径，考虑增加保险资金的投资范围，尝试建立证券投资保险基金等方式。证保合作主要体现在保险业可以通过证券业的优势提高保险资金收益率上。据有关统计资料表明，截至 2005 年 9 月，保险业资金可运用余额约 1.3 万亿元，中国保险资金正以年均 20%左右的速度加速积聚；同时保险公司可以考虑将资金委托给证券公司或基金管理公司进行运作；或者保险集团直接设立基金公司。

目前，对于证保合作的文献主要致力于研究此种金融混业方式的特点以及优劣势及风险分析等。关于证保合作，代表性作品是徐敏峰（2006）的《证保合作：券商业务新契机》[16]。刘冰、吴彤（2003）对我国金融混业模式下的经营现状以及发展趋势进行了分析，并介绍了证保合作金融方式的来由和方式[17]。孙浩、周国兴（2002）则对我国的银证保合作需求以及产品进行相关分析，并对未来银证保合作发展进行展望[18]。王千（2008）则将银证合作、证保合作、银保合作等列入基于虚拟经济的经济协调问题进行探讨，提出虚拟经济与实体经济的协同发展问题是虚拟经济研究的最终目的，在经济虚拟化背景下，国家宏观调控政策应充分考虑虚拟经济因素才会收到理想的效果[19]。克里斯汀·维斯特多弗（Christian Weistroffer，2010）主要通过回顾了更广泛的经济原则用于支配使用证保合作，并简要概述了目前证保合作的规模和市场范围，确定了其未来的增长动力[20]。

当今国际上银、证、保相互融合的趋势正不断加快，保险作为金融三大支柱产业之一，其与金融的关系正在不断深入。金融混业化是企业组织形式上的融合，这对保险、银行、证券而言，可谓有利有弊。经济全球化的不断深化，于世界各国而言，是机遇也是挑战，如何在金融混业的新挑战中崭露头角，需要创新也需要机遇。作为中国最早开放的保险行业，其发展应基于如何在国际金融一体化的潮流下，加强与银行、证券之间的深层次以及全方位的合作，才能实现银行、证券、保险业的共赢，才是金融体系的共赢。

二、风险转移方式的融合

保险业是经营风险的特殊行业，它在将客户的风险集中到一起后，还要通过一定的方式进行风险的再分散，而再保险就是其分散风险的一个手段。现阶段，由于风险单位的不断增大，巨灾风险和集中风险日益增多，为不断适应新的金融形势需要，保险与金融工程的结合，将金融工程创造性产品用于保险行业，对分散风险、实现风险转移具有重要意义。

（一）再保险

再保险（Reinsurance）也称分保，是指保险人在原保险合同的基础上，通过签订保险合同，将其所承保的部分或全部风险和责任向其他保险人进行保险的行为。因此，国际上也称再保险为“保险的保险”。其中转嫁风险的一方为分出公司（分出人、原保险人或直接保险人），接受风险的一方为分入公司（分入人、接受公司或再保险人）。对再保险的探讨，可以从国内外的角度出发进行研究。

1. 国内研究现状

国内学者主要从我国金融再保险市场出发，研究我国再保险市场的现状问题等。彭喜锋（2004）认为我国再保险市场主体单一，民族再保险处于初级阶段，再保险市场的承保能力不足，存在技术落后等一系列问题[21]。张琳（2003）认为我国再保险市场存在严重的供给不足而需求潜力巨大的问题，造成这个局面的原因主要归结于政府与社会投资者对再保险市场的发展没能给予足够的重视，对巨灾风险的认识不够以及技术与服务水平的限制等[22]。孙平（2006）提出了两种新的非对称风险函数并作为度量原保险人分保后风险的工具，同时也考虑了再保险人承保后的风险波动因素[23]。周晓军（2005）对含有再保险因素的分红保单的红利分配作出研究，试图通过最优控制理论解决红利的分配问题[24]。

2. 国外研究现状

在外国学者早期的研究中保费计算原则都是只考虑保险人的利益，而忽略了再保险人，因为再保险属于一种合作行为，应该同时考虑双方的利益，达到合作双赢的目的。根据这一缺陷，王栓、简·黛安（Shuan Wang，Jan Dnaene，1998）证明了在零效用原则计算保费时，风险分配满足帕累托最优分配原则[25]。比亚内·霍夫高（Bjarne Hojguard，1997）则从调节系数角度研究了纯费率时最优再保险问题，以破产概率最小为目标，对有交易成本的扩散模型的最优比例再保险策略进行了研究[26]。王 S、潘尼尔 H（Wang S，Panyer H，1998）对于独立保单组合最优再保险的研究，考虑 n 个独立风险保单，设定一个固定水平的期望利润，目标是使该给定时期的利润波动性最小，得出了最优分保形式[27]。

（二）保险与金融工程

美国金融学家约翰·芬尼迪（John Finnerty）对金融工程这样定义：金融工程包括创新型金融工具与金融手段的设计、开发与实施，以及对金融问题给予创造性的解决。从 20 世纪 90 年代以后，保险在金融系统的界定逐渐变得模糊，金融与保险相互渗透相互融合，这使得金融工程可施展的空间变得越来越大，而且这种渗透和融合本身就是金融工程创新和努力的结果。

对于金融工程与保险的研究主要集中在保险行业利用金融工程创造的金融衍生品来分散风险、转移风险等方面和中外保险证券化发展现状。李琼（2001）认为保险期货、期权在转移风险中的运用不可忽视，而作为金融衍生市场发展的一部分，保险衍生工具既为保险业的发展带来了新的机遇，同时也提出了新的挑战[28]。李冰清（2002）则从金融工程与保险的目的出发，认为二者都是处理、规避风险的手段，只是它们的标的物不同；金融工程与保险处理风险的基本方法是一致的，都是用确定性来代替不确定性，或用确定性的损失来代替不确定性的损失[29]。刘金章、刘伟（2004）认为随着经济生活的发展，社会的风险赔偿责任也随之不断增长，从事风险投资的保险企业面临着承保能力不足的难题。为了解决这个难题，我们单在保险市场中去寻找已经是不可能的了，我们需要一个更广阔的市场——金融市场[30]。而在金融市场中，流动的资金在数量上和流动性上都有不可比拟的优势，在这样的思路下，金融工程师创造性地提出了保险证券化业务——保险衍生工具这样新型的风险经营方式。王铮（2003）认为保险证券化不但可以提高保险公司的承保能力，将风险分散到有强大承受力的金融市场，而且给保险公司提供了新的降低风险的办法，减少对再保险的费用[31]。金融新产品开发课题组（2003）提出并设计出一种全新的金融产品——保险金融券，这种保险金融券具有固定收益证券的性质，同时又与保险公司的风险挂钩，它能将保险公司的风险有效地分散到资本市场上，从而增加保险市场的容量，提高保险公司的竞争力，同时又为资本市场的投资者提供了更多的投资品种[32]。伍燕芳（2006）从美国的保险证券化发展出发，认为美国对保险风险证券化市场的监管已经成为世界上最先进的监管机制，而目前我国保险风险证券化还处于理论研究阶段，并认为通过对国外保险风险证券化的研究和学习，将有利于我国资本市场的创新，也为我国保险业的发展指出了一条新路[33]。

综上所述，随着全球经济格局的不断演变，保险与金融的联系日益密切，特别是当代金融混业时代的到来，更加速了保险与金融的渗透融合，从企业组织形式上的融合到风险转移方式的融合。对保险与金融的探究，业内学者纷纷跻身探究，如今已有相当多的研究成果，但是必须承认的一个现状是，对于二者的研究，很大程度上仍停留在问题研究分析，很难有真正解决保险金融存在的问题的具体分析研究，特别是在风险预警方面，有价值的文献更是凤毛麟角。倘若欲更深层次的探讨二者的关系，则需要站在一个全局的角度，进行更全面的探究。

延伸阅读：农行入驻B人寿公司

中国农业银行入股B人寿公司终获批准，2011年12月20日该行公告称，已于近期先后收到中国银监会和中国保监会的监管批复，同意农行入股B人寿公司并持有其股份总额的51%，成为控股股东。

公告同时称，B人寿公司也已经于近期收到保监会关于同意其变更注册资本、变更公司名称和迁址的监管批复。

2011年2月11日，农行与B人寿公司举行了认购协议签约仪式，根据协议，B人寿公司将向农行定向增发10.367亿股，增发后农行将持有B人寿公司51%的股份，成为B人寿公司的绝对控股股东。

2008年年初，国务院批准了银监会和保监会联合上报的《关于商业银行投资保险公司股权问题的请示文件》，原则同意银行投资入股保险公司。

此后不久，银监会相继批准了工商银行、建设银行、交通银行和北京银行四家银行入股保险公司的申请。随后2010年，四家银行各自将金盛人寿、太平洋安泰、中保康联、首创安泰四家保险公司收购至旗下，并分别更名为工银安盛、建信人寿、交银康联和中荷人寿。

而此次农行入股B人寿公司最终获批也使得该交易创下银行收购保险公司的交易记录。根据此前签订的协议，每股增发价格为2.5元，农行控股B人寿公司将出资人民币25.9亿元，超过前四家银行收购保险公司的金额。

公开资料显示，成立于2005年12月的B人寿公司注册资本9.96亿元，农行入股前该公司五家股东分别为北京中关村科学城建设股份有限公司、重庆国际信托有限公司、中国新纪元有限公司、中国希格玛有限公司、上海安尚实业有限公司，分别持有1.992亿股，各占20%。

银保混业经营时代已经到来了吗?

广发证券（000776，股吧）保险行业研究员曹恒乾认为，商业银行与保险公司的相互持股可以期望共赢。"一方面可以实现交叉销售，因为金融企业最大的资源是客户，而客户的需求又是多方面的；另一方面则可以作为财务投资，比如银行、保险公司本身就是比较赚钱的；而有的银行和保险企业则是出于完善金融控股的需要。"

"银保的互相参股、控股既是出于现实利益的考虑，也是战略部署的需要。"中山大学岭南学院风险管理与保险学系主任申曙光告诉记者，银保的交叉持股可以优化资源组合，银行借机进入新的经营领域，扩展了其盈利的范围，而保险业则获得了发展急需的资本和渠道。

从目前互相持股的情况来看，"大银行+小保险"或者"大保险+小银行"是比较常见的模式。曹恒乾认为，主要是由于大的保险公司和银行的股权很难获得，想要控股几乎不可能。由于目前采用的仍然是分业监管，商业银行控股保险公司后也没有排斥销售其他保险公司的产品，因此，银保交叉持股的影响实际比想象的要小，不会对市场格局产生多大影响。在申曙光看来，中国已经实质上进入银保混业经营时代，这与当前的分业监管或会产生冲突，但这并不意味着目前的银监会、证监会、保监会需要合并。"不过，这需要建立一个更高层次的监管体系，比如三会的联席会议制度等。"

资料来源：根据 http://www.caijing.com.cn/2009-04-08/110134467.html；
网易财经新闻等材料综合整理。

问题与思考

在巨大利益的推动下，保险与金融的融合已成为当今市场上不可逆的趋势，在未来该趋势必将进一步得到加强和实践。借助于金融的优势，保险业将在业务创新、成本控制和形象提升方面得到明显的提高，并大大增加客户对保险产品的消费和对保险业的认可。而金融业在加入保险产品的过程中，实现金融产品的多样化、增加收益渠道，减少对传统收入渠道的依赖，这将使银行业又一次焕发新的生机。二者融合在实现资源的最大化和高效利用的同时，不仅为自身创造巨大的发展空间和利益，也有利于现代金融的发展和创新，为社会创造巨大的效益和价值。因此，在未来二者必将理顺关系，处理好融合和发展中所遇到的问题，创新融合的方式，进而在市场上蓬勃发展。而作为保险业转移风险的有效手段，金融工程将逐渐受到更多的关注，用于降低保险业不确定性所带来的风险的金融衍生工具，也将结合各国的具体国情，创新性的以多种产品形式体现。最后，在法律法规的保障和规范方面，保险与金融融合也将会促使相关法规得以变更或建立，以实现对二者融合的促进和发展中的规范和监管，从而实现良性发展。

问题1：

中国保险业如何将金融工程方法引入中国保险市场的金融工具配置中？

问题2：

如何做好银保合作中的风险控制与风险预警？

问题3：

我国保险与金融融合中所涉及的制度束缚有哪些？未来应从哪些方面加以改进？

参考文献

[1] 宋瑛，谭淑霞. 欧洲的银行保险发展历程及其启示 [J]. 经济论坛，2004 (08).

[2] Dolisa K. Flur, Darren Huston, Lisa Y. Lowie. Bancassurance [J]. The McKinsey Quarterly, No. 3, 2002.

[3] Swiss Re. Bancassurance Developments in Asia-shifting into a high Gear [J]. Sigma, 2002 (7).

[4] Swiss Re. Bancassurance developments in Asia—Shifting into a higher gear [J]. Sigma,

2002 (5).
[5] Michael D. White. A Comprehensive Guide to Bank lnsurance [J]. the National Underwriting Company, 1998.
[6] 郑伟，孙祁祥. 银行融通产生的背景及发展趋势——兼论对中国的启示 [J]. 财贸经济，2001 (5).
[7] 张洪涛. 对我国保险业发展银行保险的思考 [J]. 金融与保险，2003 (10).
[8] 宋明岷. 我国银行保险发展特点及其 SWOT 分析 [J]. 金融研究，2005 (04).
[9] 阎建军. 银行保险：转型与发展创新 [J]. 上海金融，2006 (05).
[10] 孙健，刘铮. 从银行外部性角度谈银行保险的发展 [J]. 保险研究，2012 (07).
[11] 孟龙，施强，张领伟. 困境与出路——银行保险专业化问题研究 [J]. 保险研究，2012 (05).
[12] 吴韧强. 国外寿险领域银行保险的发展及对中国的启示 [J]. 国际金融研究，2008 (06).
[13] 赵立航. 欧洲银行保险的发展情况与经营管理 [J]. 上海金融，2005 (03).
[14] 闻岳春，严谷军. 东南亚地区银行保险的发展及对中国的启示 [J]. 国际金融研究，2005 (12).
[15] 郭琳. 银行保险的花旗模式 [J]. 农村金融研究，2005 (06).
[16] 徐敏峰. 证保合作：券商业务新契机 [J]. 华泰财经证券分析，2006 (6).
[17] 刘冰，吴彤. 我国金融混业经营现状及走势分析 [J]. 财贸经济，2003 (11) 51-53.
[18] 孙浩，周国兴. 我国银证保合作分析 [J]. 财经科学，2002 (S2).
[19] 王千. 基于虚拟经济的经济协同发展问题的探讨 [J]. 当代经济研究，2008 (08).
[20] Christian Weistroffer. Insurance-linked securities: A niche market expanding [J]. Deutsche Bank Research, 2010.
[21] 彭喜锋. 对发展我国再保险业的思考 [J]. 财经问题研究，2004 (9).
[22] 张琳. 再保险市场供给不足的原因分析 [J]. 保险研究，2003 (10).
[23] 孙平. 再保险中最优化问题探讨 [D]. 长春：华东师范大学，2006.
[24] 周晓军. 考虑再保险的分红产品红利研究 [D]. 长沙：湖南大学，2005.
[25] ShuanWang, JanDhaene. Comonotonicity Correlation order and Premium PrinciPles [J]. Insurance: Mathematics and Eeonomics, 1998 (22).
[26] Hojguard. B, Taksar. M. OptimalProPortional Reinsurance Policiesfor Diffusion Model [J]. Seandinavian Actuarial Journal, 1997 (2).
[27] Wang S, Panjer H H. Further Results on the Stability of Recursive Formulas [J]. Transaction ICABusiness, 1998 (2).
[28] 李琼. 论保险衍生工具与保险工具运用中的技术 [J]. 经济评论，2001 (02).
[29] 李冰清. 保险与金融工程的比较研究 [J]. 保险研究论坛，2002 (8).

[30] 刘金章，刘伟. 论现代保险与金融工程的依存关系 [J]. 现代财经：天津财经学院学报，2004 (04).
[31] 王铮. 论保险业在资本市场的创新工具——保险证券化 [J]. 保险研究，2003 (08).
[32] 金融新产品开发课题组. 分散保险风险的资本市场创新工具 [J]. 当代经济科学，2003 (01).
[33] 伍燕芳. 浅谈国外保险风险证券化 [J]. 商业研究，2006 (05).
[34] 何苗. 基于 Panzar-Rosse 模型的我国金融市场竞争程度研究 [D]. 合肥工业大学，2012.
[35] 宋明岷. 我国银行保险发展特点及其 SWOT 分析 [J]. 金融研究，2005 (04).
[36] 黄华盈. 保险业顺周期的机理与缓释措施研究 [D]. 西南财经大学，2011.
[37] 易志刚，易中懿. 保险金融综合经营共生界面特征的计量分析 [J]. 经济问题，2012 (09).
[38] 申丽萍，王跃. 我国保险业核心竞争能力培育路径分析——基于金融混业经营 [J]. 技术经济与管理研究，2013 (07).
[39] 易志刚，易中懿. 保险金融集团综合经营共生模式的机理研究——基于国际视角的分析 [J]. 经济问题，2013 (01).
[40] 杨明生. 建设现代综合性金融保险企业 [J]. 中国金融家，2012 (10).

第三章
保险与社会保障

学习目的

通过对本章的学习，了解多层次社会保障体系的基本构成，区分商业保险与社会保险的主要异同，正确认识商业保险在整个社会保障体系中的定位和作用。思考商业保险如何发挥自身优势，积极参与多层次社会保障体系建设。通过对“湛江模式”的学习，掌握商业保险公司提供专业化经办服务的主要途径，总结现有经验，指出存在的问题，探索商业保险在参与养老、医疗、新农保、新农合、小额保险等相关领域的现实可能性。

引言

随着我国老龄化形势日渐紧迫和严峻，传统社会保障制度的财务危机愈发严重，世界各国都在寻求对社会保障制度实施改革。20 世纪 80 年代以来的国际经验表明，把握社会保险、商业保险融合发展的方向，对于完善多层次的社会保障体系来说非常重要。借助商业保险的优势，充分运用商业保险的运行机制、精算技术、投资渠道等，可以弥补传统的社会保障体系的范围覆盖不足，处理保险保障成本高的问题，解决传统养老制度的财务危机，保证社会保障体系的顺利过渡，而借助社会保障的特点，商业保险可以扩大市场，充分发挥自身在产品开发、运营中的优势，实现利益最大化。本章主要探讨商业保险在多层次社会保障体系中的定位以及实现路径，并借鉴“湛江模式”的成功经验，希望能对构建我国的多层次社会保障体系提出一些建设性意见。

知识回顾

一、基本概念

（一）社会保险

社会保险是指为丧失劳动能力、暂时失去劳动岗位或因健康原因造成损失的人口提供收入或补偿的一种社会和经济制度。社会保险由政府举办，强制某一群体将其收入的一部分作为社会保险费形成社会保险基金，在满足一定条件的情况下，被保险人可从基金获得固定的收入或损失的补偿，它是一种再分配制度，它的目标是为其成员提供基本的生活保障，维护社会和谐、稳定发展。

（二）商业保险

商业保险指保险双方当事人自愿订立保险合同，由投保人交纳保险费，用于建立保险基金；当被保险人发生合同约定的财产损失或人身事件时，保险人履行赔付或给付保险金的义务。

（三）社会保险与商业保险的区别

商业保险与社会保险的不同在于：

1. 实施方式不同

商业保险一般是自愿保险，只有少数险种（如机动车辆保险）是强制性险种。而社会保险的险种均为强制性险种，体现社会公平，兼顾效率。

2. 举办主体不同

商业保险由专营的保险公司举办，遵循等价有偿的商业原则；而社会保险一般由政府举办，是以社会安定为目的的非营利性保险。

3. 保费来源不同

商业保险的保险费是由投保人交纳；而社会保险的保险费一般由雇主和雇员一起承担，雇主和雇员分担比例各国有所不同，基金不够，则由财政补贴。

4. 保险金额不同

商业保险中的财产保险的保险金额由保险利益的价值决定，人身保险的保险金额是由投保人需要及其支付能力所决定。而社会保险的保险金额是由国家统一规定的，一般只能保证基本的生活费、基本的医疗保健费用。

二、理论工具

（一）二元经济理论

二元经济理论是区域经济学奠基性理论之一。刘易斯（1954）揭示了发展中国家并存着农村中以传统生产方式为主的农业和城市中以制造业为主的现代化部门，由于发展中国家农业中存在着边际生产率为零的剩余劳动力，因此农业剩余劳动力的非农化转移能够促使二元经济结构逐步消减。此后费景汉、拉尼斯（1964）修正了刘易斯模型中的假设，在考虑工农业两个部门平衡增长的基础上，完善了农业剩余劳动力转移的二元经济发展思想。这样刘易斯—费景汉—拉尼斯模型就成为在古典主义框架下分析二元经济问题的经典模型。

任何一个严密的理论模型都有自己的严格限制条件，二元论当然也不例外。刘易斯指明，如果在不变的实际工资水平上可以得到无限的劳动力，资本家的剩余就一直增加，而国民收入中每年投资的比率也在提高；当资本积累赶上人口，以至不再有剩余劳动力时，这个过程就必然停止，也可能在此之前停止。刘易斯认为，从经济原因上分析，资本积累提前停止可能有四个原因，其中最重要的是贸易条件可能变得不利于资本主义部门。刘易斯所谓的贸易条件是指维持生计的传统农业部门和现代资本主义部门之间的经济交流关系，这“实际上是工农业关系问题”，即传统经济和现代经济的相互关系问题。

我国城乡发展的二元经济结构也就导致了我国社会保障制度二元化的特点。在城市人口大多能享受国家社会保障的同时，我国依然存在一些农村人口无法迈进社会保障的门槛。农村的社会保障体系建设远落后于城镇，制度的健全程度也无法和城市相比，二元化的社会保障体系由此可见。因此，城乡一体化是完善我国社会保障体系的重要条件。

（二）公共管理理论

公共管理是以政府为核心的公共部门整合社会的各种力量，广泛运用政治的、经济的、管理的、法律的方法，强化政府的治理能力，提升政府绩效和公共服务品质，从而实现公共的福祉与公共利益。

1. 责任政府

责任政府是指政府及其公务人员能够积极地对社会民众的需求做出回应，并采取积极的措施，公正、有效率地实现民众的需求和利益。责任政府是中国现代化过程中的必然选择。

2. 管办分离

2008 年 2 月 27 日中国共产党第十七届中央委员会第二次会议通过的《关于深化行政管理体制改革的意见》指出，要推出事业单位分类改革，按照政事分开、事企分开和管办分离的原则，对现有事业单位分三类进行改革。

其中“管办分离”即监管机构和具体办事机构分开。例如：社会保障体系中，政府社会保障管理部门之外另行设置独立的社会保障实施系统专门经办社会保障事务。

3. 公私合营

公私合营是指政府及其公共部门与企业之间结成伙伴关系，并以合同形式明确彼此的权利与义务，共同承担公共服务或公共基础设施建设与营运。公私合营的一般流程大致分为 4 步：①政府通过招投标方式或其他公平方式选择合作伙伴；②签署特殊合作协议；③组建项目公司；④项目公司承担投融资、建设与经营等活动。例如：医疗保险“湛江模式”采用的就是公私合营的方式。

（三）多层次社会保障体系理论

多层次社会保障体系的实践与理论研究，源于西方国家社会保险的结构性改革。在 20 世纪 80 年代逐步显现的人口老龄化危机的影响下，当时以现收现付模式为主的养老金制度面临财务平衡难以持续，老年人基本生活难以保障的问题。

在此背景下，世界银行 1994 年《防止老龄危机：保护老年人及促进增长的政策》报告中提出三支柱理论：第一支柱是政府集中管理，通过一般税收收入融资和企业与个人缴费融资的强制性非基金制养老保险计划，一般覆盖全体国民或居民，提供基本的退休收入保障，防止老年贫困；第二支柱是私营化分散管理，引入个人账户，实行基金积累制的强制性的养老保险；第三支柱是各种自愿性养老储蓄计划，比如商业寿险公司提供的各种养老保险产品。世界银行三支柱模式提出后，在许多国家得到应用，但也遇到了实践和理论两方面的挑战，学者发现由于机会成本、收入状况等原因，贫困者未能加入政府的养老金计划，导致养老保障体系覆盖率不足。此外，三支柱模式下仅工作稳定的劳动者才能得到较高的给付，就业不稳定的工人可能面临养老金给付不足的情况，扩大收入差距。经过多年的争论和反思，世界银行在 2005 年提出了“五支柱”的改革思路，其核心是在原有三支柱基础上，增加零支柱和第四支柱。零支柱是非缴费型养老金计划，旨在消除老年贫困，为终身贫困者及没有资格领取正式养老金的退休者提供最低水平保障，是普惠性的国民养老金形式。第四支柱是家庭成员之间对老年人的非正式支持，如家庭内转移支付，以及赡养、医疗、护理和住房方面的服务。

就我国的情况来看，在城镇，我国初步建立了以基本养老保险、企业年金为主题的多层次养老保障体系，为解决我国经济社会转轨过程中的一些问题发挥了重要作用。1991 年国务院《关于企业职工养老保险制度改革的决定》首次提出逐步建立基本养老保险与企业补充养老保险和职工个人储蓄性养老保险相结合的制度。1995 年国务院《关于深化企业职工养老保险制度改革的通知》指出，国家在建立基本养老保险、保障离退休人员基本生活的同时，鼓励建立企业补充养老保险和个人储蓄性养老保险，构建保障方式多层次的养老保险体系。在此精神指导下，1995 年《关于建立企业补充养老保险制度的意见》，1997 年《关于建立统一的企业职工基本养老保险制度的决定》，2004 年《企业年金试行办法》等法规条例陆续颁布，标志着多层次养老保障体系在我国初步确定：第一层次为统账结合的基本养老制度；第二层次为企业年金制度；第三层次为个人养老储蓄。在各个层次，商业保险都扮演着重要角色。党的十六届三中全会通过的《中共中央关于完善社会主义市场经济体制若干问题的决定》提出："鼓励有条件的企业建立补充养老保险，积极发展商业养老、医疗保险。"2006 年《国务院关于保险业改革发展的若干意见》提出："（保险）是市场经济条件下风险管理的基本手段，是金融体系和社会保障体系的重要组成部分"。2007 年党的十七大报告再次强调，要以慈善事业和商业保险为补充，加快完善社会保障体系。商业保险正式成为社会保障体系的重要组成部分之一。党的十四届三中全会《关于建立社会主义市场经济体制若干问题的决定》提出将商业性保险业务作为社会保险的补充，标志着商业保险在社会保障体系中的补充作用初步得到了肯定。商业保险在社会保障体系中的重要作用得到进一步明确。

案例呈现

医疗保险"湛江模式"

2009 年 1 月，湛江市新型农村合作医疗制度（简称新农合）与城镇居民医疗保险并轨运行，解决了以往因两种医疗保险制度缴费标准悬殊、统筹层次不同所造成的参保积极性不高、基金调剂能力弱等问题。为了进一步改善"并轨"后医疗保险报销手续烦琐、医疗资源配置不均、政府管理成本居高不下等状况，湛江市引入商业手段，为城乡居民基本医疗保险和补充医疗保险提供一体化管理和服务——通过建立"一体化咨询服务平台"，保险公司向全市居民提供包括基本医疗、补充医疗、健康管理、商业健康保险等政策咨询服务；通过建立"一体化支付结算平台"，实现病人诊疗费用结算信息在保险公司、社保部门和定点医院之间的共享。

湛江将大病医疗保险"湛江模式"归纳为"城乡一体、市级统筹、商保参与、诊疗规范、大病补助"。城乡居民大病医疗补助是在基本医疗保障的基础上，对大病患者发生的高额医疗费用给予进一步保障的一项制度性安排，可进一步放大保障效用，是基本医疗保障制度的拓展和延伸。"湛江模式"的突破之处在于，在筹资标准、参保补助、待遇水平等方面，实现了城乡一致。按照"一个制度，两个层次，城乡统筹，自愿选择"的原则，缴费标准分别是每人每年缴纳基本医疗保险 20 元和 50 元（2010 年提高到 30 元和 60 元）两个档次。参保人可根据自身收入状况以及对医疗服务的需求层次，以户为单位，自行选择缴费档次，按年缴费。例如，一档缴费 30 元，年度基本医疗保险住院待遇累计最高报销 16 万元；二档缴费 60 元，年度累计最高报销 18 万元。

建立大病医疗补助机制后，普通疾病报销由社保基金承担，大病医疗补助由商业保险承保。当参保者的基本医疗报销到 5 万元以上，16 万元（二档 18 万元）以下时，其相应个人自付部分，可以由大病医疗补助承担50%；当参保者基本医疗支付达到16万元（二档18万元）以上时，符合医保政策范围内的住院费用可补助70%。以参保人在湛江二类医院住院为例，目前基本医疗报销比例65%，达到5万元时，其个人自付35%的部分为2.7万元，也就是在二类医院，年度内住院报销达到5万元或个人自付2.7万元以后就可享受大病医疗补助待遇。此项大病医疗补助从8月1日开始实施，参保人的待遇从1月1日算起。在8月1日前，应享受大病医疗补助待遇的参保人，可凭住院有关资料到社保经办机构补报。

"湛江模式"的最大亮点在于率先将商业保险引入医疗保险领域，在不提高居民社保支出的前提下，通过保险公司提供大额补充保险提高居民保障。其中，打破医保城乡二元割裂，统一城乡医保，进而解决新农合高运行成本为其主要成效之一。

"湛江模式"建立后使参保人数从58万城镇居民急剧膨胀为546万人。当时湛江社保系统专管医保的人员仅有20多个，即使按照1∶8000的最低人员配备标准，546万参保大军也需配备将近700人的医保管理人员，根据湛江社保局的测算，为此政府财政将要增加近5000万元/年的办公经费。而以湛江——广东一个欠发达地级市的财力，显然难以应对。

据了解，为此，中国人民健康保险股份有限公司（简称人保健康）在湛江投入资金近千万元，人员则从最初的7个人，增加到300多人。人保健康仅在湛江全市二级以上医院驻点的工作人员就有100多人，他们的工作职责除了一部分为患者解答各种医疗保险方面的问题外，最主要的就是每天随同医生到病房查房。一般大型医院都有两三个人驻点。数据显示，"湛江模式"在促进医疗资源得到充分利用的同时，还大幅降低了参保群众人均住院费用，该项费用已由2007年的8851元降至2009年的3543元，降幅达60%。

实际上，在向保险公司支付保费方面，湛江社保局与人保健康方面也一直处于探索状态。一开始人保健康根据当年广东省医疗保险赔付情况，曾经提出应该由社保局向公司支付30%（按每人每年20元的标准），即6元。政府方面认为太高，担心赢利太多，引起参保人员的不满。最后商定结果是，先按每人3元，即个人缴费部分的15%的标准支付，年底结算时不足部分再由政府回补。结果，2009年，人保健康实收保费1795万元，赔付2925万元，缺口1130万元。年终结算时，湛江市政府回补1115万元。2010年15%的个人缴纳部分保费率即提高到30%，2010年以每人10元的标准结算，节余10万元。

事实上，随着结算方式的改变以及大病救助等政策的实施，湛江市医院的住院率连年以100%的比例增加，住院人数从2008年的28万人次，上升到2011年的47万人次。而人保健康的赔付金额也从2009年的2925万元上升到2011年的9500万，与此同时，特殊病种的赔付也从之前七八个增加到23个。

截至2012年7月，人保健康湛江中心支公司经办的医保项目覆盖全市全部十个县（市、区），累计承担医疗保障责任超过18 876亿元。2012年承保人数671万人，其中城镇职工（公务员和企事业单位职工）33 万人，城乡居民 637 万人（城镇居民 46 万人、农村居民 591 万人），共占全市户籍总人口比重 86.36%。

"湛江模式"使得保障限额较过去提高了 4~5 倍，在提高住院率情况下，医疗保险资金每年减少不当支出约 2 亿元。对不同医院实行差异化起付标准和报销比例的规定也起到引导合理就医、促进医院资源合理配置的作用，其中规定：一级、二级、三级医院起付标准分别为 100 元、300 元、500 元，补充医疗保险超过起付标准的报销比例分别为 75%、65%、50%。

据湛江社保部门提供的数据，参保群众人均住院费用由 2007 年的 8851 元降至 2008 年的 7369 元、2009 年的 3543 元，人次治疗成本下降了约 60%。

除在财政补助、个人缴费和保障限额三个标准上保持一致外，在赔付结算上，建立一体化资金预付和结算平台，根据精算评估结果，采取"总量控制、按月预付、年终结算"的先预付后审核结算方式，每月按实际应付款总额的 80%预付给定点医院，10%作为年终结算资金，10%作为审核资金，根据赔付案件最终审核结果多退少补。

人保健康数据显示，截至 2010 年年底，人保健康湛江中心支公司共对当地 600 多万参保群众提供了健康管理服务，为 60 多家参保单位制订了个性化的综合健康保障计划。而这一发展趋势亦符合健康保险发展的趋势：即费用保险到疾病保险，再上升至健康管理。

资料来源：根据 http://www.eeo.com.cn/2012/1009/234356.shtml；
http://finance.ifeng.com/news/macro/20120917/7040805.shtml；
经济观察网以及凤凰新闻网等材料综合整理。

理论分析

商业保险与社会保险融合式发展，首先要明确商业保险在社会保障体系中的定位，处理好商业保险与社会保险的关系，使其相互影响，相互促进。社会保险与商业保险具有同一的经济保障作用，但从长远看，它们之间的合作、相互补充和共同发展是有一定界限的。

一、商业保险在多层次社会保障体系中的定位

（一）商业保险与社会保障体系存在替代关系

不少学者指出，从国内外发展来看，商业保险与社会保障体系在某些风险保障方面存在替代关系。陈树文等（2013）认为，财产损失险对于灾害救助可能具有替代效应，雇主责任保险对于工伤保险可能具有替代效应，企业年金能够替代商业保险中的团体养

老保险[1]。又如，向国春等（2012）认为我国商业健康保险与基本医疗保险从性质、具体目标、保障对象、运作方式、管理体制、保障水平等多方面都存在较大差异[2]，它们相互构成替代关系。此外，曹明等（2009）提出应在农民工社会保障方面，应用商业保险替代部分社会保险险种的农民工社会保险保障模式，这样做既考虑到了目前户籍制的现实，也考虑到了企业的社会保险费负担，同时也考虑到了农民工的切身利益及其作为劳动力的流动性，在增强农民工的保险意识的同时，能有效提高参保率。社会保险受户籍制的限制，商业保险不受此限制，从而能为广大的农民工提供跨区域的，不间断的保险保障，有效弥补“二元经济社会结构”的不足，使城乡两种社会保障体系能有机地衔接起来，促进社会稳定和社会事业的可持续发展[3]。

（二）商业保险是多层次社会保障体系的有效补充

许飞琼（2010）是将商业保险作为社会保险的一种补充来定位的。这一观点一直为学术界与实务界许多专家学者所坚持，他们将商业保险视为社会保障体系的组成部分，认为其是社会保障的重要补充。该观点的形成最早见于保险专家乌通元于1994年发表的文章，他明确希望商业保险在社会保障体系建设中发挥重要作用。这一观点同样逐渐被学术界众多专家学者所接受[4]。曹乾等（2006）通过理论分析与实证分析表明目前我国社会保险和商业保险的互补性的一面超过了其替代性的一面[5]。何娇（2009）提出商业保险与社会保险主要在保障功能、保障范围、保险技术和方法上存在着互补性[6]。

（三）商业保险是多层次社会保障体系的重要组成部分

目前在保险业界，也有学者提倡应将商业保险表述为社会保障体系的重要组成部分。如原保监会主席吴定富就认为：“保险的基本功能是社会保障”、“商业保险作为国家社会保障体系的重要组成部分，在不同的社会保障层面发挥着不同的功效”。全国人大常委会前副委员长成思危也在2003年的“中国健康保险发展论坛”上指出，保险业应当成为我国社会保障体系不可或缺的重要组成部分，如果只依靠社会救助、社会福利、社会保险三个层次，不依靠商业保险，则不足以建立一个有效的社会保障体系。

除此之外，陈树文等（2013）提出商业保险与社会保障之间其实还需要建立合作关系。在防灾救灾与灾害救助、灾害救援、应急等防灾防损方面，商业保险与政府救灾可以互相补充、互为支持。在经营技术，如数理计算、资产运用、缴费记录管理、养老金支付、保险信息等方面也需要相互支持，如生命表不仅是人寿保险的技术支撑依据，也应当是社会养老保险的技术支撑依据[1]。何文炯（2010）提出社会保险和商业保险是风险保障服务的两大资源，应当通过有效的机制加以合理组合，以降低全社会的风险管理成本，提高全体社会成员的风险保障水平[7]。

二、商业保险参与多层次社会保障体系架构的实现路径

从基本保险层次上来说，商业保险可以委托管理和保险合同等形式积极参与基本医

疗保障经办管理，缓解政府社会保障事务的经办压力。例如，我国商业医疗保险参与经办社会医疗保险，向国春（2012）指出用医疗保障基金购买商业医疗保险，提供补充性的医疗保障是我国商业保险公司直接参与到医疗保障中最为常见的形式[2]。王德宝（2009）提出通过引入商业保险机构经办各类基本医疗保障管理服务，可以充分发挥“鲶鱼效应”：一方面有助于提高社保机构的运作效率和服务水平，另一方面也为商业健康险公司提供了一个进入基本医疗保障领域的平台。商业健康险公司可借此平台大力发展补充医疗保险等衍生保险服务，并建立与基本医疗保障体系的信息共享机制，更好地发挥健康保障和管理作用，以创造巨大的可预期盈利空间[8]。又如，近年来我国商业保险公司参与新农合的经办服务，先后出现“新乡模式”、“江阴模式”、“洛阳模式”和“湛江模式”等新机制，而姚俊（2008）指出目前商业保险公司参与新农合的切入点主要放在对新农合经办模式的参与上，也就是主要参与新农合的基金管理环节，其发挥的正向功能也主要集中在管理层面上。因此，我们可以认为现有的商业保险参与新农合主要是一种以“基金管理”为切入点的“点式参与”，解决的是新农合运行过程中的管理效率问题[9]。荣幸等（2010）归纳形成了以下3种基本模式：一是基金管理模式。保险公司受政府委托提供经办服务，并收取适当的管理费用。新农合的基金赤字和基金透支风险均由政府承担，基金节余转入下一年度。二是保险合同模式。政府用筹集到的新农合资金为农民投保团体医疗保险。在就保险责任、赔付比例、赔付限额等方面协商一致后，保险公司与政府签订保险合同，按约定向参加新农合的农民提供医疗险。相应的，新农合的基金透支风险由保险公司承担。三是混合模式。混合模式介于基金管理模式和保险合同模式之间。地方政府和保险公司共同分担新农合基金的透支风险[10]。何娇（2009）认为对于社会保险来说，在新型农村合作医疗中引入商业保险机构，发挥了保险公司在费率厘定和风险治理、理赔监管中的专业优势、完善的业务网络系统和专业人员的优势，有效地防范了新农合在经营过程中遇到的经营风险、道德风险、技术风险等问题。这使得社会保险的主管单位能够更加有效地发挥指导和监督职能。同时，保险业参与新农合，也为广大参保群众提供了更加便捷专业的补偿支付服务，这有力地提高了农民的参保率与参保水平，为农民群众在遭遇疾病时提供了基本的经济保障[6]。申曙光（2012）提出应该积极鼓励商业医疗保险和私人医疗机构的发展。具体做法是，商业保险公司要通过积极的市场调研，掌握居民不同层次的需求情况，加强医疗保险产品的开发和推广，以满足不同层次的医疗保险需求。同时政府方面应该加强保险市场的宏观管理，通过税收优惠政策等提供相关支持，如对经营补充医疗保险的经营者给予减免税优惠等，鼓励商业保险公司积极参与到补充医疗保险的市场运作之中，实现基本医疗保险和商业医疗保险的良性互动，最终促进医疗服务水平的全面提高[11]。此外，王治超（2010）指出，商业健康保险积极创建了医疗救助商业运行模式，如辽宁锦州，保险业探索为低保人群提供医疗保障的新途径，创建了“政府投保、民政管理、商业运作”的医疗救助模式，实现了社会救助与商业保险的有效结合，提高了医疗救助资金的使用效率[12]。何文炯（2010）提出应积极探索农民职业伤害保障机制。按照现行制度安排，国家机关、事业单位和企业及其他经济、社会组织均有职业伤害保障制度（工伤保险制度）。农民也是劳动者，也有职业伤害风险，但是一直没有职业风险保障制度。倘若农民劳动受伤，只能由自己负责。这是由于作为自雇者的农民，无法运用社会化筹资手段，建立社会保险机制。因此，应该积极探索农民职业伤害保障机制。对此，不一定要采取纯粹的社会保险手段，而可以采用政府补贴、支持并委托商业保险公司经办的方法来进行[7]。

从职业性保险层次上来说，商业保险对于多层次养老保险模式中的第二层次——企业年金的开展，拥有不可多得的优势。例如，长江养老保险公司就承接了上海市原由社保机构经办的7000多家企业近180亿元的企业年金业务。庄娜（2008）指出，首先，商业保险具有较为完善的年金产品设计、寿险精算、负债管理和风险控制等关键技术，能保证企业年金的未来偿付，为企业年金的发展提供了技术保证。其次，商业保险产品设计灵活多变，可以满足企业年金业务多样化、个性化的需求。再次，商业保险拥有强大的产品营销网络，营业网点遍布城乡，给企业年金的销售以及保险给付提供了便利。更重要的是，商业保险通过长时间地经营商业退休金业务和其他长期寿险业务，积累了大量经验，初步培育了商业保险公司在企业年金领域的核心竞争力[13]。

从补充商业保险层次上来说，商业保险可以提供更多更贴合客户需求的保险产品和保险服务，保障程度也相对更高。陈萍（2010）提出应该因地制宜，在特区、沿海、沿江等经济发达地区设计高成本、高标准、高保障的保障型险种或生存与保障两全型险种，以开办生存型和普通保障型险种为辅；在一般城镇或经济欠发展地区以开办中等保费、中等保额、中等保障的生存型险种和普通保障型的险种为主，以开办高保障型险种和较高成本的生存型险种为辅；而在农村则侧重开办一些农民有支付能力并乐意接受的低保费、低保额、低保障的生存型险种或保障型险种，同时适当开办一些中档生存型和保障型险种，满足不同收入层次的农民的保险保障需要[14]。

从服务保障层次上来说，商业保险可与养老和医疗服务实现有效融合。雒庆举（2010）认为，健康管理服务是商业健康保险公司新的业务增长点，也是参与完善医疗保障体系的重要方式。例如人保健康就是秉持“健康保障+健康管理”的理念，通过与医院等部门的合作，为异地转诊和绿色通道等打下基础，同时通过开展就医巡查和病历收集工作、数据信息采集机制，为防范医疗风险打下基础。此外，我国保险公司还积极探索农房保险、小额信贷保险、被征地农民养老保险和外出务工农民保险等其他涉农保险，也取得了比较好的效果[15]。

何文炯（2010）提出应将责任保险引入到社会保障体系中，落实社会责任。各地应积极推动责任保险地方立法，将责任保险纳入政府公共安全建设体系，逐步推行强制性公众责任保险[7]。

三、商业保险融入多层次社会保障体系架构的政策建议

虽然目前我国商业保险在多层次养老保障体系中的作用日渐重要，但商业保险与社

会保险在很多方面还存在发展不均衡之处，因此大力推动商业保险与社会保险的融合与协调发展是关系到我国社会保障体系总水平提升的重要决策。对此，任建国（2012）提出首先应加强社会保险与商业保险统筹发展的顶层设计，即建立健全跨部门领导协调机制，对二者的互相参与和渗透做出清晰的制度安排，同时在有关法律中明确商业保险在社会保障体系中的地位和作用，并对商业保险参与社会养老、医疗保障体系建设的具体范围和政策措施作出明确规定；其次是以国务院发文或社保、卫生、财政、保监等部门联合发文的方式，出台专门指导意见推动商业保险机构经办社会保险业务，明确商业保险机构经办社保业务的领域、基本原则、运营方式和监督管理等；再次是出台全国统一的补充医疗保险制度，完善财税支持政策，提高保费税前列支比例，鼓励企业为职工建立补充医疗保险；最后是大力发展个人税收递延型养老保险[16]。杨帆（2009）还提到，针对城乡差异应采取差异化措施。在城镇社会保险体系建设中，可坚持“政府指导，市场主导”的原则。而在农村社会保险体系建设中，应坚持“政府主导，市场辅助”的原则。逐步建立由农民个人、集体和国家三方共同参与的养老保险制度与合作医疗制度；同时可通过商业保险与社区、企业或村镇集体兴办补充性保险制度，鼓励富裕农民建立自我保险保障计划等[17]。

延伸阅读：广东商业保险参与社会保障体系

近年来，商业保险积极履行社会管理职能，为完善广东省多层次社会保障体系发挥了重要作用。商业保险通过科学有效的风险管理手段，周密防范、及时处置各种各样的风险，在保障企业持续经营、保障个人生活安定与人身健康、参与特殊群体管理等方面，发挥着社会“稳定器”和经济“助推器”的作用。

提升保险业参与社会管理的广度和幅度

2010 年 10 月我国颁发的《社会保险法》明确界定了社会保险的法律边界，对推进政府主导与市场机制相融合的社会保险体系建设具有重大意义和深远影响。社会保险与商业保险具有很强的制度融合性和互补性。社会保险是一种政府主导行为，具有强制性和非盈利性，商业保险则具有市场化的运作机制，具有自愿性和灵活性。通过开办商业补充保险，为群众提供更高层次和更高保障水平的保险保障。同时，保险公司还可以利用自身专业化服务管理能力提供经办服务，协助政府管理社会事务，控制医疗费用不合理上涨。

2005 年以来，中国人寿保险（集团）公司发挥渠道网络、专业服务优势，参与广州市番禺、南沙、萝岗、花都、白云等 6 区（市）新农合管理，为超过 200 万人口提供优质的医疗补偿服务，促进了城乡居民“看病贵、看病难”和“因病致贫、因病返贫”等民生问题的解决，创造了“番禺模式”的典型样本。

加快推进广东省保险业参与社保体系建设

一是要从机制上鼓励商业保险机构参与社会管理。政府要切实转变观念，在市场机制可以充分发挥作用的领域，积极通过委托或购买服务的方式，引导商业保险参与社会管理；另一方面要加大国家政策推进力度，鼓励商业保险积极探索利用保险机制辅助解决社区管理、特殊人群救助以及其他领域的问题。

二是商业保险要积极创新，开拓新的保险领域。商业保险要对当前社会管理面临的问题进行深入研究，开发有针对性的风险解决方案。当前要重点参与社会公共安全体系建设和社会特殊群体管理，开拓如高危行业人员意外保险、农村小额保险、基本医疗附加意外伤害保险、外来工意外保险、低保人员保险等领域。

三是实施商业保险机构办理各种类型的补充医疗保险、养老保险的税收优惠政策。目前，投保人购买商业保险机构销售的健康保险支出不能在所得税前扣除、商业保险机构承办社会补充医疗保险也须缴纳营业税及附加，这些税收政策严重限制了商业保险机构参与多层次医疗保障体系的空间，也和税收政策“调节社会公平、提高社会福利”的原则相背离。

四是建立社会医疗保险政策协调机制。建议政府有关部门建立社会保险、商业保险、卫生管理等部门参加的社会医疗保险政策协调机制，弥补基本社会保险与商业补充保险两种补偿机制衔接中的制度漏洞，尽早建立互联互通的数据信息管理平台，提升商业保险的服务水平和社会形象。

资料来源：根据 http://insurance.hexun.com/2012-07-18/143693828.html 和讯网新闻等材料综合整理。

问题与思考

商业保险融入社会保障，构建多层次社会保障体系是社会保障建设的必然方向。形成以社会保障为主导，商业保险为辅助的模式，充分发挥两者的优势。就目前来看，“湛江模式”、“江阴模式”在我国都取得了一定程度的成功。我们在肯定成功的同时，也发现了诸如如何完善城乡一体化，如何让两者更好地融合等新课题，从而既能保证商业保险公司的利益，也能做到最大程度的社会保障。

多层次的社会保障体系给消费者提供了更多的选择，消费者根据自己的经济能力选择更加适合自己的保险保障，同时，商业保险公司开拓了市场，更会增强保险保障在中国人民心中的地位，达到共赢。对政府而言，多层次的社会保障体系的构建在提高社会保障能力的同时，也能够减轻财政压力，更能获得老百姓的好口碑，可谓一举多得。但是，我们必须看到，在构建多层次的社会保障体系的过程中，还有很多问题亟须解决。中国金融市场以及保险市场的大环境还有很多的不足，制度方面、监管方面、人才方面都存在一些问题。商业保险公司如何能够在多层次社会保障体系中赢利也是政府和商业保险公司需要解决的重要问题，毕竟一个良好的体系需要相互协调，达到平衡。构建多层次社会保障体系任重而道远。

问题 1：

社会保险与商业保险的基本功能有何异同？

问题 2：

为什么要构建多层次的社会保障体系？

问题 3：

商业保险融入社会保障体系的优势所在？

参考文献

[1] 陈树文，李佳，姜照华. 公共服务创新路径的多维分析 [J]. 当代经济管理，2013，35 (6).

[2] 向国春，顾雪非，李婷婷，等. 从国际经验谈我国商业医疗保险经办社会医疗保险 [J]. 中国卫生经济，2012 (6).

[3] 曹明，丁江萍. 商业保险在农民工社会保险保障中的作用及政策分析——商业保险与社会保险的互替效用研究 [J]. 时代金融，2010 (2).

[4] 许飞琼. 商业保险与社会保障关系的演进与重构 [J]. 中国人民大学学报，2010 (2).

[5] 曹乾，张晓. 替代还是互补：社会保险与商业保险关系的理论和实证分析 [J]. 金陵科技学院院报，2006，20 (4).

[6] 何娇. 从商保参与新农合看商保与社保的融合发展 [J]. 大众商务，2009 (4).

[7] 何文炯. 社会保险转型与商业保险发展 [J]. 保险研究，2010 (7).

[8] 王德宝. 新医改视角下我国商业健康险的发展契机 [J]. 保险研究，2009 (9).

[9] 姚俊，商业保险参与新型农村合作医疗的定位、模式与路径研究 [J]. 农村经济，2008 (7).

[10] 荣幸，郭丁铭. 商业保险参与新型农村合作医疗的探讨 [J]. 保险职业学院学报，2010 (4).

[11] 申曙光，马颖颖. 中国医疗保障体制的选择、探索与完善 [J]. 学海，2012 (5).

[12] 王治超. 商业健康保险在新医改中应大有作为 [N]. 中国保险报，2010-10-26.

[13] 庄娜，袁萍. 浅议商业保险与社会保险的融合与接轨 [J]. 才智，2008 (23).

[14] 陈萍. 社会保险与商业保险携手共创和谐社会 [J]. 企业导报，2010 (6).
[15] 雒庆举. 医疗保险市场中商业健康保险公司的定位 [J]. 保险研究，2010 (2).
[16] 李画，全国人大代表任建国：统筹社会保险和商业保险协调发展 [N]. 中国保险报，2012-03-09.
[17] 杨帆. 建立健全社会保险和商业保险互动发展模式 [N]. 中国保险报，2007-04-30.
[18] 覃笺. 浅析我国社会保险、商业保险的融合发展 [D]. 成都：西南财经大学，2005.
[19] 李晓霞. 我国社会保险与商业保险的协调发展研究 [D]. 武汉：武汉科技大学，2006.
[20] 余曙光，万杨. 我国社会保障制度的发展和改革对策 [J]. 漯河职业技术学院学报，2009，8 (3).
[21] 李濉. 商业保险参与新型农村合作医疗：背景、机遇与挑战 [J]. 保险研究，2008 (12).
[22] 王琬. 中国商业保险的发展与社会保障制度建设 [J]. 人口与经济，2010 (6).
[23] 邵全权，陈佳. 我国社会保险和商业保险的竞争与合作——从医疗保障制度改革视角的研究 [J]. 上海经济研究，2009 (3).
[24] 秦士由. 商业保险参与构建农村社会保障制度的动因和优势分析 [J]. 保险研究，2011 (1).
[25] 都加强. 论商业医疗保险与社会医疗保险的有效衔接 [J]. 保险研究，2000 (10).
[26] 钱振伟，王翔，张艳. 商业保险参与社会保险体系建设的理论与实践研究：基于政府购买服务视角 [J]. 经济学家，2011 (1).
[27] 焦清平，周汉涛. 商业保险是我国社会保障制度的重要补充 [J]. 武汉金融，2004 (3).
[28] 邓芳. 商业保险是社会保障的必要补充 [J]. 北方经济，2009 (2).
[29] 朱伟忠. 商业保险参与多层次医疗保障体系的目标定位和政策思考 [J]. 保险市场，2012 (9).
[30] 黄英君，蒲成毅. 商业保险与社会保险的互动：一个文献综述 [J]. 江西财经大学学报，2007 (5).
[31] 史绍文. 商业保险参与补充医疗保险初探 [J]. 青海金融，2012 (6).
[32] 杨星. 商业健康保险参与社会医疗保障体系管理和服务的国际经验与思考 [J]. 中国保险，2009 (11).
[33] 赵波. 商业健康保险参与社保体系建设的有益探索 [J]. 上海保险，2009 (7).
[34] 梁涛. 商业健康保险发展现状与展望 [J]. 中国金融，2010 (15).
[35] 许志伟. 商业保险参与医疗保障体系建设的路径选择 [J]. 中国医疗保险，2012 (8).

[36] 徐延辉. 中国社会保障研究：回顾与展望 [J]. 社会科学研究，2006 (4).
[37] 朱宏伟. 中国人寿：以商业保险完善社会保障 [J]. 中国经济周刊，2007 (21).
[38] 陈荣华，陈志军，朱煜. 社会保险与商业保险合作的实践探索 [J]. 中国医疗保险，2011 (2).
[39] 赵秀哲. 商业保险在社会保障体系中的补充保障作用 [J]. 金融经济，2007 (4).
[40] 吴娟. 商业保险与社会保险融合发展的必要性及对策——以重疾医疗保险为切入点 [J]. 经营管理者，2009 (4).
[41] 韩德. 商业保险参与社会医疗体制改革所面临的问题和对策 [J]. 经济论坛，2002 (5).
[42] 张映芹. 论商业保险与社会保险的互补性 [J]. 理论导刊，2000 (3).
[43] 江帆. 拓展商业健康险与社保结合新路径 [N]. 经济日报，2010-04-09.
[44] 欧伟. 试论商业保险在社会保障体系中的地位与作用 [J]. 理论研究，2007 (2).
[45] 杨超. 发挥商业险补充作用，完善社会保障体系 [N]. 中国保险报，2009-06-30.

第四章 保险与农业经济

学习目的

通过对本章的学习，对保险与“三农”结合下的产物，包括农业保险、政策性农业保险、“三农”保险的基本定义以及三者之间的关系有初步的了解。同时，重点了解“三农”保险的研究现状，如：在“三农”保险的产品和服务及发展对策领域的研究。熟悉冯·诺曼-摩根斯顿效用函数与J·斯蒂格利茨的保险需求理论、Logit模型，并理解该两种统计工具在保险与“三农”研究领域的使用原理。掌握“三农”保险中3种重要模式：上海的“以险养险”模式、吉林的“大农险”模式和浙江的“共保体”模式的具体情况，并对三种模式进行比较，思考各种模式在实际应用中的选择条件所存在的优势与劣势以及未来的改进方向。

引言

2005年10月，“三农”在党的十六届五中全会上被正式提出，“三农”，即指农业、农村和农民。而随着我国的改革开放和市场经济的不断发展，“三农”问题日渐凸显，并成为我国经济发展中的短板。作为农业大国，我国面临着农村基础设施不健全，发展较为落后的问题；农业受自然灾害影响大，现代化程度低的问题；以及农民增收难，医疗、养老等方面保障缺失的问题。随着中共中央、国务院在2004—2010年间连续出台七个指导“三农”工作的中央一号文件，“三农”问题也已经成为中国社会经济发展的核心问题。而如何有效地解决三农问题，推动农村的发展已然成为党中央国务院所关心的重大问题。

保险具有经济补偿、资金融通和社会管理三大功能，具有分散风险的作用。保险参与经济建设和社会生活的各个领域，通过特有的交换机制促进社会资源的合理分配，提高了整个社会的资本配置效率，推动了经济发展，起到了“稳定器”和“助推器”的双重作用。然而，时代赋予了保险更多的任务和责任。在学习党的十八大精神的扩大会议上，保监会主席项俊波表示，要重点推动保险业在现代金融、社会保障、农业保险、防灾减灾和社会管理五大体系中的作用。由此可见保险已经进入农村，助力“三农”问题的解决；同时，实践表明，保险在中国的“三农”背景下，对于农业自然风险和经济风险的分担、农村社会保障体系的建立与健全都具有决定性的影响作用。因此，“三农”保险和农业保险是保险进入农村，是当前我国解决“三农”问题需求下的产物。本章主要对目前我国的“三农”保险从理论和实践的角度进行分析，并基于“三农”保险在发展中的产品和服务的定位与设计，对当前“三农”保险中突出的三种发展模式：上海的“以险养险”模式、吉林的“大农险”模式和浙江的“共保体”模式分别进行分析和比较。

知识回顾

一、基本概念

（一）农业保险

农业保险，一般被分为广义和狭义两种。目前，我们通常意义上所说的农业保险大都是指狭义的农业保险，也就是指种植业和养殖业两业的保险。而广义上的农业保险通常是指除了种养两业保险之外，还包括农民的家庭财产保险、农村一些企业的财产保险以及农民的人身保险等[1]。长期以来我国开展的农业保险，一直被定义为保险人组织农业生产经营者共同分摊风险损失，建立农业保险保障基金，对因灾害事故产生一定损失的种养两业的被保险人在相应的保障范围内给予一定的经济补偿的一种方式。我国对农业保险的划分也规定了很详细的标准，如按照农业保险种类的不同，可分为种植业保险、养殖业保险以及林木保险三类保险；按照保险标的危险性质的不同，可分为疾病死亡保险、意外事故损失保险以及自然灾害损失保险等；按照保险责任范围的不同，可分为一切险、基本责任险以及综合险等。由于我国农业不像发达国家那样一般对种养两业实行分业以及规模化经营，而是实行混业以及分散化经营，同时家畜和家禽的饲养也已经成为我国许多农户家庭收入的主要来源，所以目前我国的理论界和实务界大多使用通常意义上的农业保险概念，即指种养两业保险[2]。

（二）政策性农业保险

政策性农业保险，是保险公司开展的由政府对特定农作物、特定养殖品种提供保费补贴的保险，是在农业发展过程中支持农业的一种政策性工具。其不属于一般商业保险的范畴，是运用保险经济制度所进行的一种风险管理和社会管理，是政府为农业支持而作出的一种制度化安排，它是根据概率论和大数法则，为被保险人在从事种养两业过程中因自然灾害或意外事故所造成的经济损失给予保险责任范围内的经济补偿的一种保险制度。其实质就是国家财政对农业保险的净投入，同时辅之以必要的法律与行政支持。农业风险一般都比较大，农业保险的赔付率也比较高，所以农业保险的经营者经常会出现收不抵支的现象。因此，为了支持农业的发展，很多国家都采取减免税收、财政补贴及再保险等政策支持农业保险，将这些投入作为对农业系统性投入的一部分，即政府对农业的一种附加性投入或补偿性投入，也就是政策性农业保险的投入。随着我国农业结构的调整，设施农业、规模农业的发展，农业投入越来越大，风险也就越来越高。建立政策性农业保险制度，是政府支持农业的重要举措，是解决“三农”问题的重要手段。对规避农业生产风险，增强防灾、抗灾能力，促进现代农业发展，增加农民收入，提高农业经济的稳定性，促进一、二、三产业之间协调发展都具有重要的现实意义。

（三）“三农”保险

我国的“三农”保险目前可大体概括为三类保险，即：农业保险、农村保险和农民保险。其中，农业保险主要是农作物保险，包括中央、地方政府补贴的政策性农业保险，同时也涵盖一些商业保险，包括针对当地优势农业产业开发的种养殖业保险，如果树保险、水产养殖业保险，等等；农村保险可以界定为农村范围内的商业财产保险，其与农业保险一起构成农村财产保险，如房屋保险、与小额贷款捆绑的保险产品等；农民保险可以界定为农村人身保险，包括新农合和农村范围内的商业人身保险及目前正在试点的农村小额保险等[3]。因此，“三农”保险打破了传统意义上的农业保险研究范围，是以农业、农村、农民为服务对象的综合性保险，是在市场经济条件下以确定的、较小的费用支出转移和分散农业、农村和农民的不确定损失的一种制度安排，是市场化、商业化的风险转移机制、社会互助机制与辅助管理机制，是一种全方位、多险种的风险保障机制[4]。

二、统计工具

（一）冯·诺曼-摩根斯顿效用函数与 J. 斯蒂格利茨的保险需求理论

冯·诺曼-摩根斯顿效用函数也被称为期望效用函数，是 20 世纪 50 年代，冯·诺曼和摩根斯顿（Von Neumann and Morgenstern）在公理化假设的基础上，运用逻辑和数学工具，建立了不确定条件下对理性人（Rational Actor）选择进行分析的框架。如果某个随机变量 X 以概率 P_i 取值 x_i，$i=1, 2, \cdots, n$，而某人在确定地得到 x_i 时的效用为 $u(x_i)$，那么，该随机变量给他的效用是：

$$U(X) = E[u(X)] = P_1 u(x_1) + P_2 u(x_2) + \cdots + P_n u(x_n)$$

上式中，$E[u(X)]$ 表示关于随机变量 X 的期望效用。因此 $U(X)$ 称为期望效用函数。

J. 斯蒂格利茨的保险需求理论是指，保险对于投保人的价值 $V(p,\alpha)$（p 为损失发生的概率，α 为保费额）可以表达为 $V(p, W-\alpha, W-d+\alpha_1)$，继而推之为 $(1-p)(W-\alpha)+p(W-d+\alpha_1)$。其中，$W$ 为初始财富额，d 为损失额，α_1 为赔付额与保费额之差，只有当 $V(p,\alpha)>V(p,0)$，即购买农业保险的期望效用大于不购买农业保险的期望效用时，保险的购买决策才会发生。

冯·诺曼-摩根斯顿效用函数与 J. 斯蒂格利茨的保险需求理论是研究农业保险以及农民的保险需求和投保行为的理论基础，通过该理论，可以分别建立起农民的效用函数、农民可从保险中获得的价值函数等，进而从函数推算的角度计算出农民购买保险的条件。陈妍等（2007）从冯·诺曼-摩根斯顿效用函数和 J. 斯蒂格利茨的保险需求理论出发，令 $V^{\wedge}(p, W_1, W_2)=(1-p)U(W_1)+pU(W_2)$，$W_1$ 和 W_2 分别代表不发生灾害和发生灾害时农户的收入，$\alpha=(\alpha_1, \alpha_2)$ 为农业保险合同，其中 α_1 为保费，α_2 为赔付额与保费额之差。则农业保险对于农户的价值 $V(p,\alpha)=V^{\wedge}(p, W-\alpha_1, W-d+\alpha_2)=(1-p)U(W-\alpha_1)+pU(W-d+\alpha_2)$。由于农户总是可以选择不购买农业保险，则只有当 $V(p,\alpha)>V(p,0)=V^{\wedge}(p, W, W-d)=(1-p)U(W)+p(W-d)$ 时，农户的购买决策才会发生。于金玉等（2009）通过使用冯·诺曼-摩根斯顿模型分析认为，农民作为风险规避者是具有农业保险的需求的，购买保险可以使得单个农民的效用最大化。

（二）Logit 模型

Logit 模型（Logit Model），也译作“评定模型”，是离散选择法模型之一。属于多重变量分析范畴，是社会学、生物统计学、临床、数量心理学、市场营销学等统计实证分析的常用方法。逻辑分布（Logistic Distribution）公式 $P(Y=1 \mid X=x)=\exp(x'\beta)/1+\exp(x'\beta)$，其中参数 β 常用极大似然估计。

Logit 模型是最早的离散选择模型，也是目前应用最广的模型。Logit 模型是卢斯（Luce，1959）根据 IIA 特性首次导出的；玛斯·查克斯（Mars Chark，1960）证明了 Logit 模型与最大效用理论的一致性；马利（Marley，1965）研究了模型的形式和效用非确定项的分布之间的关系，证明了极值分布可以推导出 Logit 形式的模型；麦克·法登（McFadden，1974）反过来证明了具有 Logit 形式的模型效用非确定项一定服从极值分布[3]。此后 Logit 模型衍生发展出了其他离散选择模型，形成了完整的离散选择模型体系，如 Probit 模型、NL 模型（Nest Logit model）、Mixed Logit 模型等。模型假设个人 n 对选择枝 j 的效用由效用确定项和随机项两部分构成。Logit 模型概率表达式具有显性特点，模型的求解速度快，应用方便。当模型选择集没有发生变化，而仅仅是当各变量的水平发生变化时（如出行时间发生变化），可以方便地求解各选择枝在新环境下的被选概率。根据 Logit 模型的 IIA 特性，选择枝的减少或者增加不影响其他各选择枝之间被选概率比值的大小，因此，可以直接将需要去掉的选择枝从模型中去掉，也可将新加入的选择枝添加到模型中直接用于预测。

Logit 模型在研究影响农民参与投保因素方面运用比较广泛。陈妍等（2007）通过选取家庭的农业收入（inc）、耕地面积（acr）、外出务工人数（wrk），受访者的受教育年限（edu）等自变量，将 Logit 模型设定为：

$$P(y=1|x)=G(\beta_0+\beta_1 \text{inc}+\beta_2 \text{acr}+\beta_3 \text{wrk}+\beta_4 \text{edu}+\beta_5 \text{fmy}+\beta_6 \text{pcv})$$

上式中，$G[f,(x)]=\exp[f(x)]/\{1+exp[f(x)]\}$

并对调查数据运用 SPSS 软件进行了回归分析，分析结果显示影响农业保险购买意愿的主要因素有家庭农业收入和耕地面积以及受访者的受教育年限和务农年限，即农业经营规模和农户接触外界知识（尤其是保险知识）的可能性对农业保险的购买意愿有显著影响。于金玉等（2009）通过选取自变量，如：家庭耕地面积（acr），务工人数（wor），户主的受教育年数（edu），户主的年龄（age），风险认识程度（ris），寻求外部帮助的能力（hel）等，设定回归模型的方程为：

$$P_i=E(Y=1/X_i)=1/1+e^{(-\beta_1+\beta_2 X_i)}$$

上式中，X_i为向量，其分量分别为 tinc、inc、arc、wor、edu、age、ris、hel。

通过运用 SPSS 软件对数据进行了计量分析，采用 Forward Conditional 的回归方法，运用 Logit 回归模型，研究结果显示：务工人数（wor）、农业收入（inc）、耕种面积（arc）及年龄（age）没有进入最后的模型，说明上述四个因素与农民对农业保险的需求没有明显的相关性。教育水平（edu）与总年均收入水平（tinc）的正相关性极为显著，风险认识程度（ris）与需求有较为明显的正相关性，寻求外部帮助的能力（hel）与需求有较为显著的负相关性。

案例呈现

用农业保险为农民增收“保驾护航”

9 月 16 日，安徽岳西县冶溪镇瓜农程新年接到通知，县财产保险公司将付给他农作物受灾赔偿款 8000 多元。听到消息后，他十分高兴地说：“有了农业保险‘护航’，俺们种地心里就有了底。”（9 月 17 日《安庆日报》）

相对于其他产业来说，农业是一个“看天吃饭”的产业，时刻面临自然灾害的威胁。据资料显示，我国农业受灾比例每年大约在 40%以上。由于农业基础比较脆弱，农民是无法独立承受这种风险的。特别是近年来，随着产业结构的调整，农业规模化、产业化的推进也意味着高投入、高风险的来临，农民们更期待拥有一把“保险伞”。

农业保险是财产保险的一种，以农作物、牲畜等为保险标的。根据保险合同约定，在农业生产者从事种植业、养殖业和捕捞业的生产过程中，由于遭受自然灾害或意外事故，而致农作物歉收、损毁或牲畜伤亡等损失时，保险人应负责赔偿。按理说，农民有需求，保险公司有市场，应该是一件皆大欢喜的事情，然而实际情况并非如此。有人这样来概括我国目前的农业保险现状：农民想投保，但交不起钱；农民能接受的，保险公司又赔不起。高赔付导致农业保险的高保费，而高保费又使更多的农民买不起保险，我国的农业保险就在这样的怪圈中徘徊。

针对农业保险的发展情况，国务院发展研究中心、农村金融研究所所长韩俊曾经发出过这样的感慨："农业保险，没有一个国家像我国这样越来越萎缩。"两年前，也有人大代表在全国"两会"上直言不讳地说："如果农业保险的问题不解决，肯定是个很大的后患!""没有农业保险，农民有后顾之忧，就不敢大胆发展规模化生产，这不利于优势农业产业的发展。"可见，农业保险对农业增产、农民增收举足轻重。

那么，如何做大做强农业保险，让其真正为农民增收"保驾护航"呢?

一是加强宣传，提高社会各界对农业保险业务的认知度。尤其要让农业保险知识走进千家万户，使广大农户了解参加农业保险的好处，知晓参加保险的程序、理赔方式及理赔金额等，使他们做到心中有数，提高农民自觉投保的积极性，提高参保率，最大限度地降低农户可能遭受的经济损失。

二是在保费来源上要进一步拓宽和完善渠道。除了政府补贴外，还可以让有关部门从财政灾情减免款、民政扶贫救灾款、乡村公益金等多方面筹集资金，尽最大可能减少农民参保费用支出。

三是加强农业保险立法，进一步明确双方的法律责任。一方面要合理制定保费、规范理赔流程；另一方面要加强市场行为监管，严厉打击欺瞒、误导和出险后惜赔、少赔、拖延不赔等侵害农民利益的行为。走出"投保容易，赔偿难"的怪圈，让农业保险真正解决农民的后顾之忧。

由于农业保险是政府行政推动和市场化运作相结合的保险模式，不同于商业性保险，其政策性强、涉及面广、工作难度大。这需要各级党委、政府和有关部门能以高度的责任感，把农业保险工作列入重要议事日程，从执政为民和构建社会主义和谐社会的高度，充分认识做好农业保险工作的重要意义，让广大农民从中得到实惠。

资料来源：根据 http://news.xinhuanet.com/theory/2008-09/19/content_10074801.html 和新华网信息等材料综合整理。

理论分析

一、"三农"保险的研究状况

由于"三农"保险在我国出现的时间较短，因此在该领域的研究多基于农业保险的基础之上。米斯拉（Mishra，1996）认为在历史上曾经尝试使用个人或者商业性质进行经营的农业保险一切险或者多重险基本无一幸存，而农业保险大体上都是靠政府直接经营或间接经营的。同时由于道德风险、逆向选择以及一些相关费用等原因，农业保险的经营成本通常比较高，而且保险费用大于农民的风险管理费用，如果政府不提供一定的保费补贴，农民进行投保可能就没什么作用。格劳伯和柯林（Glauber and Collin，2001）证明，政府的特别灾害计划影响了农民参加农作物保险的积极性。由此可知，在国外的农业保险上，学者对于政府是否应该参与存在诸多争议。而国内的农业保险和"三农"保险研究在这方面意见比较统一，并将研究的重点放在商业保险公司的参与、"三农"保险的意义、"三农"保险的产品和服务，以及"三农"保险的对策等方面。

（一）"三农"保险的意义与商业保险公司的参与

我国目前的政策性"三农"保险多为政府与保险公司合作的产物，政府通过补助等政策，和保险公司合作为农业提供保险，对农业中的风险造成的损失予以补偿。朱俊生（2009）指出我国农业保险的公私合作制度，既实现了政府责任的回归，又充分利用保险公司现有的组织资源提高了运行效率[5]。吴焰（2007）认为商业保险公司在发展农村保险时应争取政府的引导支持，主动加强与各级政府的联系[6]。在"三农"保险的作用和意义方面，蒋正华（2005）认为，发展"三农"保险，是增强农业抗灾御灾能力、巩固经济基础的迫切要求，是确保农村经济结构调整和健康发展、增加农民收入的必要措施，同时也是完善农村社保体系、提高农民生活质量的迫切需要[7]。刘吉舫（2010）认为"三农"保险是扩大农村消费的"助推器"，它为农民增收提供保障并解除农村居民的后顾之忧[8]。

（二）"三农"保险的产品和服务及发展对策

"三农"保险的产品与服务的提供以及其可持续发展路径的选择，是目前该领域学术界研究的重点问题之一。吴定富（2009）认为，要按照"先起步、后完善，先试点、后推广"的思路，发挥国有保险公司的主渠道作用，探索推进多种形式的"三农"保险试点。同时，创新组织形式，推动专业化发展；创新产品业务，拓宽服务领域。如：指导开展能繁母猪保险、蛋鸡保险等以维护农产品市场稳定；指导保险公司开发农民小额信贷信用保证保险，为解决农民"贷款难"问题提供服务；指导保险公司开展农房、农机、农村合作医疗、农民养老和外出务工农民人身意外伤害保险等涉农保险，为农民和农业生产提供全方位的风险保障；保险公司根据地方农业经济发展需求，积极开发地方特色型农业保险品种[9]。管延芳（2009）认为我国应构建以政府政策主导、保险公司加强服务、多主体市场化运作、多渠道支持的具有中国特色的"三农"保险模式[10]。丁孜山等（2008）认为在"三农"保险的发展中，要注重市场主体和组织机构、经营理念和经营措施、管理内容和管理制度以及组织体系和人才培训的专业化[11]。付钢（2012）以湖北省政策性"三农"保险的情况为例指出，要坚持数量维度，确保政策性"三农"

保险规模合理增长；坚持质量维度，确保政策性“三农”保险优质发展；坚持时间维度，确保政策性“三农”保险发展的持续性[12]。

面对“三农”保险在发展过程中所遇到的问题和未来的发展方向，徐汉坤（《湖北省“三农”保险简析》）认为，政府应该对保险公司“三农”保险业务实行税收优惠政策并支持保险公司健全农村风险防范设施；保险公司应加强险种创新、服务创新和构建“三农”保险的风险分散机制。王韧（2008）基于甘肃省“三农”保险的情况认为，发展“三农”保险，政府应该加强引导，加大政策扶持力度；监管部门要做好农村保险机构的审慎性监管和预警监管，提高市场准入的审批效率；保险公司要做好保险知识在农民中的普及工作、加大对农险产品的改造和创新以及营销员素质的提升和专业化服务的提供[13]。

二、“三农”保险的模式分析

随着2008年财政部相继印发《中央财政种植业保险保费补贴管理办法》和《中央财政养殖业保险保费补贴办法》，我国农业保险制度的公私合作模式得到了制度上的确立。商业保险公司在参与经营“三农”保险的过程中，以政策性农业保险为依托，利用自身优势，不断扩大“三农”保险服务领域，不断增加风险覆盖面。经过多年的发展和经验的积累，目前在我国的农村保险市场上影响较大的三类保险模式分别为：上海“以险养险”模式、吉林“大农险”模式和浙江“共保体”模式。

（一）上海“以险养险”模式

“以险养险”指除经营传统的农村种植业和养殖业保险外，保险公司还在农村经营保险监管部门批准的财产损失保险、责任保险、法定责任保险、信用保险和保证保险、短期健康保险和意外伤害保险及上述业务的再保险等业务。通过这些险种的收益来弥补种植业、养殖业保险可能产生的亏损。上海安信农业保险公司（简称安信农保）作为农业政策性保险中“以险养险”的代表，于2004年筹建和挂牌，也是我国最早的专业性农业保险公司，采取政府财政补贴推动、商业化运作的思路和经营方针。

事实上，早在1991年，上海市就对农业保险进行了经营机制改革的试点，因此在农业保险方面也有一定的实践经验。安信农保在运营中借助于上海市发达的农业合作社，通过合作社的平台将分散的农户集中起来，这不仅对保险公司为农户提供产前、产中、产后的全程服务提供了极大的方便，同时也有利于农业保险业务集中承保、集中理赔的开展，这在很大程度上节约了公司的综合经营成本。此外，安信农保还逐步推广农民的人身、家财、农机具和农村合作医疗等保险，以不断完善农业保险保障体系，同时也有助于保险公司在非农险领域的探索和发展。随着业务的发展，商业险在所有保费收入中的比例不断提高，安信与有关农产品生产加工企业合作，开发研发保险、食品安全保险、出口蔬菜等农产品质量保证保险，将农业保险保障功能从生产领域逐步扩大到流通领域，以“一揽子”保险方式为农业发展提供专业化、现代化的保险服务，逐步建立涵盖农业生产、农村金融服务、农村住房建设、农民财产及医疗健康等农业保险的专业化运作体系。

（二）吉林“大农险”模式

“大农险”即以政策性农业保险作为突破口，进而培养农民的保险意识，逐步开发农村保险市场，并在农村市场打开其他险种的销售之门，以满足农村市场的保险需求。“大农险”模式以吉林安华农业保险公司（简称安华保险）为典型，安华保险以服务于“三农”为宗旨、走“大农险”之路，经营“一揽子”农村保险业务作为其战略规划；同时，安华保险实行信息技术（Information Techholoyy，IT）治理创新，重视通过信息化手段来提高保险公司的营销能力。由于农业保险开发的成本高、利润低并且风险大，因此，吉林“大农险”模式也得到了国家和地方的财政补贴与政策支持。

目前，“安华模式”主要经营农业保险、涉农保险、城市保险，同时为政府代办政策性农业保险业务。“安华模式”的优势之一在于其销售渠道方面，安华公司将间接销售定为主渠道，并且注重对农村销售网络的建设。通过将农险业务同农村信用社网络资源优势相结合，保险公司委托信用社代理业务，不仅减少了保险公司的运营成本，同时也增加了信用社的经营收入。其次，在险种方面，安华保险积极探索农业保险同新型农村合作医疗、机械化工作、农业产业化项目等的结合，并开发出相应的保险产品。此外，还针对农村的具体情况，自主开发出商业性保险如：农村干部险、农房险、小额信贷险等。这就实现了政策扶持与商业化运作的结合，同时也是对原有保险资源的再利用，摊薄其运营成本。然而，就“安华模式”多年的发展情况而言，其经营的保险产品收益不佳，并处于亏损状态，如果政府的财政补贴乏力，该模式将很难长期运行下去。

（三）浙江“共保体”模式

浙江“共保体”模式是以共保经营为主、互助合作为辅的模式，其中共保经营指由两家及以上商业保险公司组建“浙江省政策性农业保险共保体”，其中一家保险公司为“首席承保人”，其他保险公司为“共保人”。共保体经营范围为农险、“以险养险”、涉农险三类，实行“单独建账、独立核算、盈利共享、风险共担”。根据省政府授权，共保体经营运作全省政策性农业保险项目，按照章程约定的比例，分摊保费、承担风险、享受政策，共同提供服务。浙江省“共保体”模式中，中国人民财产保险股份有限公司（简称人保财险）浙江省分公司为首席承保人，太平洋财产保险股份有限公司（简称太平洋财险）、中国平安财产保险股份有限公司（简称平安财险）、中国大地财产保险股份有限公司（简称大地财险）等10家商业保险公司浙江分公司为共保人。在“共保体”内，“首席承保人”和“共保人”以商业保险运作模式实施对农业保险的承保、理赔、结算、风险准备金提存等。

在“共保体”的运行过程中，体现出如下特点：一是将政府推动与市场运作相结合。农保“共同体”的组建由政府推动，并且将农业保险作为准公共产品，对“共同体”进行政策扶持和提供税收优惠；同时，借助于商业保险公司已有的人力和保险经验，按照市场运作、风险共担原则来实施政策性农业保险。二是“共保体”的组建方式决定了在运行过程中，各保险公司间形成风险分担、利益均沾的关系。这也在很大程度上解决了因农业保险中风险赔付成本高而致使保险公司无法承担的问题。三是建立单独账户，封闭运行。试点阶段的农险业务、“以险养险”业务的收入，均建立资金专户，并对农险存余和利润进行滚动，以丰补歉。为保证共同体的健康运行和建立充足的资金保障，目前主要有四项政策支持其发展，其中包括：农险保费财政补贴、“以险养险”配套支持、税收优惠政策和政府按约定比例承担赔付责任。

三、农业保险需求的影响因素

对于影响参与农业保险的因素而言，主要分为如下三大类：首先是农户的主观因素，其次是经营性因素，最后是客观性因素[14]。其中，第一类因素，主观因素主要涉及农户自身的情况，如：年龄、受教育状况等。惠莉等（2008）通过对江苏省10个地区的抽样数据分析，结果表明，农民的受教育程度也是影响其农业保险需求的因素之一[15]。杜鹏（2011）基于湖北五县342户农户的调查数据，并使用Logit计量经济模型，对影响农户农业保险需求的因素进行分析，研究结果显示，年龄与教育因素对农业保险需求的影响不显著，而农民对对农业风险的认知和对农业保险的了解程度与农业保险需求呈正相关[16]。此外，李祥云等（2010）在对山东农户的调查数据分析研究的基础上认为，参加政策性农业保险的意愿强弱与年龄有显著相关性，年龄越小越倾向于参加保险，而年龄越大，则对政策性农业保险的排斥意愿越强；教育程度与农户参保意愿呈不显著的负相关关系[17]。第二类因素，农业的经营性因素主要包括收入状况、经营规模与专业化程度以及农业的投入与产出比等。在对经营性因素是否影响农业保险需求的研究中，郭欢（2012）使用Logistic回归模型，对武汉市周边三个地区农业保险需求决策的影响因素进行了分析，实证结果显示，农业收入对农户是否购买保险具有决定性作用，同时，耕地面积与是否购买保险也有一定的相关性[18]。此外，刘荣多等（2010）在对河北省11个地市的实地调查数据的分析中认为，农民年收入、农业生产是否划算对购买保险行为有着显著的影响[19]。第三类因素即客观性因素，该类因素多指农户本身和经营过程以外的因素，如政府政策、机构收费等。杜鹏（2011）认为，政府信任水平和政府补贴与农业保险需求有着显著正相关关系。刘冬姣等（2011）基于国家开展财政补贴的全国19个省、直辖市、自治区9个年度的农业保险数据进行实证分析，在对多种因素的回归分析后的结果表明，农险保费补贴对农险需求有显著影响；同时，在无补贴的情况下，农户的人均收入和农险需求相关性不大，而在有保费补贴的情况下则显著相关[20]。

因此，在农业保险需求的影响因素中，农户本身的主观因素的影响作用在学界并没有较为一致的研究结论；而经营性因素和客观性的政策因素对农业保险需求的显著影响作用，则得到学术界较为一致的认同。

延伸阅读：浙江省政策性农业保险理赔首例

2006年4月26日，桐乡市濮院镇新港村经济合作社代表生态猪养殖基地的17户养猪专业户，和浙江省政策性农业保险共保体签订了《种植业、养殖业保险保险单》，同时保险合同生效，保险期间从保险合同生效之日起到生猪出栏为止。保险单中说明：生猪3000头，600元/头，保险金额合计180万元，按照15‰的基础费率和0.95的风险系数，保险费合计25 650元。按照当时政策性农业保险的政策，政府给予40%的生猪保费补贴，因此政府承担10 260元，合作社农户交纳保费总额15 390元。同年5月3日，由于感染了猪肺疫，该生猪养殖基地中几个养猪户养的猪一共死了28头。由于养殖业保险的特殊性，养猪户在猪发病死后不久及时报案，人保财险桐乡支公司理赔员和农业专家也在当天就立案确认定损，养猪户因此得到了赔付。

按照《浙江省政策性农业保险共保体生猪养殖保险条款》（以下简称《条款》）第三条关于保险责任方面的规定，猪肺疫在保险责任范围内。

但其中的第八条规定从保险合同生效之日起15日内为疾病观察期。保险生猪在观察期内因保险责任范围内的疾病死亡，保险人不承担赔偿责任。出险时离合同生效仅7天，保险公司仍然负责理赔。看似本案例并没有考虑该条款，但该条款主要是为了防止购入的猪本身就有疾病，该生态猪养殖基地的生猪并非刚刚购入。根据《条款》第十五条关于赔偿处理计算办法的规定，赔偿金额按尸重和每千克保险金额确定，计算公式为：赔偿金额=尸重（千克）×保险金额/100（千克），按照该基地的合同，有7头猪的绝对免赔额头数，也就是说超过7头的部分才能得到理赔。另外，《条款》第十六条规定：因保险责任范围内的疾病导致生猪死亡时，最高以损失发生之日起连续30天内的实际损失数量为限计算一次保险事故的生猪死亡数量。因此该案例从5月3日立案开始30天为一个理赔周期。

该基地共死亡生猪28头，扣除前7头绝对免赔额头数，共计1245千克，按照保额600元/头计算，理赔金额为7470元。按照合同规定，新港村生态猪养殖基地里的专业户在本次理赔周期到期后，即6月1日后领取第一笔保险金，该笔保险金包括上述的7470元以及该理赔周期内其后由于疾病死亡的生猪的保险金的50%，其余部分在保险年度末统计全年赔款后，进行个案清算。经省人保公司核实，该案例属于省政策性农业保险理赔首例。

资料来源：根据 http://wenku.baidu.com/view/a065af8083d049649b66587c.html 和《浙江省“共保体”模式下政策性农业保险》等材料综合整理。

问题与思考

在“三农”问题日渐凸显的中国，如何成功解决农村的一系列问题，转劣势为优势，成为了党中央、国务院密切关注的问题。农业所承受的高自然风险成为了“三农”问题的重要一环，如何分散风险，如何保证农民的收入等问题，都要求我们在现有的农村保障机制基础上创新形式，成功的分散风险。而保险业最基本的一个功能即为对不确定的风险进行投保，并在风险发生的时候通过补偿，以降低投保人所面临的风险，进而达到分散风险的目的。因此，保险运用于“三农”问题的解决，成为了必然选择，这既成功地减轻了农民对农业不稳定性承受的损失，也成了政府解决该问题的良好方案。对于保险业来说，这意味着一个新的业务渠道的开拓，也无疑迎来了又一个发展生机。

就目前保险与“三农”结合的具体形式来看，各地结合当地的具体情况，开拓出不同的政策性农业保险的形式。在政策农业保险领域较为突出的有三种模式，即上海的“以险养险”模式、吉林的“大农险”模式和浙江的“共保体”模式。对于安信的“以险养险”而言，其基于农业保险而建立，主要是为解决种植业、养殖业所面临的风险，这也是农民最为需要的保险产品。虽然政府对农业保险进行补贴，然而农业保险本身所具有的高风险、高赔付的特点致使保险公司无法持续参与，因此，在基本农业保险的基础上，开发出商业保险产品，符合保险公司作为商业机构，以营利为目的的需求，也可以正面激励保险机构在农村保险服务中的发展，进而助理“三农”问题的解决。但需要注意的是，“以险养险”的模式在未来的发展中，监管部门应鼓励其保持在农业保险领域的保险产品提供，其中既包括产品的数量和种类，也包括产品的开发和赔付。而安华“大农险”建立初期就定位于“综合性商业农险公司”，这决定了其保险产品的种类在围绕“农”的基础上，除了传统的种植、养殖险以外，还延伸至农村及农民家庭财产、企业财产、人身意外、责任保险等领域。作为开始组建时就基于商业保险而建立，并通过商业化的运作，开发出相应的农村保险产品的保险公司，安华保险的政策性农业保险性质较其他两个农业保险公司更弱，商业性质更强。作为由保险业监管部门创造出的政策农业保险形式之一，浙江“共保体”在成立之初就具有极强的政策性，政府在其成立和运行中都发挥着极大的作用。目前“共保体”面临着两大问题，即承保能力不足和承保范围狭小，同时“共保体”依靠政府的资金支持和政策扶持才得以正常运行，因此其未来的发展是否可持续，仍然有待考量。

通过三类政策农业保险模式的对比我们可以发现，政策性农业保险模式的选取和创新，要基于当地的经济发展情况和农业、农村的具体特点。同时，在政策性农业保险必须建立的今天，政府在建立农业保险服务体系中发挥的作用也决定着农业保险模式的选择。政府对政策性农业保险的介入毋庸置疑，而政府在哪些方面介入、采取何种方式鼓励和扶持、政府介入的程度等问题，都对政策性农业保险的形式、性质以及未来的可持续发展有深刻的影响。对于经济发展较为滞后，保险业并不发达的地区而言，政府介入的力度和强度将会更大，而对于经济较为发达、保险业发展成熟、农业产业化和现代化更高的地区，政策性农业保险的商业化性质在未来发展中将逐渐增加。

由于政策性农业保险在我国出现的时间还不长，发展中的经验积累也较少，因此在当前的探索过程中存在诸多问题是在所难免的。然而正如我们所见，自2004年中央提出探索建立政策性农业保险制度以来，政策性农业保险试点在多个省份开展，政策性农保组织数量不断增加，形式呈多样化发展趋势；同时，农保服务领域不断拓宽，农业保险险种也丰富多样，目前已超过160种。因此，政策性农业保险作为保险领域解决“三农”问题的途径之一，不仅是当前政府关注的热点、保险业的新开发点，在未来也将迎来更大的发展机遇。将来在政策性农业保险领域，政府的定位和目标、政策性保险业务和商业性保险业务之间的核算界限都将更加明确，这也是规范政策性农业保险的内容之一。随着政策性农业保险在政府的引导下进入农村，农村保险市场将被相继开发，农民的保险意识也将不断增强。就保险公司而言，在进入农村市场后，将会提高农业保险产品的开发、定价能力；同时，在农业风险的识别、衡量、预测、预警以及信息统计与管理方面，将不断提高该领域的技术，以降低农业自然风险，做好防灾减灾工作。农业保险机构在面对未来的农业现代化、农业产业化与农村合作社等农村市场的新形势，也将会开发出符合实际需求的农业保险产品。此外，政策性农业保险领域的法律法规也将不断完善，以保证农业保险发展的规范化和制度化；政策性农业保险的监管机构也将相继出现。而针对农业巨大的不确定性和农业风险损失空间分散风险能力差的问题，农业再保险机制也将在未来逐渐建立。总体而言，未来的政策性农业保险将会在现在的基础上，开发出更多的保险产品；保险机构将更加注重组织的效率与规范。

问题1：

目前在我国的政策农业保险领域，除了以上的三种模式外，还有哪些模式较为突出？

问题2：

在政策农业保险组织的组建与运营中，如何界定政府与保险公司之间的权限？

问题3：

针对我国农村的农业集约化和产业化经营趋势，政策保险将在哪些方面做出怎样的调整，以适应农业的新形式？

参考文献

[1] 王亚明. 我国农业保险历史及发展趋势 [J]. 中国保险，2006（5）.

[2] 朱春梅. 我国“三农”保险经营模式研究 [D]. 吉林：吉林财经大学，2011.

[3] 宋二欣. 发展我国商业性“三农”保险研究 [D]. 天津：天津财经大学，2010.

[4] 庹国柱，王国军，段家喜. “三农”保险创新与发展研究 [M]. 北京：中国金融出版社，2009.

[5] 朱俊生，庹国柱. 公私合作视角下中国农业保险的发展 [J]. 保险研究，2009（3）.

[6] 吴焰. 大力发展“三农”保险，提高面向农民的保险保障能力 [N]. 经济日报，2007-07-15.

[7] 蒋正华. “三农”保险，护航三农 [J]. 银行家，2005（30）.

[8] 刘吉舫. “三农”保险：扩大农村消费的助推器 [J]. 税务与经济，2010（15）.

[9] 吴定富. 积极推动发展“三农”保险 [J]. 中国金融，2009（5）.

[10] 管延芳. 构建中国特色“三农”保险模式探微 [J]. 长春大学学报，2009，19（9）.

[11] 丁孜山，陶红. “三农”保险发展及模式选择 [J]. 上海保险，2008（20）.

[12] 付钢. 政策性“三农”保险可持续发展路径选择——以湖北省为例 [J]. 湖北行政学院学报，2012（01）.

[13] 王韧. 我国西部地区“三农”保险发展方略探析——以甘肃省“三农”保险市场为例 [J]. 农村经济，2008（25）.

[14] 柏正杰. 政策性农业保险需求的影响因素分析：一个文献综述 [J]. 西北大学学报：哲学社会科学版，2012（4）.

[15] 惠莉，刘荣茂，陆莹莹. 农户对农业保险需求的实证分析——以江苏省涟水县为例 [J]. 灾害学，2008（3）.

[16] 杜鹏. 农户农业保险需求的影响因素研究——基于湖北省五县市342户农户的调查 [J]. 农业经济问题，2011（11）.

[17] 李祥云，祁毓. 农村居民购买政策性农业保险的影响因素分析——来自农户调查的数据分析 [J]. 山东经济，2010（2）.

[18] 郭欢. 基于Logistic模型农业保险需求因素的实证研究——以武汉市为例 [J]. 时代金融，2012（15）.

[19] 刘荣多，赵邦宏. 农民对农业保险需求影响因素的实证分析——基于河北省的调查 [J]. 生态经济：学术版，2010（1）.

[20] 刘冬姣，张旭升. 我国农业保险需求的相关因素分析 [J]. 江西财经大学学报，

2011 (5).
[21] 卓志，王寒. 保险企业社会责任探析 [J]. 保险研究，2009 (2).
[22] 林智勇. 抓住三农保险的历史性机遇 [J]. 中国金融，2013 (5).
[23] 王小平. 发展海南“三农”保险的思考与研究 [J]. 中国金融，2009 (5).
[24] 王国军. 三农保险的新视角：构建城乡计划生育家庭生活保障体系 [J]. 中国金融，2009 (5).
[25] 丁霞，颜鹏飞. 农村保险市场创新发展探析 [J]. 福建论坛：人文社会科学版，2010 (9).
[26] 赵小鸣，徐文刚，徐颖青. 论农村保险中介服务体系建设 [J]. 保险研究，2007 (3).
[27] 刘尚荣. 青海保险业与经济社会和谐发展研究 [J]. 保险研究，2008 (8).
[28] 毛路，廖春艳. 湖北省政策性“三农”保险调研报告 [J]. 武汉金融，2011 (4).
[29] 刘忠俊. 农村保险服务尚需完善——以南充为例 [J]. 中国金融，2012 (18).
[30] 宁满秀，邢郦，钟甫宁. 影响农户购买农业保险决策因素的实证分析——以新疆玛纳斯河流域为例 [J]. 农业经济问题，2005 (6).
[31] 张旭升. 论湖南农业保险模式及实施策略 [J]. 财经理论与实践，2005 (4).
[32] 顾江. 我国农业保险的问题及对策探讨 [J]. 农业经济问题，2000 (12).
[33] 初少磊. 农业保险财政补贴政策的国际经验及启示 [J]. 农业经济，2011 (12).
[34] 张艳花. 政策性农业保险发展：实践及启示 [J]. 中国金融，2007 (15).
[35] 陈颖瑛，胡斌. 浙江省农业保险发展模式的创新——建立政策性农业保险公司的构思 [J]. 浙江金融，2007 (11).
[36] 李海军. 山东省政策性农业保险调研报告 [J]. 保险研究，2008 (10).
[37] 高玲娣. “共保体”模式下政策性农业保险创新机制研究 [J]. 浙江金融，2009 (10).
[38] 李茂生，李光荣. 中国“三农”保险发展战略：努力构建三支柱“三农”保险体系 [M]. 北京：中国社会科学出版社，2010.
[39] 肖端云. 积极开展农业保险的思路与对策研究 [J]. 云南农村经济，2007 (4).
[40] 袁建华. 珠江三角洲地区政策性农业保险公司模式探讨 [J]. 保险研究，2009 (3).
[41] 王凯，段胜. 影响我国农业保险发展的多因素实证分析 [J]. 保险研究，2009 (4).
[42] 陈妍，凌远云，陈泽育，郑亚丽. 农业保险购买意愿影响因素的实证研究 [J]. 农业技术经济，2007 (26).
[43] Micheal Rothschild &Joseph Stiglitz. Equilibrium in Competitive Insurance Markets: An essay on the Economics of Impefect Informat [J]. The Quarterly Journalof Economics, 1976 (4).

[44] PeterHazell, Carols Pomareda, AlbertoValdes. Crop Insurance forAgricultureDevelopment: Issuesand Experience [J]. The Johns Hkins University Press, 1986, 24 (7).

[45] Chambers H.. Insurability and Moral Hazard in Agricultural Insurance Markets [J]. American Journal of Agricultural Ecomonics, 2003, 71 (3).

[46] Peter B. R. Hazell. The Appropriate Role of Agricultural Insurance in Developing Countries [J]. Journal of International Development, 1992 (4).

第五章
保险与社会管理

学习目的

通过对本章的学习，了解社会管理的含义与本质；理解关于保险功能的相关学说，重点理解保险社会管理功能的提出及其与保险基本功能的关系；掌握保险社会管理功能的内涵及其具体体现；结合所学理论进行案例分析，通过交强险及政府购买保险案例的介绍，引发读者关注现实中保险业积极参与社会管理的具体实例，从而进一步思考我国保险业发挥保险社会管理功能的着力点及具体措施。

引言

保险是市场经济条件下风险管理的基本手段，通过社会互助机制提供专业化风险管理的经营形式。保险伴随着人类社会的前进不断完善，并对人类社会的进步做出巨大贡献。今天，保险已经形成一个非常完善的体系，它渗透到社会的各个角落，与人们的生活息息相关，成为社会制度中不可或缺的组成部分。随着我国经济的快速发展以及人们生活水平的不断提高，越来越多的人把保险作为改善对未来生活的预期、提升未来生活质量的重要手段，通过购买保险来解决子女教育、家庭健康以及养老等问题。保险业积极与公安、消防、交通、气象等部门配合，开展防火、防灾和预防交通事故等宣传工作，提高了社会对防灾防损重要性的认识，减少了可能发生的人民生命和财产损失。在保险事故发生后，保险公司积极进行事故查勘，对受害群众进行保险给付或赔偿，帮助受害家庭尽快恢复正常生活，保险的社会管理功能越来越得到了社会的认可。

保险的社会管理功能不同于国家对社会的直接管理，是通过保险内在的特性促进经济社会的协调，以及社会各领域的正常运转和有序发展，为实现全面建成小康社会的奋斗目标提供良好的经济和社会环境。同时，发挥社会管理功能也是保险业加快自身发展的要求。本章将从社会管理相关理论入手，揭示保险与社会管理的内在联系，阐述保险业积极发挥社会管理功能的重要意义，引导广大读者着眼于未来，进一步思考保险业应如何在更广泛、更深入的领域发挥其社会管理职能。

知识回顾

基本概念

（一）社会管理的含义

我们所讲的社会管理，在国外一般称之为公共管理或社会治理。英文中，社会管理可以直译为“Social Administration”或“Social Management”，但两者的含义却也有不同，前者有公共关系的意味，后者与中文的“社会管理”相近，但它偏重于指代政府的社会管理职能。尽管如此，我们通过梳理西方国家管理社会事务的理论和实践，可以得出这样的结论：西方国家的社会管理主要指对社会公共事务的管理，而非经济领域和政治领域的管理，社会第三部门也可以在获得许可后参与到社会管理的活动中。与之相比较，马克思主义经典作家则从广义上的社会的角度来论述社会管理。

在我国，“社会管理”一词，最初形成于20世纪80年代，时至今日，对社会管理这一概念的认识由改革初期从宏观意义上的理解，即与自然相对的整个社会的管理活动，转变为社会管理是与政治、经济、文化领域并列的社会领域的管理活动，更加突出了社会管理的具体范围。由于对社会管理的研究在我国还是新近勃兴的研究领域，学者们对社会管理基本内涵的认识也有不同。有学者从政府进行社会管理的角度来界定“社会管理”的内涵，认为社会管理“实际上是指政府通过制定专门的、系统的、规范的社会政策和法规，管理和规范社会组织，培育合理的现代社会结构，调整社会利益关系，回应社会诉求，化解社会矛盾，维护社会公正、社会秩序和社会稳定，孕育理性、宽容、和谐、文明的社会氛围，建设经济、社会和自然协调发展的社会环境的过程。”[1]很显然，这种观点认为社会管理的主体只有一个政府，虽然突出了社会管理的目标，但却没有指出它的具体内容。针对这种情况，有学者提出社会管理应该是“对家庭、社会团体与社会自治所不能解决的社会事务的管理，这些社会事务涉及社会整体的公共利益，需要依靠国家权力与政府权威加以解决。”[2]社会学者郑杭生从社会学角度对社会建设和社会管理做了说明，他认为如果“社会”有广义和狭义两种含义，同样社会建设和社会管理也有广义和狭义之分。“广义的社会建设和社会管理，指整个社会的建设和管理。”、“狭义的社会建设和社会管理是与政治、经济、思想文化各子系统并列的社会子系统的建设和管理。”[3]该观点对社会管理的论述首先对“社会”本身的范畴做出了划分，在此基础上对社会管理进行了划分，但遗憾的是并没有对社会管理的含义和内容进行直接的界定，对“管理”本身也没有加以界定，仍然比较抽象。

综上，无论是社会管理的实践还是社会管理的理论，无疑都会涉及以下三个方面：第一，由谁管理，也就是管理主体的问题；第二，管理什么，即管理的内容；第三，怎样管理，也就是管理的手段。换句话说，要充分认识社会管理的内涵，就必须先弄清楚这三个问题。从管理主体来看，社会管理的主体不仅局限于政府部门，还包括其他社会主体，如社会组织和公民个体；从管理的内容来看，“五位一体”的中国特色社会主义建设总体布局已经明确指出社会管理是相对于政治、经济、文化、生态管理而言的一个独立的管理系统，其内容包括社会生活、社会公共事务和社会组织；从管理的手段来看，社会管理的手段既包括社会监督与规范，还包括社会服务和组织。

在借鉴和分析上述内容的基础上，得出概念，所谓社会管理就是政府、社会组织和公民个体为了促进社会良性运行、和谐发展以及社会目标的有效完成，对社会生活、社会公共事务和社会组织等各个环节进行协调、组织、监督和服务的活动或过程。

（二）社会管理的本质

根据文中对社会管理的界定，社会管理中的“社会”毫无疑问是狭义上的，即相对于国家而言，以人的生活为中心的广泛领域。进一步讲，社会管理就是对人的服务和管理。为了更好地实现其对公众的服务和管理，单靠政府自身的力量是远远不够的，需要国家和其他社会主体相互合作与协商，通过正式和非正式的有效机制，使政府和社会组织发挥各自的优势解决社会问题。为此，真正的社会管理是建立在这样的认识基础上的：社会本身是一个具有自治能力的有机体，有其自身的运行规律。在这样的前提下，社会根据自身需要去组织资源，把“自己的事情”办好，政府只负责解决社会自身无法解决的事务；这样既节约了管理成本，又能够防止腐败的发生，实现双方的共赢互利。在一定意义上，社会管理的本质就是社会管理的权力回归社会本身的过程。政府的权力取之于民、用之于民，也应当还之于民。目前我国的社会管理，由于社会管理机制的不完善，还不能够形成政府与社会的良性互动，社会管理的权力回归还需要通过转变社会管理理念，并将其落实到社会管理机制的改革和创新中才能真正实现[4]。

案例呈现

交强险

随着近年来我国的综合国力迅速增强，人民生活水平大幅度提升，实现全面建设小康社会的目标指日可待。汽车正从奢侈品转变成为普通消费品，汽车的普及，也导致交通堵塞常见、事故频发。此前，我国一直采用的是商业第三者责任保险（简称三者险），由于许多人的整体风险观念淡薄，致使部分受害者不能得到应有的补助与救治。因此，我国积极吸纳西方发达国家的经验与教训，建立了交通事故责任强制保险，并于2004年5月1日、2006年7月1日先后出台及实行了《中华人民共和国道路交通安全法》与《机动车交通事故责任强制保险条例》，初步创立了我国机动车辆事故责任强制保险的法令法规。这种制度的建立对我国有着重大的意义：一方面对交通事故中受害者的权利加了一道有力的保障，有效改善了之前的状况；另外一方面采用强制保险制度极大地减少了被保险人的责任风险，同时有效保障了各方主体的权利。经济补偿作为保险的核心部分在制度中得到了充分的体现，并和法制相协调，积极加入到管理社会正常秩序的行列中。

总体来讲，交强险的社会管理功能主要表现如下：

第一，责任保险自身具有社会管理功能，它不但能够有效保护人民群众的生命财产安全，促进安全生产和安全消费，还有利于缓解社会矛盾，维护社会稳定，促进人与自然的和谐，从而成为社会和谐的润滑剂，社会稳定的助推器[5]。

第二，法律强制性。这是交强险最主要并且也是最为重要的特征。交强险是我国首个由国家法律规定实行的强制保险制度，要求机动车所有人必须参保该险种，无论其主观意愿如何；从而保证因发生机动车交通事故致损的受害人能够得到及时有效的救济。

第三，社会公益性。保险公司经营交强险应本着“不赢不亏”的原则，目前我国交强险在基础费率、保险条款、承保条件等方面实行全国统一标准，体现出交强险作为责任保险所具备的公益性特点，使其有别于纯粹的商业保险，更体现了公共政策性质和社会保障功能。

第四，交强险的赔偿采用无过错责任原则。投保了交强险的机动车，如果发生交通事故并给第三者造成人身伤亡或财产损失，无论被保险人是否存在过错，保险公司都必须在责任限额内赔偿受害第三者的人身伤亡或财产损失，对受害第三人利益的保护功能十分突出，保证了受害人的赔偿利益。

第五，交强险有其特有的功效。交强险的实施可以在一定程度上减少了交通事故后逃逸的不良行为，同时提高驾驶行为的谨慎程度，从而保障交通的安全[6]。

因此，交强险实际上扮演着社会管理的职能，它对于转化车辆管理中所出现的风险因素、及时救治受害者的人身和财产安全非常有必要。交强险制度起到了促进道路交通安全、保障道路交通事故受害人利益、维护社会和谐稳定的作用。

自2006年我国开始实施交强险制度起，交强险呈快速发展趋势，这可以从中国保险业协会公示的历年交强险数据中得以体现，具体情况如表5-1所示。

表 5-1　　2006 年 7 月至 2011 年 12 月交强险运营情况　　单位：亿元

	2006. 7. 1—2008. 12. 31	2009. 1. 1—2009. 12. 31	2010. 1. 1—2010. 12. 31	2011. 1. 1—2011. 12. 31
承包车次（亿辆）	1. 56	0. 5502	1. 01	1. 14
责任到期保费	1045. 9	605	755	914
赔付成本	670. 6	427	621	749
经营费用（含营业税救助基金）	412. 7（含营业税 72. 0）	186（含营业税 37）	231（含营业税 46，救助基金 17）	277（含营业税 55，救助基金 20）
经营亏损	34. 7	29（承保亏损 53 投资收益 24）	72（承保亏损 97，投资收益 25）	92（承保亏损 112，投资收益 20）

数据来源：中国保险行业协会网站。

从表 5-1 中可以看出，我国机动车投保车辆明显增多，机动车的投保率从 2005 年的 58%一下跃升到 2011 年的 81%，伴随而来的是保费收入的快速增加。随着机动车的增多和交强险规模的扩大，赔付金额也逐年增加，以 2011 年为例，交强险共承担赔偿责任限额 138 465 亿元，比 2010 年增长 12%；处理事故赔案 1579 万件，各项赔付 749 亿元，比 2010 年增长 20. 6%；垫付抢救费用 18. 6 万件，垫付金额 13 351 万元，比 2010 年增长 39%，交强险发挥了积极的社会管理的作用。

资料来源：根据我国机动车辆事故责任强制保险等材料综合整理。

理论分析

一、保险功能学说的演变及社会管理功能的提出

保险功能，也称保险职能，是保险本质的客观要求，并表现保险的本质，它是由保险的本质和特征所决定的。保险的本质决定保险的功能，保险的功能反映保险的本质。

在国内外的保险理论实践中，对保险的功能存在不同的认识，概括众家之说，大体上可以归纳为五种观点：单一功能论、基本功能论、二元功能论、多元功能论、保险功能新论[7]。

（一）单一功能论

单一功能论主张保险的功能只有一个，即经济补偿，或称损失补偿、补偿损失。在主张单一功能论的学者们看来，经济损失补偿不仅是保险产生和形成的原因，而且是建

立保险基金的根本目的。他们认为“补偿”和“给付”是对同一功能的不同表述，对于非寿险来讲，补偿功能称为“损失补偿”；对寿险来讲，补偿功能称为“保险金给付”，二者的实质是一样的。我国台湾地区保险学家袁宗蔚教授是这种观点的代表人之一，他认为“保险的功能在于损失补偿，无论财产保险或人身保险在应用本质上并无不同”[8]。

（二）基本功能论

基本功能论坚持保险具有分散风险功能和经济补偿功能，两个功能是相辅相成的。其支持者认为保险运行机制应该是目的和手段的统一，分散风险是保险机制赖以运行的技术手段，经济补偿是建立保险基金的根本目的，这种目的和手段的统一，构成了完整意义上的保险。

（三）二元功能论

二元功能论认为保险具有补偿功能和给付功能。保险分为财产保险和人身保险两大类，二者各有其自身的功能，财产保险的功能是损失补偿，而人身保险的功能是保险金给付。

（四）多元功能论

多元功能论认为保险除了具有分散风险和经济补偿两个基本的功能之外，还具有资金融通、防灾防损、分配、监督危险等功能。在他们看来，保险功能的确立是一个动态的过程，随着保险市场经济的发展，保险的功能会不断地增加。

（五）保险功能新论

2003年以来，保险理论界对保险功能提出了新的看法，认为现代保险具有三大功能，即保障、资金融通和社会管理功能[9]。保障功能是保险的基本功能，是由保险的本质特征所决定的；资金融通功能和社会管理功能是在保险基本功能的基础上衍生出来的。究竟保险有没有社会管理功能，国内保险界有三种不同的意见：一是认为保险不具有社会管理功能；二是认为保险可以分为社会保险和商业保险，社会保险具有社会管理功能，商业保险不具有社会管理功能；三是认为保险具有社会管理功能，它是随着保险的发展而产生的。

林宝清（2004）[10]认为商业保险不具有社会管理功能。社会管理功能只能是公法人（行政机关）的功能，作为私法人（企业法人）的保险公司是不可能有此项功能的。商业保险合同属于私法规范的范畴，即商业性的保险分配关系是属于私法调整的对象，我们从私法规范中不可能得出属于公法规范的社会管理功能。商业保险行为归根到底只能是一种市场经济行为。不仅如此，林宝清教授还认为，尽管社会保险是属于公法规范的范畴，保险仅仅是风险管理的财务手段。对于政府来说保险可作为社会风险管理的政策工具之一，但是不能就此将一个政策工具放大为社会的风险管理。王竹、陈鹏军

(2010)[11]在其文章中指出，保险对于社会具有“稳定器”作用是没有争议的，但如果将此作用视为保险功能，显然缺乏斟酌。他们认为保险不具社会管理功能，科学的阐述应该是：“保险行为所产生的正面社会效应起到了部分社会管理等同作用。”

有学者认为社会管理功能说模糊了商业保险和社会保险之间的功能界限（李诗源，2005)[12]。社会保险实施方式的强制性，只提供最基本保障以及不以盈利为目的等特点，使社会保险具有其独有的社会保障和社会管理功能。只有当被保险人感到社会保险不能满足其保障程度，并有参加相应商业保险的经济能力时，才会选择商业保险，所以说商业保险只是社会保险的补充，而不是重要组成部分。

当下学界及业界的主流观点是保险具有社会管理功能，它是随着保险发展而产生的。张迎利（2003）[13]认为，现代商业保险的社会管理功能是在保险业逐步发展成熟并在社会发展中的地位不断巩固和加强之后衍生出来的一项功能，是保险业更高层次的追求目标，是保险业与时俱进、开拓创新、对自身功能认识的不断深化和发展。中国保监会前主席吴定富（2004）[14]提到，随着经济的不断发展，保险所提供的已经不仅仅是产品和服务，而且是一种有利于社会安全稳定的制度安排，其渗透到经济的各行各业、社会的各个领域、生活的各个方面，在参与社会风险管理、减少社会成员之间的经济纠纷、完善社会保障制度、维护社会稳定等方面发挥着积极的作用，具有了社会管理功能。魏华林（2004）[15]从保险功能发展的历史考察得出，保险的社会管理功能不是随着保险的产生而产生的，而是保险发展到一定历史阶段的产物的论断。并且从世界保险业曾经发生的三次危机中再次例证保险具有社会性，运用保险方式解决社会问题是保险社会管理功能的具体体现。丁孜山（2005）[16]在其文章中指出现代保险的社会管理功能是保险业发展到一定程度并深入到社会生活的诸多层面之后产生的一项重要功能。2006 年颁布的《国务院关于保险业改革发展的若干意见》中，对我国保险业的功能做了清晰的定义，它指出：“保险具有经济补偿、资金融通和社会管理功能，是市场经济条件下风险管理的基本手段，是金融体系和社会保障体系的重要组成部分，在社会主义和谐社会建设中具有重要作用。”

二、保险社会管理功能的内涵及其具体体现

（一）保险社会管理功能的内涵

保险参与社会管理，不同于政府部门对社会的直接管理，从本质上讲，保险的社会管理功能主要是通过提高社会资源的配置效率来推动经济发展的。保险业通过集聚风险补偿基金提高了社会的资本积累率，同时参与经济建设和社会生活的各个领域，通过特有的交换机制促进社会资源的合理分配，提高了整个社会的资本配置效率，客观上起到了“稳定器”和“助推器”的双重作用，为社会经济健康运行提供了可靠的制度支持。传统的保险单一功能说认为保险仅仅是一种风险传递机制。但事实上，保险这一功能对经济发展的作用可能还没有保险的其他要素重要。因为，保险不仅仅是简单的财务平衡

表，还为经济活动及其长期增长提供其他有力支持。美国保险学者小哈罗德·斯凯博在1998年就曾指出，保险可以为经济发展提供诸如替代政府安全保障、推动贸易和商务、鼓励减损、促进风险的有效管理等七种重要服务。根据现代企业理论，保险企业在构建公司治理结构和日常经营时应注重保护利益相关者的利益，履行相应的社会责任；不仅要追求经济效益，还要追求社会效益；充分发挥社会管理功能，促进社会整体进步。反过来，社会经济的进步又会推动保险业的发展，二者存在相互促进的客观联系。一般来说，不同发展水平的国家，市场经济的各个子市场之间存在很大差别，保险市场也是如此。如果其他条件相同，一国的保险市场越发达，越有效率，对经济繁荣的贡献就越大。

因此，经济补偿是保险的基本功能，资金融通和社会管理是保险的衍生功能。随着经济发展和社会进步，保险的社会管理功能将得到不断加强，发达国家保险业的发展实践已经验证了这一点[17]。

（二）保险社会管理功能的具体体现

具体来讲，保险的社会管理功能可以归结为以下四个方面：

1. 社会保障管理

社会保障被誉为"社会的减震器"，客观上起到社会管理的作用，是保持社会稳定的重要条件。商业保险是社会保障体系的重要组成部分，在完善社会保障体系方面发挥着重要作用。一方面，商业保险可以为城镇职工、个体工商户、农民和机关事业单位等没有参与社会基本保险制度的劳动者提供保险保障，有利于扩大社会保障的覆盖面。另一方面，商业保险具有产品灵活多样、选择范围广等特点，可以为社会提供多层次的保障服务，提高社会保障的水平，减轻政府在社会保障方面的压力。另外，通过立法规定，实施强制保险，满足政府某些社会政策和公共安全方面的需要。

2. 社会风险管理

风险无处不在，防范控制风险和减少风险损失是全社会的共同任务。保险公司从开发产品、制定费率到承保、理赔的各个环节，都直接与灾害事故打交道，不仅具有识别、衡量和分析风险的专业知识，而且积累了大量风险损失资料，为全社会风险管理提供了有力的数据支持。同时，保险公司能够积极配合有关部门做好防灾防损工作，并通过采取差别费率等措施，鼓励投保人和被保险人主动做好各项预防工作，降低风险发生的概率，实现对风险的控制和管理。

3. 社会关系管理

通过保险应对灾害损失，不仅可以根据保险合同约定对损失进行合理补偿，而且可以提高事故处理的效率，减少当事人之间可能出现的各种纠纷。由于保险介入灾害处理的全过程，参与到社会关系的管理之中，逐步改变了社会主体的行为模式，为维护政府、企业和个人之间正常、有序的社会关系创造了有利条件，减少了社会摩擦，起到了"社会润滑剂"的作用，提高了社会运行的效率。

4. 社会信用管理

完善的社会信用制度是建设现代市场体系的必要条件，也是规范市场经济秩序的治本之策。最大诚信原则是保险经营的基本原则，保险公司经营的产品实际上是一种以信用为基础、以法律为保障的承诺，在培养和增强社会的诚信意识方面具有潜移默化的作用。同时，保险在经营过程中可以收集企业和个人的履约行为记录，为社会信用体系的建立和管理提供重要的信息资料来源，实现社会信用资源的共享。

三、保险业发挥社会管理功能的着力点

在社会主义市场经济条件下，政府的主要职能是经济调节、市场监督、社会管理和公共服务。在建立完善的社会主义市场经济体制进程中，随着政府职能的不断转变，政府进行社会管理的范围和内容将发生相应变化，政府不再是实施社会管理的唯一主体，与此相适应，参与社会管理的主体也将呈现多元化的发展趋势，客观上要求企业和行业组织等成为社会管理的主体，承担起社会管理的责任。保险业作为经营与管理风险的特殊行业，与经济发展的各个环节和社会发展的各个领域联系都十分密切，与人民生活的各个方面都息息相关，有责任在参与社会管理方面发挥更大的作用。保险业在社会管理中可以发挥作用的领域非常广泛，当前充分发挥保险业的社会管理功能，主要体现在以下几个领域：

（一）以养老保险和健康保险为依托完善社会保障体系

目前，我国社会保障明显存在保障面不足，保障力度不够等问题。在社会养老保险方面，我国正面临养老金替代率持续下降和个人账户空账问题；在社会医疗方面，受医疗费用报销范围、报销比例以及医保支付封顶线的限制，参保人仍然要承担不小比例的费用，“因病致贫”、“因病返贫”的问题还比较突出。在推进社会保障制度改革的过程中，运用市场机制，充分发挥商业保险等机构的作用，提供保险产品及服务，通过承保和经办城镇职工和居民基本医疗保险、新型农村合作医疗保险、补充医疗保险等业务，参与多层次医疗保障体系建设，先后涌现出了“江阴模式”、“洛阳模式”、“湛江模式”等典型，在完善社会保障体系方面作出了积极探索，受到政府和社会各界的高度肯定。

（二）以农业保险为载体促进农村经济和社会发展

我国是农业自然灾害多发国家，农民抵御各种灾害风险的能力普遍较差，这对农业、农村经济的健康发展和农村的稳定构成了严重威胁。建立科学的政策性农业保险制度既能解决农民抵御风险力量过弱的问题，弥补仅靠国家救助导致财政压力过重的不足，也能有效解决商业性农业保险的市场失灵问题，同时又能通过适当的政策手段充分发挥保险业在农业风险管理中的优势，建立国家、保险企业、地方政府和农民共同参与、共同承担农业风险损失责任的有效的农业风险承担机制。

（三）开展信用保证保险改善我国信用环境，促进对外贸易发展

我国社会信用体系建设滞后，大量失信现象存在，阻碍了我国企业正常商贸活动的开展，降低了经济循环速度，不利于我国经济的健康发展。通过开展信用保证保险业务，保险机构可以对买方企业的资信和履约能力进行全面调查，并监督其经营和履约情况，有利于改善企业的信用环境；在信用风险管理活动中，保险机构可以协助卖方企业进行销售分户账管理、应收账款催收和信用风险控制，提高企业的信用风险管理水平，保障企业的稳健经营。通过信用保险的支持，有利于企业缓解资金压力，降低交易成本，提高企业的竞争能力。通过开展消费信贷保证保险，有利于拉动内需，刺激消费，加速经济循环，刺激经济增长。

开展出口信用保险能为企业的出口贸易、对外投资和对外承包工程等经济活动提供风险保障。投保短期出口信用保险后，企业可以采取灵活多样的支付方式，提高竞争力，扩大出口规模；出口信用保险帮助企业获得融资便利，保障生产和经营活动的正常进行；保险公司提供的资信调查服务有利于企业了解买家信用情况，加强应收账款管理，提高外贸企业的抗风险能力。此外，中长期出口信用保险还是发挥我国外交政策和外贸政策作用的一个重要的政策工具。我国的一些具有重大政治经济意义的对外经济贸易和工程项目，都是在中长期信用保险的支持下完成的[18]。

（四）利用小额保险关心弱势群体，促进民生发展

根据国际保险监督官协会（International Association of Insurance Supprvisors，IAIS）的定义，小额保险是按照通常的保险原则（应该包含保险核心原则）运营的，由多种不同类型的机构为低收入群体应对风险而提供的一种保险。小额保险主要是针对低收入人群提供的保险服务，具有保障适度、保费低廉、保单通俗、核保理赔简单等特点，可以增强低收入群体抗风险的能力，是小额金融的重要组成部分，也是一种有效的金融扶贫手段。正是由于这个特点，小额保险在发展中国家特别是亚非拉地区得到快速发展，例如印度、菲律宾、秘鲁、巴西、墨西哥、智利等国政府专门制定了小额保险法规。在我国，2008 年保监会启动了农村小额人身保险试点工作。试点 4 年以来，农村小额人身保险通过创新产品和经营模式，不断提高农民保险意识，扩大人身保险覆盖面，使居住在偏远农村的近 2400 万农民买得起、买得到保险，为缓解意外事故和疾病等风险对农村家庭的冲击和建设和谐社会做出了积极贡献。2012 年保监会在全国范围内推广小额人身保险，服务对象从农村人口扩展至全国范围内的低收入群体，让更广大的低收入群体能够享受到保险服务，增强风险抵御能力。

（五）发展科技保险推动社会技术进步

科技保险是以与企业技术创新活动相关的有形或无形财产、人力资源、对第三方应承担的经济赔偿责任以及创新活动的预期成果为保险标的的保险，当发生了保险合同约

定的保险事故造成投保人的损失时，由保险人根据约定给付保险金。当今社会，科技是第一生产力，但是企业在创新过程中面临多种风险。保险作为市场化的风险转移机制、社会互助机制和社会管理机制，可以有效分散转移技术创新活动中的高风险，对促进科技企业发展和实现社会进步有着十分重要的意义。

由于技术创新活动的各个阶段（科研开发阶段、生产阶段、市场化阶段）都具有较大的不确定性，导致科技风险损失发生的频率很高，同时科技风险损失发生的严重程度相对于企业规模而言通常也是很大的，技术创新活动的失败通常会对企业的战略制定、主营业务开展、财务状况产生极大的消极影响，严重时甚至会导致企业破产。科技保险作为一种事前风险融资手段，可以更低的成本帮助企业摆脱财务困境，同时，企业通过购买科技保险，可向资本市场传递一个信号——该企业对自身风险进行过必要的评估，并采取了必要的风险转移措施，从而帮助企业更容易在资本市场上进行融资。

（六）推进责任保险化解社会矛盾纠纷

责任保险是随着社会经济发展、法律法规体系的完善和公民维权意识的提高而逐步发展起来的。责任保险本身具有较强的社会管理功能，它与社会生产和人民生活有着密切的关系。责任保险的保护范围扩展到了因事故受到损害的第三人，超越了保险人与投保人之间的保险合同关系，使责任保险具有保护受害第三人利益、化解社会矛盾、安定社会秩序等社会管理功能。通过责任保险这一市场化的风险转移机制，用经济调节手段解决责任赔偿等方面的法律纠纷，可以使被侵权企业和遭受损失群众尽快恢复正常生产与生活秩序，对于保护广大老百姓的合法权益、促进社会和谐稳定具有重要的现实意义。

近年来，中央和一些地方也在积极探索利用责任保险辅助政府进行责任事故的社会管理。2006 年以来，公安部、卫生部、教育部、国家安监总局、国家旅游局和环保部等部门先后与中国保监会联合出台政策，大力推动火灾公众责任险、医疗责任险、校园方责任险、安全生产领域责任险、旅行社责任险和环境污染责任险的发展。保险正逐渐成为突发事件应急管理机制和矛盾纠纷排查化解机制的重要组成部分。然而，总体上看，责任保险辅助社会管理的应用还十分有限，在近年来的诸多重大火灾、矿难、环境污染事件中仍鲜有责任保险的身影，责任保险的未来发展任重而道远。

（七）开办巨灾保险减轻政府财政压力

我国是地震、洪水等自然灾害多发的国家，目前我国各类自然灾害造成经济损失的补偿过度依赖于国家财政，使本已紧张的国家财政承受了巨大的压力，保险这种社会化的风险损失承担机制在管理巨灾风险方面的作用远未发挥出来。当前我国巨灾保险业务是以商业化模式运作的，主要承保的是企业财产的巨灾风险，覆盖面极窄，发挥作用的空间十分有限，不能满足社会各界对巨灾风险损失的保障需求。由于巨灾造成的后果十分严重，没有巨灾保险保障对我国居民的家庭财产安全构成重大隐患。通过建立政策性家庭巨灾保险制度，确立社会成员、政府和保险机构合理的风险分担机制，可以在很大程度上减轻国家财政压力，转变目前巨灾损失补偿过分依赖政府财政的局面，改变由于国家财力有限，损失补偿资金严重不足，受灾群众的经济损失得不到及时有效补偿的状况。

保险业发挥社会管理功能，有利于促进社会领域的各项改革，改变目前社会发展和经济发展不够协调的状况，促进经济和社会的协调发展，为实现全面建成小康社会的奋斗目标提供良好的经济和社会环境。同时，发挥社会管理功能也是保险业加快自身发展的要求。保险业实现自身发展，必须立足于国民经济、社会发展和人民对保险的需求。脱离经济社会发展，保险业就失去了生存和发展的基础。随着经济社会的不断发展，对保险业的需求也在不断地发生变化。保险业必须顺应这些变化，充分挖掘潜在的功能，不断拓宽服务领域，丰富服务的内涵，这既是保险业在经济社会发展中作用不断得到发挥的过程，也是保险业自身不断发展壮大的过程。实践证明，什么时候能够正确地认识保险的功能和作用，什么时候保险业发展就比较快，对国民经济和社会发展的贡献就比较大。改革开放以来，秉持着“促进改革，保障经济、稳定社会、造福人民”的指导思想，我国保险业进入了快速发展的新时期，这又为发挥保险的社会管理功能提供了新的空间。只有发挥好社会管理功能，保险才能被社会所认可，更好地服务社会，并得到更快的发展[19]。

延伸案例：政府出资为居民购买意外险

2012年12月，为增强西藏自治区全区群众抵御各种意外风险的能力，西藏自治区党委、政府研究决定，每年投入4400余万元，免费为全区所有城乡居民和在编僧尼投保团体人身意外伤害保险。

据了解，此次城乡居民和在编僧尼团体人身意外伤害保险采取“政府出资、商业保险运作”的新型保险管理模式，在全区范围内同时展开，所需资金由自治区财政全额承担。此次保险范围主要以西藏户籍为准，包括城乡居民、援藏干部、寺庙僧尼。西藏籍城乡居民、援藏干部和在编僧尼按年人均11.5元投保，保险期限为一年，伤亡保险金额为每人5万元，附加医疗保险金额为1万元。

西藏自治区财政厅社保处处长肖厚国认为：“西藏免费为城乡居民和在编僧尼投人身意外伤害险是一项民生工程。这标志着由城镇基本养老保险、医疗保险、失业保险、工伤保险、生育保险、人身意外伤害保险构成的西藏城乡居民社会保障体系进一步健全，保障水平进一步提高。”

西藏的做法并非个例。

重庆市石柱县人民政府也为该县54万居民每人购买了一份人身伤害险，全部由政府财政买单。今后凡是石柱县居民遭受生产安全事故、交通事故、自然灾害及其他意外伤害，都将获得相应的赔偿，最高赔付金额10 000元。

随着公交车辆不断增多，以及老年人口的比例逐年上升，老年乘客的安全等诸多问题也随之凸显。如：老年人行动不便遭拒载、上车站立不稳摔倒受伤等投诉时有发生。针对这一现象，湛江市政府决定从2013年起，每年由政府财政拿出资金，为全市持有乘车卡的老人购买乘车意外保险。保险共分为意外身故、意外残疾、附加意外伤害医疗3个项目，保险金额分别为20 000元、20 000元、8000元，所涉及保险费全额由市政府承担。据了解，截至2012年12月31日，湛江市公交总公司已办理老年卡43 610张。

也有一些地区为计划生育家庭或者残疾人购买了特殊的意外险。湖南省花垣县有1893户农村独生子女家庭、两女结扎户获得了政府补贴11.3万元赠送的一份“合家欢”意外伤害保险保单；重庆市大足区也为愿意购买计划生育家庭意外伤害保险的家庭，购买了每户30元保费的意外险。

由于残疾人外出或乘坐交通工具时容易受到意外伤害，浙江省桐乡市为近6000名持证残疾人买单，参保了商业意外险，今后，如果残疾人在走路或坐车时受到意外伤害，可获最高3万元的保险赔付。

有的地区为外来务工人员（新市民）购买了商业意外保险，张家港就是其中一例[22]。2013年3月，张家港市公安局参照民生保险办法，推动建立新市民意外保险机制，由市财政出资218万元，为在张家港工作满一年、已办理居住证且年龄18~60周岁的54.3万名新市民购买了商业意外保险，提供每人每年3万元的意外身故、意外伤残及3万元的意外烧伤和1000元的意外伤害医疗保险。运用商业保险保障新市民的健康权益，从而将新市民纳入社会保障体系，是张家港市公安局创新社会管理的一项新举措。

从以上例子可以看出，政府正在逐步增强对商业险的重视。以往对于意外伤亡事故仅仅依靠财政资金救助，如今通过采用购买意外险的方式，出险后既不需要专门救助，也不需要干预保险公司放宽理赔条件。让商业保险公司参与社会管理，不仅提高了保险公司的积极性，缓解了政府压力，也增强了群众抵御各种意外风险的能力。

资料来源：根据 http://news.xinhuanet.com/local/2012-11/01/c_113577300.htm，《西藏：政府全额出资为城乡居民和在编僧尼投人身意外伤害险》等材料综合整理。

问题与思考

发挥社会管理功能不仅是保险业自身发展的要求，更是保险业为经济社会发展全局服务的客观要求，然而，我国保险业发展的现状导致商业保险的社会管理功能有所缺失。当前我国商业保险的发展还处于初级阶段，保险深度和密度远不及发达国家或地区，在产品和服务上，在各个经营环节上都没有使得保险这一风险分摊机制的基本职能充分地实现。这表现为面对社会日渐增加的各种风险保障的需求，保险没有能够提供充足的产品；风险的防范和处理有很大的欠缺；资金的投入和运用能力不足，导致保险基金的壮大没法得以保证。这些因素直接影响到保险业的补偿能力、承保能力和分保能力[20]。

因此，为了充分发挥保险的社会管理功能，应主要从以下着手：首先，做大做强商业保险，这是发挥其社会管理职能的物质基础。其次，优化保险市场主体结构，促进竞争，坚持科学发展观，促进保险经济增长方式的转变，也就是要求保险企业由粗放经营、盲目追求规模效益向注重速度和质量，努力提高企业核心竞争力上转变[21]。另外，商业保险社会管理功能的发挥离不开政府部门的大力扶持，政府及各行政职能部门要转变观点，充分认识到保险业在促进改革、保障经济、稳定社会和造福人民等方面所发挥的重要作用，要为保险业的改革与发展创造良好的环境，维护保险企业的经营自主权及其他合法权益。最后，完善现代保险监管制度，维护保险市场秩序；保险监管部门应立足于保险业发展的实际，在保险市场发展的新形势下，借鉴国际保险监管经验，不断完善和丰富我国的保险监管体系，保证保险业健康持续发展[22]。

问题1：

应如何理解保险的社会管理功能？

问题2：

为了更好地发挥好保险的社会管理功能，保险业可从哪些方面入手？

问题3：

为了更好地发挥好保险的社会管理功能，政府应提供哪些支持？

参考文献

[1] 陈振明. 什么是政府的社会管理职能 [J]. 新华文摘，2006 (3).

[2] 李军鹏. 政府社会管理的国际经验研究 [J]. 中国行政管理，2004 (12).

[3] 郑杭生，走向更讲治理的社会：社会建设和社会管理 [M]. 北京：人民大学出版社，2006.

[4] 欧阳乐乐. 当代中国社会管理理念和机制创新研究 [D]. 北京：北京交通大学，2012.

[5] 王柯敬，艾翅翔. 发挥责任保险社会管理功能，促进和谐社会建设 [J]. 中央财经大学学报，2009 (8).

[6] 胡涛. 交强险的经济学分析 [J]. 保险研究，2007 (6).

[7] 魏华林，江生忠，卓志. 保险学理论研究 [M]. 北京：中国金融出版社，2007.

[8] 袁宗蔚. 保险学——危险与保险（增订三十四版）[M]. 北京：首都经济贸易大学出版社，2000.
[9] 中国保监会武汉保监办课题组. 对保险功能的再认识 [J]. 保险研究，2003（11）.
[10] 林宝清. 论保险功能说研究的若干逻辑起点问题 [J]. 金融研究，2004（9）.
[11] 王竹，陈鹏军. 浅议保险三功能论 [J]. 经济研究导刊，2010（6）.
[12] 李诗源. 保险能否承此之重——刍议保险的社会管理功能 [J]. 青海金融，2005（2）.
[13] 张迎利. 保险社会管理功能的实现路径 [J]. 中国保险，2003（12）.
[14] 吴定富. 发挥保险的社会管理功能，不断完善社会主义市场经济体制 [J]. 中国金融，2004（4）.
[15] 魏华林. 论人类对保险功能的认识及其变迁 [J]. 保险研究，2004（2）.
[16] 丁孜山. 现代保险功能体系及衍生保险功能研究 [J]. 保险职业学院学报，2005（5）.
[17] 魏华林，李金辉. 论充分发挥保险的社会管理功能 [J]. 保险研究，2003（11）.
[18] 姚庆海，发挥保险社会管理功能的八个着力点 [N]. 中国保险报，2003-12-04.
[19] 吴定富. 充分发挥保险社会管理功能 [J]. 中国保险，2004（5）.
[20] 谢生玮. 商业保险的社会管理功能研究 [J]. 山西财经大学学报，2007（29）.
[21] 夏益国. 论我国商业保险的社会管理职能实现方式 [J]. 广西金融研究，2006（5）.
[22] 季冬. 发挥保险的社会管理功能，为构建和谐社会服务 [J]. 东南大学学报，2007（9）.
[23] 赵克理. 保险的社会管理功能探析 [J]. 中国保险，2010（8）.
[24] 李有祥，张国威. 保险社会管理功能的实现途径及优势 [N]. 中国保险报，2003-08-21.
[25] 张国威，李小丹. 保险在社会可持续发展中的作用——保险社会管理功能的另一视角 [J]. 中国保险管理干部学院学报，2004（2）.
[26] 薛生强，徐梅，石健. 论现代保险社会管理功能的发挥和实现 [J]. 宁夏社会科学，2006（6）.
[27] 孙祁祥，朱南军. 保险功能论 [J]. 湖南社会科学，2004（2）.
[28] 孙祁祥. 保险、社会保障与经济改革 [C]. 北京：北京大学出版社，2005.
[29] 周道许. 保险理论研究：主要成就及发展方向 [J]. 金融研究，2006（11）.
[30] 张金林. 现代保险功能：一般理论与中国特色 [J]. 中南财经政法大学学报，2004（6）.
[31] 吴定富. 推动保险理论创新，促进中国保险业持续快速健康发展 [J]. 经济科学，2003（5）.

第六章 保险与灾害管理

学习目的

通过对本章的学习，了解灾害的概念与分类，灾害管理的概念、过程及方法；理解巨灾风险管理的定义及其主体，巨灾风险的可保性与可负担性以及巨灾保险的公共品属性；掌握巨灾风险管理的具体模式，保险在巨灾风险管理中的角色与定位，巨灾保险中政府与市场的边界以及巨灾保险的国际经验；结合所学理论进行案例分析，通过汶川大地震和日本"3·11"地震案例的介绍，对比两国巨灾风险管理制度，思考我国巨灾风险管理的未来发展模式。

引言

作为世界上少数受各种自然灾害严重破坏的国家之一，中国面临严峻的巨灾风险。我国的自然灾害呈现种类繁多且次生灾害严重、发生频率高且灾害强度大、分布地域广且区域特征明显、损失程度重且应急救援困难等特点。新中国成立以来的60多年里，我国各种自然灾害造成的直接经济损失高达25 000多亿元，平均每年造成的经济损失大约占年平均GDP的3%～6%，占年财政收入的30%左右，是发达国家的数十倍[1]。其中，我国汶川大地震单起事件损失高达1240亿美元[2]。

面对严重的巨灾损失风险，我国传统机制下所采取的较为单一的，以国家财政救济为主、社会支援和捐助为辅的灾害补偿和处置机制，尽管成效显著，但是随着社会主义市场机制的不断完善，有必要进一步挖掘和发挥保险机制在应对巨灾风险中的积极作用[3]。因此，探讨符合我国国情的巨灾风险管理与巨灾保险制度的建设与创新具有重要的学术价值和现实意义。本章对灾害与保险的一些基本性的理论问题进行研究，着重研究保险参与自然灾害尤其是参与巨灾风险管理的可能性与可行性、重要性与必要性、参与角色与具体定位等。同时考察国际巨灾风险管理的几种典型模式，以期对我国巨灾风险管理与保险制度安排的构建和实施有所帮助。但是，不同国家因为国情不同必然存在差异化的巨灾风险管理与保险制度模式。本章对灾害与保险相关理论的梳理只是抛砖引玉，希望广大读者能够从多层次、多角度和多维度，运用不同的方法论和工具对创建适合我国国情的巨灾风险管理与保险制度展开更深入的研究。

知识回顾

基本概念

（一）灾害的定义

“灾害”单纯从字面上看是抽象的，很难给出一个客观的定义。从一场毁灭性的地震、风暴，到一场火灾都可以被定义为是一场灾害。因此，也产生了许多灾害社会科学研究思想流派[4]。

美国学者查尔斯·E. 弗里茨（Charles E. Fritz）认为：“灾害是一个具有时间、空间特征的事件，对社会或其他社会系统造成威胁和实质损失，从而造成社会失序和社会成员基本生存支持系统的功能中断。”如今研究者们更多地聚焦灾害的社会影响，灾害被当做是一个对社会系统造成影响的事件，它是瞬间的、突发的、外部的，而造成的影响存在于社会内部，就整体社会系统而言，它经历了一个“稳定—中断—调整—恢复”的循环过程。也就是说，灾害事件首先带来的是死亡和损失，进而造成社会、政治、经济的中断。

（二）灾害的分类

灾害的分类是一个复杂的问题，从不同的研究视角出发，基于不同的研究目的，往往有不同的分类方法。

1. 按照灾害的成因分类

按照灾害的成因，灾害可分为自然灾害、人为灾害及复合灾害。

（1）自然灾害。自然灾害是指由自然力量引发的人员伤亡、财产损失、社会失稳、资源破坏等现象或一系列事件。它的形成必须具备两个条件：一是要有自然力量作为诱因，二是要有受到损害的人、财产、资源作为承受灾害的客体。我国面临的自然灾害种类繁多，主要包括洪涝、干旱灾害，台风、冰雹、暴雪、沙尘暴等气象灾害，火山、地震灾害，山体崩塌、滑坡、泥石流等地质灾害。我国每年由于自然灾害所造成的损失是巨大的，这也成为阻碍社会发展的最重要的自然因素之一。

（2）人为灾害。人为灾害指主要由人为因素引发的灾害。其种类很多，主要包括自然资源衰竭灾害、环境污染灾害、火灾、交通灾害、人口过剩灾害及核灾害。随着人类社会的发展、科学技术的不断进步，人为灾害对于社会的威胁越发严重，如伦敦骚乱事件、墨西哥漏油事件、“9·11”恐怖袭击事件等。

（3）复合灾害。复合灾害指由自然灾害导致的人为灾害。这种灾害的案例在历史上比比皆是，如2011年由地震、海啸引发的日本福岛核泄漏事件；2010年8月山东华源矿业煤矿由于遭受特大洪水，致使181人被困井下死亡；2007年由于暴雨引发的紫金矿业污染事故，等等。

2. 按照灾情的先后作用分类

按照灾情的先后作用，灾害可分为原生灾害、次生灾害和衍生灾害。

（1）原生灾害。原生灾害是指由于某些自然条件的变异，导致特定的自然灾害的发生。如火山爆发、地震灾害突然发生，直接造成人员伤害和经济损失。

（2）次生灾害。由原生灾害所诱发出来的灾害则称为次生灾害。如火山爆发后引起的森林火灾、台风吹倒房屋造成的火灾，等等。

（3）衍生灾害。衍生灾害是指由原生和次生灾害造成社会功能和结构的破坏，引起人群的病疫、生产、金融、交通、信息等流程的受损、中断或破坏，甚至导致经济计划的改动，以及社会安全心理的危害和家庭结构的破坏对社会发展的影响。

3. 按照灾情的严重程度分类

按照灾情的严重程度，灾害分为巨灾及一般灾害。

（1）巨灾。巨灾从字面上理解就是指由于自然灾害或人为事故所引起的巨大的财产损失和人员伤亡的事件。对于巨灾的定义，目前国际上尚未有一个公认的界定。巨灾具有发生频率小、损失程度高、波及范围广等特点。

（2）一般灾害。一般灾害是除巨灾外的其他灾害事故。一般灾害也会带来人员伤亡和财产损失，但与巨灾相比较，其严重程度和影响范围都显得微不足道。

在本章中所指灾害主要涉及重大自然灾害，即通常所说的巨灾。

（三）灾害管理概述

1. 灾害管理概念

灾害管理的思想可以说是自古有之。远古时期，古猿人就懂得岩洞群居抵御暴风雨等自然灾害、以火驱兽。可以说整个人类的发展史就是一部与各种风险灾害作斗争的历史。现代的社会科学技术高速发展，生态环境也发生了巨大变化，因此，当今人类面临的灾害已由当初单一的自然灾害转化成为间杂了自然、社会等多种因素的灾害。

灾害管理是一个特殊的动态过程。灾害管理是通过对灾害进行系统的观测和分析，改善有关灾害防御、减轻、预警、响应和恢复对策的一门应用科学。具体说，灾害管理就是要通过在政府系统内设置的专门的灾害管理机构，利用灾害科学的理论研究如何通过行政、法律、经济、教育和科学技术等各种手段对破坏环境质量的活动施加影响，控制、约束和引导人们对于灾害的反应与有关减灾的行为；协调有关减灾的各个区域、部门与环节；设计、组织、决策与指挥有关减灾的重要活动，或通过诸如此类的其他方式达到调节整个社会经济可持续发展与防灾减灾的关系，提高减灾效益的目的[5]。

2. 灾害管理的过程[6]

随着灾害的复杂化与社会化，灾害管理逐渐呈全面性、综合性及社会性的趋势发展。灾害管理也逐渐形成一个庞大的综合性系统工程，它包括：减灾、备灾、应急、救灾和恢复重建5个阶段。

（1）减灾阶段。减灾阶段的目的在于尽可能地减少灾害事件的发生或对人类社会造成的影响。这个阶段的工作主要包括：制定相关减灾法律、应急预案、建筑物的防灾标准等；建设减灾工程设施，降低灾害事故的发生。例如三峡工程的建设，可以拦蓄洪水，还可为分蓄洪区人员转移、避免人员伤亡争取时间；开展减灾知识普及、培训与演练，提高公众的减灾意识，增强防灾能力；进行灾害信息的预测；增强减灾技术创新等工作。

（2）备灾阶段。备灾阶段是指政府、社会团体和个人在灾前针对灾害风险情况所作出的相应措施，包括致害因子监测、灾害风险评估、救灾物资储蓄等。此外备灾还包括收到灾害预警信息后所采取的紧急行动，如加固堤防、船舶进港避风等。

（3）应急阶段。应急阶段是指灾害发生后相当短的时间内所采取的紧急措施，以处理某一灾害的直接影响，保护人员的生命财产安全。灾害应急响应包括救助物资、人员和交通工具的应急调度、灾民的搜救与紧急转移安置、综合信息的快速处理、灾情快速评估等。

（4）救灾阶段。救灾阶段是在灾情尚未稳定前乃至稳定后，根据灾区需求，拨付救灾资金和物资，为灾民提供必要的食物、清洁水、医疗救助、心理治疗等援助，临时性地解决灾民短期内的生活问题，对因灾导致的贫困和需要救济的人口开展救助，并进行灾害趋势预测、风险评估和救灾效果评估等相关工作。

（5）恢复重建阶段。灾情稳定后，需要对灾区着手重建恢复工作。需要政府、社会各界和个人各尽其责，携手合作以恢复原有的社会功能。恢复和重建损毁的设施，使灾区的生产生活、社会经济秩序等情况恢复到正常状态。

可以看出，灾害管理是一个动态的过程，各个阶段之间都是相互联系、交叉重叠的，往往会出现不同阶段重叠的现象。

3. 灾害管理的方法

（1）工程物理的方法。由于自然灾害对人类社会的影响主要来自对人类生命和财产安全的威胁，因此较早对灾害管理进行研究的文献，基本上都集中于工程物理的方法。主要是运用工程物理模型实现灾害的早期预防与控制。

（2）空间遥感。空间遥感技术得益于各种大气观测技术、空间观测信息处理技术的发展。目前研究者已经从地球系统、太阳活动、行星运行等领域来探求与灾害相关的物理因素，在预报灾害的时空变化规律方面做了大量的工作，为防灾减灾提供了重要的决策信息。

（3）数学及统计学。利用数学及统计学传统方法，大胆借助跨学科理论模型，建立灾害数据库，采用模糊数学和非线性科学的方法，对灾害的时间序列风险和灾害的动力学机制进行研究和探索。

（4）社会学及心理学。灾害事件，不论是自然灾害还是人为灾害，均涉及参与事件的各方人群的心理行为反应。在灾害的预防、发生及灾后重建中，只有运用社会学及心理学的方法准确把握和预测各方人群的心理行为特征，才能有效控制灾害的社会影响。

（5）保险。从世界范围灾害管理的经验来看，保险无疑是一项重要的非工程性措施，它对减轻国家财政负担、帮助制定合理的灾害预防规划、提高人们的防灾减灾意识及灾后重建都具有重要意义。

造成重大财产损失及人员伤亡的自然灾害（简称巨灾）是全世界共同面临的难题，本章主要对巨灾、巨灾风险管理及巨灾保险进行研究分析。

案例呈现

汶川大地震

汶川大地震灾情简介：

2008 年 5 月 12 日，一个让 13 亿中国人永生难忘的日子。在人们喜迎奥运，传递圣火之际，一场 8 级特大地震突袭了汶川这个默默无闻的小镇，也就此打乱了人们的生活。强大的地震波迅速向外扩散，波及范围之广属历史罕见，除四川全省，甘肃、陕西、山西、云南、湖北、湖南等周边省份均有强烈震感，汶川大地震撼动了半个中国，强度甚至超越 1976 年唐山大地震。大地轰鸣，如同被撕裂一般，瞬间吞噬成千上万人的性命，摧毁房屋无数。四川这个山川锦绣，人才辈出的“天府之国”，如今竟是满目疮痍，无数生命在废墟下湮灭，无数灾民在凄风苦雨中挣扎。汶川大地震使全世界的目光再次聚焦中国。

此次四川地震重灾区面积达到 6.5 万平方千米，涉及阿坝、绵阳、德阳、成都、广元、雅安等 6 个市、州，严重受灾的县区达到 44 个，受灾乡镇 1061 个，倒塌和损毁房屋约 440 万间，北川、映秀、卧龙等八个乡镇损失最为严重，几乎被夷为平地。

截至 2008 年 9 月 4 日，汶川地震造成直接经济损失 8451.4 亿元，其中四川的损失占到总损失的 91.3%，甘肃占 5.8%，陕西占 2.9%。地震导致的最严重后果就是人员伤亡。直接遇难人数为 69 197 人，失踪的人数为 18 341 人。

灾难发生后，各界积极响应。国家地震局立即启动一级预案并派出第一批由 33 人组成的应急工作队赶赴灾区；民政部调拨 5000 顶帐篷支援灾区并组成工作组赶赴灾区；

中国红十字总会紧急向灾区调拨78万余元的救灾物资；全国总工会向灾区紧急拨款100万元救济慰问金……

汶川大地震保险业赔付情况：

地震发生以来，保监会迅速启动应急预案，加强对保险理赔的组织领导。保险业克服种种困难，充分发挥保险的功能作用，深入开展抗震救灾工作，积极支持灾区重建，踊跃参与救助活动，努力进行自身恢复发展。同时，各保险公司采取有效措施，在极为困难的条件下保证了保险服务不中断，理赔工作有序进行。

在保险理赔过程中，对重灾区的农房险，保险公司加强协调配合，积极争取各项支持，确保农户及时、足额领到赔款。对查勘定损复杂的工程险和企财险，及时组织专业技术人员加快评估损失状况，并预付一定比例赔款，帮助保户抓紧恢复重建。对涉及人身伤亡的险种，如果被保险人全家遇难，则按照理赔程序和继承法的规定，主动寻找保单合法受益人并予以赔付。目前尚未结案的主要是部分修复周期长、损失尚未确定的工程险，以及少量人员失踪无法联系的人身险案件。

截至2008年8月20日，保险业共接到客户报案12.4万件，主动联系客户14.9万件。已初步核查25.9万件，其中有效赔案18.1万件；涉及被保险人死亡1.19万人，伤残214人，医疗3316人。已结案16.5万件，已赔付保险金6.1亿元，已预付保险金3.72亿元。结案率89%。（保监会公布的各项保险损失及赔付情况如表6-1所示）

表6-1　保监会公布的各项保险损失及赔付情况（截至2008年8月20日）

险种	赔付保险金（万元）	预付保险金（万元）
人寿保险	8927.5	27.2
健康保险	615.9	0.39
意外伤害保险	17 602.9	340.4
学平险	4408.1	11.7
企业财产保险	2660.6	32 803
工程险	2267.8	2690.5
家庭财产保险	20.9	9.9
农房保险	10 412.3	0
责任保险	934.4	1.6
校方责任险	0.6	206
货物运输保险	60.5	1100
能繁母猪保险	1934	0
特殊风险保险	9500	0

汶川大地震保险业履行社会责任情况：

地震发生以来，保监会出台了保险资金投资政策，积极引导保险公司参与灾区重建工作。部分保险公司同其他企业合作，通过设立债权投资计划或成立产业投资基金的方式支持灾区重建，投资总额已达100亿元。有的保险公司与成都市签订协议，计划投资12亿元建立保险后援中心。同时，各保险公司积极为灾后重建项目及人员提供建工险、货运险、意外险等风险保障，支持恢复建设。此外，在四川省54个重灾县中，保险业共涉及87个重建项目，规划投资2.2亿元，目前已开工维修加固的项目34个，完工27个。

此外，地震发生后，保险业勇担社会责任，踊跃参与救助活动，共向地震灾区捐款4.53亿元。向奋战在抗震救灾一线的33.4万名武警官兵、公安干警、医护人员等赠送了人身意外伤害保险，平均保额超过15万元。目前，中国人寿已支付抢险人员赔款800多万元。中国人保等7家公司积极参与志愿者活动，为灾区提供了帐篷学校、帐篷医疗站等服务。一年来，保险业投入9786.4万元，援建希望小学70所、养老院21家。同时，还助养地震孤儿716人，预计助养金额为3005.4万元。

资料来源：根据保监会网站及新华网等关于汶川地震报道等材料综合整理。

理论分析

一、巨灾与巨灾风险管理

（一）巨灾

巨灾从字面上理解就是指由于自然灾害或人为事故所引起的巨大的财产损失和人员伤亡的事件。对于巨灾的定义，目前国际上尚未有一个公认的界定。不同国家根据本国实际情况在不同历史时期对巨灾进行定义和划分，不同的机构基于不同的研究视角界定巨灾，不同的学者基于不同的研究目的也对巨灾给出了不同的定义。

在这些繁多的定义中，有的是从定性的角度，例如美国精算协会将巨灾定义为一种不常发生的、影响大量人口、造成严重人员伤亡及财产损失的事件。而有的则是从定量的角度给出不同的认定标准。例如美国保险服务所（Insurance Service Office，ISO）按1998年价格将巨灾定义为“导致财产直接保险损失超过2500万美元并影响到大范围的财产和责任保险人和被保险人的事件”[7]。标准普尔把巨灾定义为一个或一系列导致保险损失超过500万美元的相关风险事件[8]。瑞士再保险公司（Swiss Re）自1970年以来一直公布全世界巨灾损失的情况。其对巨灾的定量界定如表6-2所示。

表 6-2　　2012 年 Swiss Re 对于巨灾的界定标准[9]

满足三者之一	类别	金额（美元）
保险损失	航运灾难	18 000 000
	航空	35 900 000
	其他损失	44 600 000
或总损失		89 200 000
满足三者之一	类别	人数
或人员伤亡	死亡或失踪	20 人以上
	受伤	50 人以上
	无家可归	2000 人以上

（二）巨灾风险管理

巨灾风险管理作为一个独立的理论体系起源于 20 世纪 70 年代的灾害管理学研究，产生发展壮大于全球自然灾害和人为灾祸频繁发生的风险社会环境。在整合其他学科先进研究范式的基础上，逐渐形成独具特色的研究内容和研究方法。巨灾风险管理是各个参与主体在对已经发生的巨灾事件以及感知到的潜在巨灾风险进行识别与估测、感知和评价的基础上，为最大程度的规避巨灾风险或者减少巨灾风险发生的损失暴露程度，通过不同的风险管理技术优化组合，转移分散巨灾风险的过程。巨灾风险管理的主体可以是政府、保险人、居民个人及社会组织等。基于制度实施主体的角度，巨灾风险管理一般可以分为三种模式：市场主导模式、政府主导模式和公私合作模式。

表 6-3　　国际巨灾风险管理的三种模式

模式	政府角色	政府职责	保险公司角色	保险公司职责	代表国家
市场主导	监管者	进行监管	主导者	完全提供保险保障	英国、瑞士
政府主导	主导者	提供实质保障	参与者	保险销售和理赔	新西兰、美国
公私合作	合作者	协助商业保险	合作者	主要提供保险保障	法国、日本

二、保险在巨灾风险管理中的角色与定位

从人类文明产生的那一刻起，人们就在不断寻找风险转移的方式，保险正是在这样一种人类文明发展过程中形成。保险是巨灾风险管理机制的核心，同样也是巨灾风险管理的核心。

（一）保险是有效应对巨灾风险的市场化机制

保险提供的基本服务就是集中和转移风险，降低人们面临的不确定性，增强社会整

体抵御风险的能力，并对特定危险事故或特定事件所造成的物质损失和人身安全损失进行补偿或给付。经济补偿是现代保险的基本功能之一，也是保险业在巨灾管理中发挥重要作用的体现。在灾害事故发生后，保险人通过财产保险或人身保险等对被保险人进行一定的经济补偿，减轻被保险人因损失发生带来的经济负担，对于灾后重建以及稳定社会有着极为重要的作用。

（二）保险是提高巨灾风险管理技术的着力点

现代保险的一个基本方面就是在对保险标的的风险管理中进行科学、合理的防灾与救灾，将可能的风险损失降到最低。保险业通过保险机制的设计，引导民众提高风险防范意识和减少环境破坏行为，实现灾害的灾前防御；借助风险转移机制进行灾后补偿，减少政府用于赈灾的财政负担与政治压力；筹措特殊事件与灾害的巨额赔偿金；对灾害进行财务管理，将巨灾风险分散至全球资本市场；开发设计与灾害风险相关的金融衍生产品，构筑全球范围内灾害管理的有效模式，实现国际间灾害与保险的协作，等等。总之，保险业可以在巨灾风险管理的各个环节发挥作用，提升巨灾风险管理技术。

（三）再保险是保险业参与巨灾风险管理的有力保障

巨灾风险的特征决定了再保险在巨灾风险管理中的重要作用。首先再保险使风险在更广泛的区域内分散，可减少巨灾对保险行业的冲击。其次，再保险人拥有行业风险数据优势和引导产品定价功能，能够客观评估巨灾风险状况并提供有关技术和信息，有利于帮助保险人规避风险。最后，再保险人通过价格杠杆和风险评估促进保险人完善治理结构和内控制度，防范和分散保险业的风险。

三、巨灾保险研究领域的几个基本问题

（一）巨灾风险的可保性与可负担性

我国学者很早就开始对巨灾风险是否具有可保性予以关注。李炳圭、薛万里（1997）以地震保险为主要研究对象，发现，在地震巨灾保险中，国家事实上充当了最终保险人的角色。因此，商业性地震保险的灾后经济补偿不论其规模大小，都发挥着减轻国家财政负担的作用。胡炳志等（2002）用经济学方法分析了可保风险与不可保风险的区别，并指出：“所谓可保风险，就是在不违背法律法规的前提下，保险人凭现有的资金和技术承保该风险，并不会因该风险的发生对其财务稳定性和偿付能力产生严重影响，并且承保条件和保险费应该是为投保人所接受的。”胡新辉等（2008）从个体选择行为角度出发分析了我国洪水风险的可保性，结合有限理性假说指出：“在我国经济、社会以及保险业承保能力等条件下，洪水风险对于私人保险市场是不可保的风险。”丁元昊（2008）从商业保险市场角度指出只有解决了“逆选择、可评估性、经济可行性”等传统风险可保条件后，巨灾风险才具有可保性。国内学者虽然指出了在商业保险市场

范围内巨灾风险不可保，巨灾风险管理需要国家的加入。然而对为什么需要国家支持以及市场与政府的关系应当如何定位方面，缺乏理论的探讨。这在深层次上并没有真正解决巨灾风险的可保性的问题。

国外学者对巨灾风险可保性的讨论则分别从精算角度、经济学角度、损失分摊角度展开。在私人保险市场方面，柏林（Berliner，1982）从保险产品的精算角度提出了评判可保性的一些标准。昆路德（Kunreuther）教授等（1993）从经济供给层面上指出由于模糊规避现象，亦即缺乏对巨灾风险损失概率分布的了解，保险人倾向于将巨灾风险定价偏高。布朗尼（Browne）等（2000）从经济需求层面上分析认为由于人们倾向于低估巨灾风险的概率，因此他们常常觉得保费很高。供给与需求的强烈偏差使得巨灾风险在私人保险市场无法得到分散。库尔巴奇（Courbage）等（2002）认为："当一个消费者想要避免一个风险可能造成的损失时，能够在私人保险市场中有效转移这一风险，这个风险就是可保的。"弗里曼（Freeman）等（2003）进而提出风险是否可保取决于风险是否可识别及保险人是否能对具体风险厘定费率。从前人研究的结论来看，单独由私人保险市场承保巨灾风险显然是不可行的。

对可负担性的研究此前主要集中在食品、药品、教育、通勤、住宅等方面。在保险领域，可负担性的讨论始于健康保险领域：邦多夫（Bundorf）等（2006）对比了定义可负担性的两种常用方法，并结合全美健康保险数据分析了哪一种更贴近可负担性的本质；布隆伯格（Blumberg）等（2007）为马萨诸塞州医疗保险改革提供了两种可负担性的定义，其一是以家庭预算剩余为标准来衡量健康保险花费，其二是利用健康保险真实需求来衡量可负担性标准；此后贝纳德（Bernard）等（2009）把财富、资产和债务加入了对可负担性的分析中，认为收入不能作为反映可负担性的唯一标准。相对于医疗保险，巨灾保险具有如下特点：①巨灾风险发生的概率较小、损失较大，不满足传统可保风险条件；②相比于医疗保险的高覆盖率，低失效率而言，巨灾保险的需求严重不足，且多为短期险种，难以延续；③巨灾保险长期以来缺乏全国范围的数据库，而医疗保险的数据相对比较全面。受以上多重因素的制约，对巨灾保险的可负担性研究相对显得比较薄弱。

国外巨灾保险方面比较有代表性的学者昆路德（Kunreuther，2009）在对灾区居民福利的研究中，将可负担性定义为：当一个家庭愿意且具有足够的现金购买巨灾保险，剩余的收入足以支付其他必需品时，那么该家庭花费在巨灾保险上的费用就被视为可负担的。昆路德教授定义的巨灾保险可负担性基于这样一个前提：人们在规划家庭可行性消费集时会优先考虑巨灾保险，然后再考虑其他商品。实际上，巨灾保险的需求不足是个公认的难题，即使达到供求均衡也是低水平的，这个前提的难以实现导致该定义可能会引起争议。

国内较早提到巨灾保险可负担性这一概念的文献是卓志等（2008）在关于巨灾融资体系分析中对巨灾保险可负担性的简要探讨，文章认为可负担性是巨灾风险的特点之一，常常与巨灾融资困难一起，把巨灾保险市场推向萎缩。此后卓志将可负担性定义为：当一个家庭购买了其愿意支付的保险产品后，其余的收入还能满足此家庭成员在没有购买该保险产品时对其他日常用品的需求，则此保险产品即为可负担。

（二）巨灾保险的公共物品属性

巨灾保险既具有一些公共产品的性质，也具有一些私人产品的属性，因此是一种准公共物品。下面讨论巨灾保险的六个经济属性：

第一，巨灾保险效用上的不可分割性。巨灾保险是为居民共同提供的物品，而且也具有共同受益或联合消费的特点，其效用也是为遭受灾害的所有灾民所共享，所以，巨灾保险满足效用上的不可分割的特点。

第二，巨灾保险生产经营上的规模性。只有当生产经营规模达到一定程度时，公共物品才能提供成本较低的服务。由于巨灾风险的巨大型特点，巨灾保险的经营规模都是比较大的，要在时间上和空间上分散风险。

第三，巨灾保险收益上的排他性。巨灾保险应具有一定的排他性，即必须符合一定的条件才能参加。但在中国，因为国家对巨灾造成的损失很多都是由国家无偿救济，所以对受灾居民来说，往往不愿意去购买巨灾保险。这样，出现了市场失灵，市场机制的一些原则对巨灾保险就不完全适用了。

第四，巨灾保险消费上的竞争性。巨灾保险是具有竞争性的。它不会因为经营者之间的竞争而导致低效率和资源浪费，相反它会更有效地发挥其效用和效率。因此各保险公司可以通过扩大保险标的的范围、责任范围、实行多样化营销方式来吸收更多的投保人等手段增强自己的竞争能力。

第五，巨灾保险成本或利益上的外部性。巨灾保险具有很明显的公益性，其外部性主要是正外部性，即对交易的双方之外的第三者所带来的未在价格中得以反映的经济效益的现象。

第六，巨灾保险利益计算上的模糊性。巨灾保险计算上的模糊性表现在商业保险公司在巨灾保险的保险费率厘定上。因为巨灾相关数据的不全面及实行等方面的问题，使准确厘定巨灾保险的保险费率存在着困难。

（三）巨灾保险中政府与市场的边界

在巨灾保险市场机制与政府的关系方面的讨论中主要围绕“政府应不应当干预巨灾保险市场”展开。从分析的基本理论和基本工具看。一方面将经济学中的基本原理和基本分析工具应用于巨灾保险领域，对巨灾保险市场进行检验和评述，侧重经济学的理论基础分析；另一方面则是应用保险经营中的基本经营原则和核心技术分析巨灾保险市场，对巨灾保险经营行为进行阐述和论证，侧重风险管理理论的操作分析[15]。

在经济学方面通过期望效用理论建立保险需求理论、在可保风险理想特征假设下的保险供给学构成供求基础；从信息经济学的角度分析，巨灾保险市场非有效性的一个重要原因就是信息不对称，基于保险人积累的数据资料不完善、巨灾保险模型的特殊性，以及再保险和巨灾金融衍生产品发行交易过程中面临的信息不充分，信息失效是导致巨灾保险市场低效率的一个重要原因；从福利经济学的角度分析，农业巨灾保险存在外溢效应，从而导致正外部性产生，因此农户不愿意购买巨灾保险产品，出现需求不足的现象。

保险经营中的基本经营原则和核心技术风险渐进可保理论是普里斯特（Priest）和帕特奥马利（Pat O' Malley）等人提出的巨灾保险的风险渐进可保可以克服巨灾保险市场失灵问题；另一方面亚历山大（Alexander）和戈利耶（Gollier）则坚持认为巨灾保险产品的非纯公共物品属性使其不适合由私人保险市场提供。康明斯（Cummins）提出巨灾风险的全球可保性理念（Global Insurability），通过承保全球各个区域的不同类别风险可以在跨风险和跨地区的维度上运用大数定律经营巨灾业务，政府的过多干预是徒劳的。戈利耶（Gollier）认为由于受监管、税制等的影响，风险的跨地区转移是难以实现的，他以卢卡斯（Lucas）经济分析模型为依据，提出风险的时间分散可以用于风险规避并且对财富的减少有较强的抑制作用，政府恰好可以利用其强权优势，通过政府支持下的巨灾保险项目，利用政府的信用进行跨期分担。

四、巨灾保险的国际经验

世界上主要的灾害多发国家和地区大都采取政府支持或直接介入的形式，一方面由政府制定有效的公共政策，提供适当的财政资助，另一方面由广大保险公司广泛参与，采取市场化的运作方式，形成一个国家性或地区性的保障体系。本章主要介绍美国的洪水保险制度、日本的地震保险制度与我国台湾地区的地震保险制度。

（一）美国国家洪水保险计划

美国国家洪水保险的保险责任包括江河泛滥、山洪暴发、潮水上岸及横泄等对建筑物及其内部的财产等造成的损失。国家洪水保险的保险业务由商业保险公司以自己的名义承保，但由其承保的保险业务与所收取的保险费要全部转交联邦保险管理局（Federal Insurance Administration，简称 FIA），商业保险公司只是按销售保单数量获取佣金，而并不承担保险赔偿责任。按照 1994 年的国家洪水保险改革法案的规定，居民住宅性房屋和室内财产的最高承保限额分别为 25 万美元和 10 万美元；小型企业非住宅性房屋和屋内财产的最高承保限额均为 50 万美元。限额以内的赔偿责任全部由政府承担，超过国家洪水保险承保限额的财产价值，由投保人自愿向商业保险公司投保，并由商业保险公司承担赔偿责任。美国国家洪水保险的一个重要特点在于它的弹性强制，即政府并不硬性规定居民家庭和小企业主必须购买洪水保险，而是通过相应的带有强制性的经济政策促使他们购买洪水保险。对于财产处于洪泛区而没有购买洪水保险，因洪水导致财产损失的居民家庭和小企业主，联邦政府不给予灾害救济和所得税减免。

（二）日本地震保险制度

日本的地震保险的保险责任范围包括地震所造成的保险财产的直接损坏、埋没以及火灾（包括连锁性火灾）和冲毁所造成的损失。日本的国家地震保险的法定限额表现在两个方面，一是规定家庭财产地震保险的承保限额为其财产险（火险）的保险金额的30%~50%，且建筑物和建筑物以内的家庭财产的最高承保限额分别为5000万日元和1000万日元，超过限额的部分，居民家庭可以向商业保险公司办理商业性的地震保险；二是规定国家地震保险体系的总赔偿限额为41 000亿日元，并利用再保险与共同保险方式将其在商业保险公司、地震再保险公司和政府三个层次的风险承担主体之间进行划分。法定承保限额内的家庭财产地震保险业务由各商业保险公司承保后，以比例再保险方式全部分给日本地震再保险公司；后者先把分入的全部保险业务由保险金额转换为赔偿金额，然后再以事故超额赔款再保险的方式将其分为三个部分：一部分以市场份额为依据返回给各商业保险公司；一部分自留；一部分分给中央政府。

（三）我国台湾地区地震保险制度

1999年9月21日，台湾南投发生里氏7.3级强烈地震，人员及财产损失均十分严重。地震之后，台湾当局积极研究解决方案，并推动相关立法。2001年7月，增订保险法；2001年11月，颁布实施《住宅地震保险共保及危险承担机制实施办法》；2002年1月，批准设立财团法人住宅地震保险基金（Taiwan Residential Earthquake Insurance Fund，TREIF，简称地震保险基金）；2002年4月，正式实施政策性的住宅地震基本保险。自2002年4月1日起，原住宅火险保单下自动涵盖住宅地震基本保险，凡是住宅房屋所有人均可以投保住宅火灾及地震基本保险[16]。

在台湾，投保人向保险公司投保地震保险后，保险公司将保费收入向地震保险基金全额分保，然后地震保险基金再将所有承保风险分为两大部分：第一部分转分保由地震保险共保组织（由原保险公司组成）承担；第二部分由地震保险基金承担和分散，而第二部分又细分为四层，其中第一层由地震保险基金自留，第二层通过再保险市场或资本市场在台湾地区内外进行分散，第三层再由地震保险基金自留，第四层由政府承担。

延伸案例：日本“3·11”地震

日本地震灾情简介：

北京时间2011年3月11日13时46分，日本东北部海域发生里氏9.0级的大型逆冲区地震，震中位于宫城县首府仙台市以东的太平洋海域，震源深度为24.4千米（15.2英里）。日本东北地域太平洋沿岸及北海道东部沿岸都受到了由地震引发的海啸侵袭，海啸最高达40.1米，席卷了近500平方千米的区域，青森县、岩手县、宫城县以及福岛县的沿海部分区域，被滔天海水瞬间夷为平地。此外，其他地区如俄罗斯、我国台湾地区、美国夏威夷、美国西岸、墨西哥等地也受到大小不等的海啸侵袭。

截至2012年9月10日，地震造成至少15 870人死亡，2814人失踪，为日本第二次世界大战后伤亡最惨重的自然灾害，也是自有记录以来，全世界第三强的地震（1960年智利9.5级地震和1964年阿拉斯加9.2级地震分别排第一、第二）。此次地震造成的直接经济损失总额估计为2100亿美元（没有充分考虑核电站损失、业务中断和人口迁移成本），占2011年全球灾害损失（3700亿美元）的一半以上。

日本地震保险业赔付情况：[17]

面对巨灾，日本的保险行业把迅速的行动和及时的信息公开作为地震灾害处理工作的首要任务。地震发生后，日本的两大保险行业协会（日本损害保险协会和日本生命保险协会）在第一时间内迅速发布了对地震受灾者的公开慰问信。此后，定期召开记者会，及时发布保险行业的应对措施和保险赔付相关的进展信息，并通过其网站、报纸、电视、宣传单等方式，披露保险理赔相关信息。

同时，在地震发生后的第一时间里，两大保险行业协会各自成立了地震保险中央对策本部，统一了各会员公司意见，通过对策本部统一发表保险行业的应对措施，并协调处理保险赔付工作。对于大地震的善后处理，两大保险行业协会分别推出了多项特别处理对策。以日本损害保险协会为例，其主要措施如下：

1. 取消了部分免责条款

财产保险当中，除了地震保险和附带有地震特约条款的保险之外，其余的大部分财产保险原则上不赔付地震和海啸造成的损失。但是，为了给受灾民众提供强有力的支援，损害保险协会与各会员保险公司达成一致，针对东日本大地震所受灾害采取了临时应急措施，扩大了火灾保险的赔付范围，即取消了“在火灾保险中，地震引起的火灾造成的住宅、财产的损失不属于保险赔付对象”的免赔条款，对地震引起的火灾造成的损失，也可以进行保险赔付。

2. 简化理赔手续

由于大面积受灾，在房屋毁损或被海啸卷走一切财物的情况下，很多被保险人已经无法找回保险单等相关证明资料。损害行业协会根据实际情况规定，只要与保险公司核对信息无误，无须提供相关证明资料，可以直接进行保险赔付。

对一些连自己投保在哪家保险公司都不知道的人，则可以通过损害行业协会设定的统一窗口进行咨询，并确认自己的保险信息。

3. 统一定损

因地震、海啸造成住宅和财产损坏时，保险公司原则上要做细致的现场勘查，判定损失金额。

但是，这次大地震造成的损失范围大，有的地区被夷为平地，根本无法进行细致的现场勘查。为了迅速支付保险金，行业协会决定通过航拍、卫星照片等资料，把一些受到海啸和火灾破坏严重的区域直接判定为全损地区，该区域的地震保险可以直接按照全损来支付保险金。

另外，对一些很难判断损失金额的区域，损害行业协会调动各会员公司的力量，统一进行定损、资料共享，缩短了定损流程。

4. 返还保险费

由于灾害造成已投保的财产没失，需要解除保险合同的，可以从 3 月 11 日为基准，一律退还之后的保费。对一些长期的保险合同，投保人暂无能力缴付的情况下，可以暂缓缴付保险费，最多可以延长 6 个月。

据日本损害保险协会发布，截至 2011 年 12 月 14 日，日本各财产保险公司保险金赔付额达 11 931 亿日元。日本生命保险协会发布的人寿保险保险金赔付数据显示，到 2011 年 12 月 21 日为止，所支付的件数为 19 159 件，赔付保险金共计 1460 亿日元。

资料来源：根据人民网等资料综合整理。

问题与思考

伴随着全球气候变化以及世界经济快速发展和城市化进程的不断加快，我国因灾害事故造成的损失呈现出快速增长的趋势，巨灾风险问题已成为我国经济社会发展过程中必须关注的重大问题，社会各界强烈呼唤建立与发展多视角、多层次、整合性、具有中国特色的巨灾风险管理体系。在巨灾风险及其损失的现实威胁下构建与创新巨灾风险管理的体制与机制，进而为政府部门制定巨灾风险管理的全面战略提供决策性参考，具有十分突出的实践指导意义。

从目前世界范围内来看，一些国家每次巨灾中保险的补偿能占到总经济损失的 30%以上，甚至有的超过了 70%，如新西兰近两次地震的保险赔偿都达到了 80%以上。而我国的巨灾损失融资主要依靠财政和社会救助，商业保险的巨灾损失融资作用相对不明显。保险业的赔付比例相对较低，“5·12”汶川大地震中保险赔付只占总损失的 0.12%，与世界的平均水平相距甚远。在近年来我国自然灾害频发的现实背景下，建立符合我国国情的巨灾保险制度已迫在眉睫。然而巨灾风险管理与巨灾保险在国内外都是一项十分具有挑战性的研究课题，既缺乏理论上可直接借鉴的资料与文献，也没有实践中丰富的经验与总结，更没有出台具体的标准和政策实施指导意见。随着我国巨灾风险管理与巨灾保险理论研究的深入和实践分析的拓展，一些新情况和新问题会进一步暴露出来，需要今后长期追踪和持续深入研究，才能使我国巨灾风险管理的相关制度构建更加深入和完善。

问题 1：

试分析保险在巨灾风险管理中的角色与定位。

问题 2：

试分析我国巨灾风险管理制度的构建。

问题 3：

日本“3·11”地震后保险行业的表现对我国保险业有何启示？

参考文献

[1] 佚名. 中国近50年自然灾害经济损失达5万亿元 [N]. 羊城晚报，2008-06-19.
[2] Swiss Re. 2008年的自然灾害与人为灾难：北美和亚洲遭受严重损失 [J]. Sigma，2009 (2).
[3] 卓志. 巨灾风险管理与保险制度创新研究 [M]. 成都：西南财经大学出版社，2011.
[4] 陶鹏. 什么是灾害？——国外灾害社会科学研究思想流派评析 [N]. 中国社会科学报，2011-06-30.
[5] 卢振恒，马宗晋. 灾害管理学 [M]. 长沙：湖南人民出版社，1998.
[6] 自然灾害风险管理与预警体系 [M]. 北京：科学出版社，2010.
[7] The I.I.I. Insurance Fact Book 2007 [M]. The Insurance Information Institute，2007.
[8] Higgins V. Calculating Climate. “Advanced Liberalism” and the Governing of Risk in Australian Drought Policy [J]. Journal of Sociology，2001 (37).
[9] Swiss Re. Natural catastrophes and man - made disasters in 2011 [J]. Sigma. No. 2，2012.
[10] 卓志，段胜. 巨灾保险市场机制与政府干预：一个综述 [J]. 经济学家，2010 (12).
[11] 郑伟. 地震保险：国际经验与中国思路 [J]. 保险研究，2008 (6).
[12] 卓志，段胜. 巨灾保险市场机制与政府干预：一个综述 [J]. 经济学家，2010 (12).
[13] 郑伟. 地震保险：国际经验与中国思路 [J]. 保险研究，2008 (6).
[14] 沙银华，崔哲男. 日本大地震之理赔 [N]. 中国保险报，2012-01-16.
[15] Calabresi G. The Costs of Accidents：A Legal and Economic Analysis [M]. United States：Yale University Press，1970.
[16] Priest G. L. The Government，the Market，and the Problem of Catastrophic Loss [J]. Journal of Risk and Uncertainty，1996 (12).
[17] Cutler. D&R. Zeckhauser. Reinsurance for Catastrophes and Cataclysms [R]. Working

Paper, Harvard University, Cambridge, Massachusetts, 1996.
[18] 斯蒂格利茨. 政府在市场经济中的角色：政府为什么干预经济（中文版）[M]. 郑秉文，译. 北京：中国物资出版社，1998.
[19] Lewis C. M & K. C. Murdock. Alternative Means of Redistributing Catastrophic Risk in a National Risk Management System [C]. Kenneth Froot, The Financing of Catastrophe risk. The University of Chicago Press, 1999.
[20] Harold D Skipper JR. 国际风险与保险（中文版）[M]. 北京：中国机械出版社，1999.
[21] Browne, Mark J. & Robert E. Hoyt. The Demand for Flood Insurance: Empirical Evidence [J]. Journal of Risk and Uncertainty, 2000 (3).
[22] David E & Alexander. Confronting catastrophe: new perspectives on natural disasters [M]. Terra Publishing, London, 2000.
[23] Gummins, J. David and Weiss, Mary A. The Global Market for Reinsurance Consolidation, Capacity, and Efficiency. Brookings Wharton Papers on Financial Services, 2000.
[24] Kunreuther H & E. Michel. Policy Watch: Challenges for Terrorism Risk Insurance In the United States [J]. Journal of Economic Prospective, 2004 (4).
[25] Howard Kunreuther. Disaster Mitigation and Insurance: Learning from Katrina [J]. Annals of the American Academy of Political and Social Science, 2008 (1).
[26] Froot K. A & P. Connell. On the Pricing of Intermediated Risks: Theory and Application to Catastrophe Reinsurance [J]. Paper Presented at the NBER Conference of Property/Casualty Risks, 2008.
[27] Howard Kunreuther. Disaster Mitigation and Insurance: Learning from Katrina [J]. Annals of the American Academy of Political and Social Science, 2008 (1).
[28] 祝伟，陈秉正. 自然巨灾风险评估综述 [J]. 清华大学保险与风险管理研究动态，2009 (5).
[29] 卓志. 风险感知、个人抉择与公共政策——基于巨灾风险管理与保险制度创新研究 [M]. 成都：西南财经大学出版社，2011.
[30] 郑功成. 构建科学、合理的灾害管理及运行机制 [J]. 群言，2008 (8).
[31] 王博. 我国巨灾风险管理模式初探 [J]. 保险研究，2008 (10).
[32] 许闲. 保险业参与灾害管理的国际模式 [J]. 中国金融，2011 (9).
[33] 魏华林，张胜. 巨灾保险经营模式中政府干预市场的“困局”及突破途径 [J]. 保险研究，2012 (1).

第二部分

保险业的改革与发展

第七章
· 保险行业监管 ·

学习目的

通过对本章的学习，掌握保险监管、保险监管制度的基本概念和体系构成，明确保险监管的主要目标和措施，理解我国保险监管以偿付能力监管、公司治理结构监管、市场行为监管为主的“三支柱”体系和风险防范“五防线”的主要内涵，掌握我国保险业监管的主要方式和手段，理解现场检查和非现场监管的概念、内涵和基本流程，初步了解规制理论，了解发达国家和地区保险监管发展历程和特点。思考我国进一步完善保险行业监管的切入点，探索保险监管与经济周期的互动关系。

引言

保险业作为经营风险的特殊行业，作为社会保障体系的重要组成部分，已经成为为社会主义和谐发展保驾护航的重要行业。但是，在保险市场化进程中仍存在制度建设、内部管理、市场意识等诸多问题。为促进保险业健康有序的发展，就需要对保险行业进行有效的监管。保险监管的实施主体是政府，目的是保护被保险人的合法利益使得行业健康有序发展。实施途径包括制定保险法律法规，对本国保险业进行宏观指导与管理及设立国家专门的保险监管职能机构，依据法律或行政授权对保险业进行行政管理，以保证保险法规的贯彻执行。

本章主要介绍后金融危机时代保险监管的发展，国际保险监管的一些改革举措，以及我国在保险监管上做出的变革。期望读者通过学习，掌握保险监管体系的构成和保险监管的主要方式，学习发达国家和地区的保险监管先进经验，探索完善我国保险监管体系的方法。

知识回顾

一、基本概念

（一）保险监管的基本概念

1. 保险监管

保险监管是指一个国家政府的保险监督管理部门为了维护保险市场的秩序，保护被保险人及社会公众的利益，依法对本国保险业的监督和管理。

2. 保险监管制度

一个国家的保险监管制度通常由两部分组成：一是国家通过制定有关保险法律法规，对本国保险业进行宏观指导与管理；二是国家专门负责保险监管职能的机构依据法律或行政权力对保险业进行行政管理，以保证保险法规的贯彻执行。

目前，我国保险监管机关是中国保险监督管理委员会，根据国务院授权履行行政管理职能，依法统一监管中国保险市场。

3. 保险监管的目标

保险监管的目标有四个：保证保险人具有足够的偿付能力；防止利用保险进行欺诈；维护保险市场上合理的价格和公平的保险条件；对保险中介人进行监督管理，以确保其经营保险业务的资格和能力。

（二）我国保险监管的体系构建

1. 保险监管的“三支柱”

（1）偿付能力监管。

偿付能力是指保险人履行赔偿或给付责任的能力，也是保险机构资金力量与自身所承担的危险赔偿责任的比较。保险公司是经营风险的企业，必须随时准备应对各种灾害事故的发生。这就要求保险公司必须拥有足够的资金积累和起码的偿付能力。这不仅是保护被保险人利益的需求，也是保险企业自身稳定经营的需要。因此各国政府把保险企业的偿付能力均作为监管的主要目标。我国《保险法》规定，保险公司应当具有与其业务规模相适应的最低偿付能力。保险公司的实际资产减去实际负债的差额不得低于金融监督管理部门规定的数额，低于规定数额的，应当增加资本金，补足差额。

（2）保险公司治理结构监管。

与一般公司不同，保险公司具有诸多的特殊性，这些特殊性导致了其治理结构与一般公司治理结构存在差异，需要我们在研究保险公司治理结构时引起足够的重视。这种特殊性主要表现在以下方面：①经营目标的特殊性；②产品的特殊性；③资本结构的特殊性；④政府管制影响的特殊性。

正因为保险公司的公司治理存在诸多特殊性，不能简单套用一般公司治理理论。我们在研究保险公司的治理结构时，要充分考虑到这些特殊性。借鉴金融机构公司治理的一般经验，从以上所述的保险公司公司治理的特殊性出发，我们可以得出保险公司治理的一般模式：①保险公司的公司治理应更多地关注利益相关者的利益，而不能仅仅局限于股东本身；②保险公司公司治理的目标不应仅仅是公司价值的最大化，还应包括保险公司自身乃至整个金融体系的安全和稳健；③保险公司治理机制的设计应偏重内部治理机制，有选择地审慎运用外部治理机制；④健全监管体制，协调监管机构与保险公司之间的关系是保险公司治理的关键内容。

（3）保险公司市场行为监管。

伴随着我国保险行业的快速发展，保险公司的市场竞争越来越不理性，不公平竞争、不正当竞争、不诚信竞争屡见不鲜，保险公司的市场行为监管迫在眉睫。

赵芳喜（2010）认为随着我国金融市场的不断发展，作为主要金融行为之一的保险市场行为已经不仅仅局限于保险产品的销售和服务，更是一种科学化、知识化、信息化的金融传播行为。保险公司的市场行为监管就是对保险经营活动过程中的各项活动进行监管（例如：保险机构的设立、高管人员的任命、保险资金的运用等）[1]。

2. 防范风险的“五道防线”

保险业越是加快发展，就越是要防范风险。只有处理好加快发展和防范风险的关系，切实防范和化解风险，才能促进保险业持续、快速、协调、健康发展。因此，对保险业经营面临的各种风险保持高度警惕，建立防范和化解风险的长效机制，一直是中国保险监管部门的工作重点之一。防范风险的“五道防线”，正是监管部门在多年实践经验积累和借鉴国际先进经验的基础上，概括出来的保险业风险防范长效机制的核心内容。

中国保险业风险防范的“五道防线”可以简明地概括为：以公司内控为基础，以偿付能力监管为核心，以资金运用监管为关键环节，以现场检查为重要手段，以保险保障基金为屏障。在这五道防线中，公司内控对应保险监管体系的“公司治理支柱”，资金运用监管为偿付能力监管的重要内容，现场检查则是市场行为监管的重要手段。“五道防线”不是针对某一项具体风险或某一家公司的风险，而是根据保险业风险产生的一般规律，探索防范和化解风险的制度和机制，避免“头痛医头、脚痛医脚”，从根本上提高防范和化解风险的效率和水平。“五道防线”与“三支柱”的现代保险监管框架构成了我国的现代保险监管体系。

（三）保险业监管的方式

1. 公告管理方式

公告管理方式是指国家规定保险业实体仅需要按照政府的格式与内容定期将资产负

债，营业结果等相关事项公告的管理方式。它是一种比较宽松的监督管理方式，可以保证保险业在自由竞争的环境下自由发展，适用于保险业自律能力强的国家。

2. 规范管理方式

规范管理方式是指国家规定涉及保险行业运作的法律法规，要求保险业共同遵守。这种管理方式是一种比较进步的方式，不过政府只能在形式上对保险业进行审查，实务中很难进行有效的监督管理。

3. 实体管理方式

实体管理方式是指国家制定完善的保险管理规则，对保险业实行全面有效的监督管理。其监管内容涉及保险企业的设立、经营、财务、业务及破产清算等。

（四）保险业监管的主要手段

我国保险业监管的主要手段包括现场检查和非现场监管，对市场主体实行扶优限劣的基本原则。（见图 7-1）

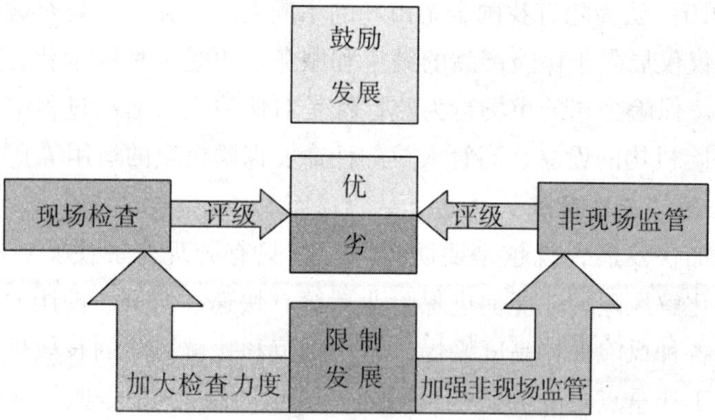

图 7-1　我国保险业监管的主要手段

现场检查作为保险监管的核心手段之一，是了解保险公司经营的真实状况、发现违法违规行为及潜在风险的重要监管方式，对于规范保险公司经营行为、防范化解市场风险具有重要意义。现场检查的基本流程包括制订检查计划、实施检查、检查中的复核与监控、检查报告编制及检查方法运用。按照检查类别具体可以分为内部控制检查、财务检查、业务检查、资金运用检查、精算及责任准备金检查、偿付能力检查六大方面。

非现场监管是保险监管机关基于风险监管理念而采取的一种制度化、体系化、标准化的重要监管方式。是监管部门在采集、分析、处理保险公司相关信息的基础上，监测、评估保险公司风险状况，进行异动预警和分类监管的过程。进一步的可以概括为以下三个方面：第一，非现场监管是中国保监会及其派出机构实施的一种监管方式，中国保监会及其派出机构分别对其权限范围内的监管对象进行非现场监管工作，采取相应的监管措施。第二，非现场监管的监管对象是在中国境内经中国保监会批准设立，并依法登记注册的保险公司，保险公司法人机构依法设立的省级（含直辖市、计划单列市）分公司和地市级中心支公司，以及被视为保险公司法人机构的外国保险公司分公司。保险机构及其分支机构将分别接受来自中国保监会及其派出机构的非现场监管。第三，非现场监管是一个系统的、规范的、统一的、循环往复的监管程序。包括信息收集和整理、风险监测与评估、分类监管、信息归档与管理四个阶段。其中，“信息收集与整理”是基础工作，“风险监测和评估”是核心，“分类监管”是风险监测与评估的结果、也是非现场监管的重点，“信息归档与管理”是总结。非现场监管具有全面性、预警性、非现场性、动态性、经济性等五个特点。

分类监管以防范风险为目的，综合偿付能力、公司治理、内控、市场行为、资金运用等监管内容，综合非现场分析和现场检查，协调各监管部门的监管措施。其目的是有效识别行业存在的风险和问题公司，防范风险；合理分配监管资源，将有限的监管资源集中用于防范和处置行业风险；提高监管效率，增强监管的科学性、有效性和针对性。我国现有分类监管制度按照偿付能力达标水平、公司治理、资金运用、市场行为等方面发现的问题将保险公司分为四类：A 类，风险低；B 类，风险中等；C 类，风险较高；D 类，风险高。并有针对性地采取监管措施。

二、理论工具——规制理论

规制是指政府对私人经济活动所进行的某种直接的、行政性的规定和限制。规制理论主要关注的是为什么要进行规制，规制代表谁的利益，哪些产业易受到规制等问题。

1. 规制公共利益理论

政府会对市场失灵进行规制以使市场尽可能达到竞争性运作，且规制范围与失灵范围成正比。不过，在现实生活中，竞争市场的条件很难达到，市场失灵不可避免，因此，按照公共利益理论，政府规制的潜在范围几乎是无边无际的。且该理论认为，仅以市场失灵和福利经济为基础是不够的，除了纠正市场失灵之外，政府还有许多其他的微观经济目标。

2. 规制俘虏理论

不管规制方案如何设计，规制机构对某个厂商的规制实际是被这个厂商“俘虏”，其含义是规制提高了厂商利润而不是社会福利。规制俘虏理论与规制历史极为符合，因而比规制公共利益理论更具说服力。尽管如此，规制俘虏理论还是同样面临与规制公共利益理论相同的批评：①没有坚实的理论基础；②为何规制受厂商控制而不受其他利益集团影响；③现实生活中存在许多不被厂商支持的规制，厂商利润水平因为规制反而下降了，如天然气产业价格规制，对环境、产品安全、工人安全的规制和社会规制。

3. 规制经历理论

规制由产业谋取，并主要根据其利益来设计和运作。支撑该理论框架的三大模型为：施蒂格勒模型、佩尔兹曼模型和贝克尔模型。第一、第二个模型都是以规制者和立法者选择实现政治支持最大化的规制政策为基础，认为规制通常偏向于使组织良好的利益集团获益；而第三个模型更关注利益集团之间的竞争，认为规制主要是用来提高更有影响和势力的利益集团的福利。

案例呈现

保险监管核心价值

2013年3月21日，中国保监会在京召开发布会，正式发布保险监管核心价值理念和保险行业核心价值理念。

保险监管核心价值理念是“为民监管、依法公正、科学审慎、务实高效”。为民监管，是保险监管的根本宗旨。保险监管要牢固树立政治意识、大局意识、责任意识和服务意识，始终把保护好保险消费者利益作为监管工作的出发点和落脚点，积极履行监管职能，认真解决保险领域群众反映集中的突出问题，切实推动保险业更好地服务人民群众和经济社会发展，努力实现“保险让生活更美好”的目标。依法公正，是保险监管的基本原则。保险监管要建立健全监管法律法规体系，严格依照法定的权限和程序实施监管，真正做到有法可依、有法必依、执法必严、违法必究。要坚持公开、公平、公正的原则，维护公平竞争的市场环境。要积极推进政务公开，自觉接受社会监督。科学审慎，是保险监管的精神要义。保险监管必须以科学发展观为指导，遵循监管客观规律，创新监管方式，改进监管手段，提升专业化监管能力，确保监管的科学性和有效性。要准确把握和判断宏观经济金融形势及其发展趋势，加强宏观审慎监管与微观审慎监管，建立完善的风险监测和控制体系，不断提升预警和处置风险的能力，从而有效防范保险风险，维护金融稳定，促进保险业稳健运行。务实高效，是保险监管的时代要求。要大力加强监管队伍自身建设，改进工作作风，发扬团结协作、奉献进取的精神，坚持求真务实、真抓实干，坚持严谨细致、讲求实效。要完善监管工作机制，优化监管资源配置，勤勉敬业尽责，文明高效行政，提高办事效率，提升监管效能。要清正廉洁，厉行节约，严格执行各项廉洁从政规定，切实树立良好的监管形象。

保险行业核心价值理念是“守信用、担风险、重服务、合规范”。守信用，是保险经营的基本原则。保险是一种基于信用的契约行为，是对未来不确定性的承诺。诚信是保险业的生存之本，是行业发展的生命线，也是保险业最基本的道德规范和行为准则。保险业必须以最高的诚信标准要求自己，信守承诺、讲求信誉，向客户提供诚信服务，才能树立良好的社会形象，才能赢得社会的信赖支持，才能不断发展壮大。担风险，是保险的本质属性。保险业是经营风险的特殊行业，要通过科学专业的制度安排，为经济社会分担风险损失、提供风险保障、参与社会管理、支持经济发展，充分发挥保险的“社会稳定器”和“经济助推器”的功能作用。要坚持改革创新，加快转变发展方式，不断提升风险管理能力和核心竞争力，增强行业发展活力，夯实科学发展基础，更好地履行保险责任。重服务，是保险价值的实现途径。保险业属于金融服务业，保险是无形产品，服务是基本手段。保险业要积极服务于经济社会的发展并满足人民群众多层次的保险需求，加大产品和服务的创新力度，着力提升服务质量和水平，通过真诚文明、专业精细、优质高效的保险服务，传达保险关爱，体现保险价值。符合规范，是保险市场健康运行的前提条件。保险机构和从业人员必须严格遵守国家法律法规、行业规则规范、职业道德准则，并在具体工作中时时、处处规范行事。要在全行业大力倡导知法守法、合规经营的道德风尚，培育良好的市场秩序，保障保险业健康可持续发展。

项俊波主席指出，加强保险文化建设，是保险业贯彻落实党的十八大精神，推进社会主义文化强国建设的重要举措。培育和践行保险监管核心价值理念、保险行业核心价值理念是保险文化建设的关键环节，是转变发展方式、推动行业科学发展的内在要求，是加强行业文化建设、凝聚行业力量的有效途径，是加强改进保险监管、提高监管效能的重要手段，也是提升行业形象、增强行业软实力的迫切需要，对促进保险业的持续健康发展具有十分重要的意义。

项俊波强调，培育和践行保险监管核心价值理念、保险行业核心价值理念，既是当前一项紧迫工作，也是一项长期的战略任务。全行业必须站在全局的高度，加强领导、统筹协调、突出重点、常抓不懈，扎实推进培育和践行核心价值理念的各项工作。一是要加强学习宣传，使保险监管核心价值理念和保险行业核心价值理念成为全行业共同遵循的价值取向。要通过多种方式广泛开展核心价值理念宣导活动，把核心价值理念的教育纳入各级党委中心组学习计划，作为干部员工入职培训、高管培训、在岗培训等的必修课程，教育引导广大监管干部和从业人员准确理解和领会核心价值理念的内涵与要求；要大力开展保险“进社区、进机关、进农村、进学校、进企业”，普及保险知识，宣传核心价值理念；要强化整体形象建设，扎实做好文化形象导入工作，使核心价值理念真正成为机关文化、企业文化的核心内容。二是要健全制度机制，使保险监管核心价值理念和保险行业核心价值理念成为全行业一以贯之的行为准则。各单位要建立和完善文化建设的领导机构和工作机制，领导班子和领导干部要带头学习、带头宣讲、带头践行；要把核心价值理念的要求贯彻到发展战略、制度机制、行为准则和评价标准当中，全面梳理和完善规章制度、服务标准、从业规范和绩效考核体系等，并强化制度执行力度，使其真正成为广大干部职工共同遵守的行为规范和工作准则；要建立完善宣导、运行、督查、考核评价等长效机制，逐步将文化建设制度化、规范化和常态化。三是要勇于探索实践，使保险监管核心价值理念和保险行业核心价值理念成为全行业创新发展的内生动力。要通过培育和践行核心价值理念，强化监管为民、保险为民的宗旨意识，加大保险消费者利益的保护力度；要引导广大干部职工深入贯彻落实科学发展观，进一步解放思想、转变观念，增强加快转变发展方式、深化结构调整的自觉性和主动性，推动行业发展质量和效益的不断提升；要切实提高宏观意识和战略思维，将保险业发展融入到加强民生建设、促进经济发展和社会和谐稳定的大局中，积极推动保险业在关系全局的现代金融、社会保障、农业保障、防灾减灾、社会管理等“五大体系”建设中发挥更大的作用，切实让保险业发展成果惠及更广大人民群众。四是要注重基础建设，使保险监管核心价值理念和保险行业核心价值理念成为全行业追求进步的力量源泉。要大力加强保险人才队伍建设，把核心价值理念融入到理想信念教育中，着力提高广大干部职工的思想境界、道德修养和能力素质，打造出一支适应现代保险业要求的高素质保险人才队伍；要大力加强诚信和法制建设，弘扬法治精神，建立健全诚信体系，真正使最大诚信成为保险业的价值基础，促进广大从业人员养成良好职业习惯，向社会展示出行业的文明风范；要大力加强社会主义精神文明建设，广泛开展学雷锋、文明单位创建、先进典型选树、"讲文明、树新风"、志愿服务、行风建设等活动，显著提升行业服务质量和水平，努力建设先进、发达、健康、文明的保险业。

资料来源：根据 http://www.circ.gov.cn/web/site0/tab456/i239331.htm；

中国保监会等材料综合整理。

理论分析

近年来，伴随我国保险市场的高速发展，保险业发展的粗放方式带来的问题逐步暴露，保险行业面临着诸多困难与挑战。在金融危机之后，国际保险监管领域加快了改革的步伐，与欧美国家相比，国内的监管体系还存在较大差距。在主要发达国家纷纷针对其金融监管制度进行改革之际，我们也有必要顺应潮流，在借鉴和学习他国经验的基础上，联系我国保险业实际，探索改进道路。保监会按照党中央国务院关于金融保险工作的战略部署，深入贯彻落实科学发展观，紧紧围绕"转方式、促规范、防风险、稳增长"等要点，不断加强和改进保险行业监管。项俊波（2012）认为我国保险监管应深入落实科学发展观，认真贯彻中央关于金融保险工作的决策部署，着力强化和改进保险监管，为保险业发展营造良好的环境[2]。

一、保险行业监管的有效性

全球金融危机对国际金融秩序造成了极大的冲击和破坏。随着后金融危机时代的到来，金融监管有效性问题已成为人们关注的焦点之一。

监管有效性是金融竞争力的重要方面，监管体系和框架必须适应市场的需求。杨冬梅（2010）认为我国金融监管基本适应目前我国金融业发展水平，特别是在我国正式成为巴塞尔银行监管委员会成员后，我国银行监管更加有效。但是我国金融监管仍然存在诸多矛盾与缺陷，例如：监管目标过于笼统、监管制度不利于金融创新、监管法制环境不健全、监管方式缺乏以及监管力度与深度不足等问题。我国应该加强国际监管合作，树立宏观审慎监管的理念，完善信息披露机制，提高我国金融监管的有效性[3]。

作为金融业的重要组成部分，保险行业监管的有效性不仅是指保险监管机构本身监管保险市场的工作效率，还应包括被监管对象所反映出来的市场的效率。赵国新（2008）指出：有效的保险监管是一个动态的过程和机制，是解决保险市场失灵的手段，它既体现了法制化和程序化的监管理念，又是适度的、经济可行的、技术先进的监管实践活动，并随着宏观经济环境、金融市场和保险监管理念的变化而及时调整和演进[4]。陶存文、徐景峰（2012）还指出：有效的保险监管必须是适度和可行的，即实现保险市场的收益与成本差额最大化，使保险市场效率达到最优。两位学者对于保险监管效率从定性分析出发，通过定量分析认为我国保险监管具有一定的抗冲击能力，能够适应市场变革，在一段时间内是有效的。同时提出未来我国保险监管应进一步完善偿付能力监管体系，加强公司治理监管，加强信息披露制度的建设以及充分发挥保险行业自律的作用[5]。

二、我国监管模式变革

邵道广（2007）从凯恩的新理论出发，认为创新和监管处于一个动态博弈过程，存在着一条相互影响、循环发展的路径。保险创新带来新的监管制度，新的监管制度又能带来保险创新。如果监管无视创新的步伐，被动地应对新局面，会对保险创新产生负面的影响，打击其创新的积极性，形成恶性循环。我国保险监管应实施保险机构高级管理人员任职资格监管，深化人本监管；监管部门应适当聘用有保险公司管理经验者，适时调整其人员结构，密切联系保险经营管理的实际；完善偿付能力监管体系[6]。田原（2009）认为我国保险业正面临着稳健投资策略和投资盈利需求的双重压力，保险监管改革迫在眉睫，保险监管部门只有不断的提升监管水平，细小的问题才不会累计形成系统风险，保险市场才会健康发展[7]。

伴随着我国加入世界贸易组织（The World Trade Organization，WTO），保险市场全面对外开放，保险监管模式的变革应运而生。保险监管由市场行为监管向偿付能力监管转变，从严格监管向松散监管转变，从追求稳定性目标向追求效率目标转变。陈月（2009）选取了中国 16 家财产保险公司的面板数据，考察保险监管模式变革对中国财产保险市场结构、竞争行为和经营绩效的影响，得出市场结构和竞争行为负相关，竞争行为与经营绩效负相关，市场结构与经营绩效正相关的结论；监管模式的变革与市场结构、竞争行为和经营绩效正相关，但在中资公司则表现为负相关[8]。

由于风险的不确定性和保险相关成本的未来性，建立统一的，高质量的保险会计制度是亟须完成的目标。保险会计的发展对保险监管提出了更高的要求。王艳（2011）认为保险会计制度的改革促使行业监管从基础薄弱跨越到体系完整。保险会计制度关注保险经营的特殊性，对公司的经营信息极为敏感，保险监管机构能够利用这种敏感性，对异常的保险公司采取措施，提高监管效率[9]。

尽管金融危机对保险业的冲击小，但是在风险管理与监督上存在的问题同样被暴露了出来。马丁·伊灵和哈托·施近泽（Martin Eling and Hato Schmeiser，2011）针对保险公司风险管理与监管提出了10点建议。我们要继续加强保险监管，但要明确更好的监管并不等于更多的监管、更复杂的监管。保险监管应该在坚定的保持成本与一定复杂性同时，实现其概念的可理解性[10]。

保险市场失灵可以通过保险监管来弥补，但保险监管也存在失灵的时候。邢彬、祝向军（2012）根据契约理论，认为保险监管失灵实质是契约激励性的扭曲，契约在设计过程中没有考虑信息约束，因此导致保险公司激励性失灵。又因为政府和保险监管机构之间属于委托代理关系，规避监管失灵存在一定的难度。我国保险监管变革应该注重监管文化建设，文化已成为监管凝聚力和创造力的源泉，也是监管执行力和公信力的重要因素；加强保险市场的信息披露，增强监管的透明度；引入适度的监管竞争，解决监管范围和监管方式的问题[11]。

为规范保险经营，确保保险业有序发展，需要保证一定的保险监管效率。刘玉焕（2012）认为保险监管理念尚不成熟、保险监管资源有限、对保险业顺周期行为的不重视以及保险资讯的混乱与失真是保险监管效率缺失的原因。建议保险监管部门要将保护投保人利益与增进市场效率并举，既要基于审慎监管的需要坚持法规导向监管，又要鼓励保险创新，逐步推行原则导向监管[12]。

三、再保险监管情况

保险行业不只包括直保公司，还包括再保险。再保险监管使保险监管体系对于再保险业的健康发展具有积极的促进作用。

保险证券化是再保险机制的重要创新，其实质是实现了保险风险管理机制从原有的风险“集聚—整合”模式向风险“集聚—转移”模式的拓展。秦岩（2011）分析了保险证券化发展的动因——不断增长的巨灾风险保险需求与传统再保险机制之间的矛盾。他阐述了保险证券化对传统再保险的补充作用，并介绍了欧盟保险证券化的监管情况，希望我国借鉴国际经验，确立合理的政策和监管标准[13]。

科学规范的再保险监管，可以使再保险更好地服务于保险市场，维护市场稳定，防范系统性风险，保护投保人的利益。王艳（2011）介绍并分析了美国再保险监管制度的最新发展趋势，并借鉴美国经验认为我国要强化微观监管，提升再保险监管专业化程度，完善保险评级工作，助力再保险制度的完善。我国还应重视再保险监管的国际合作，这样能够降低监管成本，也能提高监管效率[14]。

尽管我国已经初步建立起了较为完善的再保险监管体系，但我国再保险市场仍存在起步晚、基础弱、功能与作用发挥不充分等问题。温燕（2011）简单介绍了我国再保险监管体制的发展历程，基本形成了以《保险法》为基础，以《再保险业务管理规定》和《再保险公司设定规定》为主干的监管法律体系。但我国再保险监管仍然面临着国际化与区域化监管协调统一的挑战、国家再保险和商业化再保险协调统一的挑战以及防范风险与再保险市场发展协调统一的挑战。我国需要发挥监管引导作用，以监管促发展，努力改变传统业务领域承保能力过度集中的状况，在风险可控的前提下积极向新兴业务领域配置，缓解市场的结构性供求矛盾，促进保险业提高发展水平和层次，更好地满足客户日益增长的保险需求[15]。

四、国际保险监管发展趋势

国际保险监管协会（IAIS）在2005年10月与2006年1月先后颁布了三个文件，勾勒出了在新金融环境下以偿付能力和风险管理为核心的新国际保险监管体系框架结构。章建伟、周宇梅（2006）阐述了新国际监管框架的目标、内容以及核心，并提出要完善我国保险监管会计制度、信息披露制度以及建立保险人的内部风险计量和控制体系[16]。

林铁钢（2007）对国际保险监督官协会主席亚历山大·阿尤伯进行了专访，阿尤伯主席介绍了IAIS的工作职能，认为在金融混业经营的趋势下，IAIS要和其他监管机构加强合作，制定相应的监管原则和标准，提高各成员国监管水平。阿尤伯还认为就中国的情况看，应适当放宽政策，进一步扩大市场开放程度，监管者要在消费者和保险公司的利益之间寻求一种平衡，一种共赢的结合点[17]。

国际保险监管改革呈现出以下趋势：全球监管规则趋于统一、宏观与微观审慎监管并举、逆周期监管和保险创新监管得到加强。姜波（2010）认为保监会应该密切跟踪研究监管联席会议机制的发展变化，为未来参加或建立类似机制做好理论准备；积极参加在中国设有营业机构的跨国保险集团监管联席会议，了解国外的做法，及时掌握有关外国保险集团的经营情况，防范风险跨境传递；建立我国保险集团的监管联席会议制度[18]。

五、发达地区保险监管情况借鉴

金融危机对保险业造成的冲击远小于银行业，保险业务流动性风险小、杠杆率小保证了核心保险业务并不会受到很大影响，保险业受到的冲击主要来自于其开展的银行类业务。中国保监会考察团（2010）对日本、英国等国家进行了访问，并对考察情况进行了梳理分析，认为保险行业应该强化以防范风险为核心的监管体系建设，注重非核心业务的系统性风险；专注于保险主业，提高专业水平，不应该盲目开展其他业务；加强宏观审慎监管，突出保险业的特点[19]。

（一）美国保险监管体系改革借鉴

任何一次危机的爆发都是风险释放的过程，冷煜（2009）回顾了亚洲金融危机的教训、分析了美国次贷危机产生的原因，希望我国避免片面的以市场发展要求进行监管政策改革的倾向，加快公司治理结构和内控制度的改革，完善保险公司自身的风险管控体系。国际金融业正由分业经营向混业经营发展，金融一体化大势所趋，我国应尽早考虑整合金融监管机构，建立金融一体化监管组织模式，并研究建立统一的金融监管目标和监管模式体系[20]。

整合保险监管力量，而不是取代州保险监管的模式是新一轮美国保险监管体系改革的主基调。牛播坤（2010）介绍了美国保险监管改革遇到的问题以及政府应对这些问题的方案。美国保险监督官协会（National Association of Insurance Commissioners，NAIC）始终维持原有的权利归属，同时赋予各州监管机构适度的灵活性，共享信息。由于各地经济发展程度不尽相同，保险市场存在一定的差异，美国这样较为分散的保险监管体系有其合理之处。我国也可以在基本规则统一的基础上，赋予地方监管机构一定的权利[21]。

（二）日本保险监管情况借鉴

1997—2002年间，日本保险公司大规模破产。我国的保险监管在很多方面和日本危机前的监管相似，吉玉荣、张爱红、张维（2007）系统梳理了日本保险业监管在危机前的弊端：政府主导、投资监管不力、事后安全网建设缺乏、信息公开受限制以及市场集中度较高，指出我国保险监管也存在这样的问题，需要构建一套由政府监管、行业自律、专业评估机构评价和企业内控组成的，多层次、全方位的监管体系，并建立健全信息公开和信用评级制度，完善退出机制[22]。

（三）欧盟国家保险监管情况借鉴

德国是世界上金融混业监管的代表国家，其保险监管也有着深厚的历史。早在商业保险刚刚起步发展的时期，德国就颁布了专门的法律并成立了保险监管部门。经历了上百年的洗礼，德国的保险监管体系已成为支撑德国保险业健康、稳健、持续发展的重要因素。许闲（2010）介绍德国监管部门以《保险监管法》为依据，可以采取任何适当的和必要的手段来制止或者纠正不遵守监管要求的行为。在金融危机后，设立危机应急小组，收集各项信息，调研危机对德国保险业的潜在影响，引导保险企业设立有效的风险管理体系。德国的危机处理应急机制没有普适性，但其监管环节的严谨性值得我国学习。我国保险业也面临着未来走出国门，参与保险业国际竞争的需求，因此我国保险监管部门应该加强与国际机构的合作[23]。

英国作为最古老的保险王国之一，英格兰银行拥有一个专门的监管机构——审慎监管局（Prudential Regulation Authority，PRA）针对储蓄者、保险公司以及特定的投资公司进行监督管理。安德鲁·贝利（Andrew Bailey，2013）介绍了PRA的目的是保证保单持有者的投保风险保持在一个适当等级，既要保护投保人的利益也要防止投保人的逆向选择。PRA监管保险人是依据证据与系统分析，评估保险人是否健康安全的经营，是否恰当的保护保单持有人以及是否能够达到合同约定并能够持续达到合同约定[24]。恩里克·邦斯（Enrique Bons，2010）也简单介绍了欧盟结合运用可扩展商业报告语言（Extensive Business Reporting Language，XBRL），与偿付能力Ⅱ进行保险监管，确保信息透明化以帮助应对保险业面临的新风险[25]。

（四）我国香港地区保险监管情况借鉴

我国香港地区的保险业非常发达，是亚太地区保险公司最密集的地区，香港保险业在金融危机冲击下仍然能够保持较稳定的增长，其发展与监管模式与经验尤其值得内地借鉴。朱乾宇、曹凤岐（2009）认为香港具有全球最自由的、以服务业为主导的经济体系，具有高透明度、监管制度有效、监管框架完善的保险业，可以很好的应对金融风险。香港保险业具有他律与自律相结合的完善的监管框架、全面合作的监管机构、完善的监管法律制度与适度宽松的监管理念[26]。

六、总结

保监会主席项俊波（2012）肯定了2011年我国保险监管取得的进步，提出保险业将继续保持快速发展的基本面没有变，做好保险监管的大环境十分有利的观点。保险监管需要稳中求进，进中求好，结合行业实际，贯彻落实中央经济工作会议精神和全国金融工作会议精神，增强保险监管的针对性和前瞻性，在困难和挑战中培育有利因素，在改革和创新中创造发展条件，促进行业又好又快发展[27]。

延伸阅读：美国金融监管制度改革

2008年发生的金融危机严重损害了美国金融系统的稳定性，暴露了既有监管体制存在的缺陷，难以应对系统性风险的问题。在当时的美国，进行根本性的金融制度改革，强化分业监管体系以应对系统性风险成为第一要务。另外，在金融危机发生时，以美国国际集团（American International Group，AIG）为代表的大型金融保险集团的经营状况虽然也出现了恶化，但主要是受经营授信、期货、掉期交易等衍生产品的子公司的影响，集团旗下保险公司的稳健性并未出现特别问题。基于此，NAIC于2008年10月对AIG的问题发表公报，强调了分州监管的稳健性。公报内容主要包括：① AIG集团旗下的保险公司具备偿付能力。集团的经营恶化问题是由州保险监督官无法监管的控股公司及非保险类的金融服务公司所造成的。② AIG在全美境内有71家保险公司，在全世界有176家非保险类的金融服务公司。其中仅美国境内的保险子公司受州监管，其控股公司受联邦储蓄金融监督机构监管。③保险业界有人提出AIG的经营恶化问题是因州监管缺乏协调所造成的，主张应由联邦监管。事实上正相反，联邦监管的控股公司在金融危机中走入困境，而保守的州监管，使保险业持有充足的资本，保险消费者的利益得到了充分保护。NAIC指出，此次金融危机由非保险领域引发，保险公司因各州严格监管得以确保其偿付能力，此时引入联邦监管是不合时宜的。

基于上述背景，2009年后联邦议会审议了一系列金融监管相关的法案，并于2010年7月正式公布了金融监管改革法案，即多德·法兰克法。

多德·法兰克法的核心是强化对系统性风险的应对。在组织形式上，设立应对系统性风险的分业监管金融稳定监管咨询委员会（Financial Stability Oversight Council，FSOC），与美国联邦储备银行（Federal Reserve Bank，FRB）共同监管包括保险公司在内的非银行金融机构。FSOC通过10名成员（2/3以上）表决，决定对监管对象采取措施，从而扩展FRB的稳健性标准。拥有表决权的10名成员主要包括财政部长、FRB议长、货币监督官、联邦存款保险公司（Federal Deposit Insurance Corporation，FDIC）总裁、美国证券交易委员会（Securities and Exchange Commission，SEC）委员长等联邦政府机关的主要负责人及1名独立的保险专家（由总统提名，经上议院批准）。不具有表决权的成员共两人，包括1名联邦保险局局长及1名州保险监督官。

就具体监管权限而言，包括微观稳健性监管（单个公司偿付能力的监管）等的一般监管权限继续保留在州，从这个意义上讲，保险监管制度未发生大的变革，即未设立新联邦保险公司制度（Optional Federan Charter，OFC）提出的具有一般监管权限的联邦保险监管机构。

但是，联邦政府从抵御系统性风险出发，在财政部内设置了专门的保险管理组织——联邦保险局（Federal Insurance Administration，FIO）。联邦保险局不具有对保险公司的一般监管权限，其主要职能大致可分为基本职能；特定情况下认定无效职能；保险业相关信息收集及保险监管调查职能三类。该机构是美国历史上第一个联邦保险监管机构，将对美国保险监管的发展产生深远的影响。

综上所述，美国保险监管制度历经140余年沿革，最初的分州监管因难以防止垄断，在1944年转为联邦监管；又因缺乏具体规定，于1945年回到分州监管；后因提升行业竞争力的需要，2000年后又倾向于联邦监管；2008年后基于维护金融体系稳定性的需要，最终确立了分州监管、联邦协调的模式，通过渐进的改革，实现了螺旋式上升。

资料来源：根据 http://money.163.com/12/0507/09/80T451IB00253B0H.html；

网易财经新闻等材料综合整理。

问题与思考

这些年，我国保险监管从无到有，各项工作都取得了长足进步，但相对于不断变化的外部形势和行业快速发展的实际现状，仍存在很大的差距。最近一段时期，我国保险业依然处在快速发展的阶段，保险监管面临的形势是机遇与挑战并存。我们强调外部的压力和自身的问题，不是无视机遇、畏难悲观，更不是否定成绩、妄自菲薄，而是要客观冷静、正视困难，把挑战作为加强监管、推进改革、谋划发展的重要依据。我国保险监管要突破单纯的政府监管思路，把握稳中求进、进中求好的工作基调，突出保险监管工作的重点，坚持“抓服务、严监管、防风险、促发展”，在推进监管工作的同时还要加强自身人才队伍建设，逐步构建以政府监管为核心、以企业内控为基础、以行业自律为补充、以社会监督为动力的保险监管体系。

问题1：

简要回答保险监管的必要性。

问题2：

我国保险监管的改革应该从哪些方面进行？

问题3：

我国保险行业监管的具体措施。

参考文献

[1] 赵芳喜. 保险市场行为监管与消费者权益保护研究 [J]. 中国保险，2012 (11).

[2] 项俊波. 增强保险监管的有效性 [J]. 中国金融，2012 (02).

[3] 杨冬梅. 后危机时代提高我国金融监管有效性之管见 [J]. 现代财经，2010 (09).

[4] 赵国新. 有效保险监管研究 [J]. 保险研究，2008 (08).

[5] 陶存文，徐景峰. 保险监管效率及其评价 [J]. 保险研究，2012 (10).

[6] 邵道广. 加快保险监管创新促进保险业跨越式发展 [J]. 金融经济，2007 (07).

[7] 田原. 金融危机下完善我国保险监管的思考 [J]. 中外企业家，2009 (04).

[8] 陈月. 保险监管模式变革的政策效应 [J]. 经济问题探索，2009 (09).

[9] 王艳. 浅谈保险会计发展对保险行业经营和监管的影响 [J]. 保险研究，2011 (03).

[10] Martin Eling, Hato Schmeiser. Insurance and the Credit Crisis: Impact and Ten Consequences for Risk Management and Supervision [J]. The Geneva Papers on Risk and Insurance, 2011 (01).

[11] 邢彬，祝向军. 保险监管失灵及其规避问题 [J]. 保险研究，2012 (03).

[12] 刘玉焕. 提高保险监管效率的对策 [J]. 金融发展研究，2012 (01).

[13] 秦岩. 保险证券化应纳入再保险监管整体框架 [J]. 中国金融，2011 (06).

[14] 王艳. 美国再保险监管制度新趋势 [J]. 中国金融，2011 (06).

[15] 温燕. 再保险监管面临的挑战与对策 [J]. 中国金融，2011 (06).

[16] 章建伟，周宇梅．国际保险监管创新框架与我国保险监管改进思路［J］．南方金融，2006（07）．
[17] 林铁钢．适应全球保险需求进一步发挥保险监管作用［J］．中国金融，2007（02）．
[18] 姜波．国际保险监管发展趋势与启示［J］．中国金融，2010（01）．
[19] 中国保监会考察团．金融危机后保险与保险监管［J］．中国金融，2010（12）．
[20] 冷煜．金融危机启示：金融一体化监管趋势下的保险监管［J］．保险研究，2009（04）．
[21] 牛播坤．美国保险监管体系改革主基调：整合而非取代［J］．中国金融，2010（01）．
[22] 吉玉荣，张爱红，张维．日本保险业危机对我国保险监管的启示［J］．南京审计学院学报，2007（05）．
[23] 许闲．金融危机下德国保险监管的应对与借鉴［J］．中国金融，2010（01）．
[24] Andrew Bailey. The Prudential Regulation Authority's approach to insurance supervision［J］. Prudential Regulation Authority，2013（04）.
[25] Enrique Bonsón. Solvency II and XBRL：new rules and technologies in insurance supervision［J］. Journal of Financial Regulation and Compliance，2010（02）.
[26] 朱乾宇，曹凤岐．香港保险业的发展现状及监管经验借鉴［J］．国际金融研究，2009（05）．
[27] 项俊波．坚持"抓服务、严监管、防风险、促发展"促进保险业又好又快发展［J］．保险研究，2012（01）．

第八章
保险业偿付能力

学习目的

通过对本章的学习，掌握偿付能力充足率的计算公式，理解认可资产与认可负债的含义，从而了解偿付能力监管中对定量资本的要求，能运用相关知识分析金融保险市场上可能存在的信用风险、操作风险等无法定量研究的风险，理解在偿付能力监管体系中如何引入定性监管与市场约束机制。了解和分析偿付能力一代体系存在的不足，探索我国偿付能力监管的改革方向。

引言

偿付能力是保险公司履行财务责任的能力。偿付能力监管由保监会负责实施，判断保险人的财务状况能否保证其履行财务责任、并在长期中维持经营。偿付能力是衡量保险公司财务状况时必须考虑的基本指标。保险公司的认可资产必须大于认可负债，保证一定的偿付能力充足率。随着保险业的发展，偿付能力监管已经成为保险行业的核心。欧盟通过十多年的时间不断地改革偿付能力监管体系，推出了新的“偿付能力二代体系（Solvency Ⅱ）”。近几年，我国保监会也在努力构建属于我国的“偿二代”体系。

本章主要就保险公司偿付能力有效性进行分析，特别是在金融危机后，国际上更加重视保险偿付能力监管，并出台了一系列的举措。我国的偿付能力管理还处于初级阶段，需要借鉴国外的先进经验构建与完善我国的保险偿付能力体系。

知识回顾

一、基本概念

（一）最低偿付能力要求

最低偿付能力要求，又称最低资本要求，是保险监管部门基于满足公司在遇到市场不利的情况下，仍能维持公司正常清偿能力的最低资本要求。

制定最低偿付能力要求标准时，一般是基于对市场不利情况的度量，在具体标准的制定过程中由于考虑到各种风险度量的复杂性，监管部门一般将风险度量的规则进行适当的简化。但随着市场环境的复杂化和公司经营策略及管理水平的差异化增大，简单的计算规则越来越难以准确度量风险和适用于所有公司，因此对最低偿付能力要求的计算规则有复杂化和灵活化的趋势，允许公司基于自身情况进行判断。

（二）偿付能力额度

偿付能力额度是衡量保险企业偿付能力大小的标准。偿付能力额度涉及两个方面的内容：一是保险企业具备的实际偿付能力额度，实际偿付能力额度是指在任何一个指定日期，企业认可资产与认可负债之间的差额；二是国家或政府主管机关依据立法要求保险企业必须具备的偿付能力额度，也就是法定偿付能力额度。

计算偿付能力的资产是指可以立即变现的资产，即认可资产，并非所有以价值形式体现的动产和不动产。因此保险公司的实际偿付能力虽然和资产负债表中的所有者权益有很大关系，但在金额上由于非认可资产的影响及其他一些科目的调整，一般存在一定的差异，例如固定资产很难变现，一般起不到偿付作用。

（三）偿付能力充足率

偿付能力充足率是指实际偿付能力额度与法定偿付能力额度的比例。在进行偿付能力监管时，一般要求偿付能力充足率保持在一定的水平之上。需要注意的是偿付能力充足率的概念与公司的资产负债率完全不同，偿付能力不足并不等同于破产企业资不抵债的情况。

二、统计工具

(一) DFA 方法

DFA（Dynamic Financial Analysis）是一种动态财务分析技术，它通过对公司未来生存环境和营运结果进行模拟，显示公司营运结果如何受外部环境变动和内部战略决策变动的影响。这种动态财务分析方法是一种整体的，区别于静态的、传统的财务比率分析的财务管理方法，体现了整体性、动态性和前瞻性的思想，能够随机模拟不确定性环境下公司的资产、负债及未来的经营成果，为高层管理者控制经营风险、制定战略决策提供依据。

DFA 的应用分为三个步骤：

（1）建立各种风险因素的情景发生器，模拟各种风险因素的变化；

（2）确定模型参数，将情景发生器产生的模拟情景输入公司模型；

（3）分析输出数据。

优势：相对于固定比率、风险资本金（Risk-Based Capital）模型，DFA 模型在分析保险公司偿付能力方面有明显的优势。DFA 的综合性、动态性和前瞻性与理论要求十分契合，在保险公司偿付能力评估中有很广阔的前景。

劣势：DFA 对分析人员的专业技能要求较高，需要处理大量复杂的数据；模型需要大量的历史数据，如果缺乏数据就会造成主观性的存在；对计算机的依赖使得其存在网络风险，容易造成数据泄露。

(二) BP 神经网络分析

BP（Back Propagation）神经网络是 1986 年由鲁梅尔哈特（Rumelhart）和麦克利兰（McCelland）为首的科学家小组提出，是一种按误差反向传播的多层前馈网络，是人工神经网络中最具代表性和应用最广泛的一种神经网络。BP 网络能学习和存贮大量的输入—输出模式映射关系，而无须事前揭示描述这种映射关系的数学方程。它的学习规则是使用最速下降法，通过反向传播来不断调整网络的权值和阈值，使网络的误差平方和最小。BP 神经网络模型拓扑结构包括输入层、隐层和输出层。

BP 神经网络的特点：

（1）神经网络带有高度并行处理信息机制，具有高速的自学习、自适应能力，内部有大量的可调参数，系统灵活性更强；

（2）神经网络的后天学习能力能够随环境的变化而不断学习如何克服评价时可能存在的模糊性；

（3）神经网络可以再现评价专家的经验、知识和直觉思维，可能保证评价结果的客观性。

（三）Logistic 回归模型

Logistic 回归又称 Logistic 回归分析。Logistic 模型是种群生态学的核心理论之一。100 多年来，它几乎是描述种群 S 型增长的唯一数学模型。利用它可以表征种群的数量动态。Logistic 模型可以用来描述某一研究对象的增长过程，如生态旅游区环境容量的确定、森林资源的管理以及耐用消费品社会拥有量的预测、国民生产总值的预测。Logistic 模型可以用于寻找危险因素，预测在不同的自变量情况下，发生某种情况的概率以及判别属于某种情况的概率。

案例呈现

欧盟偿付能力Ⅱ

2011 年 1 月 19 日，欧盟委员会向欧盟议会和理事会递交了“综合Ⅱ号指令（Omnibus Ⅱ Directive）”的提案。综合Ⅱ号指令一旦被通过，将对原偿付能力Ⅱ号指令进行重大修订，比如对偿付能力Ⅱ中包括资产和负债的评估、偿付能力资本要求（Solvenly Capital Requirement，SCR）计算要求在内的某些重大方面的实施时间给予最长 10 年的过渡期。综合Ⅱ号指令对原偿付能力Ⅱ号指令进行修订的目的，是让保险公司有更充分的时间为新的偿付能力监管体系做准备，以确保行业实现从偿付能力Ⅰ到偿付能力Ⅱ的平稳过渡，避免出现市场动荡。2011 年 6 月，欧盟理事会召开会议多次讨论和修改了综合Ⅱ号指令的内容，欧盟议会的经济与货币事务委员会（Economic And Monetary Affairs Committee，ECON）最终于 2011 年 7 月 27 日确定了综合Ⅱ号指令报告草案的内容。欧盟议会原计划于 2011 年 12 月 20 日对综合Ⅱ号指令进行表决投票，从而确定欧盟议会对原偿付能力Ⅱ号指令的最终修改方案。

偿付能力Ⅱ的目标是在欧盟内建立一套协调一致的、以风险度量为基础的偿付能力监管体制。与银行业的巴塞尔Ⅱ协议相似，偿付能力Ⅱ也是采用三支柱的框架结构。第一支柱是数量性要求标准，它以“完整的资产负债表（Total Balance Sheet）”方法为基础，要求技术性准备金必须采用市场一致性度量原则，然后通过标准方程或者内部模型确定两个资本要求，一个是对应 99.5%风险值的偿付能力资本要求（SCR），一个是大约对应 85%风险值的最低资本要求（Minimum Capital Requirement，MCR）；第二支柱是质量性要求标准，它强调保险公司自身的治理结构和风险管理体系建设，要求保险公司建立自身风险与偿付能力评估（Own Risk and Solvency Assessment，ORSA）报告，供监管机构在执行监管审查程序（Supervise Review Process，SRP）中使用；第三支柱是信息披露要求，要求保险公司向公众和监管机构披露偿付能力和财务状况报告。

2011 年 1 月 1 日，CEIOPS（The Committee of European Insurance and Occupational

Pensions Supervisors）更名为欧洲保险与职业养老金局（The European Insurance and Occupational Pensions Authority，EIOPA），并开展了五次量化影响研究（The Quantitative Impact Study，QIS），用以度量保险公司需要的偿付能力资本要求（SCR）和最低资本要求（MCR），于3月14日公布了QIS 5的结果。首先，QIS 5是历次量化影响研究中保险公司参与数量最多的一次，由于样本的数量较大，因此本次量化影响研究针对偿付能力Ⅱ的要求给出了最稳定的指示结果。其次，QIS 5的重点之一是测试SCR标准方程的合理性，其结果显示在技术准备金评估、资产与其他负债评估和部分风险模型等方面依然存在着需要进一步改进之处。尽管尚有一些修订需要进一步完善，但EIOPA表示QIS 5将是最后一次量化影响研究，未来不会再有QIS 6。

尽管欧洲保险与职业养老金局不计划再采用量化影响研究的方式去校准新偿付能力的规则与参数，但还是可以借助其他的方式去实现类似的目的，其中一个比较有效的方式就是欧盟保险业的压力测试（Stress Test）。

压力测试是欧盟保险业的一个定期的监管工具，它是原欧洲保险与职业养老金监督官委员会于2009年下半年制定的，主要目的是测试大型保险集团和保险公司面对资本市场不利发展时的适应性。欧盟保险业进行第一次压力测试是在2009年11月，原欧洲保险与职业养老金监督官委员会于2010年1月收集了欧盟各国保险监管机构对压力测试结果的报告，并于2010年3月向公众披露了汇总结果。尽管压力测试的初衷不是对监管规则做测试，但是在当前的环境下，压力测试使用了未来偿付能力Ⅱ中可能的度量标准和量化影响研究中设置的技术规定，并且压力测试的结果要配合这些标准和规范去解释。

2011年3月23日，欧洲保险与职业养老金局决定在3月至5月间实施欧盟范围内第二次保险业压力测试，本次压力测试由欧盟各国保险监管机构基于2010年底的财政信息负责实施。欧洲保险与职业养老金局于2011年7月4日公布了欧盟保险业第二次压力测试的结果。本次压力测试显示，欧洲的保险业整体状况仍然保持强劲，在参与本次压力测试的保险集团和公司中，大约有10%的保险人在不利情景下达不到偿付能力Ⅱ的最低资本要求，8%的保险人在通货膨胀情景下无法满足偿付能力Ⅱ的最低资本要求，欧盟保险业目前最大的风险是权益投资风险、利率风险和主权债务市场风险。

2011年12月上旬，欧洲保险与职业养老金局表示将于2012年再进行一次欧盟保险业的压力测试，并计划在2012年1月份公布压力测试的细节。欧洲保险与职业养老金局同时表示，这一次的压力测试将不会基于第五次量化影响研究，因为第五次量化影响研究对压力测试实践来说已经不再是一个有效的参考。

欧盟偿付能力Ⅱ不仅对欧盟内的国家，同样对欧盟外的第三方国家也产生了重大影响，尤其是在欧盟经济区开展保险业务的外国保险公司。不过，欧盟外第三方国家的保险监管机构可以通过向欧盟申请“偿付能力Ⅱ等价认可”来协助本国保险公司在欧盟经济区开展保险业务，只要第三方国家可以通过欧盟的等价性评估（Equivalence Assessment）。欧盟的等价性评估的焦点是第三方国家的保险监管体系是否使用风险基础方法（Risk-based Approach），其主要目的是确保第三方国家的监管体系有能力保证向保单持有人提供与在偿付能力Ⅱ监管体系下相同的保护程度。

欧盟的偿付能力Ⅱ在国际保险业影响巨大，包括美国在内的很多国家都在思考偿付能力Ⅱ对本国保险业的借鉴意义。尽管我国不会受到偿付能力Ⅱ的直接影响，但我们也应关注欧洲保险业的这次重大变革，充分借鉴国外先进经验和改革探索的最新成果，从我国保险行业的实情出发，完善自身的偿付能力制度体系，建立更加符合我国国情、有利于促进我国保险业健康发展的偿付能力监管制度。

资料来源：根据 http://insurance.hexun.com/2011-07-11/131318876.html；
http://finance.people.com.cn/insurance/h/2012/0206/c227929-3398908628.htm；
和讯网以及人民网新闻等材料综合整理。

理论分析

偿付能力是指保险人履行赔偿或给付责任的能力。保险人应具有与其业务规模相适应的最低偿付能力，对偿付能力的监管也是国家对保险市场监督管理的核心内容。由于保险业的高负债、保险业资产负债匹配的复杂性、利率波动与行业资产结构的多样性以及保险行业风险的多样性，需要一个良好且随着金融市场变化而不断完善的偿付能力监管制度。

欧盟颁布偿付能力Ⅱ就是为适应金融保险业发展的新形势，保证保险业安全有效地发展。

一、保险公司偿付能力有效性分析

（一）寿险公司偿付能力有效性分析

张勇、李秀芳（2009）就寿险公司偿付能力有效性进行了分析，认为有效的偿付能力监管对寿险行业的健康发展举足轻重。文中从有效性的定义入手，分别列举了公共政策、金融市场以及统计推断的有效性进而得出偿付能力监管的有效性的理解。偿付能力监管是公共政策的一部分，也是保险业监管的一部分。中国目前偿付能力监管仍处于探索阶段，国内外还没有一种偿付能力监管的有效性分析考虑到监管成本[1]。

杨金边、谢利人（2009）从4类财务比率指标出发，运用历年寿险公司的财务数据对一个三层BP神经网络模型对偿付能力进行学习、训练，并运用训练好的BP神经网络模型对寿险公司各年偿付能力做出了较准确地评价：偿付能力在20世纪80年代较强，90年代有所下降，现在又有所回升，总体来说还是有所下降。我国需要走集约化经营的路子，拓展传统保险业务，大力开展投资业务，加强承包管理以及偿付能力监管[2]。

卡佳·汉沃德（Katja Hanewald）、托马斯·波斯特（Thomas Post）等（2009）运用

人口统计学在李卡特（Lee-Carter）模型中建立宏观经济波动和死亡率之间的关系，评估宏观经济波动对寿险公司偿付能力的影响。他们发现当考虑死亡率对宏观经济（例如GDP）的影响时，偿付能力不足的概率会更高，忽略相关结构的关系会导致保险公司低估偿付能力风险。将死亡率和宏观经济波动引入寿险公司的风险模型会准确评估保险公司的风险状况，更有效率地保护保单持有人的利益[3]。

（二）非寿险公司偿付能力有效性分析

陈宇宁（2009）指出我国财产保险监管机构数量的增长远低于保险机构的增长，存在市场加速发展与监管资源稀缺性的矛盾；并从经济学角度分析，运用制度变迁的理论，从制度选择集合的改变、监管资源相对价格的变化、技术进步和克服对风险的厌恶四个方面，论述了我国财产保险偿付能力制度变迁的目的是提高监管效能、降低监管成本，从而提高整个社会福利[4]。

彭晓博（2010）选取中国保险市场2006年的26家财险公司，2007年的27家财险公司共53个数据，运用Logistic分析和灰色关联分析方法，得出保险公司应秉承稳健经营原则，保持较高的流动性，不应盲目扩张。保险公司应建立偿付能力预警系统，制定应对偿付能力不足的方案，以便将偿付能力不足控制在萌芽阶段。同时需要连贯一致的利率政策，较高的GDP增长率和适度的通货膨胀率作支撑[5]。弗雷德思克·普兰切特（Frédéric Planchet）、昆廷·吉伯特（Quentin Guibert）、马克·朱利亚德（Marc Juillard）（2012）运用对数正太分布近似模拟财产保险公司的负债情况，通过简单的ORSA（Own Risk Solvency Assessment）模型测量非寿险公司的偿付比率，通过数据分析得到ORSA模型可以很好地测算保险公司的偿付能力覆盖比率，帮助保险公司进行风险管理并估计标准的偿付能力需求[6]。

偿付能力是建立健全农业巨灾保险的制度性约束条件。张艳、范流通、卜一（2012）基于云南政策性农业巨灾保险试点，运用偿付反应函数对云南省财险业的农业巨灾损失进行评估，得出偿付能力会受到资本上限的约束而发生短缺，并且会随着巨灾损失的增加而严重。在实际经营中，其他险种的赔付支出也会与农业巨灾损失的偿付相互影响[7]。

偿付能力监管的核心是对保险公司持有的资本数量做出限制性的要求。杨明亮，王军生（2006）运用动态财务分析（Dynamic Financial Analysis，DFA）技术评估和量化保险公司不同风险暴露之间的相互影响，能够全面的分析各种风险变量对偿付能力的影响，采取现金流分析把握时间趋势，引入内部风险控制以体现风险与资本的对称性。DFA方法具有综合性、动态性、前瞻性的特点，在保险公司偿付能力监管领域有很好的前景[8]。崔惠贤（2010）指出，经济情景生成器是DFA模型的核心部分，选择与偿付能力相关的因素进行分析十分重要[9]。

由于偿付能力关系到保险公司能否正常经营，格伯、帕夫米（Gerber、Pafumi，1998）提出了动态偿付能力保险合同。动态偿付能力保险合同是当准备金低于破产临界点时，提供给保险公司一笔资金，保证保险公司拥有能够维持正常经营的最小资本水平，避免破产。克里斯蒂娜·本性西奥（Cristina Gosio）、埃斯特·C. 拉里（Ester C Lari）、玛丽娜·拉维拉（Marina Ravera）（2012）通过建立考虑线性边界的模型得到保险公司可以通过一个动态偿付能力保险合同去避免破产的结论[10]。

二、金融危机后我国偿付能力监管体系的发展趋势

韩亮、贺栋（2010）在金融危机背景下，重新审视我国偿付能力监管体系，从财务角度全面分析我国偿付能力监管体系现状。指出我国现行的偿付能力监管体系存在与保险业发展不相适应的问题，提出了建立保险资产认可比例的动态调整机制，采用因子法评估资产，引入 RBC 模型。变革认可负债的评估模式，由法定监管转向市场监管，提高效率。还要对最低资本的评估标准细分，借鉴银行业流动性管理经验，建立保险业流动性财务监管指标，引入集中度监管测试，实现实时动态监管[11]。

基于风险的保险公司偿付能力框架既可以作为监管机构考量保险公司资本充足性的外部模型，又可以作为保险公司进行全面风险管理的内部模型，是保险偿付能力框架研究的发展方向。高志强（2008）以欧盟偿付能力标准Ⅱ和瑞士偿付能力测试为基础，研究基于风险的偿付能力框架。因为缺乏足够的数据支持、金融市场不够发达和保险业还在发展过程中，我国并不具备建立以风险为基础的偿付能力框架的条件，因此需要保险公司建立基于风险的内部模型积累原始数据、完善框架、逐步实现向风险框架的转变[12]。

金融危机后，各国监管部门开始酝酿新的偿付能力监管规则，强化保险公司的财务基础，提高对多种金融风险的应对能力。蔡颖（2009）阐述了保险公司资本结构优化对提高偿付能力有很大的影响，并列举了国际与国内保险公司资本结构优化的不同方式和各自特点以及信用评级机构对保险公司资本结构的评级标准。鉴于我国上市公司再融资领域中的准入门槛低、缺乏有效的决策机制和责任机制等问题，基于抢抓发展机遇的考虑，我国保险公司应提高再融资的意识，从优化资本结构的战略高度来规划保险公司再融资行为，充分发挥资本市场资源配置功能[13]。

效率与稳定一直是保险市场发展的重要目标，而保险企业的风险管理则是保险市场稳定有效运行的微观基础。秦启根、王稳（2010）认为随着企业风险管理成为风险管理的核心标准，以及保险公司风险管理的推进，保险监管应当顺应企业风险管理的趋势进行监管创新，从传统的“三支柱”监管体系（偿付能力监管、公司治理监管和市场行为监管），转向“新三支柱”监管体系（动态偿付能力监管、风险管理要素监管及可持续风险监管）。保险监管应逐步引入经济资本作为偿付能力的重要指标，形成自我监管与外部监管并存的偿付能力监管体系[14]。

美国次贷危机以来，由于传统保险偿付能力监管模式未能全面、完整、准确地反映偿付能力基本属性，在很大程度上造成保险公司经营困难，出现偿付能力危机。曾文

革、温融（2010）认为我国必须检讨传统保险偿付能力监管模式，树立偿付能力“大安全、大监管”观，创设双核心偿付能力影响评估报告制度，打造多层次偿付能力合力监管结构[15]。

哈托·施迈泽（Hato Schmeiser）、卡洛琳·西格尔（Caroline Siegel）、乔尔·瓦格纳（Joël Wagner）认为金融危机暴露了定量分析给保险人、监管机构和保单持有人带来的信息错误，很多偿付能力监管框架没有考虑非线性因素等随机跳动，选择的分析模型本身也会存在一定的风险因素使得偿付能力分析出现错误，并提出随机因素会比线性相关因素对偿付能力的影响更大，保单持有人赤字是一个非常重要的指标，强制的中期报告会减少模型风险。

许荣明（Shiu Yung-Ming，2010）针对台湾保险人使用衍生工具套期保值提高保险公司的偿付能力的现状，通过建立模型分析得到，到目前为止衍生工具的套期保值对提高保险公司偿付能力并没有实质性的帮助，反而对非寿险公司的偿付能力充足率还有一定的负面影响[16]。

三、国外偿付能力监管经验

（一）英国偿付能力监管

克里斯托弗·奥布莱恩（Christopher O'Brien，2006）分析了英国的偿付能力制度改革，其中包括财产保险的最小偿付边际金额，寿险公司进行参与业务的最大或中等规模要求以及保险公司的内部资本要求。尽管偿付能力制度改革在一些方面存在着不一致，例如：保险公司为未来管理行为采用的信用程度范围和未来的经济假设之间的不一致，但新制度是不可阻挡的，未来的一致性也是可以预期的。英国偿付能力制度的改革也为欧盟偿付能力Ⅱ的设计与实行提供了宝贵的经验[17]。

（二）欧盟偿付能力监管

目前，欧盟正在实行偿付能力Ⅱ监管模式。该指令的实施会有利于优化欧盟保险市场的竞争环境，确保保险经营始终以风险管理原则为核心，并会进一步协调各成员国的保险监管政策，建立一个公开、透明、统一的保险市场。姜波、陶燃（2009）通过分析欧盟偿付能力监管体系的改革进展，指出欧盟偿付能力Ⅰ存在风险识别与评估不足、对偿付能力评估方式过于简单等问题，阐述了欧盟偿付能力Ⅱ的要求全面考量保险公司风险，关注整体偿付能力的理念，引入内部模型，加强信息披露，提高保险公司的偿付能力[18]。

江先学（2010）认为欧盟偿付能力Ⅱ体现了监管的前瞻性，其要求保险公司应当持有足够的资本，使得公司在未来一年内保持偿付能力充足的概率是99.5%。偿付能力Ⅱ不仅基于当前保险公司的财务状况，还分析预测未来一年公司的财务状况的变化情况[19]。张连增、刘怡（2013）应用链梯法和Mack模型对技术准备金的最优估计和风险边际值进行了实证分析，得到欧盟偿付能力Ⅱ在估计技术准备金中的应用要优于偿付能力Ⅰ。偿付能力Ⅱ的可操作性很强，它给予欧盟各国一个很大的空间，允许各保险公司根据实际情况，对偿付能力要求进行一定的简化，使得偿付能力Ⅱ更加实际，适用于欧盟各国[20]。

吉姆·韦伯（Jim Webber）受德勤会计师事务所邀请对欧盟偿付能力Ⅱ的影响进行了一定的分析，偿付能力Ⅱ对保险公司的资本要求提高，相应的成本也提高了。保险公司需要改造它们的业务组合，放大自身优势所在，削减自身不利的地方以及因竞争对手对偿付能力Ⅱ的反应会对自身市场盈利不利的地方。总之，保险公司需要度过一段艰难时期去适应新的环境，确保自身的经营管理、盈利能力可以适应偿付能力Ⅱ[21]。

乔纳斯·洛森（Jonas Lorson）、哈托·施迈泽（Hato Schmeiser）、乔尔·瓦格纳（Joël Wagner）（2012）从偿付能力Ⅱ的成本与保单持有人的支付意愿所带来的收益比较的角度，运用行为模型、期权定价模型和效用模型研究得出，偿付能力Ⅱ给保险公司带来的成本增加要小于保单持有人为得到更安全的保障的支付意愿。偿付能力监管效率的提高会随着偿付能力Ⅱ的实行慢慢地显现出来，保险公司的赤字风险也会随之降低[22]。

（三）美国偿付能力监管

美国是保险经营和保险研究非常发达的国家，全美保险监督委员会使用的 RBC 规则是其对保险公司进行偿付能力额度监管的核心手段。崔冬初（2009）介绍了美国偿付能力监管的发展，从最早的最低资本法到现在的风险资本金法（RBC），指出 RBC 比率用于识别处于财务危机边缘的公司时具有一定的可靠性，却不能作为衡量公司综合财务品质的指标，其不宜作为公司稳健性排序的依据[23]。

在对保险公司偿付能力的定量监管过程中，与固定资产、货币资金、负债等一样，再保险也是一个不可忽略的重要因素。再保险偿付能力监管对保障保单持有人、保险人及其他相关者的利益都具有十分重要的意义，因此，各个国家和地区都十分重视对再保险偿付能力的监管。王艳（2009）就再保险合同的判断、资产负债的认可、收入成本的确认和计量和信息披露等核心问题对美国再保险偿付能力监管经验进行分析。我国应当规范并促进再保险市场的创新，以目标为导向建立合适的再保险偿付能力监管的信息披露体系，还要借助保险公司的资信评级结果，引导保险公司对再保险人的选择[24]。

冷煜（2009）对 IAIS 核心监管规则，欧盟偿付能力Ⅱ监管模式、美国 RBC 监管模式和北美动态偿付能力监管模式四个当前最新的保险监管模式及其发展趋势进行了归纳论述：IAIS 规则虽然不及其他三种方式，但它定性的指导对于建立符合我国保险业实际监管模式有很大的启示；偿付能力Ⅱ所包含的偿付能力监管更加全面，实行以风险为导向的资本要求、未来的定性要求和公告义务将起到重要作用；RBC 是一个标准化模型，通过定量方法量化风险额度，简化方便但不够灵活；偿付能力动态测试能及时提供有关公司的信息，提高管理效率，保证公司的稳健经营[25]。

延伸阅读：我国“偿二代”体系的构建

我国保监会项俊波主席签发了《中国第二代偿付能力监管制度体系整体框架》（以下简称《整体框架》）。《整体框架》作为“偿二代”建设的顶层设计，明确了“偿二代”的总体目标，确立了“三支柱”框架体系，制定了“偿二代”建设的若干基本技术原则，既为“偿二代”建设勾勒出了完整的蓝图，也为“偿二代”各项技术标准的研制和测算奠定了坚实的基础。《整体框架》的发布是我国第二代偿付能力制度体系建设取得的一项具有关键意义的重大阶段性成果。

2012 年 4 月，保监会正式启动了第二代偿付能力监管制度体系的建设工作，计划用 3 到 5 年的时间建设一套既与国际接轨、又符合中国国情的第二代偿付能力监管制度体系。“偿二代”建设是新一届保监会党委顺应国际国内金融发展和金融监管的潮流与趋势、统揽行业发展全局、审时度势所做出的一项重大举措和战略部署。

保监会高度重视“偿二代”建设工作，成立了领导小组，项俊波主席亲自担任组长。从“偿二代”建设启动伊始，项俊波主席就强调，要认真研究“偿二代”的顶层设计，制定发布“偿二代”的《整体框架》，切实保证“偿二代”建设的系统性和科学性。保监会集合行业力量，历时一年，系统梳理国际上主要地区偿付能力监管制度体系的框架和基本原则，结合我国保险市场和监管的实际，对“偿二代”建设中的基础性、全局性问题进行了深入研究。经过广泛讨论和反复征求意见，制定并发布了《整体框架》。

“偿二代”的整体框架由制度特征、监管要素和监管基础三大部分构成。其中，制度特征包括统一监管、新兴市场、风险导向兼顾价值三大特征；监管要素包括定量资本要求、定性监管要求、市场约束机制三个支柱；监管基础是指公司内部偿付能力管理。这三大部分密切联系、相互依托，构成一个有机统一的完整体系。

《整体框架》确立了“三支柱”的监管体系。第一支柱是定量资本要求，主要防范能够量化的风险，通过科学地识别和量化各类风险，要求保险公司具备与其风险相适应的资本。主要包括五部分内容：第一支柱包括量化资本要求、实际资本评估标准、资本分级、动态偿付能力测试和第一支柱监管措施。第二支柱是定性监管要求，是在第一支柱的基础上，进一步防范难以量化的风险。主要包括四部分内容：风险综合评级、保险公司风险管理要求与评估、监管检查和分析以及第二支柱监管措施。第三支柱是市场约束机制，是引导、促进和发挥市场相关利益人的力量，通过对外信息披露等手段，借助市场的约束力，加强对保险公司偿付能力的监管。一是通过对外信息披露手段，充分利用除监管部门之外的市场力量，对保险公司进行约束；二是监管部门通过多种手段，完善市场约束机制，优化市场环境，促进市场力量更好地发挥对保险公司风险管理和价值评估的约束作用。

《整体框架》坚持国际经验与中国国情相结合的原则，遵循国际保险监督官协会的核心原则，借鉴欧美等国家成熟有效的经验，坚持与国际监管接轨的大方向。其主要体现在：一是监管的基本理念和基本原则与国际趋同；二是“三支柱”的主要内容包括定量监管、定性监管和市场约束，体现了国际偿付能力监管模式的变革趋势与共识，也与银行业的资本监管体系保持一致。

同时，《整体框架》也充分考虑我国保险业的发展实际，与我国国情相结合，建立了一套具有新兴市场代表性的偿付能力监管模式。第一，具有三个中国特色的制度特征。一是统一监管。我国保险市场是全国统一监管，这与美国以州为单位和欧盟以成员国为单位的分散保险监管体制有重要区别，我国“偿二代”不用考虑分散监管导致的复杂技术和制度安排，可以简化监管机制，提高监管效率；同时，偿二代也要考虑到地区之间的差异和协调。二是新兴市场。《整体框架》充分考虑了我国作为新兴保险市场的特征，更加注重保险公司的资本成本，以提高资本使用效益；更加注重定性监管，充分发挥定性监管对定量监管的协同作用；更加注重制度建设的市场适应性和动态性，以满足市场快速发展的需要；更加注重监管政策的执行力和约束力，及时识别和化解各类风险；更加注重各项制度的可操作性，以提高制度的执行效果。三是风险导向兼顾价值。“偿二代”以风险为导向，全面、科学、准确地反映风险，识别和守住行业不发生系统性和区域性风险的底线。同时，资本要求标准将兼顾保险业资本使用效率，有效提升保险公司的个体价值和保险行业的竞争力。第二，增加了监管基础——公司内部偿付能力管理，建立外部偿付能力监管与公司内部偿付能力管理之间的激励相容机制。第三，在第一支柱中，引入了宏观审慎监管资本要求和调控性资本要求，在技术原则中建立了体现新兴市场特征的资产负债评估原则。第四，在第二支柱中，建立风险综合评级制度，将操作风险纳入第二支柱。第五，在第三支柱中，不仅强调公开信息披露要求，同时注重对市场约束机制相关主体的培育和引导。

下一步，保监会将根据《整体框架》全面推进“偿二代”后续工作。今年将启动“偿二代”10余个具体技术标准的研制项目，加紧开展定量测试等技术攻坚工作，确保“偿二代”建设能够如期高质量完成，提高保险行业防范和化解风险的能力，促进保险业科学发展。

资料来源：根据 http://www.circ.gov.cn/web/site0/tab456/i244155.htm；
中国保监会发布的《第二代偿付能力监管制度体系整体框架》等资料的整理。

问题与思考

偿付能力一直以来都是保险业的支柱体系之一，保险公司的偿付能力不仅是保险理论界所重视的问题，更是保险监管机构关注的焦点。发展中国家保险市场的问题通常产生于保险公司松弛的内部管理，不良的内部控制和道德风险通常会带来制度的失灵，而会计制度、金融市场、法律等基础工作的缺陷，使问题更加严重。在市场规律不能及时发挥作用的情况下，必须强化法制和监管制度的安排。金融危机暴露了欧美国家原有偿付能力监管机制的种种弊端。我国目前的偿付能力监管措施主要是借鉴发达国家的监管模式，但是中国国情的特殊性也决定了其保险监管的特殊性。我们应充分借鉴欧美这些成熟的金融市场的监管模式与创新，同时，在探索和研究的过程中，结合中国保险市场的特点与中国经济环境的优势，在建设好一个相对完善的金融市场大环境下，建立属于我国自己的偿付能力监管体系。同时，逐渐建立属于我国的监管数据库，培养大量的专业人才，如风险管理人才、精算人才等，提高保险监管人员的素质。

问题 1：

偿付能力监管的动因。

问题 2：

风险资本法（RBC）的不足之处。

问题 3：

对我国保险公司偿付能力监管改革的建议。

参考文献

[1] 张勇，李秀芳. 寿险公司偿付能力监管的有效性研究 [J]. 保险研究，2009 (03).

[2] 杨金边，谢利人. 保险公司偿付能力评价、预警 [J]. 保险职业学院学报，2009 (02).

[3] Katja Hanewald, Thomas Post, Gündl. Mortality, Macroeconomic Risks, and Life Insurer Solvency [C]. SFB 649 Discussion Paper, 2009 (15).

[4] 陈宇宁. 我国财产保险偿付能力监管制度变迁分析 [J]. 保险研究，2009 (01).

[5] 彭晓博. 新准则下我国财产保险公司偿付能力实证研究 [J]. 保险职业学院学报，2010 (02).

[6] Planchet, F&Guibert&Juillard. Measuring uncertainty of solvency coverage ratio in ORSA for Non-Life Insurance [J]. 2012 (04).

[7] 张艳，范流通，卜一. 政策性农业巨灾保险偿付能力评估 [J]. 保险研究，2012 (12).

[8] 杨明亮，王军生. DFA 方法在保险公司偿付能力评估中的应用 [J]. 银行与保险，2006 (11).

[9] 崔惠贤. 保险偿付能力评估中的 DFA 方法研究 [J]. 财经问题研究，2010 (01).

[10] Gosio C, Lari, Ravera. On Dynamic Solvency Insurance Contract [J]. IUP Journal of Risk & Insurance, 2012 (01).
[11] 韩亮，贺栋. 基于财务视角的保险公司偿付能力监管分析 [J]. 金融与经济，2010 (06).
[12] 高志强. 基于风险的保险公司偿付能力框架研究 [J]. 保险研究，2008 (09).
[13] 蔡颖. 保险公司偿付能力与资本结构优化研究 [J]. 保险研究，2010 (11).
[14] 秦启根，王稳. 后危机时代的保险监管创新 [J]. 保险研究，2010 (10).
[15] 曾文革，温融. 后金融危机时代保险偿付能力监管模式的创新与发展 [J]. 保险研究，2010 (02).
[16] Shiu Yung-Ming. Derivative Hedging and Insurer Solvency: Evidence from Taiwan [C]. The Geneva Papers on Risk and Insurance - Issues and Practice, 2010 (03).
[17] O'Brien C. Modernizing Insurance Solvency Regulation: Evidence from the UK [J]. Journal of Insurance Regulation, 2006 (09).
[18] 姜波，陶燃. 欧盟保险偿付能力Ⅱ监管体系改革最新进展 [J]. 中国金融，2010 (23).
[19] 江先学. 欧盟偿付能力Ⅱ对完善我国偿付能力监管制度的启示 [J]. 中国金融，2010 (23).
[20] 张连增，刘怡. 欧盟偿付能力监管标准Ⅱ框架下的技术准备金估计 [J]. 南京审计学院学报，2013 (02).
[21] Webber, J. Consider the business impacts of Solvency Ⅱ [R]. Deloitte, 2009.
[22] Lorson, J&Schmeiser&Wagner. Evaluation of Benefits and Costs of Insurance Regulation [J]. Journal of Insurance Regulation, 2012 (12).
[23] 崔冬初. 美国偿付能力监管对我国保险监管的启示 [J]. 金融·保险，2009 (04).
[24] 王艳. 美国再保险偿付能力监管对我国再保险监管的启示 [J]. 生产力研究，2009 (05).
[25] 冷煜. 保险监管国际比较及发展趋势研究 [J]. 保险研究，2009 (03).

第九章 保险业并购、重组与上市

学习目的

通过对本章的学习，了解公司上市、并购及重组的基本概念和上市的途径；理解在保险业改革的大趋势下保险公司并购、重组和上市的意义和作用，以及保险公司自身的驱动力源于何处；掌握我国保险业并购、重组和上市的意义及风险；结合所学理论进行案例分析，通过某人寿保险公司上市及海外保险业并购重组案例的介绍，帮助读者在此基础上进一步思考我国保险业并购、重组和上市的利弊。

引言

自20世纪90年代以来，国际保险市场风起云涌，在金融全球化的浪潮下，保险业竞争日益激烈，保险公司面临的各种风险也在不断提高。由于科技进步日新月异及保险公司自身的特点，其规模效应日益凸显：规模越大，其资本及盈余的增长越快。因此越来越多的保险企业选择了并购重组的道路，其涉及金额之大、次数之多前所未有。据资料显示，1996年，全球有382家保险公司完成了兼并和收购工作，总金额达到410亿美元；1997—2001年的5年，全球保险业的并购达5114宗，涉及金额达1100亿美元。并购浪潮在不断地改变世界保险业的格局，也对保险业的发展产生了重大而深远的影响。在国外保险公司紧张而又激烈的筹备各种并购计划的同时，国内保险公司正积极准备上市。

本章将围绕保险公司的并购、重组和上市为主题展开讨论。首先介绍并购、重组和上市的一些基本知识，存在的意义及其中存在的一些风险；其次以某人寿保险公司上市为案例评析当前理论界对并购、重组和上市的一些观点。

知识回顾

一、公司上市

（一）上市公司的概念

上市公司是指公司发行的股票，经过国家证券管理部门的批准，可以在证券交易所挂牌交易的股份有限公司，是一种公众性的公司。

上市公司除具有一般股份有限公司的特点外，还具有以下两个特征：

一是公司的股份已经公开发行。上市公司虽然是股份有限公司，但是，并不是所有的股份有限公司都是上市公司，只有其一定比例的股份已经公开发行的股份有限公司才具备成为上市公司的条件。

二是公司的股票在证券交易所挂牌上市交易。股票的发行和上市是两个不同的行为。股票发行在前，上市在后，只有股票发行后才能上市，但是股票发行不代表一定能够上市。股票上市是联系股票发行市场和交易市场的桥梁。股票上市是指股票发行人将其已经发行的股票依照法定条件和程序，在证券交易所公开挂牌交易的法律行为。所以，公开发行股票的公司不一定是上市公司，只有其申请上市并且被批准、其股票能够在公开市场买卖后才能成为上市公司。

因此，只有经济效益好、资本结构及其治理结构具备相应条件的股份有限公司才能够上市融资。否则社会投资者的利益就得不到保证，资本和金融市场秩序就可能陷入混乱，从而危及国民经济的发展。

（二）公司上市的途径

1. 首发股票上市

首发股票上市（Initial Public Offerings，IPO）是指按照有关法律法规的规定，公司向证券管理部门提出申请，证券管理部门经过审查，同意符合发行条件的公司通过发行一定数量的社会公众股直接在证券市场上市。

通过 IPO 成为上市公司后，除了可以获得持续稳定的融资渠道，打破企业融资瓶颈；还有利于提升企业形象、增加品牌忠实度、改善竞争环境、创造良好的竞争氛围，但是该方法的条件要求高、审核严格。

2. 买壳上市

买壳上市是指在证券市场上通过买入一个已经合法上市的公司（壳公司）的控股比例的股份，掌握该公司的控股权后，通过资产的重组，把自己公司的资产与业务注入壳公司，这样，无须经过上市发行新股的申请就直接取得上市的资格。严格来说买壳上市应当归为并购。

买壳上市的优点在于对公司业绩要求不高、门槛较低、操作灵活快捷，但成本较高，因为一旦开始在二级市场上收购上市公司的股票，必然引起公司股票价格的上涨，造成收购成本的上涨。

二、并购重组

（一）并购定义[1]

并购是兼并（Merger）与收购（Acquisition）的合称，缩写为M&A，指在市场机制作用下企业为获得其他企业的控制权而进行的产权交易活动。

兼并是指市场行为主体以现金、有价证券证券等为代价获取一家企业的产权，使该企业丧失法人资格或改变法人实体，进而取得该企业控制权的经济行为。

收购是指一家公司（收购公司）在证券市场上用现金、债券等有价证券购买另一家公司的股票或资产，以获取对该公司的控制权，该公司的法人地位并不因此消失的经济行为。收购有以下三种途径：①控股式，通过收购目标公司的一定股份而成为目标公司的最大股东；②购买式，通过购买目标公司的全部股份而使之成为其附属的全资子公司；③吸收式，通过将目标公司的净资产或股份作为股本投入收购公司而使目标公司成为收购公司的一个股东。

由于两者存在着很多共同之处，所以人们习惯将兼并和收购合称为并购。

（二）并购的类型[2]

并购通常分为横向并购（Horizontal Merger）、纵向并购（Vertical Merger）和混合并购（Conglomerate Merger）三类。

1. 横向并购

横向并购是指处于同为竞争者的两家公司之间的并购。横向并购的目的在于消除竞争、扩大市场份额、增强企业的垄断实力、形成规模效应。例如，1998年，埃克森石油（Exxon）与美孚石油（Mobil）以高达789亿美元的金额合并就属于横向并购。

2. 纵向并购

纵向并购是指具有采购—销售关系的公司之间的并购。其实质是在生产同一产品、但处在不同生产阶段的企业之间并购，通过优势企业并购与本企业再生产工序上前后密切相关的企业形成纵向一体化。有利于企业节省运输成本、加速商品的流转、减少销售产品的中间环节，同时通过生产、流通到分配的结合，有力地改进产品生产技术，提高劳动生产率。

3. 混合并购

混合并购是指并购公司与既不存在竞争对手关系又不存在采购—销售关系的公司之

间的并购。这种并购的目的在于减少长期经营一个行业所带来的风险。混合并购由于并购企业和目标企业没有直接业务关系，其并购目的往往不易被人察觉和利用，因而能降低并购成本。

（三）重组的定义[3]

公司的并购考虑的是公司的规模扩张问题，而重组考虑的是规模的收缩或者公司的内部优化问题。公司重组是指根据市场规律，对被重组公司的原有的各类资源要素，运用经济、行政、法律手段进行分拆、整合及内部优化组合的过程。公司重组只是改变资源要素在不同企业之间的分配，并不增加社会资源总量。但重组并不是简单的资产叠加，而是资源的重新配置。如果两个企业资产的重组发挥了资源间的互补性和规模效益，就能提高资本运营的效率，优化资本结构，增强市场竞争实力。

公司重组的定义有广义和狭义之分：

（1）广义公司重组包括业务重组、债务重组、股权重组、职员重组和管理制度重组。

（2）狭义的公司重组是指企业的资产重组。它是公司重组的核心，是对一定重组公司范围内的资产进行分拆、整合或优化组合的活动，包括剥离、分立、股权出售、股权置换和股本分散。其强调的是经营规模收缩的问题。

（四）重组的类型

公司重组类型按照不同的划分标准有不同的划分方法：

1. 按照重组的具体形式划分

按照重组的具体形式，可分为分拆重组、整合重组和内部优化重组。

（1）分拆重组是指采用一定的形式剥离非上市的部分资产或者非经营性资产的重组行为。

（2）整合重组是指在原有实体的基础上吸收某一些经济实体后进行重组的重组行为。

（3）内部优化重组是指对一定的重组实体按照提高运行效率的要求进行优化的重组行为。

2. 按照重组中有关方的地位划分

按照重组中有关方的地位，可以分为合并式重组、控制式重组和吸纳式重组。

（1）合并式重组是指两个或者两个以上市场地位相当或相近的企业为增强在市场竞争中的实力而实施的平等性重组，包括“强强联合”和“弱弱联合”两种。

（2）控制式重组是指优势企业为扩大市场份额，增强对市场的影响力，以参股、控股、技术转让、商标转让等方式取得相对弱势企业的控制权，实现低成本的扩张重组。这一重组行为跟并购相似。

（3）吸纳式重组是指优势企业以收购、兼并等方式完全占有弱势企业的资源，使其融入优势企业，以弱势企业的消亡为特征的重组方式。

另外，按照重组目的还可以将重组划分为扩张式公司重组、收缩式公司重组、控制权转移公司重组和内部重整公司重组等，在此就不一一详述[3]。

案例呈现

中国某人寿公司上市

中国某人寿公司于1996年8月成立的全国性、股份制专业寿险公司。该人寿公司于2000年吸收外资参股，四家外资股东由此取得了24.9%的股权，当时这四家外资的持股情况为：苏黎世保险公司10%，国际金融公司、明治生命保险公司和荷兰金融发展公司分别为6%、4.4%和4.5%。

历时5年A股上市计划暂停

早在2000年，该人寿公司引进4家外资股东后即明确提出了上市目标，并很快获得了保监会的支持。2002年，该人寿公司董事长关国亮就表示，公司的发展正处在历史性的转折关头，完成机构布局、增强业务规模在于寿险经营，而壮大资本规模则在于资本运营。这足以证明该人寿公司对上市之举的重视。

2004年2月13日，保监会主席吴定富在国务院新闻发布会上透露，当年上市的两家保险公司分别是平安保险和该人寿公司，平安上市地点在海外，该公司则在内地。但是，人保、中国人寿、平安三大保险公司顺利实现香港和美国上市后，该人寿公司依然在苦苦等待。

与此同时，该人寿公司高速扩张带来的资本金方面的压力也日益凸显。2004年8月，保监会对偿付能力不足的3家寿险公司下发了监管意见书，提出明确的监管措施。该人寿公司即为其中之一。2005年12月，该人寿公司传出，将暂时搁置A股上市计划，寻求融资捷径——发行次级债。

据悉自2004年8月起，中国证监会审批上市项目的相关负责人基本上已经卡住了该人寿公司的上市之路。相关负责人表示，卡住它的条件是“净资产收益率不低于银行存款利率”，这是一个或有条件，但是证监会相关负责人认为要经得起社会和股民的考验，该人寿公司A股上市计划不得不暂停。对此，该人寿公司表示，2004年6月28日，因为考虑到A股市场的现状，该人寿公司上市的融资额会与公司的预期有差距，所以公司董事会主动决定暂停上市计划。

时隔五年该人寿公司卷土重来

该人寿公司在A股上市未成后，转向登陆H股，依然未果。之后，前总裁关国亮挪用资金事件东窗事发，上市计划至此彻底被搁置。直至2010年，随着中投入主，新老股东在上市问题上达成一致，上市计划再次被提上议程，并最终在2011年12月16日登陆H股和A股，但是此次上市之路也绝非平坦。

时间窗口紧迫

该人寿公司原本将上市时间确定为2011年6月，但由于增资审批延迟，以及负面新闻不断，其IPO被迫推到了2011年的最后时刻。

2010年10月14日，该人寿公司召开股东大会通过了增资方案，计划增资140亿元。10月底，股东增资款已经到账，如果顺利通过保监会的审批，其有望在当年6月份完成上市。

但保监会在审核股东变更以及股东资金来源时，发现了一些问题，待问题得到解决，保监会批准增资，时间已到了今年一季度末的倒数第二天。

2011年3月30日拿到增资批文的该人寿公司，仍有望在今年10月完成上市。但之后一堆负面新闻的出现令该人寿公司忙于"扫雷"：先是原总裁起诉该人寿公司，指控该人寿公司非法停止其退休保障养老金计划，之后一些老员工要求兑现"期权股权证"，再后又曝出苏黎世千万美元公关费事件。

该人寿公司的上市一度再无消息，就在市场认为该人寿公司年内上市无望的时候，11月11日证监会发布消息称，该人寿公司的IPO于11月16日过会。

估值争议

此前，承销商中国国际金融有限公司（简称中金）和瑞银证券有限责任公司（简称瑞银），以及多家券商给出该人寿公司的每股估值，为23~42元，各不相同。

瑞银证券报价也高达30.19~42.26元。相对于承销商的高报价，其他券商的报价相对较低。国信证券股份有限公司预计发行价为每股27~33元，中间值为每股30元，对应新业务倍数为7.4倍。

此外，随着监管部门的银保新政，银保风光不再，这使得高度依赖银保渠道的该人寿公司在关键时刻备受风险质疑。而且此时的大盘已羸弱不堪，上证A股指数已经跌至2500点以下，国内和港股市场走弱，融资能力有限。该人寿公司的融资规模被迫从最初的400亿元降至现在的150亿元左右。

资料来源：根据 http://finance.sina.com.cn/stock/y/20050405/09231488026.shtml；
http://finance.sina.com.cn/stock/newstock/zxdt/20111205/174010937069.shtml；
网易新闻及人民网新闻等材料综合整理。

理论分析

一、保险公司上市

在世界各国和地区特别是发达国家和地区，保险公司上市是一个十分普遍的现象，保险公司上市融资历来被认为是提高竞争力的优先选择。但是在国际上，保险公司的上市已经不是一个新鲜课题，而且关于保险企业上市的理论研究并未引起足够的重视，其与实践是脱节的，也就是说理论上的研究和争论并不是与实践上的重大进展同步的，因而国外关于这方面的理论研究比较少见。

在我国关于保险公司上市的相关研究主要开始于21世纪初。孙兵（2000）指出资本实力小和融资渠道狭窄是中资保险公司普遍面临的问题。保险公司上市是我国保险业实施战略转型的需要，是扩充资本实力的战略选择，并能够促进保险市场与资本市场的共同发展，是实现保险市场和资本市场“双赢”的重要工作[4]。顾乃华、王一凡（2000）认为保险公司所有制形式与资本经营效率之间的冲突已成为制约保险业发展的“瓶颈”，引导保险公司上市可谓是最佳选择，同时指出保险公司上市前必须处理好所有者缺位、政策性业务剥离等步骤[5]。与此同时，张为黎、李卫（2000）也认为我国保险公司上市是顺应保险经营特点和保险业的发展趋势，有助于增强自身偿付能力，通过上市在开放的市场环境中增强竞争力，但上市障碍的客观存在不容忽视：政府对股市的观念和行为的控制，保险公司资金运用渠道的限制以及上市后监管部门之间的协调与职能划分问题[6]。江忠生、祝向军（2001）从理论上阐明，由于保险业的特殊性质决定了上市融资为保险公司最优的发展战略，同时通过我国的上市环境分析得出我国保险公司既有上市的需求，同时也有上市的可能[7]。张怀莲、王峰虎（2002）也指出了当前保险公司上市的一些障碍，需要通过改制和规范运作来消除这类障碍，同时在鼓励上市的过程中应防止保险公司重筹资、轻改制、盲目“圈钱”的倾向[8]。在上市方案的选择中，慕刘伟（2003）对改制和上市分阶段进行与同步进行、分拆上市与整体上市、境内上市与境外上市进行了比较分析[9]。这些讨论作为国内保险公司筹备上市的理论基础，拉开了国内保险公司上市的序幕。

在保险公司的上市筹备得热火朝天之时，也有一些学者看到了上市利好背后的一些风险。彭雪梅（2003）阐述了上市给保险公司经营带来的巨大成本和风险，认为保险公司上市在信息披露、满足股东获利等方面仍存在难度，保险公司经营评价缺乏科学指标等问题会给保险公司上市带来挑战，认为保险公司上市应当慎重[10]。刘新立（2003）认为上市给保险公司带来融资、改制和资本运营方面的收益，但同时也给公司带来了财务风险、经营风险、分拆风险和系统风险。他提出只有充分利用上市带来的机遇，真正从公司的长远发展和上市的最终目标出发，主动转换角色与经营理念才能规避风险、获得收益[11]。在人保财险2003年11月6日在香港上市，中国人寿次月于纽约时间17日、香港时间18日，在纽约、香港同时挂牌上市之后，李海涛（2003）指出上市只是一个新起点，上市既可以成为“馅饼”，也可以成为“陷阱”，告诫上市公司“成佛成魔”全凭自己把握[12]。

（一）保险公司上市的意义

20世纪以来，保险公司竞相上市的热情丝毫未减，在中国人寿、中国平安、中国太保和新华人寿公司相继上市后，仍有大批的保险公司在为上市而积极谋划着。（表9-1

为我国保险公司上市概况）这到底是何种力量在拨动保险公司争先上市的神经呢？归结起来，保险公司上市有以下几方面的意义：

表 1　　我国保险公司上市概况（截至 2013 年 8 月）

公司名称	改制与上市时间
中国人民保险集团	财险公司 2003 年于香港上市、2012 年整体于香港上市
中国人寿保险集团	寿险公司 2003 年于香港、纽约上市，2007 年于上海上市
中国保险控股	2000 年以太平保险公司回归国内市场，2002 年更名为中国保险（控股）有限公司，是唯一一家总部设在香港的中资保险企业；2000 年，中保国际控股有限公司于香港上市
中国太平洋保险集团	2007 年整体于上海上市
中国平安保险集团	2004 年于香港上市，2007 年整体于上海上市
新华人寿	2011 年于上海、香港两地上市

1. 扩充资本金，提高偿付能力

保险公司同其他企业一样，为了保证经营的安全性而需要一定量的资本。保险公司经营的是风险，“保险交易给个人财产极大的安全……然而，为了给予这种安全，保险人必须有很雄厚的资本”（亚当·斯密《国富论》）。也就是说，保险公司应该拥有比一般企业更充足的资本。而保险公司所需资本额的大小，原则上是以使公众对其充满信心，相信保险公司是“保险的”，即有足够的偿付能力的，并愿意购买其保单。《中华人民共和国保险法》（以下简称《保险法》）第一百零一条规定：“保险公司应当具有与其业务规模和风险程度相适应的最低偿付能力。保险公司的认可资产减去认可负债的差额不得低于国务院保险监督管理机构规定的数额；低于规定数额的，应当按照国务院保险监督管理机构的要求采取相应措施达到规定的数额。”这是因为资本金越充足，保险公司的偿付能力就越强，保险公司的信誉就越高。该法第一百零二条规定：“经营财产保险业务的保险公司当年自留保险费，不得超过其实有资本金加公积金总和的四倍。”因此倘若保险公司的资本金不足，尽管保险公司有较高的保费收入，也不得不将业务分保出去，将利润拱手相让。

2. 全方位提高竞争力

保险公司上市不仅仅是为了融资，其法人治理结构的完善、外部监管的强化、资本营运领域的拓展等都为保险公司市场竞争力的提高创造了条件。

一方面，上市意味着经营透明度的提高及外部监督的加强。严格的信息披露制度、广泛的社会监督，都促使保险公司加强内部管理、提高决策效率、寻求有效的激励与约束，从而带动了现代企业制度的核心——法人治理结构的建立与完善。

另一方面，上市为保险公司资本营运开辟了广阔的天地。保险公司上市使其资源运用的领域大大拓展，使保险公司得以组合运用多个金融专业市场的资源，积累横跨保险市场与资本市场运作的宝贵经验，熟悉收购兼并、股权置换、资产重组等各种资本营运手段。

3. 促进证券市场的多样化和多元化发展

目前金融业在证券市场所占的比重还很低，上市金融股仅有45只，占A股的1.82%，这与金融服务业在整个国民经济中的地位极不相称。而且迄今为止上市保险公司仅有4家，因此增加保险公司上市数量将在一定程度上改善金融服务企业的上市结构、推动证券市场的发展、提高金融服务业在我国国民经济中的整体地位和形象。

（二）保险公司上市存在的风险

保险公司境内上市的意义不言而喻。然而，“上市”是一把双刃剑，尤其是在国内尚不完善的证券市场上市，需要中资保险公司保持冷静的头脑，正视风险。

1. 系统风险

众所周知，市场风险分为系统风险和非系统风险，而系统风险是一种无法通过分散化来控制的风险。而我国股市的系统风险相对于西方成熟市场较高（如图9-1所示）[14]。我国股市的系统风险虽然近几年来有下降趋势，但仍处于40%~50%之间，与发达国家成熟股市的25%[15]左右的系统风险比重相比仍处高位。

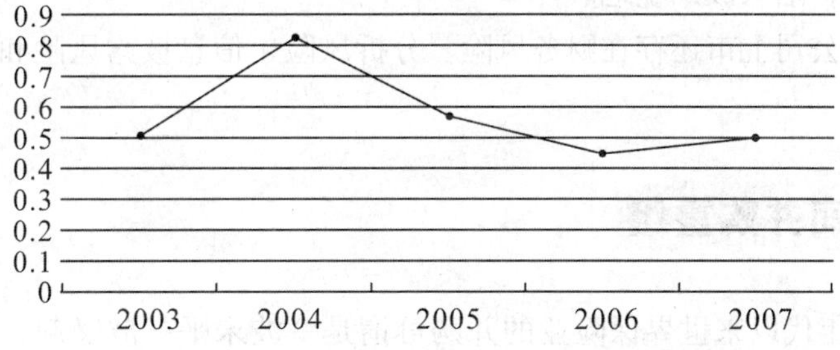

图9-1 2003—2007年我国股市系统风险比重变化

系统性风险对于上市保险公司的影响主要体现为保险公司业绩难以稳定自身股价。其原因在于，在成熟的股票市场上，上市公司短期财务战略通常使自身股价上升，股票价格也就成为对公司业绩的正确反映。但由于国内股票市场“政策市”的存在，使大量投资者对国家政策和官方评论过激反应，产生“追涨杀跌”的投机心理，保险公司的股票价格就有可能被蓄意哄抬或打压，成为市场短期利益的又一追逐目标。这样的股市环境必然会使股价表现脱离经营业绩，因此保险公司的经营业绩就不能很好地稳定自身的股票价格，其直接后果是上市保险公司实现短期财务战略的不确定性增大，进而导致上市保险公司实现预期经营战略的不确定性增大。

2. 外资公司并购风险

相对于国际保险业并购重组浪潮的此起彼伏，中国保险业要安静得多。这主要是因为中国对银行、保险方面并购重组的限制比较严格。不过，对保险业并购的政策限制在2004年的全国保险工作会议上有所突破，保监会将允许保险公司依法兼并、收购，实现股权有序流转，为中资保险公司提供了发展壮大的机会，但也增加了其被并购的风险，特别是在保险公司境内上市之后，这一风险立即被凸现出来。在平安保险的股权结构中，汇丰虽以 9.9%的持股位居第一大股东，但员工投资集合控股的江南实业和新豪时股份，合起来可达 14.02%，超过汇丰而掌握实际控制权。在平安保险上市后的一个月里，汇丰一直是最活跃的买家，汇丰最多曾一度持有平安保险 10.52 亿股，占 H 股的 41.12%，占总发行股本的 16.98%，超过平安保险管理层控制的两家公司持股之和，成为实质上的第一大股东。若不是有高盛、摩根士丹利等其他三家外资股东承诺 1 年内不出售股份的限制，汇丰将稳坐第一把交椅。因为如果汇丰上市后在稳定股价期结束后，仍锁定这部分股份，则会造成平安保险的公众股不足的问题。

3. 经营风险

保险公司上市的根本目标之一是完善公司治理结构，进而提高企业的盈利水平。而这是一个利用外部环境主动完成的工作，并不仅是上市就能够解决的。我国保险业目前的平均资本收益率较低，仍处于分业经营的状态，投资面狭窄。因此应该防止高管利用保险公司上市只为了“圈钱”，暂时提高公司偿付能力，提高自己的经营绩效，但不采取措施改善公司的治理结构，使得公司的结构调整仅停留在形式层面，并不能真正有效地发挥上市公司的优势作用，最终公司的长远发展目标就会落空，严重情况下还有可能成为垃圾股公司，陷入破产境地。

此外，保险公司上市还存在财务风险、分拆风险、信息披露风险和多重监管风险等多种风险。

二、保险公司并购重组

20 世纪 90 年代以来世界保险业的并购可谓是一波未平一波又起，这不免引起众多国内学者对该问题的思考。郭宁（2000）针对国际保险业的并购浪潮认为保险业的并购重组是发展趋势，应当及时制定好发展战略，加速培育经营技术先进，经济效益好的大型保险公司，建立健全并购法律法规及待时机成熟时，允许金融业混业经营的建议[15]。刘子操（2000）也对保险业并购的效应进行分析，认为并购不仅合乎世界大潮，而且能带来良好的经济效应[16]。武宏亮、周铭山、孙磊（2002）对全球保险业并购重组的特点、动因进行总结后，提出我国保险公司应当树立资本运营观念，通过资本运营壮大中资保险公司实力，顺应并购重组的发展潮流[17]。赵卫星（2004）运用理论和实证研究法，从资本、货币的角度分析了并购动因及影响，指出了并购重组存在的一些风险[18]。冯晴（2011）分析我国保险业并购重组的现状与趋势，认为我国保险业处于市场发展初期和结构寡头垄断的混合环境，行业并购轨迹区别于发达国家，具有突出的中国特色。现行活跃的银行并购保险企业实现混业经营战略能否促进保险业打破垄断，实现跨越式发展值得期待；大型保险企业在行业内并购的可能性很小，更可能的是这些保险集团的跨行业和跨国并购。而面对被分隔的保险市场，中小保险公司频繁股权重组现象将长期持续[19]。

（一）保险公司并购重组的动因

1. 外部动因

（1）经济全球化进程的加快。

自1994年世界贸易组织成立以来，各国的经济贸易交流更加密切，各国间的生产要素、商品的交易日益频繁，各国的市场进入壁垒逐渐降低，跨国公司的数量与日俱增，这其中也少不了保险公司。而并购恰好是一种可以在短时间内进入一个新市场的方式。

（2）保险市场不平衡。

就当前世界保险市场情况看，发达国家的保险市场基本处于饱和状态，而发展中国家的保险保障水平明显较低，市场空间巨大。因此，以利润为导向的保险公司自然要向存在巨大市场的地区发展，向市场潜力大的发展中国家市场发展。

（3）市场的激烈竞争。

近年来，发达国家保险深度一直在9%左右，发展空间极为有限，其国内保险市场已趋饱和，各保险公司处于一种众多资本追逐有限保费的状态。尽管各家保险公司在产品差异、开发和服务方面做足了功课，但效果似乎不尽如人意。因此，通过并购重组壮大公司规模，获取规模效应不失为一种良策。

另外，各国政府对混业经营监管的放宽、科技技术的发展也促使保险业的并购浪潮的涌动。

2. 内部动因

（1）混业经营。

企业可以通过并购在新的产业或相关领域获取新的管理能力，实现增长。通过并购进行重组的速度要快于内部投资进行调整的速度，同时还能实现经济协同效应。20世纪末，银行、证券与保险资本的互相融合，使三者服务范围都得到了扩展，保险公司兼有银行、投资等功能，通过自己的银行销售保险产品，摆脱现有一家银行代理多家公司产品，要求费用高的状况。

（2）化解风险。

保险经营过程，既是风险大量集中过程，又是风险广泛分散的过程。大数定律要求保险公司在偿付能力允许的情况下，尽可能多地承保风险标的，同时注重风险在不同产品、不同区域之间的合理分散，以防御系统风险、确保经营稳定。

（3）优化资源配置。

保险公司并购其他金融性机构，不仅能使双方资源重新组合，还能使原有公司某些资源存在的问题和缺陷被另一家公司中相对应的优良资源所取代，优化资源配置、实现优势互补。

综上所述，在经济全球化的大背景下，保险业的并购重组确实有利于提高保险公司自身的竞争力，开拓更加广泛的、多元化的市场，同时也有利于激励保险公司自身治理结构、委托代理问题的改善，因为倘若一家保险公司由于经营不善被并购，这对于经理人职业生涯的影响是不利的。但是在有利效应的背后，我们也应当看到大规模、跨区域的保险公司并购，对国际货币体系、保险、银行及证券监管体系之间的配合提出了极大的挑战。

（二）保险公司并购重组可能存在的风险

任何事物都有相互对立的两个方面，保险公司的并购重组事实上也并非预期中的那般美好，也面临着很多风险。

1. 体制风险

由于历史和制度方面的原因，虽然经过了一系列的金融体制改革，但现阶段保险公司大多仍与政府有着藕断丝连的关系。对于偿付能力不足的保险公司，政府为保障保单持有人和社会稳定等因素，很可能会采取“拉郎配”的方式，促使保险公司之间并购重组。这种带有浓厚政治色彩的并购重组行为受行政因素的影响，违背经济原则，造成并购价格的扭曲和资源配置的不合理。这种现象很可能使得保险公司的并购重组难以达到预期的效果，甚至产生负面影响。

2. 多付风险

并购重组的多付风险是指并购的成本相对于并购方公司的价值过大时，过高的买价将在未来很长的时期内对并购方的资本收益和资产负债表产生持续的不利影响，使并购方不能获得一个满意的投资回报的可能性。多付风险可简单理解成收购成本高于目标企业的价值。而影响并购估价正确性的主要原因在于市场信息的不完全性和不对称性，所以对于目标保险公司财务状况的深入了解是正确制定并购价格的基础。而现今市场经济中，各类信息不能完全的共享，因此并购方在对目标保险公司的价值及发展能力判断方面难以精确估计，进而产生多付风险。此外，目前由于保险公司自身的特殊性，其价值的确定也存在着许多难点。

3. 融资风险

并购重组一般而言需要大量的资金作为支撑，能否在短时间内筹集到所需资金是并购活动能否成功的关键。但无论采用何种融资途径，均存在一定的融资风险。并购重组活动会占用大量的流动资源，从而降低保险公司对外部环境的快速反应能力，增加保险公司的经营风险，甚至影响保险公司的偿付能力。

4. 扩张风险

并购重组意味着机构的增设、业务的扩张和人员的扩充。如分公司、子公司和营业网点等机构的设立，虽然可以带来管理延伸和业务延伸的好处，但同时也造成了风险源的增加和分散化。目前我国保险公司在组织架构上普遍采取的是“总部+分公司+营业部”的管理模式，展业以分公司和营业部为主体。如果技术条件或制度建设跟不上，内控机制不健全、不完善，将容易把各机构的风险集中到总公司，造成保险公司的扩张性风险。

5. 结构调整风险

保险公司的并购重组是为了提高资源的配置效率，提高企业自身的盈利能力。为此在并购重组后，保险公司必须马上进行资产结构的调整，使资产迅速增值，否则并购重组将失去其实际意义。在结构调整的同时，也应当准确定位目标市场，寻找新的利润增长点，制定相应的营销策略，否则将难以在激烈的市场竞争中立足，更别说产生“1+1>2”的协同效应。严重情况下，甚至会出现目标企业业绩下滑，拖垮整个企业的后果。

此外，保险公司的并购重组活动还可能产生企业文化风险、人力资源风险以及由于目标公司合法地位消失，产生原有保单相关权利的转移，从而带来的退保风险等。

延伸案例：保险公司并购重组案例

案例一　友邦保险并购海外保险银行巨头

2012 年 9 月 27 日，友邦保险控股有限公司（以下简称友邦保险）宣布，同意从英杰华保险公司（Aviva）及斯里兰卡国家发展银行（National Development Bank，NDB）购入斯里兰卡保险公司（Aviva NDB Insurance，ANI）92.3%的股权。

斯里兰卡将成为友邦保险在亚太区的第 16 个市场，进一步巩固友邦作为泛亚地区领先保险公司的地位。ANI 持有综合保险牌照，是斯里兰卡第二大人寿保险公司。截至 2011 年年底，ANI 共获得 8100 万美元的总承保保费，其中寿险保费约占 75%，非寿险保费占 25%。

此外，友邦保险还与 NDB 达成 20 年的独家银行保险协议。NDB 是斯里兰卡最大的金融集团之一，拥有遍布全国的分行网络。友邦保险此次交易将同时收购 NDB 英杰华财富管理有限公司（NDB Aviva Wealth Management Limited，NAWM）83.9%的股权，并同意向 NDB 出售有关股份。友邦保险就此次交易与 NDB 达成的独家银行保险协议以及出售 NAWM 股权，需要支付总价 1.09 亿美元，且以现金支付。

此次交易通过了斯里兰卡外汇管理部门的审批。出售 NAWM 股权也通过了斯里兰卡证券交易委员会的审批。交易完成后，ANI 正式更名并重塑品牌已成为友邦保险一分子。

资料显示，友邦保险的业务成就可追溯至逾 90 年前的上海。目前，友邦保险已在亚太区 14 个市场拥有全资营运附属公司或分支机构。其在中国内地的发展始于 1992 年，目前拥有 5 家分公司。

案例二　盈科拓展集团收购 ING 香港、澳门和泰国保险业务

由李泽楷私人拥有的盈科拓展集团 2012 年 10 月 19 日在港宣布，与荷兰国际集团（Internationale Nederlanden Groep，ING）签订协议，收购其旗下于香港、澳门和泰国的保险业务（ING 保险）。总现金作价为 21.4 亿美元（16.4 亿欧元），相当于 2012 年预计账面值的 1.9 倍。

盈科拓展集团表示，此次收购为盈科拓展集团创建泛亚洲区平台的第一步，集团将充分把握区内保险行业的长远增长潜力，专注发展东南亚保险市场。

盈科拓展集团主席李泽楷表示，此次协议对盈科拓展集团来说是一个十分具有吸引

力的发展机会，不仅扩展了集团的资产组合，且能协助集团进入拥有持续增长潜力的亚洲区保险市场。

交易经有关监管机构审批，并在2013年第一季度完成。此次交易，由汇丰银行担任盈科拓展集团的财务顾问。

资料来源：根据 http://finance.sina.com.cn/money/insurance/bxdt/20060425/03022526681.shtml《瑞士再保险收购安裕再保险将于年中完成》等材料综合整理。

问题与思考

众所周知，世界保险市场是一个以美欧及少数亚洲国家为主导的不平衡市场。各国的保险深度与保险密度、保险公司的经营水平、资本市场发展程度、法律规范差异甚多。随着经济全球化的发展，保险公司上市、重组与并购已成为世界保险业发展趋势的一个不争的事实。各国保险公司为谋求更好发展，必然会千方百计地打破各种禁锢，让保险资源流入更有发展潜力的新兴市场，这对处于目标市场的保险公司来说是无疑是巨大的挑战。但就另一方面而言，保险公司的上市、外资公司的进入及并购压力必然会提高我国保险业的经营效率、增强其服务质量，从而提高保险业的声誉。就当前而言，我国保险业由于国家政策的保护，受国外保险大鳄并购风潮的影响还相对较小，但由于加入WTO要求我国必须逐步开放资本市场，外资保险公司投资中国市场的门槛必然逐渐降低，投资方式也必然增多。可以预见，未来的中国保险公司上市、并购与重组必将愈演愈烈。

问题1：

保险公司上市、并购与重组的关系是什么？

问题2：

我国保险公司上市应具备哪些基本条件？

问题3：

为何中国人寿在美国上市不久便遭起诉？此事件对我们有何启示？

参考文献

[1] 上海市国有资产监督管理委员会. 并购与重组 [M]. 上海：上海财经大学出版社，2006.
[2] Patrick A. Gaughan. 兼并、收购和公司重组 [M]. 顾苏秦，李朝辉，译. 北京：中国人民大学出版社，2010.
[3] 上海市国有资产监督管理委员会. 并购与重组 [M]. 上海：上海财经大学出版社，2006.
[4] 孙兵. 论保险公司上市 [J]. 保险研究，2000 (1).
[5] 顾乃华，王一凡. 关于保险公司上市的思考 [J]. 金融理论与实践，2000 (12).
[6] 张为黎，李卫. 我国保险公司上市必要性与近期上市障碍初探 [J]. 财经论丛，2000 (9).
[7] 江忠生. 保险公司上市问题的理论分析 [J]. 保险研究，2001 (3).
[8] 张怀莲，王峰虎. 我国保险公司上市的障碍与对策 [J]. 保险研究，2002 (12).
[9] 慕刘伟. 关于中资保险公司上市若干问题的思考 [J]. 金融研究，2003 (10).
[10] 彭雪梅. 保险公司上市的风险分析 [J]. 保险研究，2003 (5).
[11] 刘新立. 论我国保险公司上市的收益与风险 [J]. 金融研究，2003 (2).
[12] 李海涛. 保险公司上市添了几分保险？[N]. 中国证券报，2003-12-19.
[13] 韩英峰. 股权分置改革前后中国股市系统风险波动的实证研究 [D]. 重庆：重庆大学，2008.
[14] 郭少军. 中资保险公司境内上市的风险分析 [D]. 北京：对外经济贸易大学，2007.
[15] 郭宁. 国际保险业并购对我国保险业的启示 [J]. 华北金融，2000 (11).
[16] 刘子操. 我国保险业并购重组的可行性研究 [J]. 上海保险，2000 (2).
[17] 武宏亮，周铭山，孙磊. 并购重组中的全球保险业——特点、动因及其启示 [J]. 上海保险，2002 (2).
[18] 赵卫星. 论全球保险业并购动因、影响及启示 [J]. 金融研究，2004 (5).
[19] 冯晴. 论我国保险业并购重组现状与趋势 [J]. 金融市场，2011 (8).
[20] 周敏玲. 我国国有企业改制重组与上市问题探讨 [D]. 大连：东北财经大学，2002.
[21] 马骏. 保险公司上市的意义及障碍分析 [J]. 经济与管理研究，2001 (2).
[22] 胡萍. 我国保险公司上市问题研究 [D]. 首都经济贸易大学，2002.
[23] 梁国勇. 企业购并动机和购并行为研究 [J]. 经济研究，1997 (8).
[24] 张新. 并购重组是否创造价值？——中国证券市场的理论与实证研究 [J]. 经济研

究，2003（6）.
[25] 贾昌杰. 企业并购经历对并购业绩的影响［J］. 数量经济技术经济研究，2003（12）.
[26] 朱宝宪，王怡凯. 1998年中国上市公司并购实践的效应分析［J］. 经济研究，2002（11）.
[27] 朱文胜. 论国有独资保险公司改制上市［J］. 保险研究，2002（11）.
[28] 徐为山，孙泽蕤. 上市：提升保险公司国际竞争力的有效手段［J］. 上海金融，2002（6）.
[29] 王祺. 我国保险公司上市面对的困难及对策研究［J］. 经济体制改革，2002（6）.
[30] 李贺，吴凤平. 我国保险公司的上市与风险分散［J］. 预测，2004（2）.
[31] 王友. 我国保险理论研究的几个热点问题［J］. 保险研究，1998（4）.
[32] 任华，王宁，胡连生. 寿险公司A股上市有关问题探讨［J］. 金融研究，2003（3）.
[33] 谢金玉. 论国有保险公司上市的意义及其内在条件［J］. 保险管理干部学院学报，2004（2）.
[34] 张卫总. 论我国保险公司组织模式的重组［J］. 保险研究，2003（9）.
[35] 陈景菁. 论我国国有保险公司重组改造中的企业家机制［J］. 金融纵横，2003（10）.
[36] 刘森赢. 我国保险公司上市风险防范的法律问题思考［J］. 法制与社会，2008（2）.
[37] 朱楚珠，严建红. 中国保险市场与资本市场对接的系统设计及其影响研究［J］. 金融研究，2001（5）.

第十章 保险行业自律与消费者保护

学习目的

通过对本章的学习，掌握保险行业自律的主要内容和重要作用；理解保险消费者与一般消费者相比具有的特殊性；掌握保险消费者权益受到侵害的主要类型和主要原因；了解自组织理论的基本内涵；掌握我国保险消费者保护存在的问题和主要对策；了解美国等发达国家和地区及国际组织对金融消费者保护的成功经验；重点掌握如何通过保险行业自律建设实现我国保险业的健康发展，促进消费者利益的保护；关注近年来我国保险消费者保护重点，如对车险理赔难、寿险销售误导、非法集资、诈骗等突出问题的治理；思考行业自律组织如何从中发挥作用。

引言

由于保险市场具有信息不对称的特点，被保险人处于弱势地位。因此，与一般消费者相比，保险消费者概念有着独特的内涵与外延。知情权、公平交易权、选择权、求偿权等都属于保险消费者的合法权益。保护保险消费者的合法权益，维护保险市场的稳定，构建和谐保险市场是我国保险监管机构与保险立法关注的重点。为保证保险市场的良性竞争，在外部监管的基础上，我国保险公司要加强自律建设、遵守行业自律公约、完善我国保险市场环境。

本章主要针对我国保险市场投诉率较高的问题，提出我国保险市场在保护保险消费者方面的不足，并借鉴发达地区保险消费者保护的经验，增强我国保险消费者保护制度设计的系统性和灵活性，拓宽消费者保护渠道。改善保险行业在我国消费者心目中的形象，外部力量固然重要，保险行业内部建设也必不可少，保监会应引导保险公司转变发展方式，保险公司要完善与加强自身自律建设，建立消费者保护长效机制。

知识回顾

一、基本概念

（一）保险行业自律

1. 保险行业自律的主要内容

（1）制定行业自律守则。

保险行业组织通过强化自我管理、自我约束机制，促使会员之间展开公平、适度的竞争。为了协调整个保险市场参与者的行为，各行业组织都应制定本组织的自律制度，对违反行业惯例或协议的会员进行调查并予以曝光，以约束会员的行为。

（2）制定、颁布保险行业发展的指导性建议，为会员提供咨询服务。

保险行业组织中有各个方面的专家和技术人员，他们通过对行业发展的研究，可以为各类保险组织的发展提出具体的指导性建议，进而形成对整个行业发展方向的建议。

（3）制定解释保单措词的共同规则。

保险合同双方当事人在主张权利和义务上的争议，不少是由于保险单的一些用词不明确，或者各自理解上的差异造成的。保险行业组织一般都制定一个共同遵守的解释规则，如按商业惯例解释、按文义解释、按意图解释、按有利于被保险人的原则解释，凡是会员对标准条款的解释要一致。

（4）制定共同遵守的费率和条件。

为了减少费率上的不公平待遇和保证费率确定的科学性，各国保险行业组织都有要求会员统一遵守的费率标准。另外，还规定统一的手续费标准，防止保险同业间的盲目竞争。

（5）规定统一的保险条款格式。

保险条款的技术性和法律性很强，而且通常由保险人单方事先拟定。如果没有统一的条款格式和统一的专业术语，被保险人很难比较不同保险组织提供的保险单，就会出现某些保险人利用保险条款进行不公平交易，甚至逃避责任、欺骗投保人。因而，各保险同业组织都规定有统一的保险条款模式，甚至使用统一的保险单。

（6）促进保险教育和培训。

各保险同业组织都将保险业务教育和人才培训视为同业自律的一项重要内容，凭借自身的优势，组织技术力量，采取多种形式，对全行业开展业前培训、专题讲座、行业定期轮训，甚至有专门的专业资格考试制度。

2. 保险行业自律的作用

（1）有利于国家对保险业的监督管理。

保险本身的内在规律和业务经营的特点决定了国家必须对保险业进行严格管理。保险行业组织是保险监管主体与监管对象之间的中介，是联系政府与保险公司的桥梁。保险监管部门可以通过行业组织贯彻国家关于保险的法律、法规及政策，行业组织可以通过自律机制有效地解决保险活动中的具体问题，从而对国家在宏观监管活动中运用行政、法律方面的不足之处进行弥补，协助政府加强对保险业的管理。

（2）有利于行业经营和协调内部关系。

保险经营的性质决定保险经营必须遵循风险大量和风险分散等原则，通过行业自律，可以实现保险同业的全面协作，从而科学、有效地运用大数法则等数理工具和保险学的基本原理，使保险经营的各项原则得到顺利贯彻。

在行业自律机制的运行中，保险行业组织可提供多种服务，如进行保险市场研究、建立行业信息网络、向各保险组织提供咨询服务、对从业人员开展培训教育、组织行业内技术交流与合作等。同时，行业自律可以约束保险组织的行为，有利于解决彼此之间的矛盾，正确处理共同利益问题，实现有序竞争。

（3）有利于协调社会关系和提供社会服务。

保险行业的社会联络面极为广泛。一方面依据保险合同，保险组织要承担对各行各业被保险人实行经济补偿的义务，同时还要协助被保险人防灾防损，保障社会财富和公民人身安全；另一方面保险组织在经营活动中与政府有关行政部门以及社会防灾防损部门等具有紧密的联系。保险行业组织作为行业利益代表，它可以以行业的名义与社会各行业、各有关部门发生横向联系，妥善、协调处理彼此之间的关系，从而保证保险业严格依法经营，充分发挥保险的职能作用。

（二）保险消费者权益被侵犯的主要类型

随着我国保险业不断发展，保险消费者权益受到侵犯的案件逐渐增多，这成为影响我国保险业深化发展的重要问题。从目前情况看，侵犯保险消费者权益的案件主要包括以下五种类型：

1. 侵犯保险消费者知情权

我国《消费者权益保护法》规定，消费者享有知悉其购买、使用的商品或者接受的服务的真实情况的权利。我国《保险法》也明确了保险公司对投保人具有明确说明义务。由于保险产品设计复杂、专业性强，保险合同包含了大量专业术语，基于信息对称的要求，需要保险公司向投保人提供清晰的说明和解释。但从实际情况看，对产品进行失实宣传和介绍、片面夸大新型产品收益、回避说明免责条款、引诱客户购买不适合的产品等“销售误导”现象已成为保险业痼疾之一，对保险消费者知情权造成了损害。

2. 侵犯保险消费者自主选择权

保险消费者应当拥有自主选择保险公司、保险产品、消费时间和地点、退保等事项的权利，不受他人干预。但现实中，仍不乏保险公司或其合作机构侵犯消费者自主选择权的案例。例如，商业银行利用贷款资源和渠道优势要求贷款者购买保险产品、保险公司对客户退保要求设置各种障碍等现象屡有发生。

3. 侵犯保险消费者公平交易权

《消费者权益保护法》规定，消费者在购买商品或者接受服务时，有权获得质量保障、价格合理、计量正确等公平交易条件，有权拒绝经营者的强制交易行为。但保险公司往往利用格式合同中的“免责条款”来免除或减轻自己应当承担的责任，从而侵犯消费者在保障程度、价格等方面的利益。

4. 侵犯保险消费者求偿权

保险消费者的求偿权是指发生保险事故或达到给付条件后，受益人享有要求保险公司按照保险合同偿付保险金的权利。由于利益驱动，保险公司在理赔过程中往往通过“惜赔”、“拖赔”来减少或降低赔付责任，不仅侵犯了保险消费者的求偿权，也形成了保险业久被诟病的“理赔难”现象。

5. 侵犯保险消费者隐私权

保险消费者在购买保险产品时，将大量个人信息资料转移给保险公司，如果保险公司在没有获得授权的情况下将这些信息泄露给第三人，即构成了对保险消费者隐私权的侵犯。现实中，不乏保险消费者的个人信息被泄露的例子，由此导致他们经常接到大量营销电话、频繁被上门推销从而不堪其扰。

二、自组织理论

自组织理论是20世纪60年代末期开始建立并发展起来的一种系统理论，主要是冯贝特朗菲.L（L.Von Bertalanfy）的一段系统论的新发展。它的研究对象主要是复杂自组织系统（生命系统、社会系统）的形成和发展机制问题，即在一定条件下，系统是如何自动地由无序走向有序，由低级有序走向高级有序的。

自组织理论方法主要包括自组织的条件方法论、自组织的协同动力学方法论、自组织演化路径（突变论）的方法论、自组织超循环结合方法论、自组织分形结构方法论、自组织动力学（混沌）演化过程论、综合的自组织理论方法论等。

其中混沌论对研究复杂性的非线性方法具有重大贡献。首先，混沌不仅可以出现在简单系统中，而且常常通过简单的规则就能产生混沌。简单系统能够产生复杂行为，复杂系统也能够产生简单行为。分层、分岔、分支、锁定、放大，非线性的发展或演化过程就是这样神奇而不可预测；其次，非线性动力学混沌是内在的、固有的，而不是外加的、外生的。尤其是在管理中的混沌特性决定了“混沌管理”方法的非最优化和不确定性。企业并不追求最优化和最高效率——这是由稳定的管理价值观所决定的；管理过程与结果之间无决定的、直接的关系。

研究复杂的企业系统的行为，自组织的方法论要求我们在企业管理中，必须从整体出发，把管理看作是一个复杂的过程而且是自组织演化的过程。企业的发展有其自己的发展演变轨迹，企业管理者必须顺着企业发展的“脉络”实施恰当的管理。

案例呈现

理赔难、销售误导成为产寿险消费者保护工作的重点

从2012年一季度的保险投诉情况看，理赔难和销售误导依然分别是产险和寿险领域最为突出的侵害消费者权益的问题。

通报显示，一季度，产险公司涉及消费者权益的投诉事项有306个，其中，理赔（给付）纠纷201个。其中，反映损失核定争议的56个，反映保险责任争议的42个，反映拖延理赔等问题的103个。在各类业务中，机动车辆损失保险合同纠纷共计186个，其中理赔纠纷162个，占机动车辆损失保险合同纠纷的87.10%，主要反映定损价格低于维修成本、定损人员“吃拿卡要”、理赔周期过长和服务态度差等问题。

涉及消费者权益的878件寿险投诉事项中，针对寿险公司违法违规的投诉有469个，其中，各类销售违规457个，其中涉及欺诈误导的386个，占比高达82.30%。从涉及的险种看，投诉分红型保险最多（240个），占人身险欺诈误导投诉的62.18%，万能险44个，投资连结保险20个。

根据保监会通报，欺诈误导的具体表现为，一是印制带有误导客户内容的宣传材料；二是营销员在条款解释时夸大承诺收益、不如实告知投保人权利等；三是模糊保险产品和基金等其他金融产品的界限。

一季度某寿险公司6个投诉事项均为销售误导问题，主要包括其营销员、银行代理网点和电销渠道存在故意隐瞒合同内容、不实承诺保单收益和代签名等问题，并由此引发退保纠纷。

保监会通报还称，涉及银邮兼业代理机构误导存款客户购买保险、没有如实告知合同内容和投保人权益等问题的投诉有51件。其中，广东消费者反映某银行向贷款客户强行搭售保险的情况值得重视。

资料来源：根据http://www.ccn.com.cn/news/licai/2012/0514/411503.html；中国消费网等材料综合整理。

理论分析

一、我国保险消费者保护存在的问题与改革建议

（一）加强金融监管，提高消费者维权意识

消费者保护历来是金融监管的重要职责和使命，尤其是在金融业深化加速发展以来，金融市场的信息不对称问题日益严重，消费者保护在金融监管中得到重视，成为金融监管的重要目标。保险业作为金融体系的重要组成部分，其消费者保护需要体现保险业特有的规律。

保险经营具有广泛的社会性，涉及千千万万保险消费者的利益。消费者利益能否得到保护，直接关系到保险业的兴衰成败。李树利（2009）分析了保险消费者利益受损的原因（例如法律层次低、威慑力不足、违约失信风险），提出应该加强保险市场行为监管，提高违约失信成本，完善信息披露与行业退出机制，营造良好的行业诚信氛围，推进行业标准化建设，规范和提高保险行业的服务质量，切实维护消费者合法权益，从技术层面解决销售误导和理赔难的问题[1]。

焦扬（2012）从保险机制的特点出发，分析保险行业交易主体之间信息不对称、保险市场交易主体之间地位不对等以及保险运作机制的“反循环”特性，追溯保险消费者保护的制度根源，并认为合理界定保险监管在保险消费者利益保护中的职能，是建立和完善消费者保护机制的前提。同时作者对比了国际上一些国家保险消费者保护的监管情况，认为保险监管信息披露的集成化和系统化使得美国保险信息披露的效率高于其他国家，强化保险消费者专业机构十分必要[2]。

虽然由于信息不对称、消费者保险知识匮乏、维权意识淡薄使得保险消费者在保险交易中处于弱势地位，但是保险消费者的诚信问题，委托—代理人问题，制约了保险消费者的集体维权行为，影响了保险消费者保护的有效性。陈华、王玉红（2012）认为消费者的维权意识淡薄以及维权能力有限强化了自身的弱势地位；教育机制的不足，使得消费者对保险消费的决策出现错误。因为保险市场存在巨大的利益，市场竞争可以在一定程度上保护消费者的权益。但由于保险市场的信息不对称、市场失灵问题的存在使得市场无法自动给保险消费者提供充分的保护，需要政府介入，在提高政府规制的绩效和有效性的同时提高对消费者的保护[3]。

（二）完善金融消费者保护法律制度，打击销售误导

保险业在快速发展的同时，销售误导问题（夸大宣传、片面介绍、概念混淆、同业

诋毁、不当销售）不同程度地存在着。赵波（2008）分析了造成销售误导的主要原因，强调销售误导会引发公众对保险业的信任危机，会削弱保险公司诚信经营基础，制约保险业可持续发展。提出要治理销售误导，必须强化公司责任、督促加强管理、完善法律法规，加大惩罚力度[4]。李树利、李硕、王晓伟（2009）分析认为产生销售误导问题的根本原因是现有营销体制下保险人与代理人之间的利益不均衡，要解决这一问题要从根本协调保险公司与代理人的利益。首先，精简代理人队伍，提高代理人的素质，明确代理人的法律地位；其次，保险公司应明确代理人的福利待遇与标准，杜绝不公平造成的代理人心理失衡；再次，在销售、管理以及专业方面开辟代理人多元化发展路径；最后，完善代理人的培训体系[5]。

弗雷德里克·安德松（Fredrik Andersson）、甘·斯科（Gan Skogh）（2003）阐述了保险人的信任危机：欺骗被保险人、在赔偿时粗心大意会被行业所淘汰，还会降低消费者对保险行业的需求，破坏保险行业的形象。并认为保险公司可以设立一个理赔板（Claim Settlement Board，CSB）模式管理理赔，缓和违约的负面影响，提高保险公司的自律性，保证公司的良好经营[6]。

王蓉、蒋难（2012）认为我国《消费者权益保护法》对金融消费者的适用性不强，金融消费者概念并不明确，金融宏观调控部门和监管机构的行政法规的法律效力层次较低，由此造成金融消费者保护困境，不利于消费者保护，还会引发消费者与金融机构的纠纷，导致金融机构声誉受损[7]。

法律制度是保险消费者保护的基础，由于保险消费者的有些权益界定模糊、表达不够完整，作为一个新的法制领域，保险消费者权益保护存在着一些不足，有待进一步完善。中国保监会保险消费者权益保护局课题组（2012）对健全我国保险消费者权益法律规定提出了一些思考：保险消费者的概念在我国保险法和保险规章上定义模糊，需要统一概念；保险消费者权益表达不甚完整，例如欺骗、隐瞒等形式的认定；要认真开展保险消费者教育，以保险规章形式明确消费者受教育权；明确赋予保险消费者监督权，保护消费者的隐私，保障消费者与保险人地位平等；完善《保险法》系统对保险消费者的权益保护[8]。

二、国际金融消费者保护经验借鉴

（一）美国金融消费者保护

在主要发达国家中，美国的金融消费者保护一直走在各国的前列。本·罗杰斯（Ben Rogers，2010）认为美国国会将出台新的规定，规范金融产品提供者的行为，并通过分析澳大利亚、加拿大以及爱尔兰的金融消费者保护经验得出，新的消费者保护制度对信贷协会的规范相对疲软，但信贷协会更加注重自己的信誉而并非利益，支持并保护金融消费者的权益[9]。

众所周知，医疗保险已经成为了各国关注的焦点。作为国际保险市场的领军者，美国在奥巴马上台后的医疗改革立法足以载入世界保险史。韦恩·古德温（Wayne Goodwin，2010）简单介绍了美国医疗改革立法的实施情况，美国将会设立一个医疗保险交易所帮助消费者有效的比较他们参与的被证实达到质量基准的医疗保险计划和支付能力。各州也会设立小型的医疗保险选择计划以针对小部分有资格参保的人[10]。通过医疗改革立法，美国政府能够进一步保护消费者的权益，为全世界做出了表率。

周学东（2011）对美国、加拿大等西方发达国家进行实地考察，介绍了美国依照《多德—弗兰克法案》，美联储下设立了金融消费者保护局（Consurner Financial Protection Bureau，CFPB）。CFPB被赋予了四项基本职能：实施金融消费者教育计划、受理投诉、收集和公布数据以及制定并执行监管规则，通过多重监管、相互协调保护保险消费者的权益[11]。

（二）其他发达国家金融消费者保护

李伟群、解学文（2010）阐述了日本保险公司的破产与消费者保护方式。1997年金融危机后，日本保险业痛定思痛，专门设立了针对人寿保险的人寿保险投保人保护机构与针对财产保险的财产损害保险的投保人保护机构。向受让失败、破产的救济保险公司提供资金援助，若没有救济保险公司出现时，由这两个机构设立继承保险公司，承接破产公司的业务。同时，希望我国保险公司也能向日本学习，全力保护投保人利益，增强公众对保险业的信心[12]。

某外国学者运用行为经济学和心理学理论分析了英国金融消费者保护情况，认为在金融危机后依据传统法律与经济运转理论进行非干预性的消费者保护已经失败了。他认为与古典经济学理论相悖，消费者并不能够时时做到理性选择，再加上买卖双方的信息不对称，我们应该思索一些干预性方法进行金融消费者保护[13]。

张领伟（2012）系统梳理了英国、美国、澳大利亚的金融消费者保护情况，肯定了美国“双重多头”模式虽然在监管成本上高于英国的“大一统”模式，但也能提供更加完善的风险管理机制。他认为我国在并未完全建立起监管机制和消费者保护制度时，不适宜采用“双峰”模式。保险消费者权益保护是一项涉及监管定位和方式、市场运行理念和规则、法制建设的系统性重大课题，做好“顶层设计”对于保障消费者权益保护工作有序、高效的开展具有重要意义[14]。

（三）国际组织金融消费者保护

全世界每年大约会增加150 000 000名金融消费者，其中大部分来自发展中国家，但是这些地方的金融消费者保护和金融分析能力尚处于初级阶段。作为世界银行的高级顾问罗德尼·李斯特（Rodney Lester，2009）认为在一些新兴市场，甚至是发展成熟的市场，缺乏对金融消费者的保护使消费者认为金融市场缺失公平，尤其是一些金融中介机构经常对消费者进行金融欺诈使得消费者对金融机构丧失信心。寿险公司需要对长期保单持有人进行一定的保护，防止公司破产清算对消费者造成损失。财产保险公司也应对消费者做一些补充安排[15]。

金融危机后，各国深刻认识到忽视对金融消费者的保护，会破坏金融机构赖以发展的公众基础，从而危害整个金融市场的稳定，国际组织更加注重金融消费者的保护和教育。经合组织（Organization for Economic Co-operation and Development，OECD）、世界银行、20 国集团等主要国际组织都开始将金融消费者保护作为与宏观审慎管理、金融稳定相关的重要议题进行系统研究。郑伟（2012）介绍了一些国际组织的金融消费者保护的经验：二十国集团于 2011 年 10 月正式发布了《二十国集团金融消费者保护高层原则》；经合组织于 2008 年发布了《关于增强风险认识和保险问题的金融教育良好经验建议》，从各方主体角度说明如何更好地进行风险和保险方面的建议；世界银行的主要工作集中在促进金融消费者保护的国际对话、研究金融消费者保护具体规则等方面，并于 2010 年 11 月拟定了《金融消费者保护的良好建议》[16]。

三、保险行业自律建设与消费者保护

目前国际金融环境复杂多变，保险业应坚持科学发展观，推动行业转变发展方式；防范化解风险，维护保险市场的安全稳定；加强改进监管，提高监管的科学性有效性；加大查处力度，进一步规范保险市场秩序；发挥保险功能，服务经济社会发展全局。吴定富（2011）指出，我们应该认识到“十二五”时期保险业仍处于快速发展期，处于矛盾和问题凸显期。该时期是保险业全面转型的关键时期[17]。保险行业应首先加强自身自律建设，确保我国保险业健康发展。

（一）保险行业协会建设

在我国保险业大力推进又快又好发展、努力做大做强的关键时期，国务院常务会议专题听取保险业的工作汇报，研究保险业改革发展问题，并通过了《国务院关于保险业改革发展的若干意见》（以下简称《若干意见》）。《若干意见》特别指出要加强保险行业自律组织建设。王宪章（2006）认为保险行业协会将以此为契机，全面履行“自律、维权、协调、交流、宣传”的基本职责，把《若干意见》落实到实处。积极推进诚信建设、积极服务保险市场、积极开展行业性的宣传活动，结合《若干意见》完善和修订行业自律条约，在保监会指导下稳步推进保单标准化建设[18]。

杨晶（2009）认为我国目前保险行业协会自律监管在监管体系中地位不明、独立性差，严重影响自律监管作用的发挥。市场机制、政府监管机制和行业协会自律机制三者需要密切配合、取长补短，达到市场资源的有效配置，最大限度满足利益主体[19]。

原保险行业协会会长金坚强（2010）强调，加强行业自律是保险行业协会的首要任务。通过对发达国家保险市场的研究，总结得到：一国保险业的发展壮大，离不开市场主体的严格自律。保险行业协会在继续加强自律组织和体系建设的同时，还应积极探索行业自律管理的有效途径。需要倡导诚实守信的行业文化；制定行业标准、行业指导性条款和从业守则来约束不正当竞争行为；建立同业信息交流平台，加强沟通交流，消除行业不和谐因素；加大查处力度，严惩违规行为[20]。

中国市场初步形成了“三支柱”监管框架。为适应保险市场发展的新形势，完善保险行业协会自身建设、加强保险行业组织自律管理显得尤为重要。高薏（2013）认为行业协会应加快规范化建设，按照中国保监会《关于加强保险行业协会建设的指导意见》精神，建立健全自律机制，规范协会运作[21]。

（二）保险行业自律公约实施对策

随着保险业市场主体的不断增多，保险竞争日趋激烈，但保险市场的迅速扩张与监管机制、法律体系的不完善造成了目前我国保险业的畸形状态。为维护保险市场秩序、规范保险公司行为、遏制非理性竞争、保险公司与行业协会协商一致，共同制定了自律公约，建立自我约束和相互监督机制，实行行业自律。熊安友（2009）认为保险行业自律不仅仅是一个自律公约，而且应该是一个自律体系。需要遵循行政监管、行业自律、公司内控“三位一体”的总体思路，从管理体系、组织体系、制度体系三方面打造，形成一个完整的保险行业自律体系[22]。

孙树垒、路晓伟（2010）通过构建财产保险公司违规经营博弈，阐述了保险经营主体从自身最优角度出发，认为“谁先规范谁吃亏”，宁可承担监管机构查处的风险，也不愿主动规范自身经营行为而陷入“囚徒困境”。然后又通过构建保险行业自律公约博弈，认为实施有效的行业自律需要保证自律公约的严肃性和统一性；建立自律公约保证金制度，违者受罚；完善赏罚分明的执行体系保证公正公平、实事求是、不区别对待；加强自律情况的信息披露，保证保险经营的透明性；接受公众的监督；提高自律检查的权威性、专业性和全面性[23]。

《保险行业自律公约》的“价格自律”和“手续费自律”违背了商品的价值规律而导致了一些保险公司围绕产品价格优惠及手续费支付展开恶性竞争。吕云强（2010）认为自律公约应遵守客观规律（例如商品价值规律），根据保险公司的资本实力、经营规模，针对不同的消费群体丰富保险市场，并建议自律公约鼓励保险公司走多渠道销售战略[24]。

（三）保险行业自律促进消费者保护

金融消费者的保护不仅需要消费者自身的维权行动和监管部门的强制约束，还需要金融机构的配合。只有金融机构自觉配合监管机构，才能形成对消费者的有效保护。银行业协会专职副会长杨再平（2011）在两岸金融交流会上指出，行业协会自律在金融消费者的权益保护方面具有不可或缺的作用，行业自律主要是为消费者提供优质服务方面的自律。

行业协会作为社会经济团体，履行社会的经济职能，涉及各个消费环节和各个消费领域，他们在保护经营者合法权益的同时又承担着保护消费者合法权益的义务。在消费维权中引导、发挥行业协会懂专业、懂技术的优势作用，使之成为消费维权的主要社会力量，是消费者权益保护委员会的一项重要工作。宁波市消费者权益保护委员会（2012）重视与行业协会合作，充分发挥保险行业协会作用，保护保险消费者合法权益：①与保险行业协会共签“协作公约”，促使保险行业协会承担起保护消费者合法权益的社会责任，规范会员企业的经营行为；②借助保险行业协会资源优势，及时调处消费纠纷。通过互动和协调、指导和培训，加强行业自律，规范经营行为，促进保险行业诚信自律经营；③对消费投诉实行分级处理，提高消费纠纷处理效率；④消费者权益保护委员会定期对行业协会相关人员进行消费维权指导培训，在维护消费者利益的同时促进经营者改进产品质量和提高服务水平，推动企业的发展，进而形成双赢的局面，将保险行业协会维权站点向规范化、制度化的轨道运转。

延伸阅读：保监会发布工作方案，综合治理销售误导

为全面贯彻落实全国保险监管工作会议提出的重点解决人身保险销售误导问题的工作部署，按照“突出重点、长短结合、标本兼治、综合治理、惩防并举”的原则，保监会拟加大销售误导的查处力度，切实保护保险消费者合法权益，促进人身保险业持续、稳定、健康发展。

一、高度重视销售误导问题，扎实开展综合治理销售误导工作

销售误导是人身保险业长期存在的一个问题。2001 年以来，为治理销售误导，保监会出台了一系列监管政策，采取了包括现场检查等手段在内的监管措施，取得了一定的效果。但是由于公司重视不够、制度执行不到位、责任划分不明确等原因，销售误导问题没有得到有效根治，在某些领域甚至愈演愈烈，引起了社会的广泛关注，影响了行业声誉和社会形象。销售误导不仅直接侵害了投保人和被保险人的合法权益，其发展到一定程度，还可能引发公众对整个行业的不信任，危及行业长远发展。因此，全行业要深刻认识开展综合治理销售误导工作的紧迫性和重要性，切实提高责任意识和使命意识，认真抓好综合治理销售误导工作，不断完善体制机制、增强经营管理能力、改进服务质量、提高行业诚信意识、改善行业声誉和社会形象。

二、各人身保险公司要强化管理，承担起治理销售误导的主体治理责任

（一）认真执行相关监管规定，切实做好风险提示工作

（1）各人身保险公司要认真执行各项监管规定，确保销售管理严格、销售行为规范。一是不得夸大保险产品收益。严格按照有关规定进行保单利益演示，不得将保险产品与银行存款、国债、基金等进行片面比较和承诺、夸大收益。二是不得混淆保险产品概念。要将保险产品与银行存款等其他金融产品严格区分开来，不得将保险产品混同为银行存款或银行理财产品进行销售，杜绝“存单变保单”的行为。三是不得隐瞒合同重要内容。要向客户说明保险责任及责任免除，新型产品保单利益的不确定性，投连、万

能险费用扣除情况，以及退保可能产生的损失，不得隐瞒与保险合同有关的重要事项。四是不得篡改客户信息资料。要确保公司业务系统记录的客户信息资料真实、完整、有效，切实发挥客户回访对销售误导的防治作用，不得恶意篡改、故意漏填投保人的回访电话和回访地址。五是不得提供虚假产品信息。要确保信息披露内容的准确完整，不得以停止使用的保险条款和保险费率进行宣传和销售误导，不得向保险消费者提供片面、虚假的产品信息。

（2）各人身保险公司要做好风险提示工作，确保保险合同和投保提示书由投保人亲笔签名确认，新型产品的风险提示语句由投保人亲笔抄录，在本公司的网站、营业网点、所属代理网点公示、张贴《人身保险投保提示书基准内容》。

（3）各人身保险公司要结合自身情况，建立投保人风险承受能力测评和保险需求分析制度，确保将合适的产品销售给有实际保险需求的人群。

（二）认真开展自查自纠，确保整改工作落到实处

（1）各人身保险公司要严格按照监管部门的有关要求，抓紧制定自查自纠工作实施方案，从销售资质、销售培训、宣传资料、销售行为、客户回访、销售品质和客户投诉七个方面入手，对销售环节是否管理到位、销售行为是否依法合规、内控制度是否健全合理有效、客户回访信息资料是否真实等问题全面开展自查工作。

（2）各人身保险公司对于自查发现的各类违法违规问题和内控缺陷，要立即进行整改，要从建立长效机制入手，切实健全和完善内控制度体系，确保整改工作落到实处。

（三）完善内控制度建设，确保各项制度落到实处

（1）各人身保险公司要在全面梳理业务流程和相关内部管理制度的基础上，查漏补缺，将治理销售误导的有关监管制度和要求嵌入到公司内控制度中，在公司内部建立起一套治理销售误导的运行机制，从源头上有效防治销售误导行为的发生。

（2）各人身保险公司要加强内部组织体系建设，在系统内部建立责权划分明晰的管理模式，对涉及销售管理各个环节的管理职责和权限予以明确细分，以严格的考核体制为约束，确保防治销售误导的各项政策措施层层贯彻落实到位。

（3）各人身保险公司要对从事具体经营活动的管理人员和一线员工进行商业道德和社会责任教育，切实做到诚实守信、规范经营，不对保险消费者进行误导。

（四）加大审计稽核力度，提高总公司的管控能力

（1）各人身保险公司要重视内部审计稽核队伍的建设，加强对各级分支机构的审计频度和力度，确保公司各项制度从上到下都能得到有效落实。

（2）各人身保险公司要加大对分支机构综合治理销售误导工作的督办督察力度，总公司要向下级机构定期派出督导检查组，通过明察暗访，主动查处各种销售误导行为，并对有关责任人进行严肃处理，从而督促分支机构切实做好综合治理销售误导的有关工作。

（3）各人身保险公司要建立公开、完善的销售误导举报和投诉处理机制，及时掌握分支机构的销售误导情况，及时查处到位。

（五）强化责任追究机制，加大高管人员的管控责任

（1）各人身保险公司要在建立健全内控制度的同时，参照监管机构制定的销售误导责任追究指导意见，抓紧建立销售误导责任追究机制，明确从总公司到各级分支机构相关管理人员对销售误导行为的管控责任和相应的责任追究标准。

（2）对于查实的销售误导行为，各人身保险公司要严肃追究有关管理人员的责任，情节严重的，不仅要追究本级机构的负责人，还要严肃追究上级机构相关高管人员的责任。

三、各保监局要加强监管，切实履行好治理销售误导的区域监管责任

（1）各保监局要在保监会的统一部署和要求下，结合当地实际，创造性地开展治理销售误导工作，加大对辖内人身保险公司销售误导自查自纠工作的跟踪和督导，确保自查自纠工作切实取得成效。

（2）各保监局要在公司自查自纠的基础上，根据信访投诉和日常监管掌握的情况，选取违规问题较多、整改工作不到位的公司，灵活采取多种检查方法和手段，对银行保险渠道、个人营销渠道和电话销售渠道等开展重点治理，重点检查故意混淆保险与存款的概念、夸大合同收益、篡改客户信息及隐瞒合同重要内容等问题。

（3）各保监局要依法加大对销售误导行为的处罚力度。对查实的销售误导行为，监管机构要以处罚责任人、追究上级领导责任、责令停止接受新业务、吊销许可证为主要手段，严肃处理违法违规保险机构，特别要追究各级机构负责人和分管领导的责任，同时要依法严肃处理银行、邮政等保险中介机构。对于基层机构出现严重销售误导行为、影响恶劣的公司，监管机构要通过行政、法律等多种手段追究上级公司有关管理人员的责任。

（4）各保监局要加大对销售误导相关信访投诉查处情况向社会公开通报的力度，督促公司重视销售误导治理工作。

（5）各保监局要积极同当地银监局开展监管合作，加强对银行兼业代理机构的监管，督促银行兼业代理机构严格落实保险销售的有关监管规定；要联合银监局对银行兼业代理机构开展销售误导检查工作，对查实的销售误导行为，要依法严肃处理银行兼业代理机构及其有关人员，对于情节严重的，要依法吊销保险兼业代理许可证。

四、保险行业协会要发挥行业组织的作用，承担起治理销售误导的行业自律责任

（1）保险行业协会要建立包括销售误导投诉率在内的治理销售误导效果评价指标体系，择机将各地区、各人身保险公司的评价结果向社会公布。

（2）保险行业协会要拓宽和畅通保险消费者的投诉渠道，探索建立销售误导投诉纠纷处理标准，逐步建立起销售误导投诉纠纷调解处理机制。

（3）保险行业协会要通过开展行业自律检查、通报各公司治理销售误导有关情况、加大对人身保险知识宣传教育等多种方式，营造互相监督、互相促进的治理销售误导氛围，让防治销售误导成为各公司的自觉行动。

五、全行业要齐心合力，营造治理销售误导的舆论环境

（1）组织行业力量，加大对人身保险知识的宣传教育和普及，不断提升社会公众的保险意识。

（2）适时通过网络、电视、报纸等传播媒介，揭示人身保险的各种典型销售误导行为，向社会公众进行保险消费风险提示，不断提高保险消费者风险识别能力。

（3）借助保监会、保监局和保险行业协会网站，以及社会中介组织开展治理销售误导的问卷或电话调查，在互联网上建立与保险消费者的互动平台，及时了解相关情况，解答保险消费者提出的问题。

（4）适时组织主流媒体记者深入公司、代理网点、百姓中，加大对治理销售误导工作的明察暗访。通过主流媒体记者的声音，全面、客观地反映治理销售误导工作的组织开展情况、取得的成效和发现的问题。

资料来源：根据 http://www.circ.gov.cn/web/site0/tab480/i192580.htm；

《中国保监会关于人身保险业综合治理销售误导有关工作的通知》等材料综合整理。

问题与思考

保险市场的良好声誉要建立在整个保险行业对消费者权益的切实保护基础上。消费者权益保护一旦被削弱，将导致对金融机构或产品的大范围消费者信心的丧失。我国应在监管改革中加强对保险消费者权益的保护，给予消费者足够的补偿，稳定市场预期，逼迫保险公司稳健经营。激发其在经营活动中注重保护消费者合法权益的主观能动性。

行业自律是政府监管、企业控制、行业自律和社会监督四位一体监管机制的重要组成部分。保险公司应当遵守行业自律公约；行业协会要改变以往自己召集保险公司签订自律公约的做法，由大公司发起倡议，起到模范作用，引导行业自觉自律。对那些违反自律公约的公司应当严肃处理，不能因为几家公司的不当行为，给整个行业造成无法估量的损失。只要我们从行业发展的大局出发，充分认识行业自律的重要作用，加强自律管理，就一定能够营造出一个良好的外部环境，切实推动我国保险业的健康发展。

问题 1：

金融消费者保护与一般的消费者保护有什么区别？

问题 2：

解决保险销售误导的举措有哪些？

问题 3：

保险行业自律重点应放在哪些地方？

参考文献

[1] 李树利. 浅析保险消费者利益保护机制 [J]. 保险职业学院学报, 2009 (06).

[2] 焦扬. 保险消费者保护: 保险监管的定位与职能 [J]. 保险研究, 2012 (07).

[3] 陈华, 王玉红. 保险消费者保护: 市场失灵、政府介入与道德风险防范 [J]. 保险研究, 2012 (10).

[4] 赵波. 保险销售误导的危害及治理建议 [J]. 保险研究, 2008 (06).

[5] 李树利, 李硕, 王晓伟. 对保险代理人销售误导问题的深度分析 [J]. 保险职业学院学报, 2009 (10).

[6] Fredrik Andersson, Gan Skogh. Quality, self-regulation, and competition: the case of insurance [J]. Insurance: Mathematics and Economics, 2003 (04).

[7] 王蓉, 蒋难. 消费者权益保护与金融机构道德风险 [J]. 中国金融, 2012 (04).

[8] 中国保监会保险消费者权益保护局课题组. 保险消费者权益问题的思考 [J]. 保险研究, 2012 (09).

[9] Rogers B. Consumer Financial Protection: U. S. Proposals and International Experience [J]. Filene Research Institute, 2010.

[10] Goodwin W. Federal Health Care Reform Legislation Establishes Consumer Protections, Health Insurance Exchanges [J]. North Carolina Medical Journal, 2010 (03).

[11] 周学东. 国际金融消费者保护制度改革动态及启示 [J]. 中国金融, 2011 (11).

[12] 李伟群, 解学文. 全力保护投保人利益增强公众对保险业信心 [N]. 中国保险报, 2010-08-25.

[13] Akinbami F. Financial Services and Consumer Protection after The Crisis [J]. International Journal of Bank Marketing, 2011, (09).

[14] 张领伟. 消费者权益保护制度的顶层设计 [J]. 中国金融, 2012 (07).

[15] Lester R. Consumer Protection Insurance [J]. The International Bank for Reconstruction and Development, 2009 (08).

[16] 郑伟. 保险消费者权益保护: 机制框架、国际经验与政策建议 [J]. 保险研究, 2012 (03).

[17] 吴定富. 正确把握保险业面临的新形势, 促进保险业平稳较快发展 [J]. 保险研究, 2011 (01).

[18] 王宪章. 加强保险行业自律把《若干建议》要求落到实处 [J]. 中国金融, 2006 (15).

[19] 杨晶. 保险行业协会自律监管法律问题研究 [J]. 法制与社会, 2009 (11).

[20] 金坚强. 行业自律是保险业健康发展的必然要求 [J]. 中国金融，2010 (11).
[21] 高蕙. 加强保险行业组织自律管理完善保险行业协会自身建设 [J]. 经济研究导刊，2013 (03).
[22] 熊安友. 浅谈保险行业自律体系的构建 [N]. 中国保险报，2009-12-23.
[23] 孙树垒，路晓伟. 财产保险行业自律公约约束机制与实施对策 [J]. 保险职业学院学报，2010 (02).
[24] 吕云强. 改进《保险行业自律公约》的几点想法 [N]. 中国保险报，2010-08-18.
[25] 徐东阳，钱敏. 我国保险消费者权益保护的几点思考 [N]. 中国保险报，2012-02-16.

第十一章 保险业投融资与资产管理

学习目的

通过对本章的学习，了解保险业的投融资和资产管理中的相关概念，包括投资组合、融资和保险资产管理，以及投资组合策略和投资风险的国内外研究状况。熟悉该领域研究中所涉及的工具，如：VaR 方法、DFA 模型、CPPI 的内容以及在研究中的使用方法和原理，并对保险业的投融资研究领域的工具使用过程和研究结果进行分析。同时，通过对研究结果的分析和梳理，掌握保险业的投资渠道、可能存在的投资风险、保险资产管理和保险资产负债管理策略。此外，运用保险业的投融资和资产管理的相关理论，对实际操作中的案例进行分析，并思考为降低保险投资领域风险，所涉及主体应该采取的决策与举措。

引言

保险投资指保险企业在组织经济补偿过程中，将积聚的各种保险资金加以运用，使资金增值的活动。保险投资原则是保险投资的依据，寿险业投资有五大原则，即安全性、最高的实际收益率、部分资金投资于能迅速变现的证券、另一部分资金可投资于不能迅速变现的证券以及投资应有利于寿险事业的发展。

1980 年是我国保险业恢复初期，业务规模小，投资需求也不高，保险公司也没有资金运用自主选择权，所以我国的保险资金在当时可以说只有一个投资渠道——银行存款。而随着中国保险行业的逐步发展和开放，保险公司投资的选择范围已经扩大到金融的各个方面。可以说保险如今与投资是紧密相连、密不可分，有保险的地方就有投资。为什么保险和投资的关系现在变得如此紧密？正是因为经济的发展，使得保险业所持有的资金越来越庞大，为了规避大量资金的贬值等资金风险，于是保险公司将大量的资金投资到股票、债券、基金等金融产品中去，这样就加大了资金的利用率，为保险公司带来额外的收入。现如今，保险公司的投资已经成为金融市场中一支庞大的力量。

我国资本市场发展、保险投资渠道拓宽使保险公司也有更多的投资选择权，但是资本市场的不稳定性与保险投资风险管理缺失使保险资金面临的风险也越来越大。保险投资风险不仅包括一般性的投资风险，例如市场风险、利率风险、操作风险等，还包括由于保险资金自身负债性所带来的特有的投资风险。有投资就有风险，而保险公司的投资则更应该注重风险，如果投资失误则很有可能影响到承保人和保险业本身的发展。所以我们必须要制定出安全与收益兼得的投资策略。纵观国内外，保险公司主要还是将大部分资金投资到银行存款、债券等安全性很高的金融产品中。截至2010年8月，我国保险资金运用余额达到4.3万亿元，其中银行存款占29.7%、债券投资占50.5%、权益类资产占16.9%、其他投资占2.9%。因此，保险公司应该建立健全投资策略、完善资金运用结构、提高投资管理人员的水平、加大对投资的监管，让保险业的投资健康稳定的发展。

知识回顾

一、基本概念

（一）投资组合

投资指的是用某种有价值的资产（包括资金、人力、知识产权等）投入到某个企业、项目或经济活动中，以获取经济回报的商业行为或过程。投资可分为实物投资、资本投资和证券投资。投资组合（Portfolio）是由投资人或金融机构所持有的股票、债券、衍生金融产品等组成的集合，其目的在于分散风险。

（二）融资

融资，指为支付超过现金的购货款而采取的货币交易手段，或为取得资产而集资所采取的货币手段。融资通常是指货币资金的持有者和需求者之间，直接或间接地进行资金融通的活动。广义的融资是指资金在持有者之间流动，实现以余补缺的一种经济行为，这种资金双向互动的过程包括资金的融入（资金的来源）和融出（资金的运用）。而狭义的融资只指资金的融入。

（三）资产管理

资产管理可以定义为机构投资者所收集的资产被投资于资本市场的实际过程。虽然在概念上这两方面经常纠缠在一起，但事实上从法律角度来看，资产管理者可以是、也可以不是机构投资者的一部分。实际上，资产管理可以是机构的内部事务，也可以是外部的。因此，资产管理是指委托人将自己的资产交给受托人，由受托人为委托人提供理财服务的行为，是金融机构代理客户资产在金融市场进行投资，为客户获取投资收益。在国内资产管理又称作代客理财。

二、统计工具

（一）VaR 方法

VaR（Value at Risk）一般被称为“风险价值”或“在险价值”，指在一定的置信水平下，某一金融资产（或证券组合）在未来特定的一段时间内的最大可能损失。

VaR 模型通常假设如下：市场有效性假设；市场波动是随机的，不存在自相关。一般来说，利用数学模型定量分析社会经济现象，都必须遵循其假设条件，特别是对于中国金融业来说，由于市场尚需规范，政府干预行为较为严重，不能完全满足强有效性和市场波动的随机性假设，在利用 VaR 模型时，只能近似地正态处理。

从目前来看，主要采用三种方法计算 VaR 值：历史模拟法（Historical Simulation Method）；方差—协方差法；蒙特卡罗模拟法（Monte Carlo Simulation）。

（1）历史模拟法：是借助于计算过去一段时间内的资产组合风险收益的频度分布，通过找到历史上一段时间内的平均收益，以及在既定置信水平 α 下的最低收益率，计算资产组合的 VaR 值。

（2）方差—协方差法：同样是运用历史资料，计算资产组合的 VaR 值。其基本思路为：首先，利用历史数据计算资产组合收益的方差、标准差、协方差；其次，假定资产组合收益是正态分布，可求出在一定置信水平下，反映了分布偏离均值程度的临界值；最后，建立与风险损失的联系，推导 VaR 值。

（3）蒙特卡罗模拟法：除了历史模拟法和方差—协方差法外，对于计算资产组合的 VaR 的方法还有更为复杂的蒙特卡罗模拟法。它是基于历史数据和既定分布假定的参数特征，借助随机产生的方法模拟出大量的资产组合收益的数值，再计算 VaR 值。

VaR 模型在金融风险管理中的应用越来越广泛，特别是随着 VaR 模型的不断改进，不但可以应用于金融机构的市场风险、使用风险的定量研究，而且 VaR 模型可以与线性规划模型（Linear Programming Model，LPM）和非线性规划模型（Non - Linear Programming Model，ULPM）等规划模型论有机地结合起来，是确定金融机构市场风险等的最佳定量分析法，以利于金融机构对潜在风险控制进行最优决策。

对于 VaR 在国外的应用，正如文中引言指出，巴塞尔委员会要求有条件的银行将 VaR 值结合银行内部模型，计算适应市场风险要求的资本数额；20 国集团（Group 20，G20）建议用 VaR 来衡量衍生工具的市场风险，并且认为 VaR 是市场风险测量和控制的最佳方法；美国证券交易委员会（Securities and Exchange Commission，SEC）也要求美国公司采用 VaR 模型作为三种可行的披露其衍生交易活动信息的方法之一。这表明不但金融机构内部越来越多地采用 VaR 评判金融机构本身的金融风险，同时，越来越多的督管机构也用 VaR 方法作为评判金融机构风险大小的方法。

国内较多的学者已经将 VaR 模型应用于保险公司的投资策略的研究上，并取得了一些成果。例如赵武、王定成、曾勇（2011）的文章假设股票价格服从指数（Lévy）过程，保险公司采用混合投资策略，同时索赔额服从重尾分布，在此基础上对保险公司的总资产过程进行建模，利用 VaR 方法建立了保险公司的最大风险承受能力与最优投资比例之间的关系。

（二）DFA 模型

DFA 是一种整体性的财务建模方法，它通过对公司未来生存环境和营运结果进行模拟，显示公司营运结果如何受外部环境变动和内部战略决策变动的影响。这种动态财务分析方法是一种整体的区别于静态的、传统的财务比率分析的财务管理方法，体现了“随机性”、“动态性”的思想，能够随机模拟不确定性环境下公司的资产、负债及未来的经营成果。

在现实经济生活，尤其是瞬息万变的金融市场中直接进行实验，或者是不可能的、或者是得不偿失的，而根据实际问题建立模型，并利用模型进行试验，比较不同后果，选择可行方案，不失为有效的代用方法。目前，有两种模型方法在动态财务分析模型中运用广泛，即“情景分析”和“随机模拟”。在情景分析方法中，许多可能出现的“特殊的情景”被预先选取出来，然后再进一步分析在上述情景下，企业财务状况的后果如何。而随机模拟方法则基于随机数理模型，并以此反映诸如利率、证券价值、生存率、或损失频率和损失程度等因素的不确定性。随机模拟方法会根据动态财务分析模型中关键变量的分布状况，随机取值并用以计算出许多可能的结果，然后对整个结果的分布状态进行分析。

DFA 模型的构建步骤分为以下六步：

1. 确定目标

动态财务分析的第一步是由公司董事会明确公司的目的、经营目标、约束条件和风险容忍程度，从而确定评价各种战略方案优劣的标准。

2. 收集数据

DFA 需要大量有关公司主要风险的可靠数据，并使这些数据随时可以被提取，因为 DFA 分析的质量依赖于所使用数据的质量。

3. 模型参数化

模型参数化是对模型中的随机因素进行假定。用于模拟经济变量的模型，通常由时间序列的回归分析得出，或者已经被普遍接受。

4. 生成模型结果

这一步主要是上机操作。当然，使用者必须理解 DFA 所使用的模拟技术及其缺陷所在。

5. 分析模型结果

DFA 可以依据公认会计准则、监理会计准则、税收基础和经济价值基础，分别生成财务报表。

6. 敏感度测试

敏感度测试是为了验证模型的结论并非是某一随意的假设，或随意取出的某一组情景。敏感度测试的做法是固定其他变量，每次只变动一个变量的数值，测试该变量对目标值的影响程度。

我国学者刘璐、金素（2010）为了减少保险公司经营过程中资产负债价值的异常波动，选择动态财务分析模型（DFA）作为保险公司的资产负债管理方法。DFA 不仅能模拟保险公司的经营过程，而且能为保险公司提供有效的经营策略并预测财务风险。通过将影响保险公司盈余过程的变量分为不可控变量和可控变量，以期望盈余最大化为目标函数，构建了保险公司动态财务分析模型，并对模型变量和模型的应用领域进行理论分析，为保险公司更好地发展提供了理论与实践基础。

（三）CPPI

CPPI 即固定比例投资组合保险策略（Constant Proportation Portfolio Insurance，CPPI）或称常数比例投资组合保险策略、CPPI 策略。

布莱克（Black）、琼斯（Jones）（1987）提出了固定比例投资组合保险策略，让投资者根据个人对资产报酬的要求和对风险的承受能力设定适合于自己的投资组合保险。整个投资组合包括主动性资产（Active Asset）和保留性资产（Reserved Asset）。两类资产中较高风险并且预期回报较高的为主动性资产，较低风险且低回报的则为保留性资产。因此一种资产可能在某些情况下是主动性资产，但在某些情况下则变成保留性资产。在股票和无风险资产的例子中，主动性资产指的就是股票，而保留性资产则是无风险资产。

CPPI 的主要思想是投资者在时刻 t 根据自己的风险偏好为投资组合价值 Vt 设定一个可以接受的底线 Ft，计算组合超过底线的缓冲值 Ct（满足 $Ct=Vt-Ft$），从而确定出组合投资于风险资产的风险暴露 Et（满足 $Et=mCt$，m 是预先设定的数），其中 Ft 和 m 可以根据投资者的风险偏好进行调整，对模型而言它们是外生变量，然后再将组合中的剩余资产投资于无风险资产，在不同时点上重复上面的策略，投资者即可以根据组合价值的变化完成对组合的风险暴露的调整，使得缓冲市值随着组合市值的增加而增加，减少而减少，进而达到分享上涨和保险的目的。

CPPI 比较适用于我国金融产品的投资保险目的，而在国内关于这方面确实也作了一定的研究。何涛（2008）讨论了在离散时刻对投资组合进行调整的 CPPI 策略，并对其进行了风险分析；在此基础上，文章又以中国市场为例进行投资分析，它以沪深 300 指数为标的，将银行存款视作无风险资产，无风险利率为银行一年期定期存款利率，选取不同时间段应用 CPPI 策略进行投资。

案例呈现

12 家保险公司投资房地产

《证券日报》保险周刊也从各家保险公司最新披露的年度信息中获悉，除了前几家常见诸报端的大型保险公司外，很多中小险企资产负债表中也明确出现“投资房地产”这项指标。据不完全统计，116 家保险公司中，明确列出此项指标的公司共有 12 家，资产额共计 184.45 亿元。显然，险资进入地产行业的资金量要大于这个数字，因为诸如中国人寿、太保这样的投资大户，都将这部分资产隐入其他资产、在建工程等项下。

中国人寿保险股份有限公司（简称国寿）官方网站挂出一则公告称：“本公司宁波市分公司与中国人寿财产保险股份有限公司（以下简称“财产险公司”）宁波市分公司一同以人民币 920 461 815 元的总价购置宁波三宝世纪大楼（原暂定名为“三宝国际金融大楼”）。三宝世纪大楼系由宁波靖合房地产开发有限公司（以下简称“宁波靖合”）在位于宁波市灵桥路以西、狮子街以东、药行街以南、君子街以北、面积为 5352 平方米的地块上建设的钢混结构办公用房。三宝世纪大楼建筑面积共 37 569.87 平方米，本公司宁波市分公司以人民币 774 161 535 元购置其中的 31 598.43 平方米（占总销售面积的 84.11%），财产险公司宁波市分公司以人民币 146 300 280 元购置其中的 5971.44 平方米（占总销售面积的 15.89%）。”

国寿涉水地产之深是行业内有目共睹的，公司还专门设有国寿地产，专门从事地产项目的投资。如今，具体的工作已经延伸到地方分公司，可见国寿的热情之高。

与此同时，记者也从太平集团内部人士了解到太平集团在北京金融街的太平金融大厦正在筹备投资房地产。但这一消息发稿前尚未得到太平集团方面的官方确认。

自 2010 年险资进军商业地产正式放开后，各家保险公司频繁有所动作。

比如，2010 年年底，中国人寿四川省分公司将成都市天府大道北段 966 号园区 5 号楼收入囊中，都邦财产保险股份有限公司、和谐健康保险股份有限公司和标准投资集团有限公司组成的联合体以 25.2 亿元夺得北京中服地块中的 6 块地的 Z5 地块，等等。

12 家险企投资房地产远不止 184 亿元

这反映到公司的财务报表中，最直接的是“投资房地产”，但是记者在保险公司已公布的年度信息中发现，大多数保险公司的资产负债表中并没有这一直观的指标，或者资产额为 0，除了以下 12 家公司：

平安人寿“投资房地产”57.76 亿元，同比增长 44.8%；泰康人寿“投资房地产”

20.58亿元；平安财险“投资房地产”19.36亿元，同比增长20.4%；人保财险“投资房地产”15.77亿元，同比增长123%；合众人寿“投资房地产”6.37亿元；新华人寿“投资房地产”5.13亿元；华泰财险“投资房地产”4.97亿元，同比下降3.1%。民生人寿“投资房地产”3.40亿元，同比下降2.5%。太平人寿“投资房地产”1.34亿元，同比增长4.9%。华安财险“投资房地产”4877.6万元，同比增长4.9%。大众保险“投资房地产”1124.85万元，同比下降5.4%。国寿集团“投资房地产”49.49亿元，同比下降1.5%。

但是，即使是公布了“投资房地产”科目的保险公司，这一项下的数字显然也不是公司投资地产的总投资额。

实际上，保险公司投资地产会根据保险公司不同用途划分到固定资产、在建工程、其他资产等科目下，甚至这些划分带有很强的主观性。我们注意到，中国人寿2010年固定资产、在建工程、其他资产三项共计219.11亿元，其中固定资产增长22.11%，在建工程下降41.18%；其他资产增长16.2%。业内某资深从业人士分析：“保险公司最大的固定资产不就是办公楼吗?”

资料来源：根据 http://insurance.jrj.com.cn/2011/05/1204519945554.shtml；
金融界新闻等材料综合整理。

理论分析

复杂多变的市场环境要求保险公司抓住发展机遇，不断迎接挑战。目前保险市场的竞争异常激烈，作为保险公司主要收入来源的承保业务近年来不断下滑，保险公司寻找新的盈利点迫在眉睫。保险资金运用作为保险公司的又一利润源泉，正不断受到重视，特别是近年来保险资金运用渠道的不断拓宽和投资环境的改善，更是给我国保险市场的蓬勃发展带来了良好的契机。

面对这样的市场局势背景，保险公司如何在风云变幻的金融市场坚守阵地是巨大的挑战，拓宽投资渠道成为获得新的利润源泉的重要手段。本章将针对保险公司盈利新领域投资进行分析总结，对保险与资产管理的关系进行梳理总结，最终实现保险与投资、资产管理三者的有机联系。

一、保险与投资

面对承保业务利润能力不断下降的局面，保险公司应通过更多途径获取利润，而保险资金的投资使用将是未来保险公司发展成长的新引擎。投资，对于保险资金而言，不仅要考虑投资收益和投资风险，还要时刻关注其背后承担的承保风险。保险与投资之间怎样牵线，不仅仅是保险公司自身发展关注的问题，更是在不完全的市场经济中对风险分散效用的改善。

（一）投资渠道

在1995年颁布《中华人民共和国保险法》初期，其对保险资金投资渠道进行了严格的限制，资金的运用被局限于银行存款、国债，投资渠道十分狭窄，投资效率十分低下，严重影响了保险行业的发展[1]。1998年10月20日，保险公司被获准进入全国同业拆借市场从事债券买卖；1999年10月26日，国务院批准保险公司通过证券投资基金间接进入证券市场；2004年2月批准保险公司直接入市。随着资产规模的不断扩大、体制改革的不断推进和运用渠道的逐步拓宽，保险资金被投资于债券、股票、基金等金融市场。特别是入市十年来，我国保险业总资产由2001年的4591亿元猛增至2011年6月末的5.75万亿元，增长了11倍有余，资金运用渠道亦大为拓宽。

我们将保险投资渠道分为五大类来进行探讨：银行存款、固定收益市场投资、权益市场投资、境外市场投资、另类市场投资。

银行存款的优点就是流动性强，安全性非常高，但银行存款的收益率非常低，所以不能将其作为主要的投资增值渠道。在我国早期，银行存款在投资中占有很高的比重，直到现在它也是保险资金的主要投资方式。据统计，2011年银行存款所占比例为32.7%[2]。赵郑然（2010）指出，基于我国国情，目前我国银行存款比例偏高，其在投资中的比例应该为10%~15%[3]。固定收益市场投资包括：国债、企业债、金融债。债券作为社会各类经济主体向社会筹措资金的方式，其利率一般高于银行存款，因而投资收益率也高于银行存款。保险资产结构实现战略性转变后，保险资金运用中债券的投资比例已经超过银行存款，保险机构也已经成为债券市场上仅次于银行的第二大机构投资者。孙青霞、杜月红（2002）认为我国保险资金债券投资比例相对于国外来说是偏高的[4]。权益市场投资包括：基金和股票。在投资过程中，基金的风险小于股票，大于债券，而收益却是小于股票但大于债券，因而权益市场的投资收益率较高，风险也较高。为使收益率最大化，吴韧强（2008）认为我国应该开辟新的投资渠道——对冲基金，相比传统投资领域，对冲基金投资手段更灵活、收益更高、风险更低[5]。王绽蕾、杜恒峰（2008）结合当前我国实际情况，阐述了发展私募股权基金的有利条件以及限制性因素，并提出发展私募股权基金的建议[6]。境外市场投资包括：香港H股和红筹股等。我国国内的保险企业不应该将资金局限于国内，应该加大对海外的投资力度，以寻求海外的广阔资金。另类投资市场包括：以股权和债券形式投资基础设施建设等方面。这一投资的特点是投资大、收益长期稳定、管理简单，往往还能获得政府的支持并有良好的公众形象，能较好地满足保险基金使用周期长、回报要求稳定的特点。方立雄（2007）提出了一些新的投资渠道，如：创业投资，保险证券化等[7]。

(二) 投资组合策略

随着保险事业的发展，保险资金的积累越来越多，为了增值和弥补承保费用的不足，我们将利用保险资金进行投资。面对如今各种投资渠道，如何将有限的资金通过各种投资组合以达到收益最大化显然已成为国内外研究人员关注的焦点。

1. 国外研究状况

从投资组合研究的历史来看，马科维茨（Markowitz，1952）第一次从风险投资的收益率和风险之间的关系来分析讨论了最优资产组合[8]。这篇文章是“资产组合”的开山之作。费歇尔·布莱克（Fisher Black）和迈伦·斯科尔斯（Myron Seholes）（1973）用连续调整股票与无风险债券在资产组合中的占比来复制期权，从而为期权定价[9]。鲁宾斯坦（Rubinstein）和海恩斯·利兰（Hayne E. Leland）（1981）在期权定价方法的基础上通过调整各种风险资金和非风险资金的比例，使投资组合具有较高的保险功能[10]。拉姆·坦南特（Lamm Tennant J.）（1989）提出，控制保险企业的“系统风险”最重要的是控制“利率风险”，公司应该采取资产负债匹配管理的方法[11]。哈里斯顿（Harrigton S.E.）、J.M.纳尔逊（J.M.Nelson）（1986）认为保险公司的资本结构是影响投资风险的一个重要因素，他们定量地分析了资本结构和风险的相关性[12]。

2. 国内研究现状

国内这方面的研究不像国外起步那么早，在很多方面都还落后于国外，但我们在这方面同样也做了许多组合策略相关的研究。张祖荣（2008）在保险资金的安全性、流动性和收益性等约束条件的基础上，深入研究了保险资金运用的策略选择[13]。丁秀英和蒋晓全（2008）在中国2003—2007年的证券交易市场大熊市和大牛市的时间段内对固定组合策略（Constant Mixtactics，CM），固定比例投资组合保险策略（Constant Proportation Portfolio Insurance，CPPI），时间不变性投资组合保险策略（Tirne Invaniant Portfolio Protection，TIPP）策略进行了经验分析，得出CPPI策略优于TIPP和CM策略；在市场价格上涨时期，CPPI策略优于TIPP或CM策略；在市场价格下跌时期，TIPP策略优于CPPI或CM策略[14]。王丽珍、李静（2011）结合了当前金融风险管理的主流方法，建立了同时考虑保费收取与赔付支出、破产概率、VaR限额的风险调整资产收益（Risk Adjusted Retum on Capital，RAROC）最大化模型，得到了最优的投资策略，以弥补当前典型的保险基金投资策略模型的不足[15]。赵武、王定成、曾勇（2011）假设在全部保险资产投资于股票市场和无风险债券市场的情况下，利用VaR方法建立最大风险承受能力和最优投资比例之间的关系，并利用破产理论得出近似最优解[16]。

(三) 投资风险

保险资金于不同的投资市场中将面临不同的风险，并且随着我国保险市场的投资渠道的不断拓宽、对外开放的进程不断加深、国际化的风险传播，种种原因促使我国资本市场越发不稳定，保险投资面临的风险不断加深。如何对保险公司资金进行有效运用是我国保险理论界一直都在研究的一项重要课题，而对投资风险的研究更是业内学者关注的焦点。

保险业投资风险研究是从保险公司关注投资风险对自身业务的影响开始的，并逐渐演化到从投资策略、投资法规等角度展开讨论。哈里斯顿（Harrington）、纳尔逊（Nelson）（1986）从保险公司资本结构与投资风险关系的角度分析投资风险与资本结构的相关性，认为保险公司投资资金中负债比重与投资风险负相关，并指出资本结构是投资风险的一个重要影响因素[17]。日内瓦协会系统性风险工作组（The Geneva Association Systemic Risk Working Group，2010）在全球经济危机的背景下，从风险的角度，认为保险业同银行业一样都需要严格监督和系统性的风险管理，并采用金融稳定理事会（Financial Stability Board，FSB）的标准进行系统性的风险防控，并最终通过各种实证提出了一套缩小目前银行与保险投资差距的方法[18]。郭祥、李晨（2012）基于风险管理结构视角的投资策略进行了理论分析，并定义了最优保险投资策略，进而分析风险管理结构、责任准备金制定对最优保险投资策略的内在影响机制[19]。吴威（2011）在保障性住房资金难的背景下，结合保险资金的性质与特点，从三个方面阐述保险资金投资保障性住房过程中，应该重点关注的投资风险管理问题[20]。陆爱勤（2007）认为现阶段我国的保险投资总体上属于初级阶段，可以充分借鉴国外发达资本市场的成功经验，最大限度规避风险，并提出有效规避投资风险的策略选择[21]。

保险投资风险分析方面，更加切实有效的投资风险模型和系统研究方法不断出现在研究者的视野中，不少学者采用不同的动态模型模拟方法进行保险投资风险分析。弗罗斯特（Frost，1983）在假设保险公司期望效用函数为二次函数的情况下，从基于组合投资理论的角度出发，对保险投资进行定量分析研究[22]。鲁宾斯坦、海恩斯·利兰（Rubinstein，Hayne E. Leland，1981）利用期权定价方法，动态调整无风险资产与投资组合内各种风险资产的相对比例，实现使投资组合具有跟欧式卖权完全一致的保险功能[23]。对于保险公司的风险量化，破产概率被众多学者用来作为保险公司的风险度量。格柏（Gerber，1997）通过对保险公司的盈余使用随机过程建模，利用了鞅方法和更新方法得到了破产概率的指数型上界[24]。国内学者也对保险投资风险进行了大量的研究。田玲、张岳（2010）利用广义自回归条件异方差（Generdized Autoreyressive Conditional Heteroskedasticity，GARCH）模型初步讨论了保险公司投资风险的经济资本度量方法并利用一个保险公司的实例进行实证分析，说明如何进行保险投资风险经济资本评估，最终得出利用经济资本可以优化保险公司的资本配置的结论[25]。赵武、王定成、曾勇（2011）通过假设保险公司在 Black-Sholes 型的市场上进行投资，并且假设股票价格服从指数 Lévy 过程，在此基础上利用 VaR 方法建立了保险公司的最大风险承受能力与最优投资比例之间的关系[26]。

众所周知，一个成功的保险公司运营，不仅仅是其保险业务的发展壮大，更是其投资业务的成长。保险公司的投资渠道、投资组合策略和投资风险，构成保险投资不可或缺的完整系统，而这一完整投资过程与保险公司的资产管理密不可分。

二、保险资产管理

（一）保险资产管理

保险公司的投资与资本市场的发展有着密切的关系，现代保险公司已成为经营承保与资产管理两大基本业务的综合性金融企业。保险公司在资产获利性的驱动下进行一系列的资产管理活动，资产管理一般包括一般账户、独立账户和第三方管理资产。资产管理对保险公司的经营发展至关重要，通过适当的资产管理，能够降低保险公司的财务风险，从而提高偿付能力。

保险资产管理，业内学者从宏观把控的角度出发，或从风险分析，或从国内外保险资产管理对比等提出了一些宏观建议。徐为山、王宝舟（2003）从宏观的角度出发，先就保险公司资产管理进行内容性的介绍，接着通过国内外总结得出保险公司资产管理的发展趋势，并提出我国保险公司发展资产管理事业的建议[27]。佟德庆、刘蓉（2002）在分析保险公司资产管理面临的风险基础上，分析概括保险公司资产管理的目的和办法并解析了其主要内容，最后实现了对影响我国保险公司资产管理水平及其环境的分析[28]。

除上述宏观角度的保险资产管理研究建议外，区别于传统债券、股票等公开交易品种的另类资产（私募股权、不动产、绝对收益等）在中国市场刚起步，保险对另类资产的发展需要提上日程。目前关于保险另类资产管理的研究相对稀缺。吴晓蕾、温骊骊（2010）就另类资产管理的相关理论进行整理后，分析了其在机构投资者资产配置中的作用及其现状以及另类资产的投资管理特性及对管理体制的要求，并在此基础上，提出保险业另类资产管理体制的现实选择，从业务战略、组织机构、治理结构和约束激励等四方面对构建具有竞争力的保险业另类资产管理体制提出建议[29]。

保险资产管理公司是专门管理保险资金的金融机构，主要业务是接受保险公司委托管理保险基金，目标是使保险基金保值、增值。颜韬（2011）从我国国情出发，针对“十二五”期间国际国内资本市场环境分析保险资产管理公司的发展挑战与发展方向，提出深化保险资金运用体制改革，对推进保险资金专业化、规范化、市场化运作具有重要意义[30]。方秋霞（2008）则从风险的角度，对保险资产管理的公司在强化保险资金运用过程中的风险管理进行分析，并提出完善资产管理政策方面的建议[31]。

（二）保险资产负债管理策略

资产负债管理最初起源于西方商业银行，是随着商业银行业务发展和金融工具创新而不断发展完善的，其发展大体经历了从资产管理理论到负债管理理论，再到资产负债管理理论的发展过程。（图 11-1 为资产负债管理理论发展进程图）

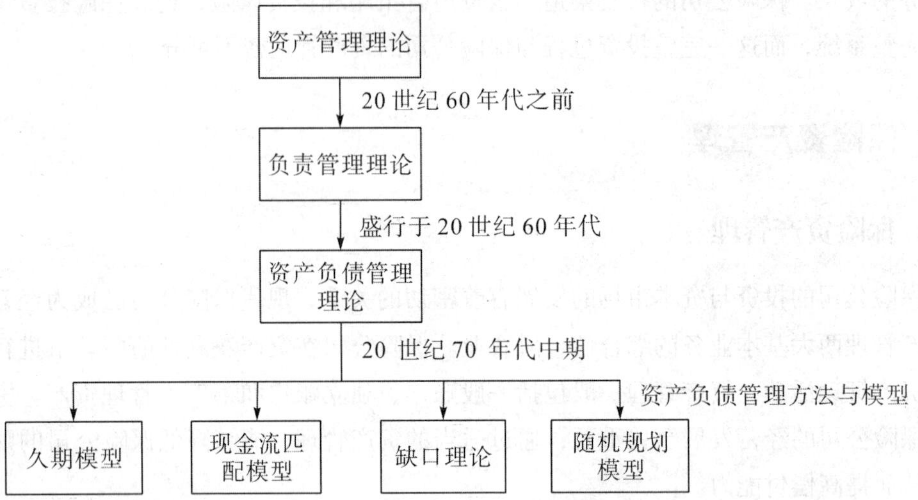

图 11-1　资产负债管理理论发展进程

资产负债管理理论的资产负债管理（Asset and Liability Management，ALM）的主体大多为保险公司、银行和养老基金。在对经济走势和金融市场进行预测的基础上，一方面保持资金的适当流动性；另一方面努力使收益与成本之间出现并保持最大差额，从而实现资产与负债之间的最佳组合。保险公司作为现代金融体系的重要组成部分，加强保险公司的资产负责管理，不仅有利于其本身的发展，也有利于整个金融市场的有序蓬勃发展。

针对保险公司的资产负债管理，部分学者主要从投资、发展的角度出发进行了大量分析。田君、陈伟忠（2005）提出目前我国保险资金投资存在的主要问题，并最终对运用资产负债管理改善我国保险投资现状提出了建议[32]。李薛青、郑泽华（2005）同样从宏观角度，针对我国目前的保险负债管理发展现状，提出我国保险业实行资产负债的必要性，对我国保险企业资产负债管理组织体系的构建提出了相关建议[33]。卓宇（2009）提出一种基于资产负债管理的保险集团资源整合框架，并从具体企业出发，综合分析提出基于资产负债管理理论的保险集团资源整合具体途径，以及监管层面的监管建议[34]。霍联宏（2010）则从战略的角度提出保险公司资产负债管理所面临的挑战，并分析国际保险公司资产负债管理的现状，以太保资产负债管理为例进行实践探索[35]。

除上述大部分学者从战略宏观角度进行保险公司资产负债管理研究以外，许多学者也从微观角度比如风险等方面进行研究。王楠、拉塞尔·杰拉德（Nan Wang、Russell Gerrard，2004）在一个复杂利率过程的假设下，进行了对寿险公司保费定价及相关风险的研究[36]。G. 赞加雷蒂、F. 科科（G. Zanghirati、F. Cocco，2000）则认为资产负债管理模型是银行、保险公司等金融机构对预期收入进行有效控制的有力工具[37]。卡罗尔·伯纳德、奥利维尔·勒·库尔图瓦（Carole Bernard、Olivier Le Courtois，2005）从利率的角度，对随机利率风险下的寿险保单进行了估值，并提出自己的建议[38]。我国学者房海滨、王春峰（2007）利用利率期限结构模型以及利率风险完全免疫模型，建立了基于利率风险的久期缺口免疫模型，在此基础上使用保险公司实际资产负债数据对模型效果进行了检验[39]。刘璐、金素（2010）在理论模型构建的基础上，运用DFA模型构建了保险公司动态财务分析模型，并对模型变量和模型的应用领域进行理论分析[40]。

纵观保险与投融资及资本管理的研究，我们发现在资本市场的统一宏观发展背景下，三者紧密联系、相辅相成。现阶段的研究主要是从局部出发，或是保险与投资，又或是投资风险、资产管理等，少有文献从一个全局把握角度出发，将保险与投资、资产管理融合为一个整体进行分析研究，这也为未来保险研究提出一个新的发展点。保险资金运用渠道的不断拓宽和投资环境的改善给我国保险市场的蓬勃发展带来了良好的契机。只有不断深化研究，根据时代变换转换新的思想，不断创新，才能使作为金融市场重要组成部分的保险业在风云变幻的市场青春常驻。

延伸阅读：中国4家保险资产公司投资京沪高铁计划

2008年6月20日，中国保监会批准了平安资产、太平洋资产、泰康资产和太平资产4家保险资产公司共同发起设立的“京沪高铁股权投资计划”。该计划将募集资金160亿元人民币，投资京沪高速铁路股份有限公司股权。

据悉，在这一投资计划中，平安资产、太平洋资产、泰康资产和太平资产作为发起人，中国平安人寿、中国太平洋人寿、泰康人寿、太平人寿作为委托人（受益人），中国再保险集团、中意人寿和中国人民财产保险股份作为参与认购人和受益人，中国建设银行作为托管人，国家开发银行作为独立监督人。保监会认为，上述配置基本符合《保险资金间接投资基础设施项目试点管理办法》的规定。

保监会要求平安资产及各方当事人严格遵守国家法律法规，确保股权投资计划运作和有关协议合法合规，切实防范信用风险、操作风险、道德风险和法律风险，严禁发生利益输送、商业贿赂等违法违规行为。同时，定期不定期地向保监会报告投资计划运作情况和重大事件，准确披露投资计划管理信息，不得存在虚假记载、误导性陈述或重大遗漏。

2007年12月27日，京沪高速铁路股份有限公司在京成立，正式运作京沪高铁项目，并对资金筹措、工程建设、生产经营、还本付息以及资产保值增值全过程全面负责。

资料来源：根据http://news.163.com/08/0621/04/4EUGA4IO0001124J.html；
网易新闻等材料综合整理。

问题与思考

我国保险市场的竞争日益激烈，因此保险公司通过保险资金运用并创造收益显得十分必要。在当今各国保险市场上，如果说提供保险保障和开展保险业务是保险公司产生和生存的基础，那么保险资金投资则是保险公司生存、发展和壮大的重要保证。因此，保险资金投资不仅构成了许多国家保险公司管理与运作中的重要内容，在发达国家的保险公司中占据了与保险承保业务同等重要的位置，而且对各国的资本市场乃至整个经济的发展有着十分重要的影响。可以断言，在开放条件下，任何保险公司要想在保险市场上求得生存与发展，都必须高度重视投资。那么，如何有效地利用保险基金进行投资；并在投资时降低风险，使得保险资金投资安全性和收益性最大化；成为关系我国保险业生存与发展的关键问题。

问题 1：

保险投资所存在的风险有哪些？

问题 2：

如何做到有效地预测并降低投资风险？

问题 3：

我国保监会在保险投资领域有哪些不足？如何改进？

参考文献

[1] 郭林林. 我国保险资金运用的历史追踪及现状分析 [J]. 金融与经济，2012 (11).
[2] 袁林. 我国保险资金运用现状与对策 [J]. 河北金融，2012 (12).
[3] 赵郑然. 浅析我国保险投资渠道 [J]. 商场现代化，2010 (32).
[4] 孙青霞，杜月红. 借鉴国外保险资金运用经验提高我国保险资金运用效益 [J]. 生产力研究，2002 (04).
[5] 吴韧强. 保险公司投资新渠道——对冲基金 [J]. 保险研究，2008 (08).
[6] 王绽蕾，杜恒峰. 保险资金运用的新途径：私募股权基金 [J]. 财经科学，2008 (09).
[7] 方立雄. 我国保险投资现状及新投资渠道探讨 [J]. 经济纵横，2007 (22).

[8] Harry Markowitz. Portfolio Selection [J]. Journal of Finance, 1952 (1).
[9] Fisher. Black, Myron. Seholes. The Prieing of Options and Corporate Liabilities [J]. Journal of PolitiealEconmy, 1973.
[10] Rubinstein. Mark, Hayne E. Leland. Replieating Options with PositionsIn Stock and Cash [J]. Finaneial Analysts Journal, 1981.
[11] Lamm Tennant J. Asset/Liability Management for the LifeInsurers: Situation Analysis and Strategy For mulation. Journal of Risk and Insurance, 1989.
[12] Harrigton S E and J M Nelson, A Regression-based Methodology for Solvency Surveillance in the ProPerty - Liability Insurance Industry. Journal of Risk and Insurance 53, 1986.
[13] 张祖荣. 保险资金运用的条件约束与策略选择探讨 [J]. 现代财经 (天津财经大学学报), 2008 (11).
[14] 丁秀英, 蒋晓全. 动态投资组合保险策略绩效经验研究 [J]. 统计与决策, 2008 (01).
[15] 王丽珍, 李静. 基于 RAROC 的保险基金投资策略研究 [J]. 保险研究, 2011 (05).
[16] 赵武, 王定成, 曾勇. 基于 VaR 风险约束下保险公司的最优混合投资策略 [J]. 统计与决策, 2011 (12).
[17] Harrington S. E, J. M. Nelson. A Regression-based Methodology for Solvency Surveillance in the Proper-ty-Liability Insurance Industry [J]. Journal of Risk and Insurance, 1986 (53).
[18] The Geneva Association Systemic Risk Working Group. Systemic Risk In Insurance: An Analysis Of Insurance And Financial Stability. The Geneva Association, 2010.
[19] 郭祥, 李晨. 基于风险管理结构视角的保险投资策略研究 [J]. 保险研究, 2012 (10).
[20] 吴威. 保险资金投资保障性住房的风险管理探讨 [J]. 保险研究, 2011 (07).
[21] 陆爱勤. 保险投资组合策略研究 [J]. 上海金融, 2007 (10).
[22] Frost, A. J . Implications of modern Portfolio theory for Lift Assurance Companies [J]. Journal of the Institute of ActuariesStudent's Society, 1983.
[23] Rubinstein Mark, Hayne E. Leland. Replieating Options with PositionsIn Stock and Cash [J]. Finaneial Analysts Journal, 1981.
[24] Gerber, H. U, 成世学, 严颖译. 数学风险论导引 [M]. 北京: 世界图书出版发行公司, 1997.
[25] 田玲, 张岳. 基于 GARCH 模型的我国保险公司经济资本度量 [J]. 保险研究, 2010 (03).
[26] 赵武, 王定成, 曾勇. 基于 VaR 风险约束下保险公司的最优混合投资策略 [J]. 统

计与决策，2011（12）.
[27] 徐为山，王宝舟. 保险公司资产管理的全球趋势［J］. 上海金融，2003（04）.
[28] 佟德庆，刘蓉. 对保险公司资产管理的再认识［J］. 西北大学学报：哲学社会科学版，2002（02）.
[29] 吴晓蕾，温骊骊. 保险机构另类资产管理体制研究［J］. 保险研究，2010（03）.
[30] 颜韬. 我国保险资产管理公司的市场化发展［J］. 保险研究，2011（07）.
[31] 方秋霞. 论强化保险资产管理［J］. 保险研究，2008（01）.
[32] 田君，陈伟忠. 基于资产负债管理的保险资金投资问题研究［J］. 上海金融，2005（10）.
[33] 李薛青，郑泽华. 试析我国保险业资产负债管理模式的选择及体系构建［J］. 预测，2005（05）.
[34] 卓宇. 我国保险集团资源整合研究——基于资产负债管理的视角［J］. 保险研究，2009（04）.
[35] 霍联宏. 保险公司资产负债管理的挑战与实践［J］. 保险研究，2010（12）.
[36] Nan Wang，Russell Gerrard，Steven Haberman. The premium and the risk of a life policy in the presence of interest rate fluctuations［J］. Insurance：Mathematicsand Economics，2004（35）.
[37] G. Zanghirati，F. Cocco. A Cray implementation of a parallel stochastic dynamic assets and liabilities management model［J］. Parallel Computing，2000（26）.
[38] Carole Bernard，Olivier Le Courtois. Francois Quittard-Pinona1Market value of life insurance contracts understochastic interest rates and default risk Insurance［J］. Mathematics and Economics，2005（36）.
[39] 房海滨，王春峰. 基于利率风险的保险公司资产负债管理研究［J］. 中国管理科学，2007（02）.
[40] 刘璐，金素. 保险公司资产负债管理中DFA模型的构建［J］. 金融教学与研究，2010（05）.

第十二章
保险费率市场化

学习目的

通过对本章的学习，了解费率市场化的基本概念，费率监管的历程及弊端；理解保险费率市场化的意义和作用；掌握保险费率市场化带来的各种风险及应对措施；结合所学理论进行案例分析，通过对我国车险费率改革及其他国家和地区保险费率市场化改革案例的介绍，思考我国保险费率市场化的经验教训，在此基础上对我国保险业费率市场化改革提出积极的建议。

引言

20 世纪 80 年代以来，受西方国家一度推崇的凯恩斯主义开始由盛转衰，新自由主义思想广为流行。受此思潮影响，世界保险市场也开始呈现自由化趋势，费率市场化首当其冲的成为此次思潮的核心。美国、日本、韩国及我国台湾地区等相继放松对保险费率的管制政策。2001 年，我国以广东为试点实行车险费率市场化改革，并在 2004 年普及至全国，虽然改革的历程显得异常艰辛，改革的结果有点不尽如人意，但是保险费率市场化的趋势却是不可逆转的。事实证明，车险费率放开后，市场在经历了起初一段时间的低价竞争后，现已逐渐回归理性。在车险费率市场化的基础上，寿险费率市场化的呼声由来已久，但因种种原因一直未能付诸实践。2013 年 8 月，保监会宣布，普通型人身保险费率改革正式启动，新政策将放开人身保险预定利率，定价权交给保险公司和市场，将不再执行 2.5%的上限限制；新发产品法定责任准备金评估利率不得高于保单预定利率和 3.5%的小者。此次寿险费率市场化的启动拉开了保险业市场化改革的大幕。保险费率市场化是建立符合社会主义市场经济规律的保险费率形成机制，推动保险公司经营管理和保险监管的创新，切实保护保险消费者合法权益，促进保险业持续稳定健康发展的必然之举。

本章将围绕保险费率市场化展开讨论，从保险费率的定义和形成机制出发，阐述费率监管与费率市场化各自的含义及作用，揭示费率市场化的积极意义及可能存在的风险。同时以十多年前实施的车险费率市场化为案例，对保险费率市场化相关问题展开思考与讨论。

知识回顾

基本概念

（一）保险费及保险费率

1. 保险费

保险费是投保人为转移风险、取得保险人在约定责任范围内所承担的赔偿（或给付）责任而交付的费用；也是保险人为承担约定的保险责任而向投保人收取的费用，由保险金额、保险费率及保险期限共同决定。用公式表示为：

保险费=保险金额×保险费率

保险费率=保险费÷保险金额

2. 保险费率

保险费率是保险人按单位保险金额向投保人收取保险费的标准，由于保险金额单位一般为千元，所以保险费率一般用千分率来表示。一般由纯费率和附加费率两部分组成。纯费率和附加费率合称毛费率，由此决定的保费则称毛保费。纯费率是保险费率的主要组成部分，是根据保险标的未来损失的概率确定的，对应纯保费，用于日后保单的赔偿或给付。附加费率是保险费率的次要部分，对应附加保费。其大小由各公司自身的营业费用决定，用于保险人的业务费用支出、手续费支出以及提供部分保险利润等，按照保险金额的一定比例表示。

此外，由于保险费率所考虑的主要影响因素与实际状况有偏差，所以由此计算出来的费率，与实际发生的成本难免存在偏差。所以，保险公司为保证保险费率的充足性，一般会在按照损失概率算出的费率的基础上加上一个安全加成。安全加成就是未来防止不利因素变动而加收的保险费。安全加成有两种方式：一种是在纯保费基础上附加计算安全加成；另外一种是在附加保险费基础上附加计算安全加成。假如设 Q 为安全加成系数或因子，α 为概率。安全加成 Q 可以通过下列公式确定：

$$P(X \leqslant (1+Q)E(X)) = \alpha$$

$$P\left(\frac{X-E(X)}{\sqrt{Var(X)}}\leqslant\frac{QE(X)}{\sqrt{Var(X)}}\right)\leqslant\alpha$$

从而 $QE(X)$ 便为安全加成量。

因此，保险费率可表示为：

毛费率=纯费率×（1+安全加成系数）+附加费率

(二) 保险定价机制

1. 保险定价的数理基础

保险事故的发生与否、损失金额的大小都是一系列的随机、不可事先确定的事件，对其进行定价看似是不可能的事。但由于大数定律的存在，使得保险公司能将分散的不确定事件集中起来，转化为大致确定的事件，从而使对其定价成为可能。

大数定律是指在随机试验中，每次出现的结果不同但是大量重复试验出现的结果的平均值却几乎总是接近于某个确定值。例如抛一枚匀质的硬币，硬币落下后哪一面朝上本是偶然事件，但是当我们上抛硬币的次数足够多后，达到上万次甚至几十万次之后，我们会发现，硬币每一面朝上的次数约占总次数的二分之一。也就是说在大量的试验中，个别的、偶然的因素影响而产生的差异将会相互抵消，从而显示出现象的必然规律。所以当保险公司承保了大量风险分散、同质的保险标的物时，其期望损失值大致是确定的。

大数定律的数学表达形式有很多，在这里仅给出一种最为常见的结果。

设 X_1，X_2，…相互独立，服从同一分布的随机变量序列，且具有相同的数学期望 $E(X_k)=\mu$，$k=1$，2，3，…，则对于任意 $\varepsilon>0$，有

$$\lim_{x\to\infty}P\left\{\left|\frac{1}{n}\sum_{k=1}^{n}X_k-\mu\right|<\varepsilon\right\}=1$$

大数定律有两个特点：一是样本的个数必须大量；二是数据处理的方法是平均值。个人不可控制的不确定性损失大量汇聚到保险公司进行集中管理后，就变成确定的可控损失。

2. 非寿险的定价原理

非寿险精算费率厘定的关键在于纯费率的确定。纯费率的确定通常有两种方法：一是依据统计资料计算保额损失率，进而确定纯费率；二是在损失分布和赔款条件已知的情况下，用赔款金额的期望值除以保险金额从而得到纯费率。其中，第一种方法的保额损失率可用公式表示为：

保额损失率=历史保险赔款总额÷保险金额总和×1000‰

从数量上看保额损失率与承保的保险标的数量、承保标的的保额、标的发生风险的次数、受损数量、受损标的的保险金额以及受损标的的赔付额有关。

在实务中，非寿险费率厘定的基本方法有判断法、分类法和增减法三种。其中判断法是对每个保险标的分别进行风险评价，根据经验判断其损失概率及程度，来厘定每个

标的的保险费率。该方法带有很强的主观性，适用于损失风险形式多样且多变，没法使用分类法或者没有足够的可信损失统计资料时。常用于海上保险和内陆运输险的费率厘定。分类法是把具有类似特征的损失风险归为同一承保类别，按照相同的保险费率收取保费，常印制成费率手册供业务人员承保时查阅，所以也称为手册费率，其最大优点是便于应用。增减法是以根据分类法制定出的各类保险标的所适应的费率作为基础费率，在承保时根据具体标的物的实际风险状况作出适当的增减，厘定出实际保险费率，是一种融合了判断法和分类法优点的费率厘定方法，具有判断法的灵活性和分类法的科学性。

3. 寿险的定价原理

人寿保险的费率厘定与非寿险完全不同，寿险承保的风险是人的生存或者死亡，生存与死亡发生的概率随被保险人年龄的变化而变化，而且寿险产品的保险期限一般较长，需要考虑货币的时间价值。因此，寿险公司纯费率厘定是在考虑死亡率或生存率及利息率的基础上，根据收支平衡原则，确定纯保费，用于将来的保险金给付，最后再加上相关的营业费用。

（1）生存率或死亡率。

生存率 ${}_tp_x$ 是指 x 岁的人能存活 t 年的概率。而死亡率 ${}_tq_x$ 与之相对应，是指 x 岁的人在 t 年内死亡的概率。用公式表示为：

$$ {}_tp_x = \frac{l_{x+t}}{l_x} $$

$$ {}_tq_x = \frac{{}_td_x}{l_x} = \frac{l_x - l_{x+t}}{l_x} $$

上式中，l_x 表示 x 岁的人数，${}_td_x$ 表示 x 岁到 $x+t$ 岁之间死亡人数。

而生存率和死亡率源于生命表。生命表，乃指某一个数目的 0 岁的人所组成的集团，从 0 岁起一直到生存人数成为 0 亦即所观察的人群全部死亡为止的这段时期内，以统计数字表明其每年死亡、生存状态的表。寿险费率的厘定一般以现成的生命表为基础。

（2）利息率。

寿险的长期性，保费的收取和保险金的给付之间存在着较长的时间差，决定了其在费率厘定时不得不考虑货币的时间价值，即利息。因此在费率厘定时会事先设置预定利率，保险监管部门也会对预定利率作出相关限制，例如，我国以前人身保险的预定利率一直被限定在2.5%以下，但自2013年8月5日起，普通型寿险产品2.5%的利率上限被取消，保险公司有了更大的自主定价权，这也是我国实行寿险费率市场化的一个重大举措。

（3）营业费用率。

寿险的营业费用是指寿险经营中所发生的，除保险责任（给付）之外的一切支出，包括代理人佣金、广告费、印刷费、税金、精算费用、理赔费用等日常经营活动中所需费用。营业费用率就是指单位保额的寿险费用。

另外寿险在厘定费率时，除了考虑死亡率和生存率、利息率、营业费用率三个基本因素之外，还需要考虑保单解约率、分红率、残疾率，等等。

案例呈现

车险费率市场化改革

广东先行试点

2001 年 10 月 1 日，全国车险市场产品费率改革试点正式启动，改革突破口选在广东省。由于机动车辆保险在整个财险中占有极大比例，也是各家财险公司的主要利润来源，车险改革必然牵一发而动全身。国内之车险改革也选择了先试点、后推广的渐进式改革策略。

新进广东市场的某保险公司打响了车险价格战的第一枪。2001 年 12 月 18 日，就此拉开了持续半年之久的车险价格大战。该公司的方案是：将市场车险客户大致分为三类：第一类是党政机关公务用车费率一律调低至 55%；第二类是事业单位、银行系统等单位用车下调至 35%；第三类是个人用车等非营运车辆下浮 25%，出租车等营运车辆费率不变。

但是，出人意料的是，大幅降价并没有吸引保户蜂拥而至，相反业务量下降了 10%，保费收入下降了 50%。其中原因在于车险的客户其实是掌握在中介渠道手上，保险公司的折扣表面上是让客户得利，其实是损害中介的利益，显然中介不会把业务“卖”给该公司。

广东市试点之时，一边是该公司的明折；另外一边其他公司表面上没有参加打折，但都加大了“回扣”的比例，打起暗折。

明争暗斗，剑拔弩张，一场血雨腥风的价格大战拉开了序幕。6 折、5 折、3 折、最后打到 2.8 折。市场用“割肉”、“出血”、“自杀”来形容 2002 年的广东市场的车险价格战。

2.8 折的车险是否能盈利，显然不能。粗略估计，车险综合赔付率平均在 45%～60%左右，税收总计大致为 6.5%，公司平均费用率为 15%左右，代理手续费为 15%～20%，剩下的即为最大折扣空间。

费率市场化后，车险行业逼近全行业亏损的危险境地。同时 2001 年、2002 年受银行汽车信贷的支持，新车、新手大量上路，风险集中爆发，车险行业全行业亏损。在亏损之后，保险公司和行业用商品行业的“价格同盟”、“自律公约”来应对愈演愈烈的价格大战。但效果并不明显。

国内全面开展

2003 年 1 月 1 日起，全国各财产险公司开始实行由各公司自主开发厘定的车险条款费率。4 月 1 日，车险原统颁条款停止使用。2003 年下半年开始，保险公司纷纷对车险费率进行上调。以北京为例，《国际金融报》2004 年 11 月报道：车险涨价经历了四轮。

第一轮调整：从 2003 年 7、8 月开始。年初车险费率改革中大打价格战的保险公司发现，1~6 月份的车险赔付率远远高于年初制定费率时的预期出险率，有的地区甚至高达三位数，于是纷纷调整车险业务的承保条件。如限制承保某些车型的盗抢险，某些特异车型也被拒之门外。

第二轮调整：从 2003 年 12 月起，2004 年 1 月 1 日正式实施。这一轮由人保发起，人保悄然将原来的投保车损险、三者责任险 10%的优惠取消；平安产险提高了车损险的系数；其他公司也开始在个别险种上提高了一些车型的费率。

第三轮调整：2004 年 5 月 1 日，随着《道路交通安全法》和新人身损害赔偿标准的实行，各保险公司纷纷提高第三者责任险的费率，幅度高达 10%左右。

第四轮调整：2004 年 6 月初，占北京车险市场份额近 70%的人保公司第三次上调车险费率，上调幅度在 20%~30%左右。

《道路交通法》以及交强险制度的出现成为车险改革的一个转折。2006 年 7 月，机动车交通事故强制责任保险正式实施后，中国保险行业协会推出了包括车辆损失险和商业三者险两个险种的 A、B、C 三套商业车险产品，由中国人保、平安财险、太平洋财险等三家公司分别推出，其他保险公司则须从中选择一款使用。

此次费率市场化改革以保监会 2006 年上半年出台的“车险价格最低不能低过 7 折”的规定而暂告一段落。2011 年 3 月 29 日，中国保监会发布《关于开展完善机动车辆商业保险制度调研工作的通知》，成立了完善商业车险制度调研工作组，制定了《关于开展完善机动车辆商业保险制度调研的工作方案》，正式启动了商业车险条款费率管理制度的改革工作。十年之后，车险改革再次启动，市场又将有何表现值得期待。（车险费率改革时间表如表 12-1 所示）

表 12-1　车险费率改革时间表

2001 年 10 月 1 日	广东省车险费率改革试点工作正式启动
2006 年 3 月	为制止因争夺客户而带来的车险市场恶性降价竞争，保监会出台 2006 年第 19 号文件，要求保险公司在销售车险产品时，价格最低不能低过七折
2009 年 10 月 21 日	北京地区宣布启动机动车商业保险费率改革，《北京地区机动车商业保险费率浮动方案（征求意见稿）》向全社会征求意见
2010 年 1 月 1 日	北京保险行业协会研究制定了《2011 年度北京地区机动车商业保险费率浮动档次升降方案》
2010 年 3 月	针对深圳商业车险定价机制改革试点，时任保监会主席的吴定富即亲赴深圳，与时任深圳市市长的王荣签署合作备忘录
2010 年 6 月	保监会下发通知正式授权深圳保监局开展商业车险定价机制改革试点

续表

2011年3月29日	中国保监会发布《关于开展完善机动车辆商业保险制度调研工作的通知》，成立了完善商业车险制度调研工作组，制定了《关于开展完善机动车辆商业保险制度调研的工作方案》，正式启动了商业车险条款费率管理制度改革工作
2011年4月	中国保险行业协会车险改革小组开始行业调研
2011年8月下旬	中国保险行业协会形成3套方案，并向43家保险公司、19家保监局征求意见
2011年9月23日	中国保监会就《关于加强机动车辆商业保险条款费率管理的通知（征求意见稿）》向社会公开征求意见
2011年10月和2012年2月	又先后公开征求意见和向最高法院征求意见，最后得出《示范条款》最终版本
2012年12月22日	北京保险行业协会出台《2011年度北京地区机动车商业保险费率浮动档次升降方案》
2012年3月8日	中国保监会发布《关于加强机动车辆商业保险条款费率管理的通知》，明确在一定条件下，商业车险费率可由保险公司自行制订
2012年3月14日	中国保险行业协会正式发布《机动车商业保险示范条款》

资料来源：根据陈恳《迷失的盛宴——中国保险产业1919—2009》及和讯网车险专题等材料综合整理。

理论分析

一、保险费率监管与保险费率市场化

（一）保险费率监管

在古典主义的思想下，价格被看作是一只促使市场经济均衡的“无形的手”，自由的价格竞争将自动引导资源的最优配置。保险产品作为一种经济产物，也自然推崇价格自由、定价自主。费率的自由竞争在美国维持了相当长的一段时间。然而，在激烈竞争中，很多保险公司过分注重价格竞争，恶性价格战大大增加了保险公司的破产风险。1835年纽约大火使得该州26个火灾保险公司中有23个破产，1870年，芝加哥和波士顿大火又使全国75%的火灾保险公司破产[1]。这些惨痛教训也促使人们开始反思保险费率自由化带来的恶性竞争的危害，逐渐对费率进行某种程度上的控制。

在此之后，美国的保险公司试图通过联合定价的协议来保证费率的充分性。然而这种协议并不具有强制性，竞争的压力以及保险公司自私的逐利本性，决定了这种卡特尔组织终究未能摆脱“囚徒困境”。1906年弗朗西斯科的大火又导致了大量保险公司破产悲剧的重演，费率的自由竞争遭到了严重的质疑。费率局在此背景下应运而生，它开始为其成员制定统一的费率。强烈的呼声（如梅利特委员会的报告）要求各州对费率局的行为进行监管，甚至要求所有保险公司都必须加入费率局。到1944年，已有18个州对火灾保险费率进行了管制。可以看出，对保险费率的管制一开始就具有应对保险公司破产危机、维护保险经营安全性的强烈色彩。1945年麦卡伦—弗格森法案（Mccarran-Ferguson）的通过使得保险费率管制进入了全盛时期。[2]

在我国，由于1980年全国全面恢复保险业务办理，但当时只有中国人民保险公司一家，费率制定、使用都由自己负责，根本不存在监管一说。1985年《保险企业管理暂行条例》第四条规定：“国家保险管理机关是中国人民银行，其职责之一是审定基本保险条款和费率。”由此开始费率需要上报审批，但这种管制相对较为宽松。随后由于新疆兵团保险公司、平安保险公司和太平洋保险公司的相继成立，保险市场的竞争变得日益激烈，而且竞争形式主要表现为费率上的竞争，某些险种甚至出现亏损。为此，中国人民银行在1991年4月、1993年4月，分别下发了《关于对保险业务和机构进一步清理整顿和加强管理的通知》、《关于下发全国性保险条款及费率（国内保险部分）的通知》，从此我国对保险费率的监管进入了严格管制的阶段。然而，变相的价格竞争仍屡禁不止，“高手续费、高返还、低费率”等种种不规范的市场行为仍层出不穷[3]。

从上述对保险费率管制的分析可以看出，费率管制之所以产生，其目的在于通过管制来纠正恶性价格竞争这一市场失灵现象。这种管制的特点在于监管机关将费率提到比管制之前更高的水平上，以维护费率的充分性和保险经营的安全性。然而，魏华林、蔡秋杰（2005）[4]在我国车险利率市场化实践的基础上提出了保险费率监管的悖论，即保险费率监管是以保护公众利益为借口，实质上保护的是保险人的利益。但是，保险人并没有自觉遵守这种以维护其利益为目标的监管。对于该悖论的解释有以下两方面：一是费率管制使得保险费率水平整体偏高，为保险企业留下了一定的降价空间；二是保险市场处于结构转型阶段，一方面保险企业所面临的竞争压力越来越大，另一方面保险市场的竞争又不十分成熟，竞争的空间和层次还很有限。于是诉诸价格策略、开展对抗型的价格竞争就成为保险企业的必然选择。

随着保险企业数量的增多、市场机制的日益完善，保险市场竞争程度必然增强。在一个充分竞争、较为成熟的市场上，各个保险企业都是市场价格的被动接受者，没有证据表明保险企业会进行恶性价格战，也无证据表明保险企业会串谋，即明显的市场失灵现象并不存在[5]。而且坦尼森、魏斯、里根（Tennyson、Weiss、Regan，2002）[6]、沃洛（Worrall，2002）[7]、格蕾斯、克莱因（Grace、Klein，2002）[8]、杰弗、拉赛尔（Jaffee、Russell，2002）[9]和达西（D'arcy，2002）[1]分别对马萨诸塞、新泽西、南卡罗莱纳、加利福尼亚和伊利诺伊州的费率监管情况进行了实证分析，验证了费率监管所带来的效率损失。

由于保险费率监管的弊端日益凸显和保险市场的进一步完善、保险公司之间的竞争不断加强，各保险公司对于费率市场化的呼声越来越高，费率市场化已经成为一种不可逆转的趋势。

（二）保险费率市场化

1. 费率市场化含义

关于费率市场化的含义，在理论界有以下几种代表性观点：

（1）完全放开，不加任何限制，并认为这是一种真正的市场化。唐汇龙（2001）认为费率市场化是费率完全放开。[10]但这种观点是片面的，从已经实行费率市场化的国家经验来看，他们并没有放弃对费率的监管。从现行国际上关于费率管理和协调方式看，对财产保险费率，主要以国家和行业协会制定的基准费率为参照费率，保险公司遵循参照费率可作一定幅度的调整；对于人身保险费率，多数国家将费率厘定权下放给保险公司，但在生命表选用、预定利率规定、最低解约价值方法的选择及责任准备金提存方式和修正制度上加以约束[11]。

（2）改革高度集中的费率管理体制。梁涛（2001）认为保险费率市场化主要是改革高度集中的费率管理体制，至少包括以下三个方面的内容：一是在保险费率改革的目标模式上，就是要使绝大多数条款的费率在市场竞争中形成，少数必须由政府制定的费率，其形成也要在价值规律的基础上，充分考虑市场的情况。二是在费率改革的基本内容方面，要以转换费率形成机制为核心，即由政府直接制定费率转换为市场定费的体制，使费率在市场竞争中，灵活地反映保险活动中风险损失情况和市场供求情况，并通过“供求—费率—供求”的自动调节机制使费率结构经常趋向和保持相对合理。三是在费率改革的途径和方式上，采取渐进的方式，实行调放结合[12]。这种观点将费率市场化主要定位在费率管理的市场化，自有其独特之处。

（3）费率水平由市场供求关系决定。刘京生（2001）认为保险费率市场化是指保险公司在保险市场经营保险业务的费率水平由市场供求关系来决定，包括费率制定、费率传导、费率结构和费率管理的市场化。并认为实现费率市场化的检验标准是，保险资源能在各保险产业间及地区间较为有效地配置，保险资金能在保险产业间和地区间均衡地流动，保险费率的传导机制能正确反映保险市场的供求关系[13]。这种观点认为费率市场化要求费率由市场供求关系决定，不仅包括改革高度集中的费率管理体制，还包括费率制定、费率传导及费率结构的市场化。同时以保险市场价格发挥直接调节流通领域的保险供求关系及间接调节保险供给和保险“生产”的作用并作为费率市场化的检验标准。

2. 费率市场化的意义

由于费率管制存在着较大的弊端，且不能实现保护消费者利益的预期效果。所以在市场自由化的大趋势下，费率市场化已成为必然选择，且具有重要意义。

（1）费率市场化有利于完善保险市场。随着保险市场改革深入，市场主体的增多，市场竞争将日趋激烈，而费率市场化恰好有利于培育保险市场的公平竞争，规范市场行为，增加市场透明度，减少、避免“暗箱操作”等违规行为。

（2）费率市场化符合合同公平原则。从合同权利义务相对的法律角度来看，费率市场化允许了保险人可以根据被保险人或者标的物所处风险大小状况实行加费或者给予折扣，体现了合同公平原则。

（3）费率市场化使得消费者获益，同时提高被保险人的风险意识。在统一费率的政策下，保险企业的经营处于高费率、高成本、高手续费以及低利润的状况，这种“三高一低”的经营方式不仅有损于客户的利益，也不利于保险企业的自身健康发展。而实行费率市场化必然会增加保险公司之间的竞争。尤其是价格的竞争，被保险人将成为最大的受益方。如在广东搞车险试点改革时，深圳保险市场的状况也印证了这一点。深圳车均保费由 2001 年第一季度末的 6683 元下降到 2002 年同期的 4070 元，下降了 39%。[14]

（4）费率市场化促进产品的多元化。费率放开后，各家公司的竞争将日益激烈，各家公司为保住市场份额，谋求更好的发展，必然会在各方面下功夫。除了直接的降低费率、提高服务质量之外，保险产品的差异化也是在竞争中脱颖而出的法宝。保险公司将会根据客户所需，设计出更多个性化、符合客户自身需求的保险产品。保险公司可以根据自身的目标市场推出相应的特色服务方案，满足不同消费者的需求。将保险公司的经营理念由“以产定销”转化为“以需定产”，这一点在促进保险市场发展方面起着关键性的作用[15]。

二、保险费率市场化可能存在的风险

在费率市场化过程中，保险公司掌握了费率制定的主动权，能根据公司自身的战略目标自主定价。此时除了费率市场化带来的恒久性定价风险外，还存在阶段性风险，即市场风险和经营风险。市场风险主要是由于供求关系、无序竞争导致费率水平盲目下降，费率与风险不匹配引起的风险；而经营风险主要体现在核保风险、解约或退保风险等[16]。

（一）市场风险

市场风险是指由于市场竞争过度、供求关系失衡而迫使保险公司以低于经营成本的保险价格销售保险产品而产生的风险。随着费率市场化进程的加深，保险公司之间的竞争将日趋加剧。由于我国当前保险产品同质性较高，使得价格战成为各保险公司扩大业务规模的重要手段。人们购买保险时，也喜欢“货比三家”，这样就慢慢地形成了买方市场，这迫使保险公司更多的利用费率进行市场竞争。但是当费率竞争演化成为不顾风险、不计成本、违反价值规律的盲目竞争时，将会破坏市场规律，削弱保险公司的偿付能力，损害保险人的利益，最终影响保险业的健康发展。

（二）解约或退保风险

解约或退保风险是指被保险人在费率变动时，提前终止保险合同引起保险公司收入降低、准备金减少而产生的风险，此风险存在于中长期险种当中。当费率下降时，被保险人可能有两种解约处理方式：一是提前中止保险合同；二是提前中止原有保险合同，然后按下调后的费率重新订立保险合同。例如：2007 年 12 月到 2008 年 12 月，上证指数跌幅达 60.1%，导致保险业投资收益大幅下降，13 家主要寿险公司的投连险账户收益中激进型和平衡配置型等与股票市场、资本市场关联度较高的账户全部呈现亏损，这导致了在 2008 年国庆节前后，一些城市出现大面积退保，有的退保率甚至达到 50%，这严重影响了保险公司的经营。

（三）核保风险

在费率市场化后，核保人员不仅要审核某项业务是否能承保，更主要的还是要决定该项业务以什么样的条件承保（费率、责任范围、免赔额等），所以费率在核保人员的承保决策中具有较大的弹性。但倘若保险公司的核保人员素质不高、风险评估能力不强，那么就会出现承保条件与标的物实际风险状况不匹配的问题。当大量较高风险的标的被以较低的费率承保时，赔款支出将超过保费收入，长此以往，保险公司的经营将难以持续。

（四）定价风险

保险费率定价风险是指保险公司厘定的保险费率不公平、不合理、不适度而影响到保险公司财务稳定性的风险。它的产生源于预期损失的变异，具有长期性，与费率市场化相伴相随。从技术层面看，保险纯保费是在保险公司拥有大量过去长期同类风险标的损失和赔款资料等后验信息的条件下，结合对风险标的的先验判断，确定的纯保费。但在实践中，由于统计资料处理过程中出现的偏差，风险因素的改变都会导致损失概率的不准确。另外，我国当前非精算定价技术匮乏，规模较小的财险公司还不具有自己的精算定价部门，业务定价参照行业标准。但由于保险公司之间经济实力、承保能力、管理水平、费用高低等都有所差异[17]，所以参照同业标准难以得到符合公司自身的公平费率。若定价过高，则可能丧失市场；而定价过低，又可能引发偿付危机；因此，定价风险将成为费率市场化过程中保险公司面临的长期性的主要风险[18]。

三、我国保险费率市场化可能存在的阻碍

长期以来，我国保险业过多地考虑到保险行业的特殊性，实行严格的费率监管，严重背离了市场经济的基本规律，扭曲了价格形成机制，客观上给保险费率市场化带来诸多障碍。

（一）保险公司经营管理粗放，经营业绩考核指标缺乏科学性

多年以来，国内保险公司一直采用传统粗放经营管理模式，大部分公司缺乏可持续

的发展规划，重短期效应轻长远发展、重业务规模轻业务质量，长期执行“数量扩张型发展战略”。同时，企业经营考核指标不科学，由于“保费论英雄”、“市场份额论英雄”的观念在国内保险公司根深蒂固，以此设计出来的考核指标缺乏科学性，难以反映企业的经营风险。此外，国内保险公司缺乏长期的数据统计和相关信息搜集的渠道，信息的共享程度不高。因此，保险公司难以制定出科学合理的费率。在费率市场化后，保险公司容易倾向于采用简单的市场应对措施，盲目降低保费，导致恶性价格竞争。这一点在上轮车险费率市场化中，反映得极为明显。

（二）保险公司缺乏核心竞争力，创新能力不强

首先，费率管制导致产品同质化现象严重，承保业务结构单一，消费者的个性化保障需求得不到满足。其次，价格管制限制了竞争，经营不善的公司也可维持经营，实际上保护了效率低下的保险经营者，从而弱化了保险公司降低成本的经济激励。再次，费率的管制也使得价格竞争转化为销售费用的竞争，大量的资源和费用投入到销售环节和中间渠道，公司销售成本不断攀升。最后，费率管制还导致保险公司创新动力和空间不足。

（三）长期的传统费率监管体制将受到挑战

我国保险监督管理部门成立时间短，监管经验相对缺乏，其监管方式主要局限于对市场行为进行监管，对于保险公司的偿付能力以及与偿付能力相关的指标体系的监管更是严重不足。此外，监管部门在信息监控手段和技术能力上相对缺乏，这直接影响到监管部门及时对保险市场的费率变动进行跟踪监控，对费率的调整做出科学判断，对各种保险产品的费率提供参考性的数量标准和指导。在现行监管体制下，如果费率市场化在更广的范围和更深的层次上展开，必将构成对保险监管的严峻挑战。

四、促进保险费率市场化的措施

纵观各国、地区的费率市场化进程，我们无不发现一个共同点——存在一个渐进过程。韩国车险费率市场化改革始于 1994 年，至 2002 年才全面放开；日本车险费率市场化改革始于 1998 年，并于当年 7 月开始废止算定会费率的使用义务，但有两年的过渡时间，过渡期间，以往的算定会费率仍可使用；我国台湾地区于 2002 年 4 月 1 日，正式启动车险费率自由化，制定了分九年三阶段实施的“费率自由化”时间表。

而我国保险费率市场化改革则是采取“一蹴而就”的方式，市场、企业的不成熟导致其根本来不及应对如此重大的转变，但是我们应当明白“自由—管制—自由”的费率发展方向是不可逆转的。保险价格竞争对保险经济关系的发展具有的积极作用是值得肯定的。为此，我们可以考虑从以下几方面促进费率市场化进程：

（一）转变发展战略、优化考核指标

转变经营粗放的发展模式、优化公司的绩效考核指标已是老生常谈，但是至今仍未摆脱“以保费论英雄”的现象。传统的经营管理模式下，大部分公司没有长远的可持续发展规划，重短期效应轻长远发展、重业务规模轻研究管理，长期执行“数量扩张型发展战略”，面对新的市场环境显得尤为不适应。同时企业经营考核指标不科学，长期以来，以保费规模、市场占有率为经营考核的主要指标，企业的一些经营业绩考核指标缺乏科学性，难以真实反映企业的经营风险。因此转变“跑马圈地”观念，树立科学的绩效考核制度，对费率市场化意义重大。

（二）着力控制成本、重视精算技术，注重数据积累

着力加强成本管控。费率市场化导致费率整体下降后，要保持产品的价格优势，首要因素就是内部成本的管控。由于承保风险并未降低，保险公司必须降低运营成本，特别是保单获取成本，这样才能支撑市场化的费率，保证一定的利润空间。一方面，建立直销是降低保单获取成本的一种方式。另一方面，要持续保持适度的保费规模，享有规模经济，摊薄职场费用、人力成本、行政开支等固定成本。

（三）拓宽营销渠道

车险价格战的“下场”，让我们见识中介商的巨大“实力”，这也说明了拓宽营销渠道的紧迫性。平安首创的电话直销渠道很好的证实了拓宽营销渠道的意义。在互联网极为发达的时代，网上购物在我们生活中已是司空见惯的消费方式，网购给人们提供了方便的购买途径：只要简单的网络操作，足不出户，即可送货上门，并具有完善的售后服务；同时，像支付宝这样的第三方支付平台保障了客户购物的安全性。因此，保险公司也应当拿之为己所用，如建立保险超市、保险商城等，并设立网上车险理赔系统，方便保户的同时，也为保险公司节约管理费用。此外，也可以积极和车盟、盛大、从众等新的销售渠道合作。

延伸案例：韩国车险费率自由化渐变

实行费率自由化的背景

随着世界保险业开放和自由化的趋势以及韩国保险市场规模的增大，外国对韩国保险市场的开放要求越来越高。当时韩国汽车保险市场现状是：车险市场有多家市场主体，已形成保险公司之间的竞争体系，但车险费率仍采用协定费率；保险公司仍然采取扩大市场占有率为主的经营战略；保险费率的精算、核保技术、产品开发技术及统计资料的体系化采集等保险公司基础运作方面的竞争力落后于外国保险公司。由此可见，在

开放和自由化的市场环境中，韩国保险公司很有可能被淘汰。为了加强自身的竞争力，韩国保险监管部门和保险公司开始实行车险费率自由化。

车险费率自由化的过程

韩国保险监管部门为了缓和对汽车保险市场的冲击，确保客户认同费率自由化，对车险费率分阶段逐步实行自由化。

在车险费率实行自由化之前（1994 年），各保险公司使用由财产保险费率制定委员会（现保险开发院）制定的共同费率（即协定费率），根据监督部门批准的费率标准来统一进行风险分类、确定费率和展业标准、最终确定保险费。1994 年 4 月在上浮下调系数上采用浮动费率；1995 年 8 月在投保年限费率上采用浮动费率；1996 年 8 月在基本保费上采用浮动费率；1998 年 8 月扩大基本保费中的浮动费率的浮动范围；2000 年 4 月，随着实行附加保费的自由化，基本保费中的浮动费率的浮动范围被废除。计划在 2002 年 4 月以前，各公司对自己纯保费制定不同费率，实现纯保费的差别化。

车险费率自由化的效用

车险费率自由化后，保险公司的费率精算能力、核保技术、产品开发及统计资料的体系化采集能力有所提高，即保险公司的竞争力提高。保险公司之间的费率竞争导致保险费率下降，从而使投保人缴纳较低的保险费。

韩国在车险费率自由化之前，过分强调了汽车保险保障受害人利益的社会性，而淡化了反映保险特征的产品和费率，各保险公司推出的汽车保险产品都相同。由于费率自由化，各保险公司纷纷推出了各自独特的保险产品。海东火灾保险公司于 2000 年 5 月开始开发并销售因特网上的保险产品（iRegent. com），该产品与传统的私用汽车保险的赔偿内容相同，但费率比传统保险产品低 8%。

三星火灾海上保险公司于 2001 年 7 月开发销售了高保障型保险产品（A-TOP）。随之引起了其他保险公司纷纷独自开发出自己的保险产品，有些保险公司积极开发出了长期储蓄型保险产品。随着纯保险费的自由化及专业性汽车保险公司的成立，将会出现许多以网上交易等方式销售的低保费保险产品以及保障范围和保费千差万别的新型产品。

汽车保险的传统销售方式为通过代理人或者营销人员销售。但是因为存在过多的手续费、销售报酬以及过低的合同维持率，汽车保险业一直存在着高费用、低效率的情况。随着车险费率的自由化，各保险公司为了增强竞争力相继改善了销售方式。2000 年 3 月恢复了曾一度废止的电话销售方式。为了推进汽车保险的网上销售，承认了根据电子商务基本法第 16 条规定的认证机构认证的电子签名及其效力，并允许使用电子签名来进行投保。2000 年 1 月开始通过保险公司与银行合作，保险代理人可以直接在银行窗口销售保险产品。如今正推行银行作为保险公司的代理机构，销售保险产品的银行保险模式。

资料来源：根据朱俊生《韩国车险费率自由化渐变》等材料综合整理。

问题与思考

在市场自由化、金融自由化的推动下，保险费率市场化在我国的实施只是时间上的问题。虽然费率市场化看似一把“双刃剑”，但是在合理引导下保险价格竞争对保险经济关系的发展具有积极作用是值得肯定的。一方面，保险市场价格直接调节流通领域的保险供求关系，是保险供求关系的指示器；另一方面，保险价格通过对流通领域保险供求关系的调节，进一步调节保险的“生产领域”[19]，使社会资本在保险业和其他行业之间转移，是保险供给和保险“生产”的调节器。事实上，价格竞争是天然的市场法则，是优化资源配置的最重要机制。费率市场化体现了对市场规律的尊重，顺应了保险市场价格竞争的内生需求。

从上一轮车险费率市场化来看，我国保险费率市场化还有很长的路要走。但费率市场化已成为当前世界保险业的发展趋势。2013 年 8 月保监会推行的寿险费率市场化正是彰显了这一决心。为建立符合社会主义市场经济规律的保险费率形成机制，推动保险公司经营管理和保险监管的创新，切实保护保险消费者合法权益，促进人身保险业持续稳定健康发展，保监会决定率先实施普通型人身保险费率政策改革，打破了持续 14 年之久的预定利率，将普通型寿险产品定价权交给公司、还给市场。寿险费率市场化的启动必将引发整个寿险业乃至保险业的一次重大变革，保监会将其定义为“继我国保险公司股份制改造及上市之后又一次具有里程碑意义的改革”。可以预见的是，费率市场化改革虽是大势所趋，但其改革之路绝不会是一帆风顺，短期内甚至还会带来诸多负面效应。本章的费率市场化探讨较多局限于车险，而寿险费率市场化的相关问题值得读者去关注与思考。

问题 1：

费率监管与费率市场化各自的理论依据是什么？

问题 2：

上一轮车险费率市场化的主要经验教训有哪些？

问题 3：

针对目前我国保险业现状，借鉴其他国家和地区的费率市场化经验，分析我国保险费率市场化需要从哪些方面入手。

参考文献

[1] D'arcy, Stephen P. Insurance Price Deregulation: The Illinois Experience [C]. In Deregulating Property-liability Insurance, 2002.

[2] 蔡秋杰. 放松保险费率管制研究 [D]. 武汉：武汉大学，2004.

[3] 朱俊生. 突破费率瓶颈的时机日趋成熟 [N]. 金融时报，2001-12-13.

[4] 魏华林，蔡秋杰. 保险费率监管研究——兼论中国保险费率监管的悖论 [J]. 金融研究，2005 (8).

[5] Cummins J. David. Property-Liability Insurance Price Deregulation : The Last Bastion? [C]. In Deregulating Property-liability Insurance, 2002.

[6] Tennyson Sharon Weiss Mary A. and Regan Laureen . Automobile Insurance Regulation: The Massachusetts Experience [C]. In Deregulating Property-liability Insurance, 2002.

[7] Worrall John D. Private Passenger Auto Insurance in New Jersey: A Three-Decade Advertisement for Reform [C]. InDeregulating Property-liability Insurance, 2002.

[8] Grace Martin F, Klein Robert Wand Phillips Richard D. Auto Insurance Reform: Salvation in South Carolina [C]. In Deregulating Property-liability Insurance, 2002.

[9] Jaffee Dwight and Russell Thomas. Regulation of Automobile Insurance in Californi-a [C]. In Deregulating Property-liability Insurance, 2002.

[10] 唐汇龙. 费率市场化：中国保险改革面临的选择 [J]. 上海保险，2001 (9).

[11] 朱俊生，齐瑞宗，庹国柱. 保险费率市场化的时机已经成熟成熟——与《近期内不宜实行保险费率市场化》一文的商榷 [J]. 保险研究，2001 (7).

[12] 梁涛. 论加快保险费率市场化的步伐 [J]. 保险研究，2001 (8).

[13] 刘京生. 知识经济与保险 [M]. 北京：中国社会科学文献出版社，2001.

[14] 赵景波. 车险费率市场化探析 [J]. 经济研究导刊，2008 (10).

[15] 刘海兰，张菲菲. 从寿险公司发展看产品结构优化 [C]. 2005 年黑龙江省保险工作会议论文集 (2)，2005.

[16] 覃广华. 产险费率风险的分析及防范 [J]. 保险研究，2002 (6).

[17] 朱俊生. 费率调整面临两大风险 [N]. 中国保险报，2002 -11-13.

[18] 张晓玲. 保险费率市场化风险及其防范研究 [D]. 成都：西南财经大学，2003.

[19] 刘茂山. 保险经济学 [M]. 天津：南开大学出版社，2000.

[20] 卓志. 保险费率宏观管理探讨 [J]. 金融研究，1994 (12).

[21] 曾勋意. 保险费率市场化的基本思路 [J]. 中国保险，1994 (6).

[22] 张晓玲. 保险费率市场化风险及其防范研究 [D]. 成都：西南财经大学，2000.

[23] 王劲松，李红娟. 保险费率市场化改革的时机、路径与步骤 [J]. 经济问题，2005

(4).
[24] 骆桂娣. 保险费率市场化与市场费率的管理 [J]. 南京财经大学学报，2003 (1).
[25] 张俊才. 保险费率市场化与新产品开发 [J]. 保险研究，2002 (3).
[26] 阎建军，王治超. 财产保险费率市场化的生成机制研究. 保险研究，2009 (4).
[27] 赵平. 车险费率放开有喜有忧 [N]. 中华工商时报，2003-01-22.
[28] 钟诚. 车险费率市场化的对策初探 [J]. 保险研究，2003 (3).
[29] 汪丽. 车险费率市场化及国内财险公司的应对策略 [J]. 上海金融学院学报，2011 (4).
[30] 植树信保. 日本财产保险的变化及对策 [M]. 北京：机械工业出版社，2005.
[31] 张响贤，宣鸣，王勉. 论汽车保险费率市场化的趋势——从日本汽车保险费率的变迁谈起 [J]. 保险研究，2002 (1).
[32] 华蓉晖. 美国强制车险费率制度的特点及其启示——以马萨诸塞州为例 [J]. 上海金融学院报，2009 (1).
[33] 解辉，谢志刚. 韩国三星火宅海上保险公司的机动车保险 [J]. 上海保险，2003 (1).
[34] 周炯. 我国车险费率市场化改革的实证研究——以深圳车险市场为例 [J]. 保险研究，2009 (10).
[35] 张俊才. 保险费率市场化与新产品开发 [J]. 保险研究，2002 (3).
[36] 赵苑达. 车险费率制度市场化改革：意义·问题·建议 [J]. 东北财经大学学报，2005 (11).
[37] 侯广庆，成学亮. 车险改革：问题、现象与理论分析 [J]. 山西财经大学学报，2004 (3).
[38] 国研网金融研究部研究报告. 保险费率市场化的原因、障碍及其应对之策. 2005 (7).

第十三章
· 保险业的盈利模式 ·

学习目的

通过对本章的学习，对商业模式和盈利模式的基本概念和内容，以及保险业所采用的商业模式与盈利模式有一定的了解。同时，熟悉结构方程模型和SCP理论的应用环境和范围，并分析其在保险业商业模式和盈利模式研究中的应用原理与使用方式，以及研究结果的合理性与科学性。把握我国保险业所采用的商业模式及其沿革和我国保险业的三种盈利模式。掌握学术研究领域对保险业商业模式和盈利模式的重要研究结果和研究现状。学会通过应用理论，对保险企业实务中商业模式和盈利模式的选择进行分析，并思考保险业中商业模式和盈利模式之间存在的互动。

引言

企业以盈利为最终目的，其商业模式和盈利模式与企业的架构和盈利状况紧密相连。商业模式从价值链和社会的角度对商业操作的内在逻辑结构进行描述；盈利模式则基于商业模式的逻辑框架，从运作者的个体角度对商业操作的内在逻辑结构进行解释和描述。因此，二者是商业操作中不同层面和不同角度的逻辑构架。正确理解和认识企业的商业模式和盈利模式，不仅将对企业的业绩与效率带来直接的提升，而且对于企业整体化的思考和长远规划与发展有着至关重要的作用。随着保险业在我国的不断发展，保险公司的商业模式与盈利模式的选择也应随着保险市场和保险业发展的阶段进行调整、改革和创新，从而提高保险公司的效率与收益，也促进保险业的良性发展。

随着我国经济形势和经济发展背景的改变，当前我国保险业的商业模式普遍处于调整中。以寿险为例，由于原有商业经营模式中代理人渠道效率低下，加之利率自由化和人口红利消失，使寿险行业的收益率有所下降。面对该问题，寿险企业普遍选择从产品的创新、增加险种并使其多元化、开拓产品的销售渠道等方面入手，进而改进现有的商业模式。而盈利模式作为其商业模式的一部分、保险企业中重要的经营环节和其运营过程中的利润来源，决定了其是否盈利。这就要求保险企业要重视盈利模式，并正确处理好保费收入与利润的关系、承保与投资的关系、产品结构关系。可以说保险业商业模式和盈利模式的选择和调整是紧密联系并相互影响的。本章主要就保险公司的商业模式和盈利模式进行分析，并从实践与理论的角度对我国保险公司所采用的商业模式和盈利模式进行梳理。

知识回顾

一、基本概念

（一）商业模式

目前商业模式在学界并无统一的定义，学者多从不同的角度对其加以界定。商业模式作为企业对价值链定位从而获取利润的方式，目前接受度较高的一种定义为“利益相关者的交易结构”；同时，商业模式是连接客户价值和企业价值的桥梁，也是可以解决企业战略制定前的战略问题。而保罗·帝真斯（Paul Timmers，1998）认为，商业模式是用以表示产品、服务与信息流的架构，包含各个商业参与者及其角色的描述、各个商业参与者潜在利益的描述以及获利来源的描述[1]。阿福亚赫（Afuah，2003）在研究中指出，商业模式是企业在给定的行业中，为了创造卓越的客户价值并将企业推到自己获利的位置上，运用其资源执行什么样的活动，如何执行这些活动以及什么时候执行这些活动的集合[2]。罗珉（2003）认为，企业的商业模式是指一个企业建立以及运作的那些基础假设条件、经营行为手段和措施。就商业模式的功能而言，其核心功能为创造价值，同时也指引着企业的经营管理活动，并且是企业战略管理等理论整合的重要内容。目前商业模式主要分为传统商业模式、改良商业模式和现代商业模式三大类[3]。

（二）盈利模式

盈利模式思想最早是由亚德里安斯·莱沃斯基（Adrian Slywotzky）等人提出，通过对多行业利润模式的研究分析，他们认为行业利润区是可变动的，并在整个产业链上游走。盈利模式就是要素间匹配的组合模式及配方，该过程是以找到行业利润区为目标，从而找到行业盈利要素，并使其适当组合达到匹配[4]。哈佛大学的迈克尔·波特教授提出的“价值链理论”认为，可以将行业的上、中、下游作为整体，当做是一个产生价值的链条，上下游关联的企业间存在着行业的价值链，企业内部相联系的业务单元之间则构成了企业的价值链。而价值链并非是自然结合的，是建立在独特的企业定位和价值观念上。只有在以成本最低或者差异化为目的，以顾客为导向而设计出的，辅以核心资产和能力，并将营销、制造和物流配套打造的价值链，才算是成功打造各环节相匹配的价值链。因此，企业盈利与否，关键在于对价值链的设计以及对核心能力的运用。所以，盈利模式就是企业赚钱的渠道，通过什么样的模式和渠道来赚钱，是企业在市场竞争中逐步形成的企业特有的赖以盈利的商务结构及其对应的业务结构。穆宗英（2010）认为企业的盈利模式主要可归纳为“一个核心、四个基本点”，其中核心就是企业的价值创造活动；而四个基本点指的是盈利模式的四个基本构成要素，即：盈利增长点、盈利的对象、盈利的措施和盈利的屏障[5]。林德（Linder，2011）综合以上定义，归纳出盈利模式是指将人力、科技、资本、品牌及外部环境等要素有机整合，把握外部环境的有利机遇，充分发挥企业优势，规避威胁和缺点来构造一整套为企业带来利润的价值创造活动[6]。

二、统计工具

（一）结构方程模型

结构方程模型是一种建立、估计和检验因果关系模型的方法。模型中既包含有可观测的显在变量，也可能包含无法直接观测的潜在变量。结构方程模型可以替代多重回归、通径分析、因子分析、协方差分析等方法，清晰分析单项指标对总体的作用和单项指标间的相互关系。因此，与传统的回归分析不同，结构方程分析能同时处理多个因变量，并可比较及评价不同的理论模型。与传统的探索性因子分析不同，在结构方程模型中，可以提出一个特定的因子结构，并检验它是否吻合数据。通过结构方程多组分析，可以了解不同组别内各变量的关系是否保持不变，各因子的均值是否有显著差异。此外，结构方程模型容许更大弹性的测量模型，可以处理一个指标从属多个因子或者考虑高阶因子等有比较复杂的从属关系的问题。同时，可以计算不同模型对同一个样本数据的整体拟合程度，从而判断哪一个模型更接近数据所呈现的关系并估计整个模型的拟合程度。在结构方程的假设中，首先需要合理的样本；其次变量须为连续的正态内生变量，其中，内生变量的分布理想情况是联合多元正态分布；再次，在模型的识别过程中，做好可用输入和参数的估计；最后，要对模型进行说明并形成模型中因果关系的理论基础。

在对影响商业模式转型因素的研究中，需要从量化的角度对众多因素进行分析，进而甄别出对商业模式转型有重要推动作用的因素，这对于影响保险业商业模式转型的研究具有一定的借鉴意义。郭毅夫（2012）通过专家访谈，将商业模式转型的因素分为内在和外在因素两大类，其中内在因素包括资本市场、外在的文化、消费者需求的转换以及技术等因素，并分别假设各因素对商业模式转型有正向作用[7]。而其中内在因素包括企业家能力，并假设企业家能力和组织学习能力等多方面对商业模式转型有正向作用。在变量确定的基础上，作者运用结构方程模式来分析变量间整体的相互影响关系。首先绘制出商业模式转型影响因素的初期结构，计算出外生潜变量与内生潜变量之间的路径系数及其统计显著性判断，以及内生潜变量之间的回归权重及其统计显著性判断。其次，明确结构模型的拟合度，并采用最大似然估计法和自由度、卡方值等各种拟合指数对模型作出整体评价。此外，检验参数的显著性，评价参数的意义和合理性，如各种路径系数、残差值及其统计显著性。在此基础上考虑对模型做进一步修正与优化，进而得到最终模型。三次模型统数据分析结果表明，来自风险投资、资本市场的支持确实对商业模式转型具有显著的促进作用。研究结果表明组织学习对商业模式转型有明显促进作用，尤其是组织学习中的知识共享维度与商业模式转型的路径系数达到0.78且通过显著性检验（$p<0.01$）。

（二）SCP 理论

SCP 是经济学哈佛学派在产业组织经济学的基础上构造出来的分析框架，结构（Structure）是指构成同一系统各要素之间的内在联系方式及特征市场结构，主要由市场集中度、产品差异化、进退壁垒等因素决定；行为（Conduction）是指在不断变换的市场环境中市场主体为追求其目标而采取的市场行为受其市场结构的影响，同时，市场行为也作用于市场结构，两者相互影响、相互制约；绩效（Performance）是指在一定的市场结构中，由一定的市场行为所形成的价格、产量及技术进步等方面的最终经济成果。SCP 三者之间的关系可以概括为：在短期内市场结构从根本上制约市场行为，市场行为直接决定了市场绩效；从长期看，受市场行为长期的影响，市场结构也会发生变化，有时候市场绩效的变化也会直接导致市场结构的变化。

邱玉梅（2010）对保险公司的盈利模式转型的内在因素——险种结构不合理、产品趋同度过高的分析中，采用 SCP 理论进行研究，并从产险险种集中度、产险市场行为以及产险市场绩效几个方面加以分析[8]。其中，对产险险种集中度的分析中，主要采用行业集中度指数（Concentnation Rotio，CRn）来对险种集中度进行度量，从而进一步计算我国的产险业险种结构的 CRn 指数。研究发现，近几年我国产险业险种集中度均在 80%以上，说明各公司险种趋同程度非常高。各产险公司主要发展车险、企财险、货运险等老险种，尤其是车险，不仅导致我国的产险市场险种结构非常不平衡，而且造成了产险公司展业的依赖性，给调整业务结构带来困难。在对产险市场行为的研究分析中，作者认为，在险种集中度高的市场环境下，我国产险公司的竞争日趋激烈。由于现有的竞争手段比较单一，保险监管机制不完善，许多产险公司在竞争压力下会发生诸如撕单、埋单、阴阳单、制作假赔案等违规行为；同时出现了贴费、贴条款、贴费率、相互挖墙脚等一系列恶性竞争行为。此外，在产险市场绩效方面的研究发现，现有产险市场结构下，产险公司获得保费收入的边际成本逐年增加，产险险种的趋同在一定程度上挤占了产险公司承保业务的利润空间。

案例呈现

保险商业模式创新将助推中国养老保障体系建设

人口老龄化加速是当前全世界面临的共同课题，特别是对于“未富先老”的中国，养老问题更为严峻。然而目前养老社区产业困难重重，不仅面临政策法律环境的缺失，同时政府政策的扶持力度也不够。养老社区的目的是要为老人提供一个可以满足他不同阶段生活需求的环境，使其在老化的过程中，每一个阶段都能具有充分的生活技能。养老事业，本身具有浓厚的社会福利的色彩，社会对养老产业的巨大需求需要我们将之产业化。而这必须要依托公共政策、政府，还有企业家，我们只有将政府资源和商务连接起来，注重友善关怀、尊重人性，提供完整精细的舒适护理服务，养老产业才能真正发展起来。

首都经贸大学保险系教授庹国柱认为，从定价来看，仅靠服务收费是难以支撑养老社区这样一个资金投入大、回报期长的行业。这一问题涉及两方面，一方面这个产业需要的投资量巨大，需要长期资金的支持，这是毫无疑问的。从行业特点看，保险资金适合投资养老社区，而且目前各大保险公司也已具备这样的实力。从保险资金运用及资产保值、增值的角度出发，这样的投资也是可行的。在资金运用的渠道拓宽以后，保险资金的介入没有了政策障碍。因此，从投资或者说供给方的角度看，目前已有机构具备兴办这个产业的实力。而针对上述养老社区资金来源的问题和将潜在需求转化成现实有效需求的问题，保险企业均是大有可为的。只要提前筹划、不断创新，就能提供满足老人需要的保险产品和服务。如果仅靠现有的养老金，大部分人不可能进入养老社区。而通过将社会养老保险和商业保险相结合，就可以提高普通老人的支付能力，使原本只能依靠社保养老的人也能享受养老社区生活，现在的人寿保险应该提前设计一些和养老社区衔接的产品。

随着人口老龄化，老年护理服务的需求在快速增长。但与此同时，护理服务的成本也在迅速提高，经过专业培训的老年护理人员仍处于稀缺状态。这使得很多老人的服务需要得不到满足，同时也增加了老人的经济负担。因此，希望保险公司能开发相应的护理险产品，提高老人的支付能力，使更多有需要的老人能得到专业的老年护理服务。保险的支持不但帮助了老人，还能使护理机构及服务人员的社会价值和市场价值得到合理体现，帮助稳定护理人员队伍，提高老年护理服务的整体水平。

资料来源：根据 http://finance.people.com.cn/insurance/GB/13911414.html；

人民网新闻等材料综合整理。

理论分析

随着我国保险业的快速发展，保险主体与保费总量不断上升，我国保费规模不断扩大，并成为全球第六大保险市场。然而在保险业繁荣发展的背后，我国保险业发展仍处于初级阶段的事实不可否认。因此，21 世纪以来越来越多的保险主体与保险监管机构开始注重对商业模式的研究，根据我国社会发展的趋势来对保险业商业模式进行改革与创新，构建与经济社会相契合的商业模式，从而实现行业的盈利模式由单一的“经济补偿”模式向“经济补偿+风险管理+综合服务”转变。

一、我国保险业的商业模式

20 世纪 80 年代初是我国寿险业务恢复初期，当时寿险业务规模较小，主要以团险为主。阮琦（2012）阐述 1992 年美国友邦保险公司将代理人制度引入中国，引发了寿险业商业模式的变革，也推动了我国寿险业的跨越式发展。这种崭新的寿险营销模式，打破了传统思维方式，推动了国内保险企业经营思路的转变并成为我国寿险行业高速发展的重要原动力[9]。进入 21 世纪以后，随着我国寿险市场竞争日益增加，保险企业为了迅速占领市场，开始寻找在快速扩大业务规模的同时，能降低营销成本的新渠道。因此，保险企业开始与银行签订代理协议，以借助其众多的分支机构和良好的信誉，寿险行业的“银保合作”也就此诞生。在互联网和移动电话的普及的催生下，保险业保险产品电销和网销渠道也开始得到发展。

在我国保险业发展初期，行业对其商业模式的关注较少。盛和泰（2012）总结了在 21 世纪的社会经济形势下，保险企业的商业模式由如下五大维度进行衡量：第一，价值创新是商业模式的灵魂，因此保险业成功的商业模式需要为顾客提供独特的社会价值。在我国社会转型的大背景下，保险业努力寻找商业价值与社会价值的契合点，如：通过对我国城乡发展一体化与富农、强农、惠农政策的理解，开发出农业保险并不断创新其他涉农产品；面对我国的人口老龄化问题，创新养老保险商业模式，涉足老龄市场中的养老与护理；在进一步支持和推动政策的同时也取得了良好的业绩与发展，成功地拓展了与经济社会相契合的业务模式。第二，资源整合作为商业模式的核心，保险业应顺应集团化趋势的高层次协同发展模式，进而做好保险业的资源整合与优化。其中主要从以下几个方面切入：首先以股权集中为纽带，构建紧密型集团构架，对子公司保持高比例控股，以实现集团资源整合与发挥协同效应；其次以集团总部建设为基础，构建积极的战略管控模式；再次以干部垂直管理为依托，构建纵向有机协调的多层级法人治理结构；最后，以交叉互动为切入点，构建完善一体化营销模式。第三，具备顺应去风险化趋势的完备风险管控模式。风险管理作为商业模式的基础，保险企业应以良好的风险管理文化为基础，以多渠道的资本补充机制为重点，以垂直化的风险管理体系为载体，持续提高风险抵御能力。第四，顺应资本内生化趋势的持续盈利模式。持续盈利作为商业模式的根本要求，这需要保险集团在坚持承包与投资双轮驱动的盈利模式的同时，构建主业均衡多元的盈利模式。第五，顺应信息化趋势的高效运营管理模式。信息化作为商业模式的重要支撑，保险业在商业模式的布局与发展中，以“全集中，大统一”为方向，充分利用IT推进资源共享，促进业务发展、风险管控和盈利能力的提升，强化信息技术的战略支撑和创新驱动作用[10]。

二、我国保险业的盈利模式

在我国经济的不同发展期，保险业将随着市场和经济环境的变化调整经营策略与商业模式，这将直接或间接地导致企业盈利模式的调整和改变。具体而言，我国保险公司在发展的不同时期主要经历了渠道倍增模式、从产品到品牌模式以及目前的趋同模式。在同一时期，有些保险公司也可能会同时采用以上三种模式，王颖（2009）系统梳理了不同公司以多样化的方式实践和拓展三种模式的现状。

渠道倍增模式：20世纪90年代以前，保险产品的销售仅仅是依靠保险分支机构和人员的直销，市场里为数不多的几家保险公司开始纷纷在全国范围内建立其营销分支机构。这种直销制度最大程度地限制了保险欺诈行为的发生，有利于保险公司加强对保源的控制等。但其弊端也随着保险业的发展、保险需求的增加而日渐明显。在保险市场主体的增多，竞争愈加激烈的背景下，部分公司为扩大业务和树立形象及占领市场，纷纷与银行合作并签订代理协议，开始尝试联手开拓银行保险市场，迈出了我国发展银行保险业务的第一步。目前，公司直销、个人代理和银行保险成了我国寿险市场最主要的三种营销渠道；同时，寿险业和产险业渠道的不断发展促进了其保费收入近年来的不断增长。

从产品到品牌模式：保险产品是保险公司盈利的中心，也是公司实施差异化的关键。保险业最初开始发展是以产品为导向，随着人们需求的日益增加，保险公司开始注重创新，保险产品也由最初的保障功能逐步向储蓄和投资功能拓展，分红险、投资连接险、万能险、责任险等险种层出不穷。但当各家保险公司所提供的产品相似度极高时，品牌模式就应运而生了，品牌提供了差异和消费者满意度的双重承诺。

趋同模式：趋同是指随着过去坚固的竞争壁垒在多种不同的行业中被推倒，竞争的边界正在逐渐消失。在趋同模式下，以前属于界限分明的不同行业的竞争者开始争夺客户。趋同模式又具体分为三类：供应商的趋同、产品的趋同和辅助产品的趋同。国际保险业目前普遍采用的便是供应商趋同的模式。随着人们投资需求的不断多元化，人们希望有一个一站式的综合交易服务平台可以满足其多层次的投资需求，并节约时间提高交易效率。因此，各类金融服务的供应商开始由分散走向趋同，大型保险集团在发展保险业务的同时开始逐渐向银行业务和投资业务拓展[11]。

三、保险业的商业模式与盈利模式研究现状

（一）保险业商业模式研究现状

在保险的研究领域，其盈利模式备受关注同时也是研究的热点之一，而较之于盈利模式，保险业的商业模式研究较少且研究类型多为描述型。在保险业商业模式的已有研究中，主要可以分为对不同险种的商业模式研究、电子商务商业模式研究以及保险公司商业模式研究。

郭凯、钭旭杰（2010）基于对我国商业养老保险的发展现状、问题及原因的分析，从创新商业养老保险的角度对商业模式进行探讨。研究认为，创新商业养老保险的商业模式需要政府的制度支持、优惠政策，同时保险业应遵循战略合作、实现共赢的指导原则，联合致力于发展商业养老保险的保险机构，发起成立商业养老保险发展基金并以产业投资基金方式运作[12]。董迎秋（2009）认为，面对保险行业商业模式不明确的问题，要创建一个成功的保险商业模式，实现业务盈利能力持续提升必须明确“以客户为中心”的价值主张。通过产业链整合策略和价值链延伸策略，明晰需要满足哪些客户、哪些价值的市场定位；再造运营流程，集中精力改进那些对客户的购买决策有重大影响的流程，实现整个业务流程由客户需求来驱动、以客户满意为目标；优化组织架构以支持运营流程再造；最终通过实现文化丰富与发展对商业模式深化进行巩固，从而打造出保险公司价值发展的新蓝海[13]。王士清（2011）则侧重对财险公司车辆经营的商业模式进行分析，研究认为商业模式可以分为传统商业模式、改良商业模式和现代商业模式，要实现财产保险公司车险经营商业模式创新则要做好车险的定位、改造与提高现行的业务系统与核心资源能力、创新盈利模式[14]。

随着信息时代的到来与网络的发展，保险业在电子商务的大背景下迎来了商业模式的改革与创新。王国军（2001）通过对当前主要的 9 种保险电子商务商业模式进行分析，理清其发展历程与优缺点。在对我国的电子商务商业模式研究中认为，我国保险电子商务模式在探索与竞争中不断转变和创新，网络低潮促进了保险网站商业模式从低级向高级阶段发展。由于我国保险业发展水平的限制，“商对客”（Business-to-Customer, B2C）模式仍然是短期内保险网站商业模式的主流；从长期看，随着金融国际化进程加快，外资保险公司、中介公司大量进入中国市场，保险电子商务的商业模式的演进会更加迅速[15]。

（二）保险业盈利模式研究现状

在保险公司的盈利模式研究方面，学者主要根据保险公司的具体分类，并从不同的侧面对其盈利模式加以研究。江生忠、邵全权（2009）认为目前存在于各财险公司的盈利模式主要有四种：以现金流为主的盈利模式；靠专业化经营来降低销售成本和生产成

本的盈利模式；以增加机构扩大保费规模为主的盈利模式；优化产品结构，通过价值链管理的盈利模式[16]。陈宇（2009）则认为现在的财险公司主要依靠三种盈利模式实现盈利。三种盈利模式分别为：承保、投资均盈利；承保轻微亏损或者盈亏平衡，投资盈利；承保亏损，投资利润能够弥补承保亏损。祝向军（2010）认为我国保险公司经历了机构模式、营销模式、银保模式、电销模式等规模模式。规模模式的作用递减催生了现有的投资模式、集团模式等范围模式。但由于范围模式存在偏离风险，保险公司需重新思考保险业的盈利模式。这几种盈利模式基本上概括了我国保险公司盈利模式的发展演化过程，在我国保险公司发展的不同时期会根据市场及自身情况选择不同的发展模式[17]。

在保险公司可持续盈利模式选择的研究方面，催晓春（2009）认为我国财险公司的业务老化、产品结构不科学、业务发展规模比例不科学，这些缺陷阻碍了公司效益的提高[18]。任珊（2004）通过分析当时保险市场所处的经济环境及保险业自身发展现状，探讨保险监管力度和社会的认可程度，对保险企业内部的系统管理与外部环境系统调控之间的关系进行了阐述。认为保险市场环境和保险监管以及社会认可是保险企业必然面对的外部生存环境，而保险企业的系统管理与调控是保险企业实现持续发展的唯一途径[19]。王文凯、郭良、徐艳红（2008）从讨论市场集中度的含义出发分析了我国财险公司的规模经济，发现我国财险公司存在规模不经济现象[20]。刘社堂（2009）认为规模增长主导使财险公司存在诸多隐患，如赔付率攀升、现金流短缺、投诉增多和偿付能力不足。因此，财险公司必须正本清源，回归本真，树立效益主导论，变规模增长为效益优先，以实现公司的可持续盈利[21]。陈华、张艳（2009）认为我国财险市场有同质化竞争的趋势，这将严重阻碍财险业的持续健康发展[22]。杨娟、崔建福（2009）通过对财险各险种业务市场规模和保费收入以及公司承保利润的分析，认为造成财险公司普遍亏损的原因是车险业务的长期亏损[23]。

因此，目前国内学者对财险公司的商业模式和盈利模式的研究都在不断地增加，研究领域也已涉及财险公司商业模式和盈利模式的多个方面。然而，总体来看目前对于保险企业的商业模式研究较之于盈利模式的研究更少；同时，在二者关系的研究方面，无论是从宏观的研究或是实证的研究都比较缺乏。

延伸阅读：保险公司盈利模式的认识与选择

保险公司的主要利润源及相应不同环节决定了其盈利模式，选择合理、成功的盈利模式是公司实现盈利的重要保证，也是实现保险公司目标的重要途径。近年来，部分保险公司在过分求大求快的急功近利思想指导下，不仅不重视盈利模式的研究，而且在盈利及偿付能力上都出现了问题。对保险业来说，正确处理一些关系对于改进盈利模式是有益的。

从我国保险业近30年的实践看，有很长一段时期我们并不重视盈利模式。其主要原因是在保险业务恢复初期，市场主体少，竞争不充分，个别保险公司即使盈利或事实上存在一个盈利模式，也主要缘于传统经济体制的影响。后期虽然增加了一些市场主体，但因市场机会比较多，随着经济体制的改革，保险需求增大，保险公司的盈利得以保证。随着保险市场主体不断增加，市场竞争加剧，加之保险技术经济特点，保险公司从开业到进入盈利期的时间相对延长；加之公司自身管理制度建设不到位和市场竞争的缘故，公司始终被市场左右，同样也没有冷静地选择公司的盈利模式。所以，从业务经营角度看，近30年来虽然保费收入增加了，资产规模扩大了，准备金也增加了，但各家保险公司的盈利状况并不相同，有的公司尤其是中小保险公司的盈利状况不尽如人意。

值得注意的是，近年来部分保险公司在过分求大求快的急功近利思想指导下，不仅不重视盈利模式的研究，而且在盈利上及偿付能力上都出现了问题。部分保险公司经营模式呈现为：增加保险费收入，呈现承保亏损，力争投资收益，投资收益不高或变负，则偿付能力不足，需增加资本金。而破解上述经营模式的难题就是要从根本上解决上述问题，即“关键原因在于部分公司发展模式粗放，产品结构不合理，公司盈利能力不强甚至长期亏损”。其核心是自主或不自主地选择了粗放型发展模式，也就是说，公司还没有成功的盈利模式。对于现阶段中国保险业来说，如何把握和选择盈利模式无疑是一个重大课题，也是在未来竞争条件下企业生存、发展及成熟的挑战。同时，保险公司应转变经营观念，根据保险需求不断变化，及保险经营环境等因素不断变化，抓住市场机遇（实际上就是行业中新的利润增长点），确定其特有的赖以盈利的商务结构及其对应的业务结构，即盈利模式。如前所说，对保险业来说，过去和未来都没有一个始终正确的盈利模式。但正确处理以下关系还是有意义的：一是要正确处理好保费收入与利润的关系。二是正确处理好承保与投资的关系。三是正确处理好产品结构关系。四是正确处理好管理和营销渠道上继承与创新的关系。五是正确处理好集团化与专业化的关系。（江生忠，邵全权）

资料来源：根据 http://news.ins.com.cn；

《中国保险报》等材料综合整理。

问题与思考

在我国保险业日渐成熟与规范的今天，如何从商业的角度审视与规划保险业在未来的可持续发展，以成为业界和研究领域所关注的问题之一。同时，我国保险行业市场主体的迅速增加和保险业务的全面开放，使得国内保险市场竞争不断加剧。对我国保险业来说，加快发展方式的转变、进行盈利模式的转化是解决行业发展不平衡、不协调等深层次问题的根本举措，是新起点、新阶段实现可持续发展的迫切需要。因此，随着垄断利润的逐渐减少与消失，加之在经济与社会的发展中，风险层出不穷，自然灾害发生的频率越来越高，灾害风险造成的损失与日俱增，这些都致使我国保险企业承保利润呈不断下降的趋势。面对在新经济环境下日益激烈的市场竞争格局，保险企业自身商业模式和盈利模式的不足和存在的问题已日益凸显，如何构建可持续商业模式和盈利模式以把握机遇、迎接挑战、实现保险公司的可持续发展已经成为保险企业亟待解决的问题。

就现实的情况来看，目前我国保险业在传统业务模块中对商业模式的运用多基于其原有商业模式，并在实践中进行调整。对于不同类别的保险公司而言，大多根据其销售产品的特点设计出相应的商业模式，如：财险公司与寿险公司的商业模式存在较大差别。对于部分保险公司而言，传统的商业模式已然不能助力其在市场上的竞争性，这意味着公司的商业模式将出现较大的变革，并基于原有的商业模式进行创新。如：华安保险在面临传统经营模式无法改变公司亏损局面、无法解决保险产品的问题以及人才流失等多种问题时，选择对传统商业模式进行大规模的改革，在新商业模式中选择连锁式营销服务部模式，改变当前产品销售过度依赖业务员、销售团队以及以车行为代表的销售渠道的原有运营方式，继而依托于城市社区，建立起类似于银行网点的保险产品销售和客户服务中心，以门店的形式直接面对客户。

此外，由于市场需要而催生的新的保险产品，如农业保险、商业养老保险等，则依据其本身的特点和市场的需求，创新设计出新型的商业模式。就保险业的盈利模式而言，学者从不同的角度对其种类进行界定；同时，实践中保险公司的盈利模式以及其发展改革路径也较为明确。然而，我国保险公司现有盈利模式仍然存在诸多问题，如产品趋同程度高、险种结构不合理、行业整体盈利能力较弱、盈利结构单一等。同时，国内保险公司快速的规模增长和激烈的市场竞争导致了产险公司的高成本、高费用运作，从而削弱了规模经济带来的规模效应。因此，保险公司在盈利模式构建的过程中，应注重核心竞争力的培育和成本领先优势的缔造，以降低产险公司综合成本，获得长期持续的盈利。在保险业商业模式的盈利模式的研究领域，我们可以明显看到，对保险业商业模式的研究仍然比较薄弱，缺乏对保险主体所采用商业模式的全面而深入的分析。因此，学界在保险业商业模式的研究分析方面仍然还处于初级阶段。而在保险公司盈利模式方面的研究则较为丰富和深入，其中既包括对盈利模式类型的分析，也包括对盈利模式转型影响因素的研究，在构建可持续发展型的盈利模式方面也有较为细致、深入的建议。

因此，基于经济环境的改变和市场变化的需要，越来越多的保险公司对其现有的商业模式与盈利模式加以审视，理清公司现有商业模式的价值链以及存在的优、劣势并加以调整。在目前保险公司的操作实务中，仍有众多企业对商业模式的分析不够透彻，安排也不尽合理。因此，未来保险企业自主或是请咨询公司分析理清其商业模式并在此基础上进行调整，将会是一大趋势。同时，这也将成为公司提升其市场竞争力的重要一环。保险企业的盈利模式作为当前备受关注的重点之一，在不断实践积累下，将来也将在高效盈利模式的构建与实践层面上有更为深入的探索。在研究领域，保险公司商业模式未来将会受到更多的关注，不仅是针对新兴保险业务的研究，同时也将在已有商业模式的分析与改进方法方面展开更为深入的研究。对于目前商业模式与盈利模式关系方面的研究基本处于空白状态的问题，也将随着保险业商业模式研究的普遍和盈利模式研究的深入而成为新的研究点之一。二者关系的深入研究分析，将引导保险企业在考虑商业模式与盈利模式的互动效应的同时，从更为全面的角度审视、调整和设计商业模式与盈利模式。

问题1：

我国保险业所采用的商业模式都有哪些？其优点和缺点分别是什么？

问题2：

在现有的保险业盈利模式中，你认为哪些模式明显优于其他的盈利模式？并分析其原因。

问题3：

从理论角度而言，保险业的商业模式和盈利模式之间存在何种关系？在实践中该关系如何得到体现？

参考文献

[1] Paul Timmers. Business Models for Electronic Markets [J]. Electronic Markets Journal, 1998, 8 (2).
[2] AllanAfuah. Business Models: Astrategic Management Approach [M]. Boston, Massachusetts: McGraw-Hill, 2003.
[3] 罗珉. 组织管理学 [M]. 成都：西南财经大学出版社，2003.
[4] 亚德里安·斯莱沃斯基，大卫·莫里森，等. 利润模式 [M]. 北京：中信出版社，2007.
[5] 穆宗英. 大连机动车辆保险的盈利模式研究 [D]. 大连：东北财经大学，2010.
[6] Linder, J. C, Ceantrell, S. Changing Business Models: Surveying the Lands cape [J]. Institute for Strategic Accenture, 2001 (13).
[7] 郭毅夫. 商业模式转型影响因素的研究 [C]. 第十四届中国管理科学学术年会论文集（下册），2012.
[8] 邱玉梅. 国内财产保险公司盈利模式及其转型研究 [D]. 南昌：江西财经大学，2010.
[9] 阮琦. 格物致知践于行——信息时代保险商业模式创新研究 [J]. 金融电子化，

2012（10）.
[10] 盛和泰. 现代保险企业商业模式五大维度［OL/EB］. http://www.cfc365.com/management/plan/2013-03-15/8671.shtml.
[11] 王颖. 中国平安盈利模式研究［D］. 厦门：厦门大学，2009.
[12] 郭凯，钭旭杰. 创新商业养老保险商业模式的探索［J］. 上海保险，2010（9）.
[13] 董迎秋. 财产保险公司重塑商业模式框架思路探析［J］. 保险研究，2009（11）.
[14] 王士清. 财产保险公司车辆经营商业模式创新探索［J］. 保险研究，2011（10）.
[15] 王国军. 保险电子商务商业模式的现状与评价［J］. 中国保险管理干部学院学报，2001（5）.
[16] 江生忠，邵全权. 保险公司盈利模式的认识与选择［N］. 中国保险报，2009-02-10.
[17] 祝向军. 我国保险公司盈利模式的发展演化与未来选择［J］. 保险研究，2010（2）.
[18] 催晓春. 科学调整优化财产险业务结构的对策［J］. 中国保险，2009（5）.
[19] 任珊. 试论保险企业可持续发展［J］. 商业研究，2004（11）.
[20] 王文凯，郭良，徐艳红. 我国保险业规模经济的探讨［J］. 金融经济，2008（7）.
[21] 刘社堂. 财产保险：由规模冲动转向效益主导［J］. 中国保险，2009（6）.
[22] 陈华，张艳. 保险公司同质化态势与专业化经营问题研究［J］. 保险研究，2009（7）.
[23] 杨娟，崔建福. 我国产险公司承保亏损原因分析及建议［J］. 保险研究，2009（8）.
[24] Klein & Robert W. Catastrophe Risk and Regulation of Property Insurance Market：A Comparative Analysis of Five States［R］. working paper, Georgia State University, 2007.
[25] Swissre. Measuring underwriting profitability of the non-life insurance industry［J］. Sigma 2006（3）.
[26] Episeopo & Athanasios. The implied reserves of the Bank Insurance Fund［J］. Journal of Banking and Finance, 2004（7）.
[27] Thomas WYM, Lau T, Chan KF. The competitiveness of small and medium enter prises：a conceptualization with focus on entrepreneurial competencies［J］. Journal of Business Venturing, 2002（17）.
[28] Tsai K H, Wang J C. External technology sourcing and innovation performance in LMT sectors：ananalysis based on the Taiwanese technological innovation survey［J］. Research Policy, 2009（3）.
[29] 赵斌，宁婕. 政府购买医疗保障服务政策下商业健康保险的盈利模式［J］. 保险研究，2011（10）.

[30] 方国斌. 我国养老保险公司盈利模式探析——基于2010年信息披露报告的分析 [J]. 保险研究，2011（10）.
[31] 马蒙蒙，林则夫，孙博睿. 国际保险公司综合经营的实践及启示 [J]. 保险研究，2009（10）.
[32] 黄永波. 财险公司可持续盈利模式的辩证分析与建议 [J]. 金融理论与实践，2010（4）.
[33] 李娟. 财产保险公司盈利模式分析 [J]. 财政监督，2010（24）.
[34] 祝向军. 后危机时代保险公司盈利模式选择的理论分析 [J]. 广东金融学院学报，2010（6）.
[35] 韩铭珊，孟庆轩. 保险企业涉足基金管理业相关问题研究 [J]. 保险研究，2007（4）.
[36] 罗锋. 创新服务型盈利模式：中国券商盈利模式的战略选择 [J]. 特区经济，2004（9）.
[37] 吉昱华. 保险公司盈利模式变迁及趋势 [J]. 中国金融家，2010（2）.
[38] 韩铭珊. 保险公司盈利模式的转型与投资策略的调整 [J]. 中国保险，2007（1）.
[39] 王稳，王东. 公司治理风险、保险创新与保险业可持续发展——后危机时代中国保险业的创新与发展论坛综述 [J]. 保险研究，2010（1）.
[40] 张坤胜. 财产保险公司盈利模式探析 [J]. 科技资讯，2010（31）.
[41] 黄薇. 中国保险业范围经济的实证研究 [J]. 数量经济技术经济研究，2007（11）.
[42] 李有祥，张国武. 我国非寿险业纵向产业链整合问题探讨 [J]. 保险研究，2010（3）.
[43] 金虹. 论加快财产保险公司服务创新的步伐 [J]. 现代管理科学，2007（10）.
[44] 何士宏. 保险业运营模式变革和优化的路径与趋势 [J]. 保险研究，2008（9）.
[45] 宋纪宁，杨名. 保险公司银保合作战略联盟伙伴选择评价模型构建及应用研究 [J]. 现代管理科学，2013（5）.
[46] 顾冰，付应娟，崔惠贤. 集团化对保险公司经营绩效的影响——基于DEA方法对中国保险公司1999—2010年的数据分析 [J]. 上海保险，2013（5）.

第十四章 保险中介与营销体系

学习目的

通过对本章的学习，理解保险中介和保险营销的基本概念，理解保险中介与保险营销体系的关系，能够区分保险专业中介机构与兼业代理机构，了解市场营销的基本理论和委托代理的基本模型，了解发达国家保险中介市场的主要模式与启示，重点掌握我国保险中介市场的发展概况、现状、趋势和困难。理解学界对中介市场改革的路径思考，如保险营销员管理体制改革、保险中介机构准入机制改革、保险专业中介机构集团化、保险专业中介机构与新型营销渠道有效结合、兼业机构专业化等。理解营销体制改革的基本思路和主要举措，思考如何突破现有瓶颈，促进我国保险中介市场与营销体制良性发展。

引言

保险中介是保险营销体系中不可或缺的重要组成部分，从国内外经验来看，大力推进市场化、专业化、职业化和国际化，是我国保险中介行业发展的目标方向和必由之路。为了构建一个市场体系完善、服务领域广泛、经营诚信规范、综合竞争力较强、充满生机和活力的现代保险中介市场，自 2010 年以来，我国保监会相继出台了《关于改革完善保险营销员管理体制的意见》（保监发〔2010〕84 号）、《关于坚定不移推进保险营销员管理体制改革的意见》（保监发〔2012〕83 号）、《关于暂停区域性保险代理机构和部分保险兼业代理机构市场准入许可工作的通知》（保监中介〔2012〕324 号）、《关于进一步规范保险中介市场准入的通知》（保监发〔2012〕693 号）等一系列针对性很强的政策措施推进对我国保险中介的结构调整与优化。根据保监会发布的《中国保险中介市场报告（2012）》显示，一方面2012年我国保险中介市场保持平稳运行，但另一方面，我国中介市场违法违规行为比较严重，同时新型保险营销渠道的崛起冲击着传统保险营销渠道。因此本文着重介绍了保险中介在我国保险业营销体系改革中的发展现状和存在的问题，旨在为保险中介未来发展战略提供一些参考。

知识回顾

一、基本概念

（一）保险中介与保险营销

保险中介，可以分为狭义的保险中介人和广义的保险中介人。狭义的保险中介人包括保险代理人、保险经纪人、保险公估人三种。而广义的保险中介人还包括与保险中介服务有直接关系的单位与个人，比如保险顾问人员、保险技术服务人员、保险法律服务人员、保险中介评估机构等。而保险营销是以保险这一特殊商品为客体，以消费者对这一特殊商品的需求为导向，以满足消费者转嫁风险的需求为中心，运用整体营销或协同营销的手段，将保险商品转移给消费者以实现保险公司长远经营目标的一系列活动。

（二）保险中介与保险营销体系的关系

保险营销体系是一个国家或地区在长期保险营销实践中形成的、被依法认可并广泛运用的保险销售制度和推销组织形式，而保险中介是保险营销渠道的重要组成部分。

（三）保险中介市场的构成主体

通常将保险中介机构分为保险专业中介机构以及保险兼业代理机构。

1. 保险专业中介机构的定义及构成

保险专业中介机构是对保险专业代理机构、保险经纪公司、保险公估公司的总称。保险专业代理机构是指根据保险人的委托，向保险人收取保险代理手续费，在保险人授权的范围内专门代为办理保险业务的单位，可以采取的组织形式有：合伙企业，有限责任公司、股份有限公司。而保险经纪公司代表的利益主体不同，是基于投保人的利益，为投保人与保险人订立保险合同提供中介服务并依法收取佣金的单位。在同客户签订委托协议后，由保险经纪公司组织市场询价或招投标，选择承保条件最优越的保险公司作为承保公司。此外，保险经纪人还可以协助客户制订保险以外的全面的风险管理计划。最后，保险公估机构是指依照我国《保险法》等有关法律、行政法规规定，接受保险当事人委托，专门从事保险标的的评估、勘验、鉴定、估损、理算等业务的单位。

2. 保险兼业代理机构的定义

此类机构是指在从事自身业务的同时，根据保险人的委托，向保险人收取保险代理手续费，在保险人授权的范围内代办保险业务的单位，目前市场上比较常见的是银行、邮政、汽车企业等机构。

二、分析工具

（一）传统市场营销理论

1. 营销组合理论

市场营销组合理论是指企业针对营销市场综合运用各种可以控制的营销因素，对它们实行最优化组合，以取得最佳市场营销效果。企业可控因素是指产品因素（Product）、价格因素（Price）、渠道（Place）和促销（Promotion）四大因素，通常简称为4Ps组合理论。

2. 市场细分和市场定位理论

通过市场细分，提高消费者满意度，帮助企业优化资源配置，把企业优势转化为市场竞争的优势，找到一个真正有利于企业发展的细分市场作为目标市场；再通过市场定位勾画企业产品在客户心目中的形象，使企业所提供的产品具有一定的特色，适应一定客户的需要和偏好，并与竞争者的产品有所区别的计划性活动。

（二）当代市场营销理论

1. 创造需求的营销理论

企业站在战略高度分析市场，在对市场进行深入调查、预测的基础上，掌握消费者需求的发展变化规律，同时搞好品牌营销、企业营销，更要重视理念营销，走引导消费者形成新的消费观念、改变消费者的传统消费环境、帮助消费者建立新的消费方式、促进消费者提高消费质量和消费层次之路，让需求跟着企业营销走；再次，坚持以消费者为中心，重视消费者的终身价值，开展创新性营销服务，不断创造使消费者满意度升值的消费需求；最后，利用信息化时代的互联网跨越传统信息时空界限，实现一对一互动传播，使企业的创造需求营销与消费者需求满足达到有机结合。

2. 整体营销理论

整体营销是从长远利益出发，公司的营销活动应囊括其内、外部环境的所有重要行为者，他们是：供应商、分销商、最终顾客、职员、财务公司、政府、同盟者、竞争者、一般大众，前四者构成微观环境，后五者体现宏观环境。

（三）委托—代理模型

保险代理制度是委托代理模型在保险领域的具体反映。委托代理模型是指，当代理人在代理活动中追求自身效用最大化时，由于信息不对称，代理人可能会以损害委托人的利益为代价，增加自身的效用。这样就产生了委托代理风险问题。委托代理模型认为，可以通过激励约束机制的设计来解决委托代理风险问题，使代理人效用最大化的目标与委托人效用最大化的目标相一致，实现两者的激励相容。

案例呈现

上海"泛鑫"事件

上海泛鑫代理公司的实际控制人陈怡因涉嫌经济犯罪，在斐济被抓获，并于2013年8月19日晚被押解回国。随着上海泛鑫事件的曝光，一直处于灰色地带的保险中介违规操作现象开始露出冰山一角。

成立于2007年的上海泛鑫，几年前还是默默无名的小中介，在2011年却快速成为上海滩第一大保险中介机构。其背后的违规、暗箱操作，揭示了保险中介的风险黑洞。业内人士称，泛鑫的主要问题是采用"期缴变趸缴"的经营模式，将客户的资金移花接木。以客户购买20年期的定期寿险为例，原本客户年缴费5000元，缴费20年，共缴纳10万元。但泛鑫承诺一年后返还本金及10%的年收益，提出让客户一次性缴纳保费。此时，客户缴纳的保费留存在泛鑫账户中，泛鑫却仍按合同，以年为单位，向保险公司分期给付，从保险公司收取高过100%的首年保费佣金。由于续期保费的佣金比例远低于首期保费的佣金。此后，泛鑫再用留存账户中的剩余保费，购买新保单，套取更多的返佣。但当客户资金枯竭时，泛鑫不能继续缴纳续期保费，就可能导致资金链断裂。除此之外，泛鑫还涉嫌伪造保单、骗取保费等违规行为。据悉，此次泛鑫牵扯的保单共计3000多份，真假混杂。目前与泛鑫合作的昆仑健康、泰康人寿、海康人寿等6家保险公司，正在核算与其业务来往的具体保费，以及泛鑫的总违规金额。

目前，上海保监局已经认定泛鑫公司擅自销售自制的固定收益理财协议。同时对于正常的投保客户，监管部门将协调保险公司给予退保。对于持有泛鑫自制理财协议的客户，权益能否确保，要看陈怡卷走的资金能否被如数追回。

保险中介机构的整顿一直是保监会的重点工作。2012年，保监会共清理6000多家兼业代理机构和222家保险代理公司。但是，违法违纪现象依旧屡禁不止。"重要原因是违法成本低。"广东金融学院保险专家王萍表示。王萍建议在提升进入保险中介市场门槛时，将其也纳入偿付能力监管范畴，这样有助于提高行业风险防范能力。除此之外，中国对保险中介机构监管的法律法规有待进一步完善，以有力的监管措施提高违法违规成本。

资料来源：http://insurance.hexun.com/2013-08-30/157594426.html.

理论分析

近年来有关保险中介方面的研究及文献资料不少，国外学者对其研究主要集中于探讨保险中介的经济功能，研究佣金的安排对消费者福利的影响等问题，也有学者对保险中介的市场结构进行分析。而国内学术界对于保险中介的研究主要集中于比较国内外中介市场的特征和我国保险中介市场发展过程中存在的问题和对策方面，也有研究我国专业中介机构的核心竞争力等。总的说来，主要分为以下几个方面：

一、保险中介必要性概述

邹茵（2012）提出，保险中介的价值功能主要由其专业技术服务、保险信息沟通及风险管理咨询等诸方面的优势体现。具体说来，保险中介能提高保险市场的交易效率，有利于保险市场资源配置，并能促进保险市场服务机制的优化[1]。陆海空（2006）认为保险中介能减少交易费用，降低保险成本，同时能促进保险公司转变经营模式，使保险公司专注于开发保险产品、加强风险管理和企业经营管理，提高服务质量，真正成为知识密集型的专业承保公司[2]。朱玉翠（2010）提出从产业经济学的理论的角度来说，保险中介是连接整个保险供需链中的横向协作链，是关键的一链；从保险市场理论的角度来说，保险中介机构是保险业的市场主体之一，保险中介市场是与保险产业化相适应的子市场[3]。王稳（2012）认为，相关信息和搜寻技术的分配是影响信息搜寻成本的重要因素。保险中介机构正是在这些方面具有比较优势从而能够提高保险市场的运行效率[4]。

二、发达国家保险中介的主要模式

（一）英国的保险中介模式

英国采取的是以保险经纪为主的中介模式，而英国对保险中介的管理，主要体现在一系列法定法规和非法定准则上，朱玉翠（2010）将其归纳如下：一是经纪人要定期向协会提供交易统计表，说明它与每家寿险公司交易的比例情况；二是1977年《保险经纪人法》明确规定了运营资本最低金额，保险经纪人必须提交偿付保证金和购买职业责任保险，每年要向注册理事会提交审计过的财务报告；三是注册委员会唯一的处罚办法就是将违法者除名[3]。

（二）日本的保险中介模式

日本采取的是“保险代理绝对主导，保险经纪为辅”的中介模式，寿险业营销主要依靠营销员和网络销售渠道，而财险公司利用损害保险代理店为一家或多家保险公司提供销售服务。在中介监管方面，日本实行行政立法管理和行业自律相结合的保险中介监管制度。

（三）美国的保险中介模式

朱玉翠（2010）指出美国采取的是“保险代理人和保险经纪人并存，以保险代理人为主体”的中介制度体系，同时保险代理人可以从事保险经纪业务，保险经纪人在财产保险业务方面也有重要作用。美国保险代理人制度也较有特色，分为机构代理与无机构代理制度。其中，机构代理又细分为总代理制、分公司制、多险种代理制和上门服务代理制；保险经纪人分为：与客户直接接触的零售经纪人、批发经纪人、再保险经纪人，他们帮助保险公司安排再保险。保险公估人分为独立理赔人、理赔事务所和公共理赔人。在中介监管方面，美国采取政府管理与行业自律相结合的保险中介制度双重管理机制[3]。

（四）对发达国家保险中介制度经验的总结

纵观各国保险中介制度，有以下共同特点：一是保险中介一直是各大发达国家的保险营销主渠道；二是教育培训以及考察从业人员素质的体系比较完备；三是有完善的法律体系和较为健全的行业自律机制；此外，陆海空（2006）指出，保险监管的重点决定了对保险中介人的需求类型。若一国强调偿付能力监管，则对保险经纪人的需求较多，如英国；若强调市场行为监管，尤其是费率、险种等由监管部门统一制定，经纪人选择保险公司的余地小，应以发展保险代理人为主，比如 1994 年以前的日本；若监管内容以两者并重，可同时发展保险代理人和经纪人[2]。

三、我国保险中介市场的发展概况与改革路径

（一）保险中介市场发展概况

2013 年 7 月 5 日，保监会发布的《中国保险中介市场报告（2012）》显示，我国保险中介市场在 2012 年继续呈现稳中趋好、持续健康发展的态势。保险专业中介机构 10. 8%的增长速度远高于整个保险行业 8%的增长速度，保险专业中介机构的质量也有所提高，注册资本金同比增长 45. 19%，结构呈优化调整趋势；从运行情况来看，保险中介渠道实现保费收入 12 757. 74 亿元（其中财产险保费收入 3540. 33 亿元，寿险保费收入 9217. 41 亿元），占 2012 年全国总保费收入的 82. 4%；从主体运行情况来看，保险专业中介渠道实现保费收入 1007. 70 亿元。保险专业代理机构实现保费收入 586. 64 亿元，

其中产险保费收入448.49亿元，寿险保费收入138.15亿元。保险经纪机构实现保费收入421.06亿元，其中产险保费收入340.23亿元，寿险保费收入64.99亿元，再保险保费收入15.84亿元。保险公估机构估损金额265.61亿元，其中财产险公估服务费收入15亿元，寿险公估服务费收入915万元，其他收入5897万元。保险兼业代理机构实现保费收入5877.17亿元，其中全国产险保费收入1600.99亿元，寿险保费收入4276.19亿元。保险营销员实现保费收入6010.16亿元，其中产险营销员实现保费收入1175.08亿元，寿险营销员实现保费收入4835.08亿元。但另一方面，保险中介机构2012年创造保费的占比仅为个位数，且总资产额度较小，反映了目前我国保险中介市场的发展仍然处于较低阶段。与此同时，我国中介市场违规违纪行为仍然有些严重，行业形象受到负面影响较大。同时值得注意的是，保险兼业代理和专业中介呈现此消彼长的态势，兼业代理保费收入同比下降2.9%。

（二）保险中介市场改革路径

在目前保险竞争日趋激烈的背景下，学术界众多学者认为加速保险产业链细分将成为中国保险业实现转型与突破的关键。而加速保险产业链细分的核心要点之一就是进行产销分离，其中，保险兼业专业化、专业代理规模化是进行产销分离的关键战略决策。

改革路径之一，对保险营销员管理体制实施改革。保监会颁布的《关于坚定不移推进保险营销员管理体制改革的意见》以及《保险销售从业人员监管办法》规定，从事保险销售的人员报名参加资格考试，应当具备大专以上学历和完全民事行为能力，这一规定明确了对从业人员素质的要求。同时，不少公司在内部已开始进行营销员制度创新，比如刘敬元（2012）提到的大童保险销售服务公司进行的“扁平化”制度改革，将销售团队简化为团队长和营销人员两层管理架构，给一定层级的营销员提供津贴和社保补贴；华康保险代理营销体制核心中的“伙伴代理制”，即视保险营销员为终身合作的事业伙伴，鼓励营销员自主经营、永续发展；还有华康伙伴代理制中的业务承继制度，允许营销员在退休后继续分享团队利益[5]。

改革路径之二，进一步完善保险中介机构准入机制。周延（2012）指出，保监会颁布了《关于进一步规范保险中介市场准入的通知》的规定，要求除保险中介服务集团公司以及汽车生产、销售和维修企业、银行邮政企业、保险公司投资的注册资本为5000万元以上的保险代理、经纪公司及其分支机构和全国性保险代理、经纪公司的分支机构的设立申请继续受理外，暂停其余所有保险专业中介机构的设立许可[6]。

改革路径之三，对保险专业中介机构集团化给予政策支持。和平（2013）提到，虽然集团化带来的不是立竿见影的效益，但这种经营方式的优势毋庸置疑。一方面，集团化有利于吸收社会各类资本，加强企业综合实力，进而推动保险业的产销分离；另一方面，集团化有利于推动营销体制改革，通过管理平台和技术能力提升，改善营销员队伍素质，增强保险的社会服务能力[7]。

改革路径之四，保险专业中介机构与新型营销渠道进行有效结合。2012年开始实行的《保险代理、经纪公司互联网保险业务监管办法（试行）》表明，保监会明确鼓励发展专属代理公司、网络销售、电话销售、交叉销售等新型营销渠道。因此保险超市、保险营销加盟店、网络营销等新型营销渠道开始纷纷呈现，例如泛华保险自2012年起建立一个号称国内最大的保险产品网上展示平台，同时建造一个第三方呼叫中心，为客户提供24小时全方位业务咨询和售后服务；吴旭东（2011）提到，以网销为主的大童网继续坚持“超市”理念，其代理的各家保险公司产品任由客户选购，同时配备理财经理帮助挑选，客户通过对比各家保险公司产品责任和价格，选出适合自己的保险产品组合；还有一种形式是保险公司就在居民小区或主要街道开门面店雇佣代理人驻点经营保险加盟店[8]。

改革路径之五，兼业中介机构专业化。例如，山东省邮政公司2012年起在全省推行代理保险业务的专业化经营来推动代理保险业务的增长。

改革途径之六，建立有效机制对中介服务做出具体评价。保监会颁布了三大服务标准规定，《保险专业代理机构基本服务标准》、《保险经纪机构基本服务标准》和《保险公估机构基本服务标准》三个基本服务标准对各流程、各环节的服务要求进行了细化。

四、我国保险中介市场当前存在的问题

（一）专业中介核心竞争力还未明显发挥

虽然目前我国保险专业中介机构对保费贡献率在不断上升，但仍可看出其渠道占比依旧较小，相当一部分还处于停业或业务甚微的状态。2012年，全国保险专业代理机构中有117家无业务，机构占比达7%；全国保险经纪机构共有41家无业务，机构占比达9%；全国保险公估机构共有81家无业务，机构占比达25%。王燕燕（2012）认为，我国在资本金、业务收入、技术水平、服务能力等方面，与国外一流的中介机构相比都还处于起步阶段，市场竞争力还比较弱，业务结构也单一，相当数量的业务集中在低水平的车险业务的现象[9]。

（二）经济与代理市场集中度降低，公估机构出现两极分化

分析近5年来的发展情况可知，经纪和代理市场这两项数据基本在逐年降低，而公估则是在逐年上升。说明经纪、代理市场的竞争格局越来越明显，尤其是专业代理市场；公估市场则由于近几年多家公司之间的收购、兼并或集团化重组，而使得少数几家大公司掌握了多数的市场资源，因此机构间两极分化现象较为明显。

（三）营销员制度改革有待细化

总的说来，保险营销员制度在短时期内难以完全替代，同时现有保险中介市场受到发展规模和资本的限制，创新能力有限，尽管有一些机构能在符合现有法律法规的条件

下自主地进行改革创新的探索，但受技术和资本的制约，总体而言，市场尚没有一个符合未来发展需要的新型营销体系来承接原有的体制。

延伸阅读：保险营销体系的新变化

据了解，新光海航人寿于2012年推出了“猎豹个险精英干部培养计划”，小范围招聘22名符合要求的营销员，并与之签订正式劳动合同。此次招聘的营销员除享受国家规定的“五险一金”、法定假日及年假、婚假、产假等假期制度外，还将享有补充医疗保险等与公司员工同等的其他福利。此外，收入也将由无责底薪、绩效奖金、管理津贴、晋升奖金和年终奖组成，并享有不同于该公司普通营销员的专属晋升通道。

根据保监会公布的“建信人寿营销员双重合约模式”，简单地说，对于一般的营销员，仍然采用代理制合同，但是，当代理制营销员达到一定收入标准时，可提出晋升申请，建信人寿对其相关条件审核通过后，在保留原代理合同的基础上，再签订一个非全日制劳动合同（一小时合同）。建信人寿每三个月或六个月按照一定标准考核营销主管，不合格的，与其终止非全日制劳动合同。建信人寿称，一小时合同属于非全日制用工，需要遵守关于非全日制用工关于薪酬和社会保障等相关规定。建信人寿拟给予签订一小时合同的劳动者最低小时工资（根据当地最低小时工资与25元/小时取高者），每日一小时，每月22天。这意味着，这些获得双合同的代理人将取得每个月至少550元的底薪保障。同时，拟统一采用全日制劳动合同员工最低社保缴纳标准，为签订一小时合同的劳动者缴纳社会保险，即根据各地区社会保险缴纳规定，以上一年度当地平均工资收入的60%为基数，按照一定比例，由公司统一为其缴纳“五险一金”（养老保险、医疗保险、失业保险、工伤保险、生育保险和住房公积金），给予营销员充分的社会保障。“借鉴台湾中国人寿采取的双重合约制度，既能解决保险营销员基本保障和归属感问题，又能继续运行高效的激励机制。”建信人寿报告称。此外，工银安盛人寿、恒安标准人寿以及华夏人寿早前就已经开始了员工制的试点。另据记者了解，昆仑健康保险公司的试点也已向保监会汇报，目前正在进行中。

近年来，随着保险市场的快速发展，市场上已有多家保险公司成立了销售公司。截至2012年上半年，保监会已批准13家保险公司成立了保险销售公司。作为国内第一家秉承产销分离宗旨的汽车保险公司，天平汽车保险公司成立销售公司也于近期获得了保监会批准。

但据了解，保监会批复的保险销售公司业务范围，实际上与保险代理公司的业务范围没有本质区别。保险代理公司的运营模式很简单：代理保险销售保险产品，然后从中获得代理业务收入。保险代理公司的提成一般会高于保险公司营销员的提成。上述业内人士指出，目前保险市场还不成熟，保险销售公司的运营模式还有待进一步观察。

郝演苏也指出，从当前的情况来看，成立销售公司的都是一些中小型险企，像中国人寿、新华保险、中国太保之类的大型险企还没有表现出成立销售公司的意愿。一方面，因为大公司营销员队伍过于庞大，改革牵涉太多；另一方面，因为当前大型险企通过中介渠道、电销和网销渠道的业务已经很成熟，成立专属销售公司的成本太高。

资料来源：根据 http://www.iic.org.cn/D_newsDT/newsDT_read.php? id=95801;
http://finance.sina.com.cn/money/insurance/bxyx/20121204/063913884803.shtml;
中国保险学会网以及新浪新闻等材料综合整理。

问题与思考

毫无疑问，保险中介是保险营销体系中最重要的部分。近年来，保险中介业务高速发展，但其背后却暗含着鱼龙混杂、险象环生的危机。总的说来，一个良好的保险中介市场环境的营造单靠保险中介机构自身是不能完成的，必须有政府部门和保险监管部门的参与，并动员引导各保险主体共同实施才能完成。当前我们应强力推动保险中介从业人员特别是营销员职业化发展改革，因地制宜提高保险营销员准入门槛，对营销员实行分级分类管理以吸引素质高的人才加入保险营销队伍中；继续坚定专业化、规模化作为保险专业中介机构的发展方向，鼓励保险中介机构进行兼并重组，逐步培育出一批市场影响力较大、具有核心竞争力的大型保险中介机构；进一步健全保险中介市场运行机制并加强内部管理，完善内控制度并逐步完善公司法人治理结构。另外，保监会也应加强对保险中介服务集团激励行为的监管，对集团内存续的“股权激励”等再次进行全面清理，处理好与各“创业团队”之间的利益分配关系。

问题 1：

不少公司均对保险营销体系作出一定调整，建信人寿这种双重合约模式是否可行？具体操作中可能存在哪些方面的具体问题？这其中涉及的成本的压力又会有多大呢？

问题 2：

当前营销员管理模式阻力不小，通过行政手段快速地推进改革是否足够？同时产险公司电销、网销等新兴渠道直接业务的不断增加，导致产险公司营销员业务继续收缩，那么对旧体制的改革和新模式的创新是否可以求全？如何把握好改革力度与节奏？

问题 3：

面对保险营销体系的改革，保险专业中介机构核心竞争力在哪里？保险专业中介机构应该对哪些发展模式寻求突破与创新，才能真正担负起时代赋予的责任与使命？同时，传统保险营销渠道以及新型营销渠道又该如何发展呢？

参考文献

[1] 邹茵. 保险中介的价值研究 [J]. 南华大学学报, 2012, 13 (1).
[2] 陆海空. 英美日保险中介制度及其借鉴 [D]. 长春: 吉林大学, 2006.
[3] 朱玉翠. 我国保险中介市场的现状与发展研究 [D]. 大连: 东北财经大学, 2010.
[4] 王稳. 保险市场繁荣离不开中介行业的发展 [N]. 中国保险报, 2012-03-20.
[5] 刘敬元. 探访三家保险中介: 制度安排保障营销员的长远利益 [N]. 证券日报, 2012-11-29.
[6] 周延. 提高准入门槛推进中介营销改革 [N]. 中国保险报, 2012-07-25.
[7] 和平. 2013 年保险中介行业发展三大趋势 [N]. 中国保险报, 2013-01-30.
[8] 吴旭东. 探讨保险营销的新型门面店模式 [N]. 中国保险报, 2011-08-05.
[9] 王燕燕. 简述我国保险中介行业发展现状 [J]. 金融市场, 2012 (7).
[10] 董蓉. 专业保险中介发展中存在的问题 [N]. 中国保险报, 2003-12-11.
[11] 孙维峰, 张秀娟, 阴慧芳. 我国保险中介产业市场结构及其优化研究 [J]. 保险研究, 2008 (4).
[12] 于殿江, 柏士林, 胡玉翠. 我国专业保险中介机构核心竞争力研究 [J]. 产业经济评论, 2011 (3).
[13] 汤玉甲, 隋绍先. 论营造保险中介机构发展的外部环境 [J]. 保险研究, 2002 (9).
[14] 周良文, 陈书涵. 当前保险中介市场主要风险及政策建议 [J]. 福建金融, 2012 (1).
[15] David Cummins, J. &Neil A, Doherty. The Economics of Insurance Intermediaries. The Journal of Risk and Insurance, 2006 (3).
[16] 李洁. 中国保险中介发展研究 [D]. 西安: 陕西师范大学, 2002.
[17] 王铃. 中外保险中介市场比较研究 [D]. 长春: 吉林大学, 2006.
[18] 陈功, 阎国顺. 产业链视角的保险专业代理发展路径探析 [J]. 保险研究, 2010 (10).
[19] 迟晓英, 张文利, 蒲海成. 潜力基础营销在保险营销中的应用 [J]. 保险研究, 2002 (3).
[20] 王勇, 易凡. 保险营销的新模式: 顾客生涯价值最大化营销 [J]. 保险研究, 2008 (7).
[21] 安远芬, 梁平. 我国保险中介业存在的问题研究 [J]. 重庆大学学报, 2003 (4).
[22] 安秀洪, 王晓东, 丁洪生. 保险中介市场风险状况及监管对策 [J]. 保险研究, 2009 (6).

[23] 孟龙. 保险中介的发展方向与监管目标 [J]. 保险研究，2001 (3).
[24] 林克屏. 创新保险专业中介发展模式 [J]. 中国金融，2011 (2).
[25] 罗海平. 论我国保险营销的发展战略 [J]. 保险研究，2001 (11).
[26] 陈展翔. 论我国保险中介市场的建设 [J]. 保险职业学院学报，2007 (3).
[27] 孙晓芳. 我国保险中介市场问题研究 [J]. 黑龙江对外经贸，2009 (1).
[28] 袁辉. 论我国保险中介的现实盲点与制度缺陷 [J]. 山东财政学院学报，2001.
[29] 张越，王飞舟. 保险中介营销以创新突破发展瓶颈 [N]. 中国保险报，2012-03-07.
[30] 江生忠，杨汇潮. 保险中介创新发展是转变保险业发展方式的重要途径 [N]. 中国保险报，2013-01-16.
[31] 贺柳. 保险营销员管理体系改革应时而行 [N]. 中国保险报，2010-11-03.

第十五章 保险业的市场退出与救助

学习目的

通过本章的学习，了解企业市场退出的含义与途径；理解保险公司市场退出的涵义、原因及退出的方式，保险保障基金的含义，保险保障基金运作的国际模式；掌握保险公司市场退出的特殊性及救助的必要性与重要性，总结国外保险保障基金管理的主要特点，思考我国保险保障基金的未来发展；结合所学理论进行案例分析，通过中国某人寿公司股权转让事件及日本寿险公司倒闭潮案例，进一步认识构建我国保险业市场退出及救助机制的重要性，积极思考完善我国保险业市场退出及救助机制建设的着力点。

引言

世界保险业在不断发展的同时也伴随着许多问题，这些问题集中表现在经营主体的不断增加、保险公司之间恶意竞争的加剧和保险费率的波动等。另外，各国宏观经济环境发生巨大变化，泡沫经济不断破灭，所有这些都使保险市场动荡加剧，许多国家的保险公司出现了破产危机。20 世纪 70 年代至 90 年代，美国就有 654 家保险公司倒闭；东南亚金融危机给日本保险业带来巨大灾难，先后有日产生命等 7 家寿险公司倒闭，损失金额达 26 235 万亿日元，终结了日本战后保险公司不倒的神话。而 2008 年 10 月，日本未上市的大和生命保险因次优抵押贷款危机导致背负 27 亿美元债务，申请破产保护，更严重挫伤了日本民众对寿险业的信心。

就我国来讲，保险业恢复与发展的近 30 年来，虽然未有保险公司市场退出的先例，但是随着我国保险市场机制的健全与完善，加入 WTO 后保险市场的全面开放与竞争的加剧，不能完全避免保险公司发生危机甚至破产。为此，未雨绸缪，着力关注与研究保险公司市场退出与救助问题，将有利于保护被保险人利益，维护保险市场的稳定与健康发展。

知识回顾

基本概念

（一）企业市场退出

企业市场退出是与企业的市场准入相对的一个概念，是对企业终止存续状态的一种习惯表述，是一种通过市场手段使失败的企业遭完全性淘汰的处理方法。企业退出市场，表明该企业已经停止其经营业务，依法处理债权债务，分配剩余财产，注销工商登记或者转让其产权，变更工商登记的法律行为，其最终结果是该企业法人资格的消灭或变更。

（二）企业市场退出的途径[1]

1. 企业关闭

企业关闭是企业退出市场的最为直接和简单的一种退出方式，它以行政强制手段为主，辅以必要的经济和法律手段。企业关闭主要适用于国家有关法律法规明令禁止的项目；低水平重复建设严重，造成当前生产能力过剩，需总量控制的项目；工艺技术落后，已有先进、成熟工艺和技术替代的项目；污染环境、浪费资源严重的项目。

2. 企业重组

企业重组是市场经济条件下企业市场退出的一种经常性的方式。企业重组必然伴随着一些企业作为主体资格的永久或暂时的消失。企业重组是一种较为温和的企业退出方式，资源能够得到最大程度的保护，社会震动性小。企业重组的类型主要有以下几种：①企业兼并；②上市公司的股权收购；③国有股权的转让；④企业托管；⑤企业的破产处理等。

3. 股权减持

股权减持是股份公司资本退出的主要形式，既包括增发新股、配股等股权相对量减持方式，也包括股权出让等股权绝对量减持方式。

4. 企业破产

在一般意义上，破产是指经济主体解体的一种客观状态，是经济主体消亡的一种特殊方式。通过破产淘汰能够合理调整产业和产业结构，有助于资源的优化配置，提高企业的优化程度。通常来讲，破产是最为激烈的一种市场退出方式。

5. 上市公司的市场退出

上市公司的市场退出，是企业市场退出的一种特殊形式。对于一个规范化的证券市场来说，建立退出机制是上市公司优胜劣汰的必然要求。证券市场运行机理之一就是不断吸纳优质公司上市，同时又不断淘汰劣质公司下市。通过吐故纳新的动态调整过程，为证券市场注入新的生机和活力，促使资源从低效率的劣质公司流向高效率的优质公司，促进资源的合理有效配置。

案例呈现

中国某人寿公司股权转让事件

某人寿股份有限公司是于 1996 年 8 月成立的全国性、股份制专业寿险公司，2006 年 9 月相关新闻爆出该人寿公司违规投资事件。该人寿公司在其创始人的带领下完成了全国布局，成为国内第四大寿险公司，但与此同时，该公司创始人还编织了一个庞大的体外循环的资金王国。早期保险公司受限不能投资房地产，该公司创始人以自身控制的关联公司从该人寿公司肆意划出资金，建立了一个盘根错节的资金往来网。对于该人寿公司来说，这是或明或暗的债权债务；而对于该创始人而言，则构成了包括地产、实业、股权在内的大量资产。

该人寿公司成立之初，两大主要股东是国有企业背景的“新产业系”和“东方系”。该创始人入主该人寿公司前后，新产业系逐步退出，其股权最终被重庆民营企业隆鑫集团、海南格林岛投资有限公司等中小投资公司瓜分。2005 年，普华永道会计师事务所在该人寿公司审计中发现，其为北京的三家公司提供累计 8 亿元的担保。普华永道提请审计委员会予以“关注”。与此同时，针对该公司的举报逐步升温。2006 年，保监会正式派出检查组，开始对该人寿公司资金运用问题进行调查。调查发现，在其创始人任该人寿公司董事长的 8 年间，累计挪用公司资金 130 亿元，或被拆借给形形色色的利益伙伴入股并最终控制该人寿公司，或用于大规模违规投资房地产等领域，截至 2006 年 10 月，仍有 27 亿元的资金窟窿。2006 年 12 月底，该人寿公司董事长被正式免除董事长职务。

为处理该人寿公司涉及的资金违规事件，2007 年 5 月，保监会动用保险保障基金，购买隆鑫集团有限公司、海南格林岛投资有限公司、东方集团实业股份有限公司所持该人寿公司股权。这 3 家公司分别持有该人寿公司 10%、7. 51% 和 5. 02% 的股权，合计持有 22. 53% 的股权，共计 2. 7 亿股。按照每股 5. 99 元的作价，保监会此次共动用约 16 亿元保险保障基金，是我国保险保障基金 2005 年启动后的首次运用。此后，保险保障基金又购买了东方集团股份有限公司的股权，将持股比例升至 38. 8%，成为该人寿公司第一大股东。

但是，保险保障基金接受该人寿公司股权的做法在业界颇受争议，最关键的一点是，保险保障基金不具备法人主体资格，其该如何退出该人寿公司股权。

2008 年 9 月 16 日，中国保监会在其官网宣布，中国保险保障基金有限责任公司（下称保险保障基金公司）于日前挂牌成立，属非营利性国有独资公司，注册资本为 1 亿元人民币。并且，保险保障基金公司将承接原由保险保障基金理事会持有的该人寿公司 38.8%股份，使该人寿公司第一大股东不合规身份得以校正。

由于保险保障基金对该人寿公司的股权只是阶段性的持有，最终将全身而退，保险保障基金公司的成立，意味着处置该人寿公司股权将提速，那么谁将是 38.8%股权的接盘者，成为该人寿公司的第一大股东并掌握董事会的话语权？不管接盘之争如何激烈，该人寿公司的股权转让最终将取决于两大要素，即接盘公司的战略发展规划和收购价格。保险保障基金公司成立之后，作为一家市场化运作的基金公司，在转让该人寿公司股份时，价格将是重要的参考指标。

2009 年 11 月 19 日，中国保险保障基金有限责任公司发布，经第一届董事会第五次会议决定，按协议转让方式将公司所持有的该人寿保险股份有限公司 38.8%的股份一次性整体转让给中央汇金投资有限责任公司，并授权汇金公司自签署协议之日起，至上述股份过户手续完成时止，代行该人寿公司股东权利。该人寿公司成为继中国再保险（集团）后第二家由中央汇金投资控股的保险公司。

保险保障基金公司表示，这次股权转让，严格执行了资产评估和股权转让有关程序，充分尊重了该人寿公司现有股东的意愿。为人寿公司引入了有实力的战略投资者，将有利于完善公司治理结构和公司长期稳定发展。至此，保险保障基金介入“中国保险第一大案”暂时告一段落。

资料来源：根据中国保险学会信息网新闻等材料综合整理。

理论分析

一、保险市场退出的界定

（一）保险市场退出的涵义

保险市场退出是指保险公司依照一定的程序停止经营、清偿债务、丧失民事权利能力与民事行为能力、失去法人资格，从而退出市场的过程。其核心特征是保险公司法人资格的终止[2]。

保险公司的市场退出可以分为主动性市场退出和被动性市场退出两种情况[3]。前者是指保险公司因公司章程规定的营业期限届满或出现公司章程规定需要解散的其他事由或股东会决议解散时，主动请求丧失法人主体资格而退出市场。主动性市场退出具有内在性，一般不受或较少受外部强制力的影响，对行业和社会的影响也相对较小。后者是指保险公司由于严重违规经营、资不抵债、支付困难等原因，被保险监管机构依法撤销或被人民法院依法宣布破产，而非保险公司自愿退出市场的行为。被动性市场退出，尤其是破产清算的退出方式，是完全的、彻底的退出行为，对行业和社会的影响和冲击极大。因兼并和收购而退出市场也是保险公司解散的原因之一，其属于主动性还是被动性市场退出应根据解散的具体原因和保险公司的意愿来确定。

（二）保险市场退出机制

保险市场退出行为的实现必须要遵循一定的行为规范和行为准则，受到一定的制度约束，否则这种市场行为有可能因为失范无序而引发灾难性后果，因此对保险市场退出必须建立一套完整的、规范化的制度框架，即保险市场退出机制。它是指支配保险市场退出的一系列行为准则或规则体系，由有关保险退出的方式、原则、程序、主持机构、损失分担、相关法律规范、监管机构对市场退出的监管等内容构成。

只有建立完整规范的市场退出机制，减少从监管、救助到退出安排中太多的随意性，以及由此引发的损失的不确定性，才能明确不同参与者各自的责任，使人人知其责，人人尽其职。

（三）保险市场退出的特殊性分析

保险业务的特殊性以及保险公司作为金融机构在社会经济发展中的特殊地位，决定了保险公司市场退出与一般企业市场退出存在着很大的差异，主要表现在以下几个方面：

1. 影响范围更广、影响程度更深

市场经济条件下，一般企业和保险公司都不可能单独存在并发展壮大，而是和相关的行业和企业紧密联系在一起的。但是，保险公司的业务和产品联系各行各业、千千万万的家庭和个人，辐射性和社会性极强。从社会公众信心的角度来看，保险公司乃至所有金融机构的生存基础都是公众信心，一家保险公司退出市场，必然导致公众对整个保险行业乃至金融体系丧失一定程度的信心。一旦社会公众对其缺乏信心，加上保险公司与其客户之间信息的不对称，容易引起“退保”风潮，动摇整个保险业稳健运营的基础。

2. 退出条件相对严格

正是由于保险市场退出的影响范围广、影响程度深，各国的监管机构对保险公司的市场退出都持相当谨慎的态度，市场退出的条件相对严格。以破产为例，一般企业只要资不抵债，不能偿还到期债务，一般就可实施破产，但对保险公司而言，即使达到了《破产法》规定的破产条件，监管机构首先考虑的也是如何救助或安排并购，尽量使之渡过难关，不到迫不得已，一般不会轻易让其破产。这几乎是世界上所有国家保险监管机构奉行的一条普遍原则。

3. 高度重视对投保人的保护

在保险市场上，投保人，尤其是个人投保人，由于信息不对称而处于弱者的地位，应该得到更好的保护。因此，对于保险公司的市场退出，监管机构一般都把投保人的利益置于优先考虑的地位。如根据美国许多州立破产法的规定，作为没有保障的一般债权人，投保人比非投保人有优先受偿权。

4. 法律法规的适用性不完全相同

一般企业的市场退出一般由国家的《公司法》、《破产法》、《民事诉讼法》、《商法》等经济法加以规范。但是由于保险公司作为金融机构的特殊性，许多国家都在以上法律规定的基础上制定了相应的专门法律法规，如英国的《1975年保单持有人保护法》、日本的《更生特例法》、我国台湾地区的《保险安定基金组织及管理办法》和我国的《金融机构撤销条例》等。

（四）保险市场退出的原因

1. 内部原因

（1）高负债比例的资产结构使保险公司经营具有内在不稳定性。

保险公司经营是典型的负债经营，在保险公司的全部资产中，自有资本只占极小的比例，负债构成了保险公司资产的主要来源。从美国保险行业的平均水平来看，保险公司自有资本与总资产的比率在15%左右，而目前我国保险公司自有资本与总资产的比率还不到10%。高负债比例的资产结构一方面反映了保险公司自有资本具有很强的扩张能力，保险公司的经营规模容易扩大；另一方面，它也使保险公司的经营具有内在不稳定性，因为自有资本是保险公司弥补经营损失的最后物质保证，是保险公司信誉高低的重要标志，自有资本不足是保险公司发生偿付能力危机的重要原因。

（2）保险公司的业务经营面临多种风险。

由于保险公司管理水平有限或决策不当，保险公司在业务经营的各个环节都可能产生风险，影响保险公司的盈利能力，甚至造成亏损，降低其偿付能力。主要风险有：险种定位和定价风险，包括由于市场调研不充分、对市场需求把握不准确和对费率影响因素测量不恰当等引起的风险；展业和承保风险，包括随意提高手续费或实行高额退费、放宽承保条件忽视核保要求、不顾自身承保能力和技术盲目承保和赊销保单形成应收保费乃至呆坏账等；理赔风险，包括由于保险公司内控制度不健全、理赔人员能力素质或道德水平问题等引起的风险和由恶意欺诈引起的风险；分保风险，包括没有及时分保、没有合理地确定自留额和对再保险人选择不当等可能导致保险公司重大损失的风险；资金运用风险，既包括由于资金运用渠道受限导致投资收益较低的风险，也包括由于资产管理不善引起投资损失的风险，如流动性风险和坏账风险等；财务管理风险，即违反国家的财经法规和会计准则，忽视财务规章制度的建立健全，导致会计信息失真，加大保险公司的决策风险。

2. 外部原因

（1）保险公司经营的宏观经济环境具有不确定性。

宏观经济的发展是决定一切经济活动价值的根本原因，保险业作为国民经济的一个有机组成部分，其生存和发展也深受宏观经济环境的影响。实行市场经济的国家其国民经济状况总是按衰退—萧条—复苏—高涨的循环呈现出波动性和周期性，保险公司的经营状况也随之变化。在复苏高涨时期，社会总保险需求随着企业和个人收入水平的提高而迅速膨胀，保险公司业务发展相当兴旺；在衰退萧条时期，保险公司业务规模被迫收缩，资产价值不同程度地缩水，保险公司利润剧减，出现亏损，甚至倒闭。

（2）保险公司之间可能发生恶性竞争。

正常的保险行业竞争可以提高保险公司的经营效率，改善服务质量，也难免会淘汰部分不适应经济发展需要的保险公司。而保险公司之间的恶性竞争如破坏性的保险费率、佣金比例竞争不仅会直接影响参与竞争的保险公司的财务稳定和偿付能力，也会对坚持正当竞争的保险公司在保持原有客户和开拓新业务等方面造成极为不利的影响。

（3）巨灾损失。

发生在自然界的巨灾不仅给人类造成了巨大的财产损失和人身伤亡，也给保险业带来了灾难性的后果。从20世纪60年代以来，世界上巨灾频繁发生，保险业的赔款也扶摇直上，尤其是20世纪90年代，美国的飓风、欧洲的洪水和日本的地震等给世界保险业带来了巨大的冲击，造成美国众多中小保险公司的破产和伦敦劳合社连年亏损、大量保险人退出的局面[4]。

（五）保险市场退出的方式

保险市场退出方式是有多种类型的，但是对于退出方式的种类，理论界依然存在着争议。

一种观点认为，保险市场退出方式指的是保险公司破产倒闭。胡新民、李开斌（2002）提出，在开放市场条件下，建立和实施市场退出机制是维持保险市场健康运行的必要条件，市场退出主要指保险公司破产倒闭时的市场退出，而不包括正常的兼并和分立，因为倒闭破产时的市场退出对市场的震荡大，为了减少这种巨大震荡，必然要求建立市场退出保障机制[5]。

一种观点认为，保险市场退出方式包含解散、撤销、兼并、重组等多种方式。何佳（2008）指出，保险市场退出的基本方式包括解散、依法撤销、破产和并购[6]。陈宁（2004）提出，由于造成劣势保险公司退出市场的原因不尽相同，所以要按照有关法律、法规的规定，制定多层次的市场退出方式。在目前情况下，保险公司作为一种稀缺市场资源，其存在的本身就具有相当的价值。因此，建议重点考虑保险市场稀缺资源的回收及合理利用问题，应将收购、兼并和重组等市场退出方式作为当前的优先选择[7]。

还有一种观点从我国现行法律法规出发，认为保险市场退出方式包含解散、撤销和破产。周延（2006）提出，按照我国《保险法》的规定，保险公司的市场退出主要有解散、撤销、破产三种形式[8]。魏刚（2007）认为，根据我国《民法通则》、《公司法》、《商业银行法》等现行法律法规，结合国际上金融机构市场退出的实践经验，我国经营失败金融机构的市场退出，主要有解散、撤销（关闭）、破产三种模式可供选择[9]。陈华、张艳（2010）提出，根据《保险法》和《保险公司管理规定》等的规定，我国保险公司市场退出主要有解散、撤销、破产三种方式[10]。宋占军（2011）认为，结合我国《保险法》、《公司法》和《企业破产法》等法律法规的规定，我国保险公司市场退出的方式包含解散、撤销和破产三种方式[11]。

二、保险市场退出的保障机制

保险市场退出的保障机制一般是指对困难或破产保险公司的被保险人或救助保险公司实施必要保障的一系列行为准则或规则体系。保障基金的筹集、管理、使用及其相关的法律法规与有关规定等构成了保障机制的核心内容。

（一）保险保障基金的含义

首先，不同国家和地区对保险保障基金有不同的称谓。如美国称保险保障基金为保险保证金（Insurance Guaranty Fund），英国叫保单持有人保护基金（Policyholder Protection Fund），我国台湾地区则称它是保险安定基金，等等。尽管不同国家和地区称谓与表述不尽一致，但是根据其本质属性，本章统称保险保障基金。

其次，不同国家和地区对于保险保障基金的具体定义可能存在表述上的差异，但以相关立法的本意与目的来诠释和约定成为主流[12]。

美国《纽约州保险法》第7702条规定，保险保证基金设立的目的是当保险公司可能经营受挫发生偿付能力不足（Impairment）或者失去偿付能力（Insolvency），导致无法继续履行保险合同义务时，在一定限额内，对保单持有人（Policy owners）、被保险人（Insured）、保单受益人（Beneficiaries）等提供保障；英国于1975年制定的《保单持有人保护法》规定，保单持有人保护基金为破产保险公司的被保险人提供财务上的保障；日本虽然没有对保险保障基金给予明确定义，但从“保护投保人机构”的相关规定中可以窥见保险保障基金的含义。在日本保险法第259条的规定中规定，保护投保人机构设立的目的是承继破产公司转移的保险合同，或对破产公司进行援助的保险公司给予资金支持，以保护被保险人之权益不受损失。

在我国，有关法律法规和学者对保险保障基金的建立和含义进行了规定和讨论。《中华人民共和国保险保障基金管理办法》第三条的规定明确了保险保障基金的内涵是：“本办法所称保险保障基金，是指按照《中华人民共和国保险法》和本办法规定缴纳形成，在本办法第十六条规定的情形下，用于救助保单持有人、保单受让公司或者处置保险业风险的非政府性行业风险救助基金。”第十六条规定“有下列情形之一的，可以动用保险保障基金：（一）保险公司被依法撤销或者依法实施破产，其清算财产不足以偿付保单利益的；（二）中国保监会经商有关部门认定，保险公司存在重大风险，可能严重危及社会公共利益和金融稳定的”。除法律法规外，学术上有一定的探索，如，有学者认为：“保险保障基金是为了减少保险公司破产时对被保险人造成的财务损失，维护其合法权益，减轻社会震荡，保险监管机构通过立法或规定要求保险公司建立的专门基金。”（卓志，2001）[13]。再有观点认为：“保险保障基金是由保险公司缴纳形成，在保险公司被撤销、被宣告破产等情形下，用于向保单持有人或者保单受让公司等提供救济的法定基金。”（江生忠等，2007）[14]另外，还有一些学者对此进行过界定。无论描述如何，其对保险保障基金的定义多从保险保障基金的目的、功能和作用等方面出发的，而且与保险法律与有关规定的基本规范本质没有冲突。

综上所述，本章认为，保险保障基金是保险公司根据有关法律法规的规定，从成本中专门提取并用于保护被保险人利益的专项资金，并由国家有关组织为实现维护被保险人利益而筹集管理、统筹使用。一般说来，它有以下基本特点：一是法律的强制性，即各国家和地区均通过保险立法，强制要求保险公司参与；二是鲜明的行业性，即保险保障基金是保险行业自己的基金，对其他行业具有排他性；三是明确的目的性，即建立保险保障基金的目的，主要是保护被保险人利益不受损失或少受损失，维护保险市场的稳定。

（二）保险保障基金的国际模式

1. 美国保险保障基金管理模式

保险保障基金制度最早出现在美国。美国的保险监管采用的是州级监管的方式，每一个州都有自己的州保险署或者叫做州保险委员会。保险保障基金管理组织结构受其监管体制的影响，以州为单位运作，所有的州均通过立法建立了该州的人寿—健康保险保证协会和财产—意外保险保证协会，各州的管理协会是依法令而设立的非营利性机构，州保险监管机构监督其运行。美国保险保障基金的筹集方式主要是通过各州保障协会管辖下的会员公司缴费来实现的。美国几乎所有的州保险保障基金都是采取事后征集的办法，即在发生保险公司无偿付能力的情况时，州保险保障基金的功能才会启动。只有纽约州采取事前征集的方法，即在发生偿付能力不足情况之前就向会员公司征收费用。

美国保险保障基金协会成员就职于业界保险公司，从会员保险公司选举产生，主要负责评估需征收保障资金的总量。州保险保障协会负责管理全州所有取得执照和开展业务的相应保险公司，保证了基金的管理与使用可以集中切实地用于救援偿付能力危机的公司，保障保单持有人权益。

2. 英国保险保障基金管理模式

英国主要由保险经纪人注册委员会和行业自律组织承担对保险市场营销的监管，并于1975年制定了《保单持有人保护法》（Policyholders Protection Act 1975），根据该法案，设立了保单持有人保护委员会（Policyholders Protection Board），负责保险保障基金的管理，同时建立了英国的保险保障基金制度，旨在当保险人不能履行保险责任时，为保单持有人提供财务上的保障。英国的保障基金采用事后征集的方式，根据上一年度的保费收入水平按一定比例征收。根据规定以向注册的保险公司和中介人征收税款的方式，通过特设保单持有人保护委员会，来筹集资金。一旦保险公司破产，委员会要保证保单持有人能够得到保险赔偿的90%；对于各类强制保险，根据保护法规定，委员会要承担100%的赔偿责任。

3. 日本保险保障基金管理模式

日本在1997年4月生命保险公司破产后，开始重视保险保障基金管理，并于1998年3月通过了有关设置“付款保证机构”的相关法案[15]。随后，日本建立了寿险与非寿险保单持有人保护公司，分别管理两个基金账户。保护公司的主要运行方式包括向接手的救援公司提供财务援助以及在没有公司提供援助的情况下承担破产公司的赔偿责任。负责管理基金的委员会成员多数为独立理事，代表着公众与消费者的利益。日本的保单持有人保障基金采用事前征收的方式，各成员公司的年缴费总额视其净保费收入以及累计责任准备金而定，全部寿险公司年总缴费560亿日元，全部非寿险公司年总缴费65亿日元。基金账户的总体规模则分别限制在5600亿日元和650亿日元，即全体成员公司年最高缴费的10倍。

4. 加拿大保险保障基金管理模式

加拿大保险保障基金制度的建立，缘于保险市场上一些保险公司出现了偿付能力不足。为防患于未然，加拿大政府于1988年建立了人寿保险保障基金制度。

同年，为便于处置破产保险公司资产与负债，保护被保险人利益，加拿大成立了人寿、健康保险补偿公司（Canadian Life and Health Insurance Compensation Corporation）。该公司为社团法人，是真正意义上的行业性救助基金组织，自律性强，一切管理均由会员决定，政府很少干预。公司成立之初的费用由每一会员出资2500加元，其设立的目的是保护被保险人利益。保障对象为经营人寿、健康保险的保险公司。保障的范围包括人寿保险、健康险和年金保险业务，但没有受保护的年金除外。基金采取事前和事后并存的方式征收，基金由三部分构成，一是管理费（Administrative Assessment），主要用于公司日常的营运开支，每年每个会员公司交纳5000加元。二是事前征收的基金（Advance Assessment），为预防可能发生的保险公司破产风险，提前征收以做准备。三是事后征收的基金（Post Assessment），在事前征收不足的情况下，再特别予以征收（Specific Assessment），按照参加的保险公司保险种类及经营区域决定征收金额。

（三）国外保险保障基金管理的特点

1. 保险保障基金都有专门的管理机构

同美国、英国、加拿大、日本一样，国际上大多数建有保险保障基金制度的国家或地区，通常都由一个专门的机构来负责保险保障基金的管理。一方面保证了保险保障基金的安全管理，另一方面也可以提高保险保障基金的运作效率。

由于寿险和产险产品的性质具有较大差异，前者的保单持续时间很长，而后者多为一年。多数国家的保险保障基金按照产寿险分类不同，分别设置人寿健康保险保障基金和财产意外保险保障基金。这种安排有利于提高保险保障基金的管理效率，二者独立运行，可以有效避免交叉补偿的现象产生。

2. 保险保障基金主要由专业人士管理

在管理机构的人员构成上，美国、英国都由业内人士或业内人士加消费者来组成，作为保险保障基金的管理人员；同时尽量避免政府人员的介入。专业人士由于有从业的经验，更能够洞悉市场的需要，对保险市场发展的把握也会更为准确。而在资金运用上，更需要专业的人员在确保保险保障基金安全性、流动性的前提下，实现保险保障基金的保值增值。

3. 保险保障基金的建立和运行须有法律法规保障

为保险保障基金制度的安排和实施、管理机构权力的行使创造良好的法律环境，是保险保障基金功能得以有效发挥作用的前提。保险保障基金制度运行与管理必须有法可依，一方面可以提高保险保障基金管理机构行使权力的权威性；另一方面也用法律来制约其管理，以保证基金的安全性。美国各州均通过立法形式建立人寿—健康保险保证协会和财产—意外保险保证协会，管理保险保障基金，英国制定了《保单持有人保护法》，日本制定了有关设置“付款保证机构”的相关法案，保证了保险保障基金制度的实施。

延伸案例：日本保险公司倒闭潮

日本第一家寿险公司成立于1881年，经过100多年的发展，随着经济的快速发展以及国民生活水平的提高，在20世纪80年代日本寿险业赶超欧美，成为世界寿险业最发达的国家。根据1996年第15期《财富》杂志对全球20大寿险公司的排名，日本有10家公司入榜，而日本生命、第一相互生命、佳友生命3家公司更是名列前三。从表15-1和表15-2的数据可以看出，无论是寿险投保率还是普及率，日本都远高于美国，位居世界前列。随着20世纪90年代初经济泡沫的破灭，日本经济出现大倒退，期间有大量证券公司和银行倒闭，而随着经济萧条的到来，很多寿险公司也难逃倒闭命运。1997年4月24日，日产生命保险公司由于继续经营困难，被大藏省发布“业务停止命令”，正式宣告破产，成为日本战后首例保险公司破产[16]，其后，东邦生命、第百生命等也相继倒闭（见表15-3）。

表15-1　　美国、日本寿险业投保率比较

单位：%

	1986年	1987年	1988年	1989年	1990年	1991年	1992年	1993年	1994年	1995年
美国	161.8	162.0	158.7	158.4	154.8	148.3	143.5	140.5	140.3	140.6
日本	306.0	316.6	341.4	360.6	394.6	431.1	462.9	506.8	544.0	568.3

注：投保率=有效契约/人口数

资料来源：台湾人寿保险商业同业工会网站。

表 15-2　　美国、日本寿险业普及率比较　　单位:%

	1986 年	1987 年	1988 年	1989 年	1990 年	1991 年	1992 年	1993 年	1994 年	1995 年
美国	157.1	164.0	163.4	165.7	170.0	174.1	166.4	169.2	157.1	158.1
日本	359.1	383.1	411.3	438.4	464.3	492.4	519.8	542.7	561.2	521.0

注：普及率=保费收入/国民所得

资料来源：台湾人寿保险商业同业工会网站。

表 15-3　　日本倒闭寿险公司介绍

公司名称	组织形式	成立时间	倒闭时间
日产生命	股份	1909 年	1997.4.24
东邦生命	股份	1898 年	1999.6.4
第百生命	股份	1914 年	2000.5.31
大正生命	股份	1913 年	2000.8.28
千代百	相互	1904 年	2000.10.9
协荣生命	股份	1947 年	2000.10.20
东京生命	相互	1895 年	2001.3.23

资料来源：《国际金融报》2002-04-04。

虽然 7 家寿险公司破产与自身经营不善以及监管体制的不完善有关，但究其根源，巨大的利差损才是始作俑者。

在日本经济高涨时，银行上调了存贷利率，很多寿险公司错误地将预定利率与存款利率挂钩，忽略寿险合约的长期性以及金融市场的多变性，这是日本寿险业利差损形成的一个重要原因。另外，在泡沫经济时期，日本寿险公司承保了大量储蓄性比较强的传统产品。由于是固定利率，这些产品对利率变化比较敏感，而且不少寿险公司为了在竞争中取得优势，占领市场份额，盲目追求规模扩张，将产品的预定利率设定得过高，造成高预定利率的传统保险产品过度销售，为日后寿险业的发展埋下隐患。由于经济泡沫的破灭，国内经济出现通货紧缩，为稳定国内经济形势，日本银行开始下调存贷款利率，在 1995 年 9 月甚至降到了 0.5%。从表 15-4 可以看出，保险公司相应地调低了预定利率，从 1985 年最高 6.25%降到了 1993 年的 4.75%，到 1999 年甚至一度保持在 2%的水平上。但是下调后的预定利率只适用于新签订的保单，对于下调前的保单，以前的高利率仍然有效。而随着保单预定利率的下调，寿险产品对民众的吸引力降低，投保率大大下降，高利率保单份额太大，寿险公司的负担仍然很重。

表 15-4　　日本寿险业预定利率的调整　　单位:%

<table>
<tr><th colspan="2">区分</th><th>1985 年</th><th>1990 年</th><th>1993 年</th><th>1994 年</th><th>1996 年</th><th>1999 年</th></tr>
<tr><td rowspan="3">预定利率</td><td>20 年期以上</td><td>5. 50</td><td>5. 50</td><td rowspan="3">4. 75</td><td rowspan="3">3. 75</td><td rowspan="3">2. 75</td><td rowspan="3">2. 00</td></tr>
<tr><td>10 年期以上</td><td>6. 00</td><td>5. 50</td></tr>
<tr><td>10 年期以下</td><td>6. 25</td><td>5. 75</td></tr>
</table>

资料来源：台湾寿险工会[17]。

同时，在泡沫经济时期，日本国内掀起了一股投机热潮，由于受“土地不会贬值”的观点影响，土地市场交易异常繁荣，另外市场也鼓励人们投资股票，造成了土地市场和股票市场的虚假繁荣，加速了泡沫的形成。日本的金融机构在当时都曾大量投资股票和房地产，寿险公司也不例外，出于投机目的，将大量资金投入有价证券和房地产市场中，而随着泡沫的破灭，寿险公司遭受了巨大的损失。

在 1975—1996 年间，日本寿险公司投资组合中一般贷款的占比由 62.5%下降至 34. 6%，而有价证券则由 21. 7%上升至 50. 7%，一度打破了传统保险资金持有股票不能超过 30%的规定，成为各项投资占比最高的一项。日本泡沫经济破灭后，股市一路下滑。从图 15-1 可以看出日经指数的走势，在 1990 年 1 月达到最高 38 922 点后一直降到 1997 年 6 月的 15 258 点。寿险公司投机股票市场本来是想提高投资收益率，弥补利差损，岂料股票市场持续走低，使寿险公司陷入困境（见表 15-5）。据相关资料显示，日产生命倒闭时，其在有价证券的投资损失达 900 亿日元以上。

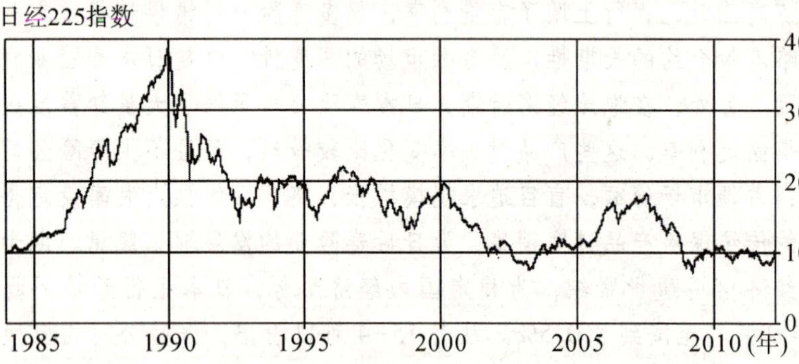

图 15-1　1985—2010 年日经指数走势

资料来源：雅虎理财。

表 15-5　　日本破产寿险公司有价证券损失状况表　　单位：亿日元

损失额 / 年度 / 公司	1997	1998	1999
协荣生命	-1075	-1230	-1076
千代田生命	-1182	-1410	-1636
东邦生命	-461		
第百生命	-1109	-1297	
东京生命	-313	-714	710
大正生命	-38	-46	-71

资料来源：傅安平，寿险公司偿付能力监管［M］[18]。

从以上分析可以看出，日本寿险公司的非理性竞争，大打价格战，以过高预定利率产品争夺市场份额，让公司渐入困境；再加上泡沫经济时期投机股票与土地市场，资产组合不合理，造成保险资金的投资回报率与预定利率不匹配，形成亏损，日积月累，最终导致破产结局。

资料来源：根据国际周刊以及各类新闻等材料综合整理。

问题与思考

风险经营是保险公司的中心工作，保险公司不但要面对保险机制本身的风险，而且还要面对违规经营的风险、经营道德风险及外部政策性风险等综合性风险，所以保险公司经营同一般经营相比更具风险性。当前，由于保险公司数量不断增加、规模逐渐扩大、业务活动愈加复杂，保险市场中违法违规问题日益突出、保险经营风险日渐加大。保险经营风险的损失，不但会干扰保险公司经营活动的正常运行，而且还可能会严重影响保险公司财务经营的稳定性，甚至可能导致保险公司的破产。同时，由于保险的社会保障职能的存在，倘若保险公司出现上述情况，其对保险市场运行稳定性的冲击，以及所造成的负面社会影响都将是难以估量的。我国保险业起步较晚，目前还没有一家保险公司破产退出市场，但是这并不意味着我国保险公司不会破产。完善的市场退出机制是一个成熟、高效的保险市场应具备的重要特征之一。建立完善的保险公司市场退出机制，有利于优化我国保险产业组织结构，改善我国保险市场供求结构[19]。因此，为实现我国保险市场持续健康发展，提高保险公司综合竞争力，建立系统的、可操作的保险公司市场退出机制已成为必然选择。

问题1：

保险企业的市场退出为何不同于一般企业的市场退出？

问题2：

试分析我国保险市场退出机制的完善。

问题3：

试分析日本保险公司倒闭潮对我国保险业的启示。

参考文献

[1] 张军立，王立新. 企业市场退出 [M]. 北京：企业管理出版社，2002.

[2] 鉴学恒，张梅玲. 保险公司市场退出及其保护机制的法律问题研究——基于法律视角保险公司市场退出的国际比较研究 [J]. 金融会计，2013（3）.

[3] 卓志. 我国保险公司市场退出的保障机制研究 [J]. 保险职业学院学报，2006（3）.

[4] 罗杰·迈希. 海外保险公司破产的七大原因 [N]. 国际金融报，2004-04-08.

[5] 胡新民，李开斌. 中国保险市场退出保障机制的建设 [J]. 首都经济贸易大学学报，2002（3）.

[6] 何佳. 我国保险市场退出制度研究 [D]. 天津：南开大学，2008.

[7] 陈宁. 论及早建立保险市场退出机制的必要性 [N]. 中国保险报，2004-06-01.

[8] 周延. 我国保险市场退出机制的制度性缺陷及完善——从新《企业破产法》谈起 [C]. “落实科学发展观，又快又好发展山东保险业”论文评选，2006.

[9] 魏刚. 撤销转破产：我国金融机构市场退出模式的现实选择 [J]. 武汉金融，2007（9）.

[10] 陈华，张艳. 我国保险公司退出机制与路径研究：一个国际比较视角 [C]. 中国保险学会第二届学术年会入选论文集，2010.

[11] 宋占军. 保险公司市场退出方式及其程序的法律分析 [J]. 保险职业学院学报，2011（6）.

[12] 江先学. 中国保险保障基金制度研究 [D]. 成都：西南财经大学，2009.

[13] 卓志. 我国保险公司市场退出的保障机制研究 [C]. 诚信与保险——中国保险业诚信建设高峰论坛论文汇编，2001.

[14] 江生忠，邵全权，何佳. 论我国保险保障基金制度建设 [J]. 保险研究，2007（9）.

[15] 杨溢，张想，王梓霖. 中国保险保障基金公司化管理模式探析 [J]. 保险研究，

2009 (5).
[16] 佚名. 日产生命保险公司破产 [N]. 中国保险报，1997-04-28.
[17] 赵家敏，苏莉. 从资产负债管理看日本寿险业的利差损问题及对我国的启示 [J]. 现代日本经济，2004 (2).
[18] 傅安平. 寿险公司偿付能力监管 [M]. 北京：中国社会科学出版社，2004.
[19] 迟晶. 借鉴发达国家经验，完善我国保险市场退出机制 [J]. 社会科学战线，2008 (12).
[20] 张洪涛，张俊岩. 我国保险企业市场退出机制研究 [J]. 河南社会科学，2006 (2).
[21] 陈华，张艳. 保险公司市场退出机制与路径研究 [J]. 保险研究，2010 (1).
[22] 孙沛城，刘梅，李昊轩，赵文龙，周平，伍操. 保险市场退出机制及风险处置探析 [C]. 中国保险学会学术年会入选文集，2011.
[23] 徐晖. 完善我国保险市场退出机制 [J]. 上海保险，2002 (6).
[24] 鲜平. 我国保险公司市场退出的法律制度和保障机制研究 [D]. 成都：西南财经大学，2004.
[25] 姜姿. 我国保险市场退出机制探析 [D]. 成都：西南财经大学，2006 (04).
[26] 马强. 日本保险公司市场退出机制系列报道之序篇——中国可借鉴日本退出机制 [N]. 中国保险报，2011-01-17.
[27] 宋玉池. 论市场主体退出机制的构建与完善 [J]. 中国工商管理研究，2006 (7).
[28] 熊进光，黄清璐. 我国公司市场退出机制的缺失与完善 [J]. 甘肃政法学院学报，2005 (5).
[29] 李立尧. 金融机构市场退出机制思考 [J]. 金融理论与实践，2002 (1).
[30] 罗皓，黄海涛. 中国保险业的进入与退出壁垒研究 [J]. 辽宁大学学报：哲学社会科学版，2005 (3).
[31] 李成明. 最后的安全网——世界保险保障制度介绍 [J]. 中国保险，2003 (6).

第三部分

保险公司经营管理

第十六章
保险公司业务创新

学习目的

通过对本章的学习，了解产品创新的内涵和外延、网络保险的内容及其出现的背景和发展现状。熟悉该领域研究中所涉及的工具，如：蒙特卡洛模拟、RAROC，明确工具的使用原理和方法，以及在保险业务创新研究中它们的具体使用和对研究的作用。掌握保险业务创新的三个重要方面：产品创新、网络保险和银行保险。同时，了解当前保险业的创新产品，如：分红保险产品、投资连结保险产品和万能寿险产品。此外，对于网络保险和银行保险的产生和发展有一定的了解，并掌握网络保险和银行保险的国内外研究现状，明确研究中所存在的缺陷和未来的研究方向。

引言

从粗放型经营、到集约型经营再到创新型经营，保险行业经历了蜕变，保险创新已成为当今保险公司立于不败之地的重要保证。保险创新是指保险业在经营活动中依据客观规律和市场经济的要求所进行的观念、技术或产品等方面的创造性变革，而保险业务创新更是保险公司的重点发展目标，是否具有业务创新能力是保险公司能否长远发展的必要条件。

创新是一个民族立于不败的原动力，更是一个公司从长远战略出发，不断进步成长的动力。保险行业也不例外，作为以经营风险为主营业务的特殊行业，保险公司所承受的创新压力远超一般行业。以经营业务创新为主要目标的保险公司，保险产品创新是保险业务的起源，也是其他业务赖以存在的基础，保险公司通过其创新产品塑造的企业形象是其保持核心竞争力的必要手段；而产品的创新需要建立在正确认识保险产品，消除产品创新的制约因素的基础上。网络保险是互联网发展的时代产物，若要跟上时代潮流，与互联网的合作必不可少，正是通过信息与业务的结合，才使得保险产品更加趋于成熟化。而银行保险是将银行和保险等多种金融服务联系在一起，通过彼此间的相互渗透合作，共享销售渠道，从而为客户提供与保险有关的金融产品服务。在竞争时代团队合作已成为新的主题，银行保险等金融混业、金融机构合作的出现是时代发展的必然产物。

本案例就保险业务创新进行研究，保险业务创新是不可阻挡的时代趋势；而要实现保险业务创新，需要保险行业按照建设创新型保险业的要求，加快建立以企业为主体、市场为导向的创新发展体系，并着力提高集成创新能力、原始创新能力以及引进消化吸收再创新能力，从而为实现保险业务创新提供强大的技术支撑。

知识回顾

一、基本概念

（一）产品创新

创新是人类特有的认识能力和实践能力，是人类主观能动性的高级表现形式，是推动民族进步和社会发展的不竭动力。产品创新源于市场需求，源于市场对企业的产品技术需求，也就是技术创新活动以市场需求为出发点，明确产品技术的研究方向，通过技术创新活动，创造出满足这一需求的适销产品，使市场需求得以满足。在现实的企业中，产品创新总是在技术、需求两难之中，根据本行业、本企业的特点，将市场需求和本企业的技术能力相匹配，寻求风险与收益的最佳结合点。产品创新的动力从根本上说是技术推进和需求拉动共同作用的结果。

（二）网络保险

网络保险是指实现保险信息咨询、保险计划书设计、投保、缴费、核保、承保、保单信息查询、保权变更、续期缴费、理赔和给付等保险全过程的网络化。网络保险是新兴的一种以计算机互联网为媒介的保险营销模式，有别于传统的保险代理人营销模式。网络保险是指保险公司或新型第三方保险网以互联网和电子商务技术为工具来支持保险销售的经营管理活动的经济行为。

二、统计工具

(一) 蒙特卡洛模拟

蒙特卡洛（Monte Carlo）模拟，又称随机抽样或统计试验方法，属于计算数学的一个分支，它是在20世纪40年代中期为了适应当时原子能事业的发展而发展起来的。传统的经验方法由于不能逼近真实的物理过程，很难得到满意的结果，而蒙特卡洛方法由于能够真实地模拟实际物理过程，故解决问题与实际非常符合，可以得到很圆满的结果。由于蒙特卡洛模拟是以概率为基础的方法，故其应用范围非常广，如今在金融领域（例如保险定价）方面同样有较大的用途。

蒙特卡洛方法通过抓住事物运动的几何数量和几何特征，利用数学方法来加以模拟，即进行一种数字模拟实验。它是以一个概率模型为基础，按照这个模型所描绘的过程，通过模拟实验的结果，作为问题的近似解。可以把蒙特卡洛解题归结为三个主要步骤：构造或描述概率过程、实现从已知概率分布抽样、建立各种估计量。

1. 构造或描述概率过程

对于本身就具有随机性质的问题，主要是正确描述和模拟这个概率过程。对于本来不是随机性质的确定性问题，就必须事先构造一个人为的概率过程，它的某些参量正好是所要求问题的解。即要将不具有随机性质的问题转化为随机性质的问题。

2. 实现从已知概率分布抽样

构造了概率模型以后，由于各种概率模型都可以看作是由各种各样的概率分布构成的，因此产生已知概率分布的随机变量（或随机向量），就成为实现蒙特卡洛方法模拟实验的基本手段，这也是蒙特卡洛方法被称为随机抽样的原因。最简单、最基本、最重要的一个概率分布是（0，1）上的均匀分布（或称矩形分布）。随机数就是具有这种均匀分布的随机变量。随机数序列就是具有这种分布的总体的一个简单子样，也就是一个具有这种分布的相互独立的随机变数序列。产生随机数的问题，就是这个分布的抽样问题。

3. 建立各种估计量

一般说来，构造了概率模型并能从中抽样后，即实现模拟实验后，我们就要确定一个随机变量作为所要求的问题的解，我们称它为无偏估计。建立各种估计量，相当于对模拟实验的结果进行考察和登记，从中得到问题的解。

如今在保险行业，保险定价问题是非常核心的问题，它的好坏直接关系到保险产品的销售、利润情况。而关于保险产品定价问题的研究大多都是依靠蒙特卡洛模拟的方法。孙晓静、周桦（2010）在看到传统精算学定价方法在现有市场上不完善的背景下，利用金融经济学风险中性定价理论，假设固定利率、资产服从几何布朗运动，死亡风险完全分散，利用蒙特卡洛模拟法讨论确定了分红保险的公平价格的定价方法并分析了分红保险合同资产波动率、保单期限、市场利率、被保险人年龄等因素对合同定价的影响。

（二）风险调整资本收益（RAROC）

RAROC（Risk Adjusted Return on Capital）即风险调整资本收益，是由银行家信托公司（Banker Trust）于20世纪70年代提出来的，其最初的目的是为了度量银行信贷资产组合的风险。RAROC在不断完善的过程中得到了广泛应用。

RAROC的计算公式如下：

RAROC=（净收益-预期损失）/经济资本；

或RAROC=（收益-经营成本-预期损失+资本收益）/经济资本；

上式中，收益可以包括待利差收益和非利息收益（如业务收费等）；经营成本是银行经营管理成本；不同风险类型的预期损失有不同的计量方法，但它的要素有四个方面，即违约概率（Probability of Default），违约损失率（Loss Given of Default），违约风险值（Exposure at Default）和期限（Maturity）；经济资本是银行所承担风险的最低需要。

RAROC风险管理技术的主要作用有风险管理和绩效评估两个方面。

从风险管理的角度看，借助RAROC风险管理技术，商业银行可以为单笔业务分配资金，并同时可以将资本结构最优化。这一过程估计了每一笔业务的风险对银行总体风险的影响，如商业银行通过历史模拟法或蒙特卡罗法可以对其损失的分布曲线进行模拟。这种模拟法较好地衡量了损失分布，而对复杂的资产组合而言，模拟法更有优势。

从绩效考核的角度来看，RAROC风险管理技术克服了传统绩效考核目标中盈利目标与风险成本在不同时期反映的相对错位问题，实现了经营目标与业绩考核的统一。我国商业银行对各级分支机构、各类业务管理部门的绩效考核，一般都侧重于风险或收益指标，侧重于短期的时点数据，而不是用风险调整后的反映长期稳定的收益指标来衡量业绩。这使得表面上的高收益与实际经过风险调整后的收益存在很大差距，难以对绩效进行科学的考核。运用RAROC风险管理技术，对各级分支机构、各项业务、产品，甚至每位员工的RAROC进行比较，可以提高绩效考核的科学性。这样，管理者可以采取有效的奖罚措施引导各级分支机构、业务管理部门和各级员工的正确行为，激励他们自觉追求风险可接受情况下盈利最大化的目标，追求长期稳定的收益，而不是短期的高收益。

王丽珍、李静（2011）利用RAROC研究了关于保险基金投资策略的相关问题，并结合当前金融风险管理和金融监管的主流方法，将保费收取与赔付支出、破产概率、VaR限额作为条件建立RAROC最大化模型，得到最优投资策略。随后在此得出的最优投资策略的基础上，利用事实案例讨论了索赔强度、保费收取率、个体赔付额度等因素的变化对该策略的影响。

案例呈现

中国人保联手 AIG 成立合资销售公司

中国人民保险集团股份有限公司及旗下中国人民人寿保险股份有限公司和美国国际集团（American International Group，AIG）于 2013 年 5 月举行成立合资销售公司的签约仪式。至此，中国人民保险集团 2012 年在 H 股上市时与 AIG 的合作承诺终于落锤定音。

据中国人保相关负责人介绍，经过半年多的筹备，中国人保与 AIG 双方已达成一致意见，双方拟共同出资 1 亿元人民币成立一家全国性保险销售服务公司，向中国消费者提供寿险、财产险与财富管理服务，该公司将首先在北京、上海等地开展业务。目前，合作双方已经基本确定合资公司的注册地、高管人选、双方派出人员等细节，准备提交给监管部门的申报材料也已基本准备完毕，同时已着手进行前期人员招聘工作。

谈及双方此次合作的目标、意义和价值时，人保集团董事长吴焰指出，中国寿险行业历经 10 余年的快速发展，目前已进入了发展的转型时期，在这样的大背景下，中国人保与 AIG 的合作不仅开创了国内外保险企业合作的新形式，更重要的是通过这种合作为中国的寿险行业带来了业务拓展模式的创新，这是双方更为期待和看重的。AIG 亚太区寿险及养老金总裁徐智希则表示，希望借助 AIG 在分销、产品、运营等方面的全球先进经验，结合人保寿险在中国的品牌、资源和经验优势，创新业务模式，让行业发展迈入新的高度。

值得关注的是，早在 10 年前，中国人保在启动人保财险海外上市时已经开始联手 AIG 进行合作，AIG 作为人保财险的战略投资者和股东之一，持有其 9.9%的股份。去年底，人保集团在香港整体上市，AIG 作为最大的基石投资者，出资 5 亿美元购买了人保集团的股份。作为这一合作的扩展，中国人保与 AIG 当时约定将设立一家全国性的保险销售公司，根据协议，双方要在 2013 年 5 月底前达成成立合资公司协议。

据了解，此次与 AIG 具体开展合作的人保寿险是中国人民保险集团旗下专营人身险业务的子公司，2005 年恢复业务后，保费收入就从 2006 年的 8.5 亿元增长到 2012 年的 796 亿元，资产规模从 21 亿元到 2012 年已突破 3300 亿元，行业排名也快速跃升至第五位，公司在 2012 年销售人力规模突破 17 万人，机构网络已达 2000 余个，在寿险市场排名第四，已跨入了大中型保险公司的行列。美国国际集团（AIG）则于 1919 年创始于中国上海，服务逾 130 个国家的客户。AIG 旗下拥有美国最大的商业保险机构，旗下的 AIG 美国普通保险（American General）是全美最顶尖人寿保险机构之一。美亚财产保险有限公司是 AIG 在华的全资子公司，也是目前中国规模最大且历史最悠久的外资财产保险公司。

资料来源：根据 http://finance.sina.com.cn/roll/20130531/064115649162.shtml；新浪财经新闻等材料综合整理。

理论分析

改革开放以来，我国保险业经历了飞速发展的时代，经过几十年的发展，我国保险业已取得相当的成就。自2006年6月15日国务院颁布了促进保险业发展的《国务院关于保险业改革发展的若干意见》以来，保险业迎来其巨大的商机，“国十条”的颁布为保险业务的创新提供了支持，也为其发展提供了良好的环境与条件。

所谓“没有创新能力的民族，难以屹立于世界民族之林”，一个民族不断发展的动力来源于创新。在当今科技日新月异的大时代环境下，知识经济更是初露端倪，特别是加入WTO以来，我国保险公司面临的对手不仅仅是国内保险巨头，还有国际保险巨头。竞争环境的日益复杂，以及由我国保险行业自身发展经验的不足所带来的压力，种种现实条件摆在我国保险公司面前。想要实现跳跃式的发展以缩小与国际保险巨头的差距，创新是唯一的出路。

当前，我国的保险业依然处在通过业务创新来实现其转变经营方式的关键时刻，更是实现传统业务创新向非传统业务创新的跨越期。在这样一个特殊的时期，保险公司需看清时局，根据社会环境以及自身发展的约束条件，实现自身的制度创新、业务创新以及组织结构创新。而国际上保险业务创新主要体现在保险的产品创新以及业务经营方式的创新上，比如银行保险、保险证券化和网络保险等。

一、产品创新

随着21世纪我国经济的快速发展，保险行业同样展现出良好的发展态势，但同时也伴随着保险行业间的竞争加大。经营者为了取得有利的竞争地位，往往都会加大保险产品创新的力度，因为创新能力被视为保险业保持长期成功的必要和关键因素，而产品创新将成为保险公司的首要任务[1]。

与发达国家相比，我国保险产品的创新仍然比较落后，保险产品品种比较单一、同质化、创新不足。但我国的保险产品创新已经走出了传统的预定利率和投资回报率的约束，开发了当前国际保险市场流行的三大寿险产品：分红保险、投资连结保险和万能寿险。与传统产品相比，这些产品不仅降低了保险企业的综合业务成本，还有力地激发了市场活力。

（一）分红保险产品

分红保险，一种以定价利率为最低现金价值计算的依据、含有最低保额给付保证、并能使保单持有人分享保单盈余的险种。自2000年第一张保单开始销售以来，分红保险的保费逐年上升，很快就在寿险市场占有相当大的份额。虽说分红保险在我国发展较快，但与国外相比，仍然有很多问题尚未解决。目前在国内研究较多的主要集中在分红保险的定价问题上。周桦（2008）利用金融市场无套利原理，讨论了通过计算风险中性概率下的合同负债期望现值，得出合同初始时刻负债的公允价值，进而确定分红保险的公平价格的定价方法[2]。孙晓静、周桦（2010）在看到传统精算学定价方法在现有市场上不完善的背景下，利用金融经济学风险中性定价理论，假设在固定利率、资产服从几何布朗运动、死亡风险完全分散的条件下，讨论确定了分红保险的公平价格的定价方法并分析了分红保险合同资产波动率、保单期限、市场利率、被保险人年龄等因素对合同定价的影响[3]。而在国外则通常做分红保险的全面分析，罗杰·浮士德（Roger Faust）、哈图·施迈泽（Hato Schmeiser）、亚历山德拉·普普（Alexandra Zemp）（2013）先分解参加人身保险合同在长期寿险和储蓄部分，并模拟后者的现金流分布，就仿真结果进行比较。结果表明，保单持有人相比于在一般利润率的互惠基金基准，分红型寿险会有一个更好的回报分布，但不会好于交易所交易基金基准投资组合[4]。

（二）投资连结保险产品

投资连结保险是一种集保险与投资功能于一身的新险种，设有保证收益账户、发展账户和基金账户等多个账户。每个账户的投资组合不同，收益率就不同，投资风险也不同。由于投资账户不承诺投资回报，保险公司在收取资产管理费后，所有的投资收益和投资损失由客户承担。2006 年开始至今，投连险在全国销售量非常大，吸纳了大量资金，但相比于国外，国内仍然存在着投资收益不确定、营销队伍专业水平不高、法律规章不完善等问题。张洪涛（2000）在很早就开始关注投资连结保险，介绍了投资连结保险的特点和国外情况，从中国保险业市场的发展和改革方面来论述了投资连结保险在我国发展的必要性和可行性，并对发展投资连结保险产品给出了相关建议[5]。张忠继（2004）针对浙江省保险市场的投资连结保险在发展早期存在缺乏对目标客户的有效选择、产品设计上存在问题、销售中夸大产品投资功能，忽视保障功能、售后服务跟不上等问题，提出进一步完善投连险监管法规、严格投连险产品的市场准入监管、改革和完善营销体制等具体建议[6]。秦蓉蓉、江裕棠（2009）分析了投资连结保险的产品设计，指出其具有优势的地方，如死亡费用部分采用自然保费、投资连结保险可以提供保障与保值功能的转换等。同时指出投资连结保险成为寿险市场不稳定因素的原因，并强调投资连接保险的保障功能；针对销售导向进行实质的约束；利用税收对市场进行引导等[7]。综上所述，国内的研究主要是在对投资连结保险的优势及特点的认识了解的基础上，对其发展提出建议；而国外的研究则更关注承保人的购买决策、风险分析等。克尔—塔赫（Ker-Tah Hsu，2011）从购买者的购买决策与投资风险的关系入手，运用人工神经网络预测投资连结保险的保单持有人的购买决策，并将结果与 logistic 回归比较，发现灰色聚类更适合于 BP 神经网络，而平均和标准偏差结合 Logistic 回归方法则更适合。结果表明投连险的保单持有人承担投资风险，其风险的态度应该对他们的购买决策有很大的影响[8]。

(三) 万能寿险产品

万能寿险是指包含保险保障功能、并至少在一个投资账户拥有一定资产价值的人身保险产品。万能寿险除了同传统寿险一样给予保户生命保障外，还可以让客户直接参与由保险公司为投保人建立的投资账户内资金的投资活动，将保单的价值与保险公司独立运作的投保人投资账户资金的业绩联系起来。万能寿险与传统寿险相比具有一定的独特性：死亡保额可以改变；保费缴纳灵活；保险金额可以改变；保证收益，等等。在国外，万能寿险比较普及，但在国内它是一个创新型保险。同样，国内对这方面的研究还不是很多，大多是关于收益率、风险认识等方面。展凯、申曙光（2009）指出结算利率不能如实反映保单收益率，提出以万能寿险保单资金账户内在收益率（Internal Rate of Return，IRR）来反映实际收益率。并以在中国市场上销售的 B 款万能寿险为样本，进行测算，结果表明保单 IRR 低于结算利率，并分析出保单持有时间长度、费用的比例和结构等因素显著影响保单收益[9]。周桦（2013）利用风险中性定价方法，不考虑死亡因素，在利率服从瓦西塞克（Vasicek）均值复归模型，标底资产价格服从几何布朗运动的假设下，计算万能险万能账户中最低保证收益率期权的公允价值。考虑到保单持有人可以退保，文章利用最小二乘蒙特卡洛方法计算内嵌退保期权的公允价值[10]。

二、网络保险

保险公司以信息技术为基础，以互联网为主要渠道来支持保险企业一切业务活动的经济行为称为网络保险。网络保险最初于美国产生，由于日益激烈的金融竞争环境，利用信息、网络技术等先进手段进行产业升级，降低交易成本，提高市场地位和竞争力成为保险公司当仁不让的选择。与传统保险方式相比，网络保险不仅可以降低保险公司和保险中介机构的运营成本，拓展其业务范围，更是一种新型的营销手段，提供了一种有价值的交互式交流工具，使客户能够享受个性化服务从而使其获得源源不断的动力，增强保险公司的核心竞争力，在降低经营成本的同时拓展了保险业务的时间与空间。随着互联网时代逐渐趋于成熟，对网络保险的研究也越来越多，不断完善。

进入 21 世纪以来，信息技术已经成为推动保险业创新的巨大动力，对网络保险的研究也是络绎不绝，业界学者主要从网络保险的特点以及发展策略出发进行研究。米里亚娜·塞科洛夫斯卡（Mirjana Sekolovska，2011）认为现阶段保险公司管理面临着现代信息和通信技术的挑战，新的网络保险模式将带领保险业进入电子市场环境，电子化的保险产品不仅能简化产品本身，也能使产品更加透明、成本减少，向网络保险的转换将在扩大保险市场的同时，提高保险公司的竞争力[11]。斯科特·J. 沙克尔福德（Scott J. Shackelford，2012）在越来越多的公司已经将目光转向网络风险保险，以更好地管理网络威胁和数据的环境下，分析了影响企业的网络攻击因素，认为保险企业必须采取积极主动的姿态走向管理的网络保险，才能适应时代发展，变被动为主动[12]。我国学者肖智、刘敏（2002）分析了当时网络保险发展的状况以及存在的较多问题，并解读了网络保险所具有的优势，为未来我国网络保险的发展提出了建议[13]。李刚、万珊（2009）在界定网络保险概念的基础上，介绍了国内外网络保险的发展，在此基础上总结分析了网络保险的优劣势，对于我国网络保险有积极的促进作用[14]。白冬虎（2011）认为应根据当前整个保险市场发展的实际状况，充分发挥网络营销的优势，避其劣势，对网络营销与传统营销进行有效而合理的整合。并在发挥整合优势的过程中，发现、分析、解决保险网络营销遇到的问题，使这一顺应时代发展的营销模式充分发挥其在促进保险企业创新发展中的效能[15]。王弘颖（2009）分析了我国的保险产品病毒式营销的可行性，包括内外部条件，并提出了加强对保险公司偿付能力的监管、从根本上保护被保险人权利等完善和保护被保险人权利的建议[16]。

金融市场环境变化莫测，要根据环境的变化，适应发展是保险公司面对的现实问题。对于我国网络保险应如何抓住机遇获得发展，学者们更是纷纷跻身研究行列中。杜红权（2012）在详细介绍了现阶段网络保险的经营模式以及国内网络保险发展状况的基础上，分析制约国内网络保险发展的因素，包括保险公司的网络功能不完善、相关法律法规不完全等，最终提出了促进国内网络保险发展的对策[17]。赵燕妮（2009）通过分析我国保险电子商务的现状和发展趋势，进而提出了我国保险业发展电子商务的相关策略[18]。徐静（2011）在深入分析我国网络保险的优势以及发展现状的基础上，从战略规划、产品服务、技术支撑及监管等方面提出了一些对策建议，为保险网络的发展打下了基础[19]。白冬虎（2011）认为我国网络环境有待改善，网络安全亟待解决，并且网络在我国的普及率还比较低，广大客户的网络投保意识不强；提出了当前我国发展保险网络营销面临的种种问题[20]。高雷、杨爱军（2010）分析了欧美网络保险的发展状况，并找出我国发展网络保险的差距；这些观点认为我国应该借鉴国外经验，结合国内有利环境，重点解决网络安全、风险控制和网上支付等技术瓶颈，全方位发展网络保险，以促进我国民族保险业的高效、快速发展，从而以全新的姿态积极参与国际保险市场的竞争[21]。

三、银行保险

由银行、邮政、基金组织以及其他金融机构与保险公司合作形成的银行保险，将提供一个供金融机构共同销售的经营渠道。由于行业的特殊性，销售渠道于保险公司而言至关重要，中国保险业的两次飞跃均来自销售渠道的创新。2000 年中国平安推出分红产品，从此开始真正意义的银行与保险公司的合作。经历了十几年的发展，对银行保险的研究也逐渐成熟。

对银行保险的研究，国内外的学者大部分都从发展的角度出发，探讨其发展中各种外部环境的影响，包括外部性、金融市场以及风险与效率等各类因素。L. 佩琪·菲尔茨

（L. Paige Fields）、唐纳德·R. 弗雷泽（Donald R. Fraser）、詹姆斯·W. 科拉里（James W. Kolari）（2007）将美国和国外的银保并购案作为研究样本，通过研究发现影响投标人财富效应的积极性的因素包括显著相关的经济规模、潜在的经济范围以及投标者的位置和目标，而银行保险作为金融行业的构成部分，未来将带来更大的经济利益[22]。肯尼斯·A. 卡罗（Kenneth A. Carow，2001）认为花旗集团的合并为银行保险的发展提供了一个新的途径，银行保险的诞生将消除银行业和保险业之间的壁垒，从而最有可能从放松管制机构中获得积极的财富效应[23]。我国学者杨霞（2011）从股权融合与发展的角度出发，认为中国银行保险的股权融合发展至今，形式不断多样，并通过采用事件研究法以“平深恋”为例的实证研究表明，金融市场对于股权融合持较为乐观的预期，银行保险的财富效应有所显现[24]。张青枝（2011）认为中国今后银行保险的成长壮大，更加需要一个良好的金融生态环境，包括规划出台具体的业务管理办法、进一步放松银行与保险资本联合的限制、实施有效的金融监管以及相应的税收优惠政策[25]。孙健、刘铮（2012）则从银行外部性的视角分析银保合作的选择问题，同时依据科斯定理，并借助数理过程，说明银行保险的产生是为解决银行外部性所进行的自由“协商”的结果[26]。崔勇（2010）结合我国十几年银行保险的发展实践，实证研究了法律制度、监管制度、市场环境、利率环境等制度因素对我国银行保险发展的影响，探求了银行保险发展受制度环境影响的内在规律，对我国银行保险的发展具有一定的借鉴意义[27]。冯祥英（2010）运用博弈模型，从产业组织学的角度出发，通过构建银行与保险公司之间的博弈模型，寻找银行保险业务问题背后的经济根源，通过研究发现银行网点和客户资源的垄断性是一个重要的原因[28]。

我国银行保险起步相对较晚，虽说其发展较为迅速，但模式粗放，仍然存在各类问题，对银行保险专业化问题的研究举足轻重。苏皓（2013）在提出重视保险业务日益成为商业银行的战略选择后，针对目前中国银行保险发展的不足与问题，提出了通过设立专门的中介机构从事保险业务的想法，将银行保险的专业化销售作为一种新兴的渠道模式[29]。孟龙、施强、张领（2012）针对当前银保发展中的突出问题，借鉴世界银行的建议及英美等国和我国台湾地区的经验，提出银行保险专业化的改革思路，认为银保模式选择是市场主体的逐利行为、自身风险控制能力和政府管制三个因素共同作用的结果，并对银保专业化变革的具体方式以及重点问题进行了研究[30]。林克屏（2011）认为目前银保业务经营的实际问题是，现行银保合作模式存在的弊端尚未从根本上予以解决，相当多的老问题依然存在，而专业化经营是克服当前银保合作模式弊端的现实选择，也是中国银保业务发展的必然趋势[31]。施强（2011）认为由于银保经营的“第五种模式”既能发挥银行的渠道优势，又有利于提高保险服务水平，可以将其作为我国当前银保市场发展的备选模式，针对中国银保市场的问题，“银保专业化”将是有效的“药方”[32]。

纵观已有研究，保险业务创新的三大领域包括保险产品创新、银行保险以及网络保险，对他们的研究也颇有成果。分析这些研究成果，我们发现对产品创新的研究集中于产品的定价、风险分析以及收益问题，承保人购买行为分析以及营销方法的系统性科学性研究；对网络保险的研究则主要集中于发展策略与建议的提出，缺乏实证的影响因素分析，使对策建议缺乏可行性与实践性；而对银行保险的分析主要集中于影响因素的探讨，包括外部性、金融市场以及风险与效率等各类因素，也提出了银行保险专业化的建议，但与网络保险类似，缺乏实证分析研究因素，主要是据国内外比较或现状提出建议，同样缺乏可信度。纵观我国保险业务创新发展，不难发现吸纳性创新多，而原创性创新少，保险业务的数量虽在扩展却缺乏质量保证，同时技术不足以及内部驱动力的不足都制约着我国保险业务创新的发展。要实现真正意义上的创新，中国的保险业还有很长的一段路，还需社会各界共同的努力与支持。

延伸阅读：农业保险创新大有可为

中国保监会发布了《关于进一步贯彻落实〈农业保险条例〉做好农业保险工作的通知》，鼓励保险公司进行农业保险产品创新，不断满足农民日益增长的风险保障需要。对新型产品，保监会将开辟绿色通道，优先接受报备。这标志着农业保险进入了新的发展阶段，也对农业保险发展提出了更高要求。

作为一个相对特殊的险种，农业保险的政策性强、敏感性高、被保险人数量庞大。实践证明，农业保险作为市场化的风险管理和社会管理手段，在转变农业发展方式、促进农村金融发展和创新农村社会管理等方面潜力巨大。当前，我国农业保险仍处于发展初级阶段，服务能力、覆盖面和保障水平都有待进一步提高。

“十二五”时期，我国在工业化、城镇化深入发展中同步推进农业现代化，这对农业保险提出了更高要求。

开展现代农业，必然体现出“高科技、高投入、高产值、高收益”，同时，也必然伴生出高风险，对农业保险的风险保障需求也必然更加强烈。为了保障国家粮食安全，提高农业综合生产能力，需要发展高产、优质、高效、生态、安全农业，促进农业生产经营专业化、标准化、规模化、集约化，推进现代农业示范区建设，这也需要农业保险保驾护航。推行新型城镇化建设，推进集体林权制度改革等，更需要保险作为重要的保障手段。

中国保监会在上述通知中列举了开发天气指数保险、价格指数保险、产量保险、收入保险、农产品质量保险、农村小额信贷保证保险等新型产品，并要求各保险公司坚持以关系国计民生和国家粮食安全的农产品保险、主要畜产品保险和森林保险为发展重点，努力扩大保险覆盖面。积极推动农作物制种、渔业、农机、农房保险和重点国有林区森林保险的保费补贴试点工作。加大粮食主产区、中西部地区和农业生产大县农业保险的推广力度，配合国家种植业、海洋渔业发展战略以及“菜篮子”工程建设有关要求，开发相关险种，积极推进试点。

上海等地建立了政府与承保公司的共保机制，江苏筹备了巨灾风险基金。2012 年 9

月，广东“珠三角金改”方案获批后，广东省在政策性农业保险上也有突破。政府引导支持下的农业保险商业化运作不仅连续取得100%承保率的优异成绩，同时在中山市以互助合作制开展了综合性农业保险业务，首开了互助保险的先河。2013年5月，北京推出了全国首款专门应对猪肉价格市场波动的险种——生猪价格指数保险，这也是保险业在应对农产品市场价格波动和养殖业风险方面做出的探索和尝试。

这些有益的探索与尝试，让人看到农业保险未来的无限发展空间。按照专家的话说，商业公司能做的业务，政府就应当放手让其做；商业公司不愿意做的业务，政府应当分清各种情况，区别对待。对于保险公司而言，创新在于增加投入、进一步加大对农村市场的开发力度。尤其是立足农民，以农民为本位进行创新是农业保险开发成功与否的关键所在。总之，随着经济社会的飞速发展，农业保险已成为农村金融发展的重要推动力。

因此，在新的历史机遇下，农业保险创新大有可为。

资料来源：根据 http://insurance.hexun.com/2013-06-20/155328953.html 和讯保险等材料综合整理。

问题与思考

创新作为一项重要的实践活动，其最能体现与时俱进的科学内涵。对社会而言，随着我国老龄化社会的不断逼近，中国将面临巨大的人口老龄化压力，老年人的经济与健康问题将为保险市场创造极大的需求。如此环境下，一条鼓励创新、提倡差异化经营的道路摆在国内保险行业面前。据中国保监会的要求，在“价值明确、成本清楚、风险可控”的原则下，鼓励保险公司对产品、渠道、服务、销售模式、风险管控等进行创新，宽容对待创新中出现的问题。在政策的支持与环境的需求下，保险行业无疑将面对巨大的商机，保险创新应顺理成章地成为保险公司的核心业务，保险公司应将保险创新纳入日常征程，不断地注入新鲜力量。经济全球化和新能源革命的深入推进，风险保障需求不断地于这项新领域中突显，这不仅对我国的保险业风险管理技术创新提出了更大的挑战，也是对保险产品与保险业务创新的一个挑战。对于未来保险产品，将不再满足于提供传统的储蓄型、保障型产品，转而开始利用金融衍生技术提供多保障、多需求、多功能的投资型保险产品以及金融资产管理服务，这也意味着保险产品的创新将面临更多种类的风险。在如此既有机遇又富有风险挑战的环境下，如何有效地站在全局的角度把控风险，并通过创新获取新能量以抓住机遇，实现保险公司的长期可持续发展，获取长久利润，将是保险公司面临的重大问题。

问题1：

中国保险业如何选择正确的创新方式，从哪个点切入能更有效地提升实力？

问题2：

对中国保险公司实现原创，你有哪些政策建议？

问题3：

中国保险公司的创新源于何处？是人才的引进还是国外经验的汲取？

参考文献

[1] 王朝晖. 创新：保险业发展的必然选择 [J]. 经济问题，2007 (12).

[2] 周桦. 中国分红保险产品定价研究 [J]. 保险研究，2008 (12).

[3] 孙晓静，周桦. 含死亡因素的分红保险产品定价 [J]. 保险研究，2010 (04).

[4] Roger Faust, HatoSchmeiser, Alexandra Zemp. A performance analysis of participating life insurance contracts [J]. Insurance: Mathematics and Economics, Volume 51, Issue 1, 2012.

[5] 张洪涛. 中国发展投资连结保险产品的必要性与可行性 [J]. 中国金融，2000 (6).

[6] 张忠继. 对浙江投资连结保险产品的反思 [J]. 中国金融，2004 (19).

[7] 秦蓉蓉，江裕棠. 投资连结保险产品设计及推广分析 [J]. 保险研究，2009 (05).

[8] Ker-TahHsu. Using a back propagation network combined with grey clustering to forecast policyholder decision to purchase investment-inked insurance [J]. Expert Systems with Applications, Volume 38, Issue 6, 2011.

[9] 展凯，申曙光. 万能寿险内在收益率测算与影响因素分析 [J]. 保险研究，2009 (07).

[10] 周桦. 中国万能寿险投资账户最低收益率保证与退保期权的定价研究 [J]. 系统工程理论与实践，2013 (03).

[11] MirjanaSekolovska. Internet Business Models for E-Insurance and Conditions in Republic of Macedonia [J]. Procedia-Social and Behavioral Sciences, Volume 44, 2012.

[12] Scott J. Shackelford. Should your firm invest in cyber risk insurance? [J]. Business Horizons, Volume 55, Issue 4, 2012.

[13] 肖智，刘敏. 保险创新的新领域：网络保险 [J]. 商业研究，2002 (22).

[14] 李刚，万珊. 网络保险的发展及优劣势分析 [J]. 特区经济，2006 (10).

[15] 白冬虎. 试论我国保险的网络营销 [J]. 经济师，2011 (06).

[16] 王弘颖. 保险产品病毒式营销的可行性分析 [J]. 浙江金融，2009 (01).

[17] 杜红权. 浅论网络保险的发展策略 [J]. 金融理论与实践，2012 (07).

[18] 赵燕妮. 电子商务环境下服务补救策略探讨 [J]. 商业时代，2009 (28).
[19] 徐静. 我国网络保险发展现状及建议 [J]. 浙江金融，2011 (04).
[20] 白冬虎. 我国当前发展保险网络营销面临的问题 [J]. 经济研究参考，2011 (48).
[21] 高雷，杨爱军. 欧美网络保险的最新发展及对我国的启示 [J]. 保险研究，2010 (11).
[22] L. Paige Fields，Donald R. Fraser，James W. Kolari. Bidder returns in bancassurance mergers: Is there evidence of synergy? [J]. Journal of Banking & Finance，Volume 31，Issue 12，2007.
[23] Kenneth A. Carow. Citicorp - Travelers Group merger: Challenging barriers between banking and insurance [J]. Journal of Banking & Finance，Volume 25，Issue 8，2001.
[24] 杨霞. 股权融合下的中国银行保险新发展：理论与实证 [J]. 保险研究，2011 (11).
[25] 张青枝. 中国银行保险发展中的金融环境优化问题探究 [J]. 宏观经济研究，2011 (07).
[26] 孙健，刘铮. 从银行外部性角度谈银行保险的发展 [J]. 保险研究，2012 (07).
[27] 崔勇. 我国银行保险发展的制度因素实证分析 [J]. 保险研究，2010 (04).
[28] 冯祥英. 银行保险业务博弈模型分析 [J]. 经济社会体制比较，2010 (06).
[29] 苏皓. 银行保险的专业化销售 [J]. 中国金融，2013 (03).
[30] 孟龙，施强，张领伟. 困境与出路——银行保险专业化问题研究 [J]. 保险研究，2012 (05).
[31] 林克屏. 专业化是银保业务发展的必然趋势 [J]. 中国金融，2011 (16).
[32] 施强. 银保经营的第五种模式 [J]. 中国金融，2011 (16).
[33] 赵富高. 银行系保险公司的创新发展 [J]. 中国金融，2013 (08).
[34] 郭左践. 保险服务社会管理的机制创新 [J]. 中国金融，2013 (07).
[35] 朱佳. 保险市场制度创新的长效机制构建 [J]. 商业时代，2013 (09).
[36] 张明月. 对我国保险市场产品创新的观察与思考 [J]. 中国商贸，2013 (05).
[37] 陈冬梅，孙宏涛. 商业保险产品创新及其法律保障 [J]. 东岳论丛，2013 (04).
[38] 程静. 农业旱灾风险管理的金融创新路径：天气指数保险 [J]. 世界农业，2013 (03).
[39] 巴曙松. 对我国农业保险风险管理创新问题的几点看法 [J]. 保险研究，2013 (02).
[40] 蔡慧玲. 我国保险营销渠道的创新及发展趋势的探析 [J]. 中国商贸，2013 (02).
[41] 朱俊生，郭金龙. 试论保险产品交易模式的创新方向 [J]. 金融理论与实践，2012 (07).

第十七章
保险公司渠道创新

学习目的

通过对本章的学习，了解电话销售、网络营销、电子商务的基本概念和内涵，区别以电销、网销为代表的新型销售渠道与传统保险销售渠道的异同；了解电子商务中常见的B2C、B2B理论，了解两种保险销售新渠道在国内外的发展现状，并分别从优劣势两方面来对新型渠道与传统渠道进行比较分析，并基于此探索保险新兴渠道在我国的发展策略，如将新渠道与传统渠道相结合，做好风险防范、重视产品创新、重视品牌建设，加强相关法律法规建设等。在延伸阅读的基础上思考新渠道的发展前景与挑战，探索创新与规范电销、网销的现实途径。

引言

在产品、价格同质化趋势明显的今天，渠道无疑成为了各家保险公司争夺保单的焦点。而伴随着互联网的不断发展，电话销售与网络销售这类新型销售渠道已成为信息化时代全球销售和服务创新的主要路径，也是国外保险业普遍采用的新销售模式。在目前保险竞争日趋激烈的背景下，如何利用电销、网销等新渠道进行创新寻求盈利突破，无疑是保险公司未来发展的关键点之一，我国各大保险公司和保险中介代理公司当前也已纷纷加大投入构建自己的在线营销网站和电话营销平台，通过增加电话营销、网络营销来推动保险产品的销售。但实际运行过程中，电话营销和网络营销渠道上都出现了一些问题，尤其是网络营销还处于初级阶段。虽然新型销售渠道前景美好，但并不意味着就能改变传统销售渠道的格局，我国消费者保险消费理念仍需更新，后台支持也需大力跟进，新型销售渠道的构建任重而道远。本章主要描述我国两大营销新渠道的现状以及未来的发展趋势，进而提出我国发展保险营销新渠道的参考策略。

知识回顾

一、基本概念

（一）营销渠道的定义

美国市场营销学权威菲利普·科特勒曾说：“营销渠道是指某种货物或劳务从生产者向消费者移动时，取得这种货物或劳务所有权或帮助转移其所有权的所有企业或个人。简单地说，营销渠道就是商品和服务从生产者向消费者转移过程的具体通道或路径”。在保险市场营销组合即产品、价格、促销、渠道四类变量中，渠道占有极其重要的地位，它联结了保险供求双方。保险公司要在适当的时间、地点，以适当的价格把保险产品和服务供应给广大的消费者，必须通过一定的市场营销渠道。越来越多的保险公司也发现，在保险产品、服务乃至广告同质化趋势加剧的今天，单凭产品的独立优势已经很难赢得竞争优势。正如整合营销传播理论创始人、美国西北大学教授唐·舒尔茨（Don Schultz）指出：在产品同质化的背景下，唯有“渠道”和“传播”能产生差异化的竞争优势。

（二）传统销售渠道

一般来讲，传统销售渠道主要包括直销、中介、交叉销售、银行保险等基本方式。传统意义上的直销模式为直销人员销售，是指保险公司利用自己的职员进行保险产品销售的方式；保险中介包括保险代理人、保险经纪人、保险公估人，是为保险公司与投保人之间建立联系的机构和个人；银行保险是保险公司通过银行柜台或者理财中心销售产品的模式，目前银保渠道收入不断下滑、业绩不甚理想；而交叉销售是一种衍生的保险销售模式，初期时仅局限于“团个险交叉”销售方面，即保险公司运用内部资源将团险的客户资源和个险营销员人力资源加以有机结合。但随着时间的推移，目前已出现寿险公司、财产公司、健康险公司、养老金公司以及资产管理公司等多架马车并行的集团化运营格局，这就为以客户中心、资源共享的“寿销产”、“个销产”、“银销产”、“产销寿”、“产销团”、“产销银”等产寿险交叉销售、团个险交叉销售等多种销售模式提供了可行性。

（三）保险电话营销

保险电话营销是指由保险公司主动呼出或接受客户呼入，通过电话销售中心或委托保险代理机构销售保险产品的一种新型保险销售渠道。

（四）保险网络营销

保险网络营销也称为网络直销，是保险公司以互联网为主要渠道，不经过任何中介，使得保险公司完全可以在网上作核保、核赔和远程保险服务来直接实现保险产品营销的一种新型保险销售渠道。

二、分析工具

保险网络营销属于保险电子商务的范畴，而保险电子商务的类型一般有两种，一种是企业对企业的模式（B2B），另一种是企业对消费者的模式（B2C）。

（一）B2C 理论

B2C 是英文 Business-to-Customer（商家对顾客）的缩写，而其中文简称为“商对客”。“商对客”是电子商务的一种模式，也就是通常说的商业零售，直接面向消费者销售产品和服务。这种形式的电子商务一般以网络零售业为主，主要借助于互联网开展在线销售活动。B2C 即企业通过互联网为消费者提供一个新型的购物环境——网上商店，消费者通过网络购物、网上支付。由于这种模式节省了客户和企业的时间和空间，大大提高了交易效率，特别对于工作忙碌的上班族，这种模式可以为其节省宝贵的时间。

（二）B2B 理论

B2B 是 Business To Business，是指一个互联网市场领域的一种，是企业对企业之间的营销关系。它将企业内部网，通过 B2B 网站与客户紧密结合起来，通过网络的快速反应，为客户提供更好的服务，从而促进企业的业务发展。而保险电子商务推广网站往往有三种：一是保险公司利用自己建立的保险网站提供在线咨询及销售服务；二是利用新型的保险中介网站提供多家保险公司的产品，有一定专业知识的客户可以根据需求为自己及家人进行量身选择，这种类型有时也被称为在线保险超市；三是利用综合性网站中的保险频道提供在线保险服务。

案例呈现

电销热火朝天，网销逐渐兴起

一方面，电话销售保险正在挤退以前的保险中介机构，尤其是在电话销售最为活跃的车险方面，电话销售风生水起，车险行业的销售格局正悄然发生改变，传统车险渠道的客户渐渐转向了电销渠道。

在财险行业电话销售取得成绩的同时，寿险方面也开始尝试。虽然总体保费贡献度还很有限，但毫无疑问的是寿险电销已成为寿险公司业务竞争的新力量。“寿险电话销售分两种，一种是个人营销部的代理人，随机打电话约见客户谈保险。一种就是公司直接通过电话销售保险，并不约见客户”。中意人寿理财师陆雪琨介绍道：“不过，电话销售渠道的险种同我们代理人渠道不同，他们的险种比较简单，保险利益不多，比较容易说清楚。寿险的一些复杂产品其电话销售可能有一定的难度。”

在泰康人寿官网，有专门的“电话行销专区”，不仅有自助保险卡销售，还有电销专属产品的详细介绍，以及保监会规定的电销公示信息等。“目前，泰康电话营销主要以健康险为主，由于条款的解释相对意外险等较为复杂，我们在电销致电的同时会告知有意向的客户通过网站了解产品的详情，等我们二次致电时再具体征求客户的意向。这样既给予客户充分的考虑时间，也可以杜绝电销环节中的误导和强买强卖，提高电销业务的质量。”泰康相关人士介绍。

另一方面，由“三马”牵头发起的互联网保险首个试点——阿里巴巴、腾讯、中国平安等9家公司共同筹建的众安在线财产保险股份有限公司已然释放出改写行业游戏规则的“三马”效应。创下国内网购单品销售纪录的国华人寿，在淘宝网开业10周年之际，推出两款产品：“国华1号”和“理财宝”，其网络合作商淘宝理财频道则承诺拿出千万“集分宝”回馈客户。数据显示，“国华1号”销量已经突破2亿元，总共成交1.2万件。而国华人寿另一款产品“理财宝”，其留存时间超过31天后收益率可以持续上浮，留存达到91天后年化收益率可达到4.31%，366天则达到4.8%，期间可以自由退保或部分领取，被业内人士评价为“目前保险业网络渠道产品中最灵活的一款”。继国华人寿网销发力之后，弘康人寿、合众人寿等其他进驻淘宝网的中小保险机构纷纷开始抢夺市场，推出一些购买门槛不高的短期理财保险，有的消费门槛只有1000元，甚至低到500元起买，不仅到期可以自动滚存，年利率甚至高达4.85%，旨在分流银行的储蓄存款。中国平安、泰康人寿、华泰保险等大大小小的保险公司也已经进驻淘宝网等互联网平台，联合销售保险产品。

作为首个获批筹建、注册资本达10亿元的互联网保险试点，众安在线的一众股东中，大量为互联网创新性公司，尤其“三马”中的两张面孔，一为最大的电子商务公司阿里巴巴，以19.9%的持股比例成为第一大股东；一为最大的互联网公司腾讯，与金融保险集团中国平安并列为第二大股东，加之在线旅游公司携程，这一互联网保险“新生儿”从产品、客户、销售、支付等多方面缔结了强大联盟。

据公开的招聘信息显示，平安集团筹建的第三方支付公司——平安支付正在高薪揽才，涉及战略发展、战略研究、产品规划、风险控制、法务合规等多个部门负责人，包括在北京、武汉等地分公司的总经理。同时，平安集团正积极获取支付业务牌照，2012年下半年收购了第三方支付公司壹卡会，下一步将进一步获取包括移动支付、互联网支付、预付卡、商户收单在内的支付全牌照，以此打通旗下各项金融服务，应对互联网金融招数频出、迅疾出新之势带来的冲击。

同时记者了解到，专门针对保险公司互联网保险业务的监管办法正在酝酿之中，近期有望出台，监管细则已从先前的中介互联网业务相应扩大到险企互联网业务。

资料来源：根据 http://news.xinhuanet.com/yzyd/fortune/20130529/c_115953696.html；
http://www.xiangrikui.com/shouxian/pinglun/20120110/178807.html；
向日葵保险网等材料综合搜集。

理论分析

一、两种保险销售新渠道在国内外发展现状

(一) 国外发展现状

根据麦肯锡的统计数据，包括电销和网销在内的新渠道，在欧美部分国家车险销售渠道中占比已经达到20%左右。2008年，英国的电销、网销渠道的成长速度达到52%，电话、网络销售在整个保险业的占比已经达到32%。在美国，包括电销和网销在内的电子商务模式已经超过总保费的20%。在澳大利亚，电销和网销甚至已经占到个人保险业务销售渠道的48%。

(二) 我国发展现状

刘小微（2013）提到，2012年平安集团来自电销、网销渠道的保费收入保持了较快增速，平安寿险2012年持续推动“挑战新高”和“二元发展”战略，继续大力发展电销、网销等新兴渠道，电销渠道去年实现规模保费38.3亿元，电销市场份额稳居寿险行业第一；平安产险则继续推进“专业经营、服务领先”经营战略，电话车险保费增长26.5%至285.3亿元。此外，平安寿险持续建设E化经营平台，移动展业模式已应用于平板电脑、智能手机等智能设备，2012年该平台使用率已经超过95%，累计为超过420万客户投保。中国人寿在2011年则通过国寿“E家”系统渐次覆盖全国分支机构，实现移动展业模式，在渠道专业化建设方面做出重要突破。此外，人保财险的电销、网销等新兴渠道贡献持续提升，去年电销、网销渠道原保险保费收入合计人民币280.9亿元[1]。2013年3月1日，我国保监会同意众安在线财产保险股份有限公司筹建，开展专业网络财险公司试点。

二、电话营销模式及优劣势概述

（一）电话营销模式

朱亚芳（2010）提出目前发展的电话营销模式分类主要有三种：自建呼叫中心长期经营模式；自建电销团队外派合作模式；外包模式。还有一种是直复营销手段结合电销：即先利用信函、广告、电视、网络等媒体，然后再通过电话实现销售[2]。晋波（2009）认为这三种模式各有优劣，但从现在市场外包、外派的运作经验和电销的业务性质来看，发展电销应遵循从外包到自建的一般发展路径[3]。

（二）电话销售的优势

总的来说，电销的优势有以下三点：

1. 电销业务成本低、效率高

方晖（2011）指出，电销业务是保险公司利用现代化的通信技术和手段向目标客户进行的营销，公司只需支付通信基本运营费而节省了其他的销售费用，相比传统的销售方式而言，电销节约了销售成本，而且电话营销的工作效率比传统的营销方式要高十倍左右[4]。

2. 投保简便，渠道风险相对较低

方晖（2011）还提出，专业的保险电话销售人员可以用较少的时间完成对保险条款的说明，不需要投保人自己填写投保单，只需在电话里核对相关车辆信息，由电话销售人员录入客户资料，在出单后即可由快递公司或公司送单人员递送保险单，客户只需在投保单上签字[4]。何唐兵（2011）指出，电话营销采用标准化的销售话术，销售人员与客户的沟通全程录音监控，还要经由销售质检人员把关，大大降低了误导客户风险[5]。

3. 电销容易产生规模效应

王东（2013）年提出，从电销渠道的经验来看，随着客户对公司品牌的认可和客户规模的增加，电销业务的单位成本和边际成本都呈现下降的趋势，且边际成本的下降速度更快，从而会将整个电销业务的平均成本进一步降低[6]。

同时，杜玉新（2010）提出，保险电话营销可降低客户流失率，增强企业竞争力，还可以让保险消费者以更低的费用、更透明、公开的价格、更方便地办理手续完成购买过程[7]。

（三）电话营销的劣势

1. 车险电话销售存在瓶颈

车险电话销售存在的问题：一是车辆保险条款合同本身比较复杂易导致合同纠纷和法律风险；二是部分保险公司将非正常渠道取得的客户信息作为展业资源造成与直销业务的交叉干扰。

2. 车险电销业务同质性特别严重

刘欣琦（2011）指出，汽车保险作为一种商业产品，应该突出各家公司的产品特性。但是在电销模式下，业务推销人员不可能现场了解客户需要，只能销售同质性较强的产品。因此，各家公司在保单条款内容、产品组合方式甚至于产品价格上都有明显的同质性[8]。

3. 电话营销人员问题

电销坐席人员的电话服务方式比较单一，自身素质不高，培训时间较短，对保险产品也不太熟悉。

4. 关于法律政策方面的问题

保监会目前已出台《关于进一步加强财产保险公司电话营销专用产品管理的通知》，对电销行为进行规范。而方晖（2011）补充，随着公众对个人隐私保护的日益重视和我国《个人信息保护法》的即将出台，保险公司如何建立稳定、合法的客户资料档案以及电话营销涉及个人信息的隐私将是电话营销不可忽视的问题[4]。

5. 电销渠道运营成本和流程问题

人保、平安等公司为了使自己的电销产品占领市场会加大在广告上的投入力度，这必将增大电销前期的投入成本。

6. 客户对于车险电销的认同感不高

刘欣琦（2011）认为车险电销这种粗放式的销售模式给客户带来的烦恼不胜枚举，为公司良好形象的树立也带来了极大的负面影响，尺度拿捏不当甚至会导致客户的反感，对公司其他业务的开展也会产生不利影响[8]。

三、网络营销的优劣势概述

（一）网络营销的模式

邱健（2011）指出，我国的网络营销模式主要有四种方式：一是保险公司在自己开发的网站进行网上直销；二是第三方开发的专业保险网购类网站，比如向日葵保险网等；三是综合网购类网站，比如淘宝网等；四是手机保险电子网站[9]。朱丽莎（2013）则认为，网络保险的业务模式可分为网上风险市场、网上保险服务模式、保险公司网站、保险超市、保险信息平台以及网上保险经纪人模式[10]。

（二）网络营销的优势

1. 网络营销相对于其他渠道成本较低

邓雄鹰（2013）指出，一般而言，网络销售成本总体费用率约为12%左右，若使用电子化保单，费用率可再降一两个百分点，而个人代理渠道的费用率约为28%，是网络销售渠道的2.3倍[11]。陈栋（2011）指出利用网络保险，公司可以在培训员工、发布公司内部信息等诸多方面可节省大量的费用和时间[12]。

2. 信息承载量较大，网络保险拓宽了保险业务的时间和空间

朱永军（2012）指出互联网上可以提供专门的界面进行保险产品的详细介绍，展示商品目录，提供相关资料库，甚至还可以接受网络咨询。其信息承载量远远大于电视、报纸、宣传单等媒体，而且其在信息更新方面更具有电视、报纸等不可比拟的优势[13]。

3. 投保便捷吸引更多客户

白敏（2012）提出，网销保险是以客户自主选择为主，投保更加方便，条款的填写也更加规范，另外通过在线比较多家公司的保险产品，投保人可选择最满意的产品[14]。

4. 经营效率提高，服务更专业

网销公正透明，信息管理更为规范，在理赔申报、信息甄别、防范保险欺诈上更具优势。

5. 有利于培育潜在的保险市场需求

朱永军（2012）提到针对个人营销，传统的保险市场营销主要面向那些40岁以上的有实力的个人，而目前的网民主要集中在40岁以下，这表明网络营销实际上是传统营销模式的有力互补，有利于培养潜在的保险市场需求[13]。

（三）网络营销的劣势

1. 公众认知度不高

朱丽莎（2013）提出由于我国互联网覆盖率仍不高，国内保险公司营销意识缺乏，对公众的保险知识宣传和教育不足，再加上传统的消费习惯和观念的制约，公众接受网络营销这种新模式还需要时间[10]。张小东（2004）认为网络营销存在局限性，他认为目前在我国网民中，年轻人和中低收入者占了绝大多数，而年轻人和中低收入者对保险的需求较低，即使他们有保险的需求，经济上也难以支付。他提出，居民通过网络来了解保险产品信息远远没有通过保险中介人了解信息深入，保险条款的枯燥和复杂使人们没有兴趣在网页上了解各种保险产品[15]。

2. 网销技术尚未成熟

朱丽莎（2013）指出，对风险较大、技术含量较高、保险金额较大的标的要求做到现场查勘，而这些都是在线核保所不具备的[10]。

3. 法律法规仍需完善

我国的网络保险销售渠道还处于刚起步阶段，目前并没有一个比较完整的有关电子商务的法律框架，保监会对于网销的管理规定还仅限于一部《保险代理、经纪公司互联网保险业务监管办法（试行）》，行业监管这部分仍显欠缺。

4. 产品设计有待改进

目前在我国，真正能实现全部网上投保的产品少之又少，目前来看销售的都是保额不高、核保简单的保险产品，比如意外险、短期人身险产品或者是一些家财险、车险等产品。李丹（2012）提出绝大多数网站提供的产品多是传统线下产品的延续，开发的网上产品同质性相当高，难以对客户产生强大的吸引力[16]。同时，朱丽莎（2013）指出

现有的保费计算方法还过于简化，考虑到电子商务保险的专业性，它在精算定价方面比传统的保险产品有更高的要求[10]。

5. 售后服务存在问题

朱永军（2012）认为，如果保险网络销售在异地达成交易，则售后服务工作难以进行，无法达到与客户面对面交流的效果[13]。

6. 网络营销存在欺诈现象

由于网销开展的时间更短，其业务模式和盈利模式尚在探索过程中，不少网站销售保险也时常会"鱼目混珠"，存在欺诈现象。

7. 网销数据安全性难以保证

李丹（2012）提出，出于个人数据安全的考虑，担心泄漏个人隐私或者错误操作导致不必要的损失，更担心个人账号等信息被人盗取利用，使得很多消费者采用"网上咨询，网下交易"的形式，并没有实现真正意义上的电子商务[16]。

四、我国保险新兴渠道发展策略

（一）新兴保险销售渠道与传统保险销售渠道相结合

陆军（2013）提出电销应该与传统销售渠道进行整合，将电销中心与客服中心进行整合，在组织机构上缓解电销和传统销售渠道之间的隔绝；同时建立内部信息交流平台，将电销和传统渠道的潜在需求客户资源共享，可以考虑将若干个电销人员与某个代理人挂钩，促使资源共享；最后在未来的人员培训中，力争打破电销与其他销售渠道的培训内容界限，培养综合型的营销人员[17]。陈栋等（2011）提出网络营销可以和电话营销进行互补，他认为电话营销模式具有受时间地域限制，接触客户群体有限以及产品信息介绍宣传不足等几个较为突出的缺陷，而网络营销出于自身的特性，能在一定程度上对其进行改善与提高。同样的，电话营销也能对网络营销运行过程中出现的在线核保不充分，缺乏消费者投保过程记录和对网销人员监督力度低等不足有所弥补，同时还可提高网络投保的信任度，维护消费者的权益[12]。也可以采取网络营销和传统营销相结合的办法，实现优势互补，提高业务水平。张环宇（2009）提出对于条款比较简单、投保人又需要快捷服务的保险品种，或者比较规范的险种，适合直接在线销售；对于条款相对复杂、保险标的复杂、风险因素复杂、保险金额较大的保险业务，先通过网络营销的各种手段吸引准客户，获取准客户后，公司分派业务人员拜访投保人，或者业务人员携带笔记本电脑、投保单等有关单证拜访投保人，在进入现场核保后，与投保人签订保险合同[18]。

（二）事前做好风险防范

针对电销模式的风险，无论是保险企业还是监管部门，最有效和成本最低的做法就是事前防范，及时纠正。一方面，要采取跟踪操作流程细节的贴身管控，细化保险公司管理责任，避免经营风险；另一方面，要加强对电销产品宣传方式的监管，防止出现片面比较等不实宣传和误导消费等问题，防范行业风险。

（三）重视产品创新

王东（2013）提出发展新型渠道要重视产品创新。目前在新型营销渠道中销售的产品大部分仍然是针对传统销售渠道设计的产品，这些产品往往比较复杂，需要销售人员面对面地进行详细的讲解，而这仍然容易出现投保人理解相左的情况，换成电销或网销等非面对面营销方式，就更难为投保人做清晰的解释工作，投保人对产品特性和条款的理解能力就更没有保障[6]。所以更应该注重产品的创新，开发新兴渠道专有的保险产品，例如标准化的车险、寿险产品等。

（四）重视品牌建设

张兰（2012）提出在保险电子商务领域，保险公司的品牌影响力、消费者之间口口相传的美誉，将成为决定保险公司保费收入的关键因素。长期以来，中国大多数的保险公司在品牌和口碑建设方面都未予以足够重视，除了几家老牌公司相对比较重视形象宣传外，大多数小公司或迫于资金实力、或由于重视程度不足，导致多数保险公司并不为大众所熟识，消费者很难凭借对品牌的认知、信任和忠诚主动登录到其官网门户寻找自己需要的产品[19]。

（五）加强相关法律法规建设

针对电销出现的销售误导、电话扰民等问题，保监会已出台《人身保险电话销售业务管理办法》整治规范寿险公司的电话营销业务，严格市场准入，对禁拨管理、人员培训、销售用语、品质管理等销售行为加强管控，对在线销售流程、确认投保意愿、保费收取方式等进行明确规定，对电话销售过程的录音，客户信息保存及保密等提出监管要求，对客户服务、投诉受理等提出不低于其他渠道的质量要求。但是我国现行的《保险法》对网络保险的规范尚属空白，相关规章制度尚未完全建立，与网络保险的快速发展相比，监管还相对滞后，需尽快完善。

延伸阅读：保险网销发展与监管

保险网销有望成为保险公司未来10年重要的经营渠道和新的业务增长点。2013年，众安在线的获批筹建拉开了保险进军网销市场的新帷幕。

2012年全年，保险行业包括网销、电销在内的新渠道保费收入已超过800亿元，虽然目前保险网销占比尚不足20%，但今年上半年以来，多家保险公司表示网销业务增速超过100%，超过电销成为成长最快的渠道。国华人寿与淘宝在2012年以“三天一个亿”的保险网络销售量，不但惊艳了电子商务行业，也震惊了保险业。

保险网销必须实现保险信息查询、计划书设计、投保、缴费、保单信息查询以及基本保全变更等功能，具体操作流程须包含以下几步：客户浏览相关网站，选择中意的产品和服务项目，填写并提交投保意向书，通过网银转账或第三方支付平台，保费自动转入保险公司，保险公司核保后向客户回访确认，派发正式保单文本，合同正式生效。

目前，保险公司网销模式主要有两种：一种是自建电子商务平台。如中国平安、中国太保等都建立自己的电子商务平台，而新华保险今年也宣布将投资 1 亿元，自建电子商务公司；另一种则是通过第三方网络销售渠道实现销售，如联手淘宝、京东等网络平台。今年亦有不少门户网站也加入到互联网保险的市场抢占中。6 月，和讯网推出保险第三方电子商务平台“放心保”。根据其网站提供的数据，目前共收录 81 家保险公司、9 大险种、212 款产品。

“估计今年寿险电商规模将近 100 亿元，包括更复杂的险种、期缴的方式，这些产品也开始在一些电子商务平台上销售。”国华人寿电子商务部总经理赵岩认为，网销在混业经营大环境下是一种多元经营模式的某个环节，最关键的还是公司内部对于网销部门和其他部门之间在业绩和费用上的利益分配、多部门的整合。和讯网副总经理也称，未来保险销售渠道可能会发生一些革命性的变化，比如说银保渠道和互联网渠道没有太大的本质区别，完全可以嫁接。

在不久前的陆家嘴论坛上，保监会主席项俊波也强调，要促进保险销售模式的更加多样化，从传统的渠道向借助互联网扩展，积极借助新渠道、新技术，密切关注新技术可能给行业带来的新机遇。

一位保险分析师对本报分析称，目前保险公司“触电”更多的还是在增加保险销售的渠道上面，现在银保渠道在下降，网络销售是一个很好的选择。在市场蛋糕越做越大的时候，更多的保险公司自建电商平台，将会改变保险公司的运营模式。

面对千亿元的市场蛋糕，保险公司以及第三方电商如何抢占这片蓝海，个性化定制被认为是关键。中央财经大学保险学院院长郝演苏表示，无论是保险公司自建的网上平台，还是第三方网上平台，如何在个性化需求方面打开一个突破口，这种创新将会带来很大的革命的动力。

“互联网给我们带来了很多，但是对于整个保险产业而言，它可能是具有革命性的，可能过去我们是以公司的产品为主导的一个销售模式，会逐步转化成为以客户或者更准确说是真正以客户为核心的这样一个销售模式。”太平电子商务公司创新事业部总经理表示。

前海人寿副总经理表示，“客对商”（Consurner To Business，C2B）有三个形态：一是用户聚集的形态，二是个性化定制的形态，三是要约形式。“个性化定制的需求也是公司的盈利点，既然是个性化的，客户就能接受比别的产品贵一些，这对公司来说就是一种盈利性。”曾海燕称。

目前，保监会寿险、财险处分别针对保险网销进行调研，了解各家保险公司的网销规划、业务发展规模、未来的网销平台建设，听取各保险公司电子商务部门关于网销发展存在的问题和解决的措施，网销监管政策呼之欲出。

资料来源：根据 http://www.cs.com.cn/ssgs/bxgs/201307/t20130725_4080540.html；
http://www.nbd.com.cn/articles/2013-07-23/760376.html；
中证信息网等材料综合整理。

问题与思考

电话营销无疑已经改变了车险市场的竞争格局，电销渠道的快速发展已成为众多财产险公司保费收入的重要渠道。相对于电销做得风生水起的局面，网销还处于初步“跑马圈地”的阶段，但是随着电子商务时代的来临，相信保险业的网络销售时代或早或晚将会全面到来。特别是近年来，网销模式在国外成熟保险市场迅猛发展，则从成功者的角度证明了这一时代来临的必然性。而网络销售与电话销售作为两种典型的新型保险销售渠道，各有缺陷，即使这两类销售模式在车险市场能大放光彩，在寿险销售方面就难言乐观。所以我国未来新型的保险营销渠道，或许是建立网、电营销互补模式，形成联动模式共同开拓营销渠道、弥补对方缺陷，这也对传统营销渠道起到一定的补充作用。目前我国保险消费理念还需培养和更新，我国保险需求还有待挖掘，这些还需要保险市场各方主体的共同努力，从制度建设、平台完善、模式创新、后台支持、监管制度等方面将新型销售渠道的业绩做大做实，为保险业的结构调整和发展方式转变提供新的支持。

问题 1：

增长放缓是否是一件坏事？新渠道增速也放缓是什么原因导致的？说明了保险公司还有哪些需要改进的地方？

问题 2：

电销、网销如何平衡关系？怎么实现产品创新？

问题 3：

第三方网络销售渠道优劣势有哪些？

参考文献

［1］刘小微. 年报风景线：新渠道逆势高增长［N］. 金融时报，2013-04-03.

[2] 朱亚芳. 我国保险企业电话营销的模式及其运行机制 [J]. 人力资源管理，2010 (10).
[3] 晋波，张敌林. 保险电话营销刍议 [J]. 上海保险，2009 (12).
[4] 方晖. 车险电话营销渠道建设浅析 [J]. 商务营销，2011 (5).
[5] 何唐兵. 电销助寿险渠道转型 [N]. 中国经营报，2011-07-18.
[6] 王东. 保险营销新渠道贵在出“新” [N]. 金融时报，2013-04-17.
[7] 杜玉新. 保险电话营销问题研究 [J]. 金融教学与研究，2010 (6).
[8] 刘欣琦. 车险电销急需行业标准 [N]. 中国保险报，2011-04-19.
[9] 邱剑. 中国财产保险销售渠道的创新及发展前景研究 [J]. 中国保险，2011 (24).
[10] 朱丽莎. 我国网络保险发展研究 [J]. 电子商务，2013 (1).
[11] 邓雄鹰. 三款寿险产品 3 天“网销”上亿元创纪录，保险网销监管新规呼之欲出 [N]. 21 世纪经济报道，2013-01-04.
[12] 陈栋，张俊岩. 保险营销模式的转变与发展——电话营销与网络营销模式的互补 [J]. 贵州财经学院学报，2011 (3).
[13] 朱永军. 保险网络营销发展探索 [J]. 黑龙江金融，2012 (8).
[14] 白敏. 浅析保险进军电子商务 [J]. 商，2012 (21).
[15] 张小东. 对网络保险营销与传统保险营销关系的思考 [J]. 商业经济，2004 (1).
[16] 李丹，朱昭霖. 基于产业价值链的我国保险电子商务发展策略研究 [J]. 铜陵学院学报，2012 (3).
[17] 陆军. 寿险行业新型营销渠道刍议 [J]. 企业导报，2013 (1).
[18] 张环宇. 传统保险营销和保险网络营销的结合 [J]，2009 (1).
[19] 张兰. 保险电子商务须与品牌建设相互融合 [J]. 金融时报，2012-07-11.
[20] 刘欣琦. 车险电销急需行业标准 [N]. 中国保险报，2011-04-19.
[21] 张伟红. 我国保险销售渠道建设探析 [J]. 保险研究，2008 (3).
[22] 赵爱清，吴晓芹. 论保险电销渠道与传统渠道的整合 [J]. 保险研究，2010 (11).
[23] 黄蕾. 淘宝“插足”保险销售渠道，网销监管细则呼之欲出 [N]. 上海证券报，2012-12-27.
[24] 陈天翔. 店少货少，网络保险被什么网住了？[N]. 第一财经日报，2009-10-27.
[25] 王薇. 电子商务引动保险销售渠道变革 [N]. 中国保险报，2012-11-27.
[26] 肖扬. 跨界合作：保险销售渠道谋变 [N]. 金融时报，2012-10-10.
[27] 付秋实. 保险网销的“圈地”时代 [N]. 金融时报，2012-04-25.
[28] 戴优芬. 保险电子商务网络营销渐受青睐 [N]. 中国保险报，2010-07-12.
[29] 段远翔，董瑛. 网络保险的经营策略 [N]. 中国保险报，2012-12-04.

第十八章 保险公司经营风险

学习目的

通过对本章的学习，了解保险公司微观经营风险的基本概念和分类；理解保险公司微观经营风险的成因；掌握保险公司微观经营风险的防范与控制措施。结合所学理论进行案例分析，通过对车险骗赔及寿险骗保案例的介绍，对比并思考财产保险公司与人身保险公司微观经营风险类型、成因及防范的异同。

引言

保险公司是经营风险的商业性企业。作为微观经济体，保险公司在按照市场规则竞争的经营过程中必然要面对一系列的风险。同时由于保险公司的经营对象具有特殊性，使得其面临的经营风险更为复杂。能否正确识别和控制风险将直接影响保险公司的正常经营，最终将影响千百万保户的切身利益，甚至影响社会的安定和谐。我国保险公司近年来在发展过程中已存在不少的风险隐患且逐年积累，如若不及时加以控制化解，必然阻碍我国保险业的健康发展。特别在当今中国发展速度如此之快的市场环境中，要实现长期可持续的发展，保险公司应克服只重视追求收益和发展速度而忽略经营风险的特点，经营风险的识别控制应自始至终存在于保险公司的日常经营活动中。因此，了解和认识保险公司经营风险的类型与成因，重视和加强保险公司经营风险的防范和化解，对我国保险公司的健康发展具有重要的理论和现实意义。

本章首先对保险公司的经营风险进行简单介绍，并按照保险公司经营的业务流程对保险公司所面临的经营风险进行细分，依次揭示定价风险、承保风险、理赔风险、准备金风险、分保风险及应收保费风险的产生原因。通过车险骗保及人寿保险欺诈案例侧重分析了承保风险和理赔风险，在此基础上提出保险公司经营风险管理的建议和措施。

知识回顾

基本概念——保险公司经营微观风险

风险指的是一种不确定性，是实际与预期的偏离，是保险公司产生和发展的先决条件。可以说，没有风险就没有保险。在国内外学术界，不同学者对风险的定义有所不同。对于风险现存的定义方式主要有两种：一种强调风险表现的不确定性，弗兰特 H · 纳特（Frank H · Knight）认为风险是通过大量的统计学方法，经验地或先验地计算出其发生的概率的不确定性；而另一种则强调风险表现为损失的不确定性，如王明涛（2003）认为风险是在一定的时间和一定的客观条件下，由于不确定性因素的作用，造成损失的可能性以及损失程度[1]。

（一）国外对保险公司风险的分类

目前对保险公司风险的分类有很多，如：国际保险监督官协会（International Association of Insurance Supprvisors，IAIS）、国际精算师协会（International Actuanial Association，IAA）、北美精算师协会（Society of Actuanies，SOA）和美国保险监督官协会（National Association of Insurance，NAIC）的分类等。由于不同的风险管理目的，风险分类将有所差异（如表 18-1 所示）。

如 IAIS 为了便于对保险公司的实际风险状况进行分析，将保险公司风险分为三大类：技术风险、投资风险和非技术风险。[2]

（1）技术风险。指直接或间接地与费率厘定、准备金计算等问题相关的风险。包括当前风险和特殊风险，当前风险又包括定价不足风险、评估风险、再保险风险、经营费用风险以及与巨灾风险和累积损失相关联的风险；特殊风险包括增长风险和清算风险。

（2）投资风险，又称资产风险。是与公司的资产管理相关的风险。包括：贬值风险、流动性风险、匹配风险、利率风险、评估风险、参与风险以及与使用金融衍生工具相关的风险。

（3）非技术风险。是指那些除了技术风险、投资风险之外的风险，比如管理风险等。

NAIC 根据不同的目的，也将风险进行了分类。如在确定最小资本时，将财险公司风险划分为六大类：①保险公司附属机构和表外风险；②不包括附属机构投资的固定收益投资资产风险；③不包括附属机构投资的权益资产风险；④信用风险，应收保费风险，再保险中的应收再保险赔款摊回风险；⑤为赔款、理赔费用准备金风险；⑥保费风险。而在进行风险评估时，NAIC 将保险公司风险分为九类：信用风险、市场风险、定价/承保风险、准备金风险、流动性风险、操作风险、法律风险、策略风险以及名誉风险。[3]

表 18-1　　国外一些机构对保险公司面临风险的分类

机构名称	风险分类
国际保险监督官协会（IAIS）	技术风险、投资风险、非技术风险
美国保险监督官协会（NAIC）	保险公司附属机构和表外风险；不包括附属机构投资的固定收益投资资产风险；不包括附属机构投资的权益资产风险；信用风险；应收保费风险，再保险中的应收再保险赔款摊回风险；赔款、理赔费用准备金风险；保费风险
	信用风险、市场风险、定价/承保风险、准备金风险、流动性风险、操作风险、法律风险、策略风险以及名誉风险
北美精算师协会（SOA）	资产风险、定价风险、资产负债匹配风险、其他风险
巴塞尔委员会（BCBS）	信用风险、市场风险、操作风险

（二）国内学者对保险公司经营风险的分类

针对保险公司面临的经营风险，国内理论界从 20 世纪 90 年代开始也进行了探究，并产生了很多分类。

王国良（1999）对中国保险业目前面临的风险作了一定的分析，将保险业面临的主要风险分为五类：保险机制本身的风险、经营不规范、经营道德风险、电子化风险、政策性风险[4]。张君（2003）则根据保险公司风险发生的各环节将风险分为：承保风险、定价风险、理赔风险、投资风险及销售风险五类[5]。而张庆洪、赵蕾（2007）在分析了现有的保险企业风险分类后，利用了企业风险管理理论，并借鉴新巴塞尔协议构建了现代保险企业风险划分体系——将保险公司风险分为四大类：一是保险企业业务风险，包括市场风险、信用风险、保险风险和流动性风险；二是保险企业的各类业务都不可避免的操作风险；三是由战略决策产生的风险，即战略风险；四是声誉风险，即其他风险事件对企业声誉产生负面影响而给企业带来损失的风险[6]。保监会 2007 年制定了《保险公司风险管理指引（试行）》，指出保险公司应当识别和评估经营过程中面临的各类主要风险，包括：保险风险、市场风险、信用风险和操作风险等。保险风险指由于对死亡率、疾病率、赔付率、退保率等判断不正确导致产品定价错误或者准备金提取不足，再保险安排不当，非预期重大理赔等造成损失的可能性。市场风险是指由于利率、汇率、股票价格和商品价格等市场价格的不利变动而造成损失，以及由于重大危机造成业务收入无法弥补费用的可能性。信用风险是指由于债务人或者交易对手不能履行合同义务，或者信用状况的不利变动而造成损失的可能性。操作风险指由于操作流程不完善、人为过错和信息系统故障等原因导致损失的可能性。

本章将按照保险公司经营的业务流程将保险公司所面临的风险分为：定价风险、承保风险、理赔风险、准备金风险、分保风险及应收保费风险。将这六类作为保险公司面临的微观风险进行讨论，而投资风险涉及利率汇率等宏观因素，在此不做讨论。

案例呈现

车险中的欺诈现象及道德风险

近年来，机动车辆保险诈骗案件呈数量增多、案值增大、手法多样化等趋势，使得保险公司正常的经营受到严重影响，现摘录相关车险骗赔案例，供读者了解。

案例一 伪造事故 制造交通现场骗保

2006 年 3 月，沈某因其购买的江铃牌二手吉普车经常维修，且需付按揭贷款，欲转让却无人购买，遂起意制造交通事故以骗取保险金。

他将意图告诉朋友卢某和潘某。当年 10 月 7 日晚，沈某将吉普车停放在一公路外沿处，拆下该车左后轮并用螺丝刀戳破轮胎。随后，卢某驾车搭载着潘某，将吉普车从公路上撞到山沟下。“计划”完成后，潘某向公安机关和保险公司报案，谎称自己驾车与一辆车交会时，受对方刺眼灯光影响，将停放路边的车撞下公路，并向保险公司提出索赔要求。在此后的事故调查中，他们 3 人均按事先预谋，对保险公司隐瞒事实真相，作虚假陈述。当得知保险公司对事故原因产生怀疑并已移交公安机关处理后，慑于法律威严，才先后向公安部门投案自首。

案例二 偷梁换柱 酒后驾车找人顶替

酒后驾车或无证驾车的当事人，让其他人员冒名顶替，以规避保险条款中相对应的责任免除。

2008 年 2 月，某保险公司接到一驾驶员报案，称在途经瑞安市湖岭镇鹿木村一段山路与其他车辆会车时，由于操作不慎冲出路基翻下山，致使车辆严重受损。保险公司查勘员随即驱车赶往事故现场复勘，并对事故现场一一进行拍照，之后又赶往修理厂，检查受损车辆情况时，发现气囊上残留血渍，但驾驶员谢某却毫发未损，这里面疑点多多。在公安部门介入下，谢某不得不交代顶替他人酒后驾车骗保的事实。

案例三 里应外合 最终将自己“骗”进牢房

修车厂员工和车主里外勾结，伪造交通事故现场；车主把行驶证、保险责任书等复印件交给修理厂，修车厂员工趁机制造交通事故。

2008 年 4 月 10 日和 10 月 26 日，一奥迪车车主两次为了达到修车不花钱的目的，将自己局部受损的轿车开到该公司，要求乐清一家汽车服务公司的员工黄某为其制造交通事故现场。于是黄某亲自导演了奥迪车撞上原本已损坏的 QQ 轿车和故意碰撞一皮卡轿车尾部的事故，骗取道路交通事故快速处理书。于是该奥迪车车主如愿骗取保险赔款共 1.5 万余元。

该汽车服务公司从2008年12月至2009年11月，在车主不知情的情况下，伙同他人5次伪造交通事故现场，骗取6万余元的赔款，最终受到法律的严惩。

案例四　价值折现 制造现场骗保

车辆车况差、或是无法正常过户使用的车辆，为将车辆价值折现，伪造交通事故，达到骗保目的；或需要保养维修，编造交通事故，以骗取保险公司赔偿。2007年7月，驾驶员林某开车到永嘉上塘镇某段未验收的山路上进行事先踩点，将道路状况、周边环境做了详细调查后，于当月27日晚驾车来到作案地点，将车开到路面边缘，待自己下车后，便把车推下山谷，再制造跳车受伤的假象，随后便向有关部门报案。

随后民警以及保险公司的几位职员到现场勘查，发现该案存在诸多疑点。慑于法律的威严，林某交代，他所买的这款车虽只使用了8个月，但价格已下调了好几次，原价5万元左右，现在只有3万多元，再加上车辆折损，目前该车也就值2.5万元左右，正好又碰上生意失败，便想到原先投保的车险赔偿金额有5万元左右，与现在车的价值相比差不多高出一倍，遂实施了该骗保案。

案例五　先出险后投保

某保险公司于2009年1月28日下午接到客户报案：曹某驾驶皖A＊＊＊32“沃尔沃”轿车于1月27日晚在合徐高速撞到护栏，车辆损失严重。该车投保的保险期限为2009年1月8日0时—2010年1月7日24时，投保车损（足额）、三责、不计免赔等险种。事故发生后，公司理赔人员多次与报案人联系，曹某均称出险后公司一直安排在外地出差，没时间回合肥处理事故，当问及事故车停放地点及详细出险地点时，报案人闪烁其词，一直不予正面回答。

经一系列调查，发现这是一起典型的先出险后保险企图骗取保险公司赔款的案件。曹某驾驶皖A＊＊＊32“沃尔沃”轿车于1月7日上午与一车发生碰撞后又与高速公路护栏发生碰撞，造成车辆严重损坏的事故发生，由于当时保险已经过期，就想到先投保再向保险公司索赔，因害怕在保险公司报案时离保险起诉期过近会引起保险公司的怀疑，故推迟20天后报案，目前该案已经成功拒赔，拒赔金额高达15万元。

案例六　一次损失多次赔付

某保险公司于2009年1月11日接到客户报案称：胡某驾驶我司承保的皖D75＊＊＊车由于转弯不慎，与另一台车发生碰撞，造成双方车损事故，现场向交警部门报案。

保险公司接到报案后，对该赔案进行认真调查取证，发现三者车在2009年1月8日曾在自己的承保公司报案称与另一台车相撞，车损痕迹与本起事故损失几乎完全一致，也就是说，8日的事故尚未修理，又和我司标的车在修理厂的导演下，制造了一起假事故，欲以一次损失获得多次赔付。在证据面前，客户放弃索赔。

案例七　旧件装车故意碰撞

某保险公司于2009年4月11日晚接到报案称：马某驾驶我司承保车辆由于操作不慎，夜晚与树木发生碰撞，造成车辆损坏严重，气囊爆破。由于是单方事故，现场只报了保险公司，未向交警部门报案。

保险公司理赔人员接到报案后，立即派人前往现场查勘。查勘时，理赔人员发现有些蹊跷，于第二日上午向上级公司进行了汇报。查看系统上传的现场照片及部分车损照片后，经集体研究，发现疑点较多：①车辆前后盖上发现多个污浊的手印；②车上拆下的配件（特别是价值较高配件）均有陈旧伤，非本起事故造成；③碰撞力度不大，但损失超乎想象。经仔细查看车损，发现大多价值较高损失配件均非本起事故损坏，且经过专业测试，本起事故虽然气囊损坏，但气囊电脑确未记录有爆破痕迹，且经过在上年承保的同业公司调查，该车曾经出险，且损失配件照片基本与本次一样。在证据面前，车主放弃索赔，该案损失金额 13 000 元左右。

案例八 主动担责获取暴利

某保险公司于 2009 年 5 月 3 日下午接到报案称：本车停车不当，被他车碰撞，双方车损较为严重。

查勘人员立即赶往交警部门处理事故，发现车辆双方损失不对等，不符合碰撞机理。但客户称是自己停车不当，自愿承担事故责任。查勘人员立即找到办案交警，说明了自己对案件的疑问，要求了解事故详情并调阅本起事故现场照片。原来三者车被他车碰撞后与路边停放的我司承保车辆发生碰撞，对方车逃逸。由于三者车没有投保车损险，故经过与投保车辆驾驶员反复协商，达成协议，由大地保险公司承保的车辆承担全责，少给三者车一部分钱后由我方车辆全额向我司索赔。该案件由于我司查勘及时，调查有力，最终减少赔付 30 000 余元。

资料来源：根据 http://www.xinhua08.com/bx/bgt/201005/t201005287302.html；
http://money.huagu.com/insurenews/0000000799.html；
新华网以及中国保险报等材料综合整理。

理论分析

一、保险公司经营风险成因分析

（一）定价风险

定价风险是指预定保费不足以弥补日后的保险赔付和经营费用而产生的风险。例如，自 2003 年我国车险费率改革以来，车险的费率持续走低，承保质量下降，保费充足性不够，定价不足，曾一度出现保费入不敷出的局面。如果这种情况不能得到及时制止而长期持续发展下去，势必将危及到整个行业的健康、持续发展。产生上述现象的原因大致如下：

（1）发展战略和经营理念定位不准确。在我国，保险公司的经营普遍存在重业务轻管理、重规模轻效益、追求短期利润忽略长期风险控制的问题。

（2）精算定价水平有待提高。定价风险主要由保险公司精算水平不高造成，由于定价水平明显偏低，保费收入很难覆盖风险保障。

（二）承保风险

承保风险是指由于缺乏严密的核保制度和核保管理系统，对保险标的没能进行严格的风险选择和保险责任控制而给保险公司日后带来的潜在风险。由于承保是保险公司业务流程的第一环节，因此控制此环节的风险对保险公司来说尤为重要。

从保险公司内部经营管理的角度来看，造成承保风险的原因大致有以下几点：

第一，忽视业务质量。在市场化程度不断加深的今日，保险市场的竞争也日益加剧，各公司为争夺市场份额而使得部分从业人员不注意承保风险的选择，甚至对一些不符合公司承保标准的业务进行承保。

第二，忽视经营成本。当前我国保险市场的经营尚不完善，市场竞争秩序较混乱，给代理机构代理人的“明折暗扣”现象仍属普遍，导致了保险公司的经营成本越来越高。这不仅会影响公司的盈利水平，甚至会导致公司的偿付能力不足。

第三，超能力承保。无论保险公司的规模有多大，也不论其组织架构是多么的完善，其承保能力均是有限的。倘若保险公司忽视自身的承保能力、承保技术，盲目承接高风险标的，且没利用适当的分保，就会为日后巨额损失风险埋下后患。

第四，从投保人或被保险人的角度来看，承保风险主要集中于逆选择风险。由于保险双方当事人掌握的承保标的风险信息不对称，使得保险人对承保标的选择或费率设定等处于不利地位。比如，在人身保险中，身体健康状况较差的人往往乐于参加健康保险，死亡率高的乐于参加死亡保险，身体健康认为自己寿命长于常人的倾向于参加生存保险和生存年金保险等。

（三）理赔风险

理赔风险主要是由于理赔过程中缺乏有效的核赔手段以及各种骗赔行为识别的方法而导致的风险。当前理赔风险在车险中尤为突出，据相关资料统计，我国每年汽车保险骗赔金额约占理赔总额的20%左右。车险骗赔行为不仅发生在我国，在美国汽车车身损伤的索赔案中，骗赔金额占车险总赔款的比例也达到了17% ~ 20%。[7] 因此，理赔风险的有效控制，对于提高保险公司的经济效益意义重大。造成理赔风险的主要原因有以下几方面：

首先，理赔制度不完善。在理赔方面没有具体的操作准则，大多以定损核赔人员的主观判断为准，这为虚假理赔和以赔谋私提供了机会。

其次，理赔人员素质不高。由于一些保险公司的理赔人员缺乏相关的专业知识，如金融、机械、建筑等的相关知识，因而不能合理、科学、准确的定损、理算赔偿金额。

再次，未设置严格的理赔权限。这一点在目前很多财险公司表现明显，为方便理赔、增加产品的竞争力，直接给修理厂、中介商下放理赔定损权力，使得各种代理行为层出不穷，虚假赔案常有发生，这给保险公司造成了巨大的损失。

最后，保险欺诈行为的存在。由于保险的特征决定了保险市场是一个逆向选择和道德风险并存的市场，在理赔过程中主要体现为道德风险，其表现为：制造保险事故；捏造保险事故；恶用保险事故。加之先行产品产业链自身的一些特征加重了保险欺诈的行为。如占财险公司极大份额的车险业务，客户为向保险公司索取更多的赔款，常与代理人、修理厂合谋，扩大损失范围，加大修理项目，造成赔案中赔付的水分较大。

（四）准备金风险

准备金风险是指公司没有正确计提或提足各项准备金而影响公司对未来赔付责任顺利履行的风险。准备金包括两种：未到期责任准备金和未决赔款准备金，在资产负债表日计提。未到期责任准备金是在权责发生制原则下，由于保险年度和会计年度的不一致，引起的负债；未决赔款准备金是指对每个会计年度末（通常为每年的 12 月 31 日）保险事故中已经发生但仍未作结案处理的保险合同计提的一些准备赔偿金，包括已经发生但尚未去报案的未决赔款准备金、已经发生且已经报案的未决赔款准备金及理赔费用准备金。

一方面，由于准备金的提取是依靠历史数据和精算人员、理赔人员的职业主观判断进行评估得来的，而精算人员、理赔人员难免会出现主观判断失误，特别是在非寿险公司中，由于其精算技术引进国内的时间较短，该领域人才也相对匮乏，由此很容易造成准备金的提取不足；另一方面，管理者也可能为了自身利益，而利用准备金主观性特点，调节盈余，进而提高其经营绩效。这将使得提取的准备金无法真实反映未来应当支付的赔款数额。

（五）分保风险

分保风险是指保险公司在运用再保险控制风险时，由于分保不当而造成重大损失的风险。形成分保风险的主要原因包括：第一，保险公司对分保认识不足，由于担心分保会使保费分流，而不愿意分保，从而盲目扩大自留额，使得很多需要分散的风险未能及时转移出去。第二，一些公司为提高业绩，不顾后果地承保风险较高的标的，事后又通过分保来降低承保风险，从而导致再保险公司续签分保合约时提出的分保要求越来越高，甚至不愿与其继续合作。分保风险会严重破坏公司的分保资源，不利于原保险公司与再保险公司的长期稳定合作。

（六）应收保费风险

应收保费风险是指在订立合同时应向投保人或被保险人收取保费而事实上未能收取或全额收取时形成的流动性风险。在保单生效以后，对于未缴纳保费的保单，保险人仍需承担保险责任，如果应收保费过多，必然就会增大公司的经营风险。形成应收保费风险的原因有以下几点：

第一，一些代理机构代理人不按时上缴或恶意拖欠保费，这个问题在车险中并不少见。第二，在期缴保费的保险中，保险公司收完首期保费之后，投保公司便以没能力支付保费为借口拖欠保费。众所周知，期缴保费的保险中，首期保费附加费用比例极大，甚至不足以抵扣费用，这往往会降低保险公司的收益，甚至导致其亏损。第三，由于市场竞争越来越激烈，保险公司在手续费的支付上，比例也是越来越大，而且有些公司直接把公司付出的超额手续费放在应收保费这一科目上体现，这也必然导致应收保费风险增加。[3]

二、保险公司经营风险管理

（一）保险公司风险管理概述

在国外关于保险公司经营风险的论述上马克·费尔海恩（Mark Verheyen，2005）论述了传统的财产保险公司的操作风险，并就如何量化操作风险与如何管理操作风险进行了阐述[8]。

露可菲南（Rokaufinann，1999）分析了动态财务测试（DFA）的优点与缺点。认为动态财务测试（DFA）能满足各种目的以及说明许多的业务单元，包括承保、投资、规划以及精算等，动态财务测试（DFA）是一种整体的风险方法，而不是将各种风险分开来考虑。但是，动态财务测试（DFA）不能完全反映一个业务的实际情况，同时参数的数量与随机变量的数量蕴涵着许多的参数与过程风险，模型的结果依赖于模型中的假设。对不确定性的理解与控制是DFA模型有用性的关键。

在内部控制研究方面，鲁特（Root，2004）认为，公司要获得最有效的内部控制，关键在于内部控制的监督管理人员能真正理解内部控制的涵义，并了解组织中实施的内部控制层次及内控运行中的固有风险。目前很多公司还未最大限度地使用内部控制监督来整合内部控制，以达到公司的治理目标[9]。另外值得借鉴的是，罗森贝格、许尔曼（Rosenberg、Schuermann）（2006）讨论了在银行业中如何用连接函数（Copula 函数）获得将信用风险、市场风险和操作风险整合在一起的总体风险度量[10]。

在国内关于保险公司经营风险控制上，卓志（1998）总结了国外的相关研究成果，从数理角度对出险频率、损失幅度等进行了详细分析，并描绘了保险公司的随机盈亏过程，探讨了保险公司经营破产的原因。此外还发展和完善了一些理论，尤其是偿付能力理论[11]。王福新（2004）通过建立经济数学模型分析了保险经营风险产生的原因，利用实际数据进行验证，并提出了一些有限防范和化解风险的政策性建议[12]。张君（2003）以全面风险管理理论为基础，从承保风险、理赔风险、渠道风险三方面提出风险管理措施[5]。王银成（2009）认为有效的控制理赔风险指标有：偿付能力指标、盈利能力指标、赔付率指标、经营发展指标，需要从多方面优化市场环境、优化内部监管和流程管理，以此对理赔风险进行有效控制[13]。

在内部控制研究方面，范跃（2009）运用内部控制相关理论，对新兴财险公司风险控制现状、存在的问题进行了分析，并在此基础上提出了建立内部审计制度、内控自我评价制度、内控激励约束机制、承保理赔的责任追究制、理赔业务中的核价管理制度、财务负责人委派制等以此来完善内部控制体系，并实施后续措施来保障内控制度的执行和落实，从而构建起内部控制整体框架，为实现全面风险管理做好准备[14]。谈亮等(2012)认为，保险公司应根据公司所面临的实际控制环境，结合其内部控制的实施情况，从而提出有针对性的改进措施。并且指出保险公司内部控制是业绩和品牌价值提升的有效手段[15]。

(二) 保险公司经营风险管理措施

1. 定价风险的管理控制措施

定价风险可谓是保险公司最基本的风险，倘若定价不足，后续的风险管理系统即使再完美，也属空谈。因此，定价风险的管控对整个保险公司的经营管理具有重要意义。针对目前保险公司面临的情况，保险公司首先要转变经营理念，摆脱“以保费论英雄”、“跑马圈地”等粗放发展模式的思想禁锢，不仅要注重业务发展速度，更重要的是要重视业务质量和经营效益，从根本走出这种追求短期利润、忽略长期风险控制的局面。其次，在精算定价方面，公司短期内，要严格参照同业同类业务的费率，并结合公司自身的经营情况做相应的调整；长期来看，引进经验丰富的优秀精算师，才能订立出真正符合公司自身情况，且具有一定市场竞争力的费率，从而促进公司可持续地发展。

2. 承保风险的管理控制措施

承保风险是保险公司面临最重要的风险，有效地控制承保风险对总体经营风险的降低将有决定性意义。为此，可以从以下几方面对承保风险加以管理：

第一，加强承保风险意识。加强经营管理者的承保意识，正确认识承保风险控制的重要性，这是有效控制承保风险的前提和基础；其次，业务人员在承保过程中，不能抱着侥幸心理，不顾公司风险承受能力，肆意放宽承保条件，不顾后果的招揽业务，而应当严格把关，对于不符合承保规定的业务决不能承保。

第二，优化风险核保机制。首先，加强承保前的风险选择，避免承保风险过高的标的，应当充分了解投保人的信用情况、了解保险标的的管理、保存情况、被保险人身体健康状况等，再将其进行细分归类，以便合理地选择其费率水平。其次，建立有效的核保控制措施，如控制风险单位的保险责任、明确责任范围，对特殊风险或人身保险中的次健体要加费承保或采用特约条款。再次，要规范核保的运作流程，从投保单填制到标的物信息复核、风险因素评估，再到最后的事后核保监督，都必须有一整套严格规范的程序予与规定。

3. 理赔风险的管理控制措施

在理赔风险管理方面，可优化理赔管理的模式，采用“集中管理、分级授权、分散操作”的理赔模式，同时完善理赔后监督机制。首先，由省分公司集中定损、核损超权限案件，集中报价、控制核心风险点，地级市分支公司则负责所管辖区域授权以内的相关案件处理工作。其次，推行查定分离、定损复核，通过远程定损、核损的集中管理，控制过度分权导致的重大风险，细化分支机构、核损人员及核赔人员的授权，并考虑上收经营绩效较差的分支机构的定损、核损、核赔权利。加之，将赔案查勘、票据收集、数据上传等与客户密集接触的环节分散在理赔中心或授权至各支公司，保证所有理赔业务都能在信息系统中同步处理的同时，也方便了客户。最后，在理赔后监督机制方面，应对特定业务进行复查，及时发现问题并整改，同时追究相关责任人的责任；对于理赔技术较差的地区，应抽调专业人员去帮扶，鼓励分支公司定期进行专业技能交流；同时还应当充分利用社会监督方式，聘请社会监督专员、设立专门的有奖的举报制度，等等，来控制内部理赔人员的道德风险等。

4. 准备金风险的管理控制措施

各保险公司总部应当根据自己企业的实际情况，采用合适的准备金提取方法，如案均赔款法、准备金进展法、BF 法等，并定期对省分公司提取的准备金进行充足性检验，及时发现准备金方面存在的问题。对于寿险公司而言，更应及时调整其公司内部生命表，使得准备金的提取能尽可能准确地反映日后所承担的风险。同时，建立与提取结果准确性挂钩的考核指标体系，将准备金提取责任人的奖惩取决于考核结果，从而促进准备金精算人员对准备金提取的技术和主观判断能力。

5. 分保风险的管理控制措施

对分保业务定期进行检查，对已决摊回率、综合赔付率等相关指标进行分析，若发现某分公司因滥用分保资源承保不合格业务，造成分保业务质量低，则应对该分公司进行相应处罚，从而有效地控制分保风险。同时，应注意分出业务的风险管理，尽可能保证分入公司能从分保业务中获得一定的利润，从而保证与其保持长期稳定的合作关系。

6. 应收保费风险的管理控制措施

对应收保费实行有效的管理，需建立事前审核、事中跟踪和催收管理、事后反馈的监督管理机制，以保证应收保费随时处于公司的掌控范围之内。

延伸案例：为骗 1250 万元保险金 三男子合谋害替身

为骗取 1250 万余元的巨额保修金，邱某从人才市场招来一名年龄体貌相似的男子当替身。随后，邱某叫上毛某、何某，用绳索勒死替身，用石头砸毁其面部，然后抛尸。成都中院一审以故意杀人罪分别判处邱某等三人死刑、死缓和无期徒刑，邱某三人不服提起上诉。

为骗保险金 人才市场招替身

48 岁的邱某是个外地人，在 2001 年时娶了个成都老婆，并于 2005 年回成都龙泉暂住。2007 年 3 月，邱某委托在老家的亲戚帮他买了一份人身意外保险。因为缺钱用，邱某和老家亲戚商量出一个赚钱捷径——骗保。亲戚赶紧帮邱某增买险种将总保额增加到 1250 余万元，而邱某也迅速找了张死亡证明寄回老家。

“领取保险金还需要有照片、医院诊断和警察说明才行。”得到老家传来的消息，邱某便向妻子李某说出找尸体骗保的想法，并准备到朋友何某的厂里躲一段时间。邱某在躲避期间又萌生出找人当自己替身并将其杀死来骗保的念头，遂叫何某帮忙，还承诺他：“事情办成后，我可以投资50万元到你厂里。”何某有些犹豫，但还是帮他找来了厂里的销售员毛某帮忙，邱某答应事成后给毛某6万元酬金。三人一番密谋，邱某于11月24日开车到成都市锦江人才市场，把长相、年龄、体形与自己相似的彭某招聘回厂当工人。

勒死替身 叫妻子报假警

当晚8时许，邱某以到另一个厂上班为理由，将彭某带进何某开的面包车。到了金堂10多分钟后，邱某和毛某用绳索将彭某勒断气，邱某等三人将车开至金堂县白果镇龙代路附近。随后，邱某把装有自己护照的咖啡色夹克外套穿在彭某的身上，将尸体毁容丢到路边一涵洞排水沟里。次日，邱某给妻子打电话，叫妻子报警，谎称他已失踪。

骗保未遂 三人被抓获

“这就是我丈夫。”2007年12月12日下午，警方从龙代路旁的排水沟里捞起一具高度腐烂的男尸后联系上邱某的妻子。次日，邱妻的表哥得知此事后觉得十分蹊跷：“我才送邱某出去躲债不到一周，怎么会这么快就被人杀害，尸体还烂成这个样子?”眼看瞒不住表哥，邱妻便将实情一一告之。因无法将邱某劝回自首，邱妻的表哥只得向公安机关反映情况。12月15日凌晨，邱某三人先后被抓获，此时邱某骗保尚未成功。

成都中院一审以故意杀人罪，判处邱某死刑，毛某死刑缓期二年执行，何某无期徒刑。

资料来源：根据 http://news.sina.com.cn/o/2010-01-16/073016942 -274s.shtml；新浪新闻等材料综合整理。

问题与思考

近年来，我国保险市场发展迅猛，行业竞争日益加剧，保险公司面临着越来越复杂的经营风险。对于保险公司而言，能否及时准确识别风险，并对风险进行控制管理将直接影响其正常的经营。对于保险公司而言，防范经营风险，首先要转变经营理念，摆脱“以保费论英雄”、“跑马圈地”等粗放发展模式的思想禁锢，不仅要注重业务发展速度，更重要的是要重视业务质量和经营效益，从根本上促进保险公司的可持续发展。另外，保险公司还需要建立一套完整的风险控制体系，以使公司能够及时地发现风险，采取有效的措施来控制风险。

目前，我国保险公司在风险管理和内部控制方面与保险业发展比较成熟的国家相比，还有一定的差距，尤其是在风险管理制度体系、技术方法等方面。保险公司可以从完善公司治理体系、搭建全面风险管理技术平台及提升企业风险管理文化等几方面进行完善。

问题1:

保险公司微观经营风险对保险业的发展有何危害?

问题2:

结合本章案例思考财产保险公司和人身保险公司面临的微观经营风险有何异同?

问题3:

保险公司的微观经营风险管理措施有哪些?

参考文献

[1] 王明涛. 证券投资风险计量理论评述 [J]. 经济经纬, 2003 (9).
[2] IAIS, Solvency Assessments and Actuarial Issues [N]. IAIS Issues Paper, 2000.
[3] 王志辉. 财险公司经营风险控制研究——以华泰财险为例 [D]. 长沙: 湖南大学, 2012.
[4] 王国良. 我国保险业面临的风险与风险管理 [J]. 保险研究, 1999 (11).
[5] 张君. 论我国保险公司的风险管理 [J]. 保险研究, 2003 (3).
[6] 张庆宏, 赵蕾. 基于新巴塞尔协议的保险企业风险划分体系研究 [J]. 同济大学学报: 社会科学版, 2007 (2).
[7] 武冬铃, 萧军. 车险骗赔防范研究——基于车险实务的视角 [J]. 保险研究, 2010 (2).
[8] Mark Verheyen, Operational Risk Management in a Property/Casualty Insurance Company [J], Enterprise risk management symposium, 2005 (5).
[9] Steven J. Root. Beyond COSO: Internal control to enhance corporate governance [M]. 北京: 清华大学出版社, 2004.
[10] Rosenberg J. V, Schuermann T. A general approach to integrated risk management with skewed, fat-tailed risks [J]. Journal of Financial Economics, 2006 (3).
[11] 卓志. 保险经营风险防范机制研究 [M]. 成都: 西南财经大学出版社, 1998.
[12] 王福新. 中国寿险业偿付能力风险评价 [M]. 北京: 经济科学出版社, 2004.
[13] 王银成. 理赔风险防范探析 [J]. 保险研究, 2009 (5).
[14] 范跃. 新兴财险公司风险成因分析及应对措施 [J]. 保险研究, 2009 (7).
[15] 谈亮, 丘仲文, 张云平. 保险公司内部控制精要——业绩和品牌价值提升的有效

手段［M］. 上海：复旦大学出版社，2012.
［16］Mike Bowron and Oliver Shaw. Fighting FinancialCrime：AUK Perspective［J］. Economics Affairs，2007.
［17］叶晓凌. 保险公司操作风险及其防范［J］. 广东金融学院学报，2008（1）.
［18］易雁青，区子. 保险公司的经营风险及其管理［J］. 华南理工大学学报，2001（4）.
［19］Spence M. R Zeckhauser，Isurance Information and individual action［J］American Economic Review，1971.
［20］张焱. 财产保险公司经营风险分析［J］. 时代经贸，2007（5）.
［21］袁辉. 略论保险公司经营风险的防范与化解［J］. 时代经贸，2002（6）.
［22］Rothcild M. and J. E. Stiglitz. Equilibrium in Competitive Insurance Markets：An Essay on the Economics of Information［J］. Quarterly Journal of Economics，1976.
［23］赵蕾，张庆洪. 新巴塞尔协议对保险企业操作风险管理的启示［J］. 商业研究，2006（23）.
［24］焦清平. 中国商业保险业的风险管理研究［D］. 武汉：武汉大学，2008.
［25］侯广庆，成学亮. 车险改革：问题、现象与理论分析［J］. 山西财经大学学报，2006（3）.
［26］雷振. 车险理赔的方式要与国际接轨［J］. 保险研究，2001（11）.
［27］Holmstrom. Moral Hazard and Observability［J］. Bell Journal of Economics，1979.
［28］张国花. 对汽车保险欺诈问题的博弈分析［D］. 成都：西南财经大学，2007.
［29］Crocker K. J，Snow A. The Efficiency of competitive Equilibrum in Insurance Markets with Adverse selection［J］. Journal of Public Economics，1985.
［30］陈志国，黄薇薇. 保险公司全面风险管理与价值创造机理［J］. 保险职业学院学报，2010（3）.
［31］Wang J. L.，C. F. Chung and L. Y. Tzeng. An Empirical Analysis of the Effects of Increasing Deductibles on Moral Hazard［J］. Journal of Risk and Insurance，2008.
［32］桂萍，胡庆为. 国内外车险道德风险文献综述［J］. 保险研究，2011（6）.
［33］胡坤. 日本保险业的危机与启示［J］. 金融研究，2000（11）.
［34］洪梅，黄华珍. 我国保险公司操作风险管控体系建设研究——基于国际经验视角［J］. 保险研究，2012（11）.
［35］王祝炜. 机动车辆保险骗赔的手段及其防范［J］. 保险研究，2001（6）.
［36］李琳，游桂云. 论保险业中的道德风险与逆向选择［J］. 保险研究，2003（9）.
［37］周延，宋日军. 我国车险市场道德风险的博弈分析［J］. 保险研究，2010（11）.

第十九章 保险公司风险内控

学习目的

通过对本章的学习，了解风险与风险管理的基本概念、全面风险管理的定义以及其在管理中的优势。在了解 GARCH 模型、RBF 神经网络模型的基本内容和操作原理的基础上，熟悉这两大模型在保险业风险内控研究中的具体操作方式以及其在问题研究中的适用性和优越性。同时，掌握传统风险管理的内涵和所涉及的投资风险控制、经营风险控制、财务风险控制三大板块，以及全面风险管理在保险业中的应用以及研究领域所存在的问题和未来的发展方向。此外，把握投资风险控制和全面风险管理的国内外研究现状，并对全面风险管理和传统风险管理进行对比分析。

引言

自 1980 年中国保险业恢复业务以来，保险业发展迅速，已经取得了举世瞩目的成就。在飞速发展的同时，保险市场经营环境不断变化，保险公司内部风险控制与外部防范跟不上经营环境的变化速度，致使保险公司危机四伏。特别是 2008 年金融危机以来，受全球金融市场影响，我国的保险公司普遍存在着偿付能力不足和保险经营的成本高、利润侵蚀等问题。

由于我国保险行业起步较晚，经验技术相对缺乏，对作为一种创新的保险制度掌控难免失控，这导致我国保险行业运营存在不可避免的风险。而且保险行业长期处于垄断发展，内部风险易被高额的垄断利润所掩饰，同时保险公司在传统的粗放型经营方式指导下，重规模、轻效益；重承保、轻分保，将导致保险公司盲目追求规模而对风险熟视无睹。种种原因都将导致保险行业在生存发展中面临来自内外部的各种各样的风险，如何有效防范控制风险成为保险行业成功发展的制约问题。随着我国保险市场准入机制的不断完善，新型市场主体相继产生，不断有新的保险公司进入市场，并在保险公司的专业化经营和组织形式创新方面取得了新的突破。特别是在当下保险公司面临经营主体多元化、运行机制市场化、经营方式集约化、政府监管法制化以及行业发展国际化的发展趋势下，中国保险业的风险含量也在不断增大，但现实却是风险的识别与防范的力度相对较弱。若要长期立足于风云变幻的保险界，一套有效、可靠、动态、系统的风险内控系统于保险公司而言至关重要。

本章针对作为特殊风险行业的保险业，研究其面临的不仅是来自自身的发展风险，以及来自宏观环境、财政税收政策等外部环境带来的风险。通过整理研究得出，单一的投资风险、经营风险、财务风险识别控制不能满足其内部有效控制，全面风险管理视角可以有效地克服风险识别不够全面、风险因子考虑不周全的缺点。站在全面风险管理的高度，对保险公司的日常运营进行风险防范控制，有利于实现我国保险行业更好更快的发展。

知识回顾

一、基本概念

（一）风险与风险管理

风险表现为两种定义：一种定义强调了风险表现为不确定性；而另一种定义则强调风险表现为损失的不确定性。若风险表现为不确定性，说明风险产生的结果可能带来损失、获利或是无损失也无获利，属于广义风险，金融风险属于此类。而风险表现为损失的不确定性，说明风险只能表现出损失，没有从风险中获利的可能性，属于狭义风险。风险和收益成正比，所以一般积极进取型的投资者偏向于高风险是为了获得更高的利润，而稳健型的投资者则侧重于安全性的考虑。

确定减少的成本收益权衡方案和决定采取的行动计划的过程称为风险管理。一方面，风险管理必须识别风险。风险识别是确定何种风险可能会对企业产生影响，最重要的是量化不确定性的程度和每个风险可能造成损失的程度。另一方面，风险管理要着眼于风险控制，公司通常采用积极的措施来控制风险。通过降低其损失发生的概率，缩小其损失程度来达到控制的目的。

（二）全面风险管理

全面风险管理，是指企业围绕总体经营目标，通过在企业管理的各个环节和经营过程中执行风险管理的基本流程，培育良好的风险管理文化，建立健全全面风险管理体系，包括风险管理策略、风险理财措施、风险管理的组织职能体系、风险管理信息系统和内部控制系统，从而为实现风险管理的总体目标提供合理保证的过程和方法。全面风险管理是一个全新的概念，目前主要应用于企业管理领域。

二、统计工具

（一）GARCH 模型

自从恩格尔（Engle，1982）提出自回归条件异方差模型（ARCH 模型）分析时间序列的异方差性以后，波勒斯勒夫（Bollerslev，1986）又提出了广义自回归条件异方差模型（GARCH 模型），因此 GARCH 模型又称为广义 ARCH 模型，是 ARCH 模型的拓展。它是 ARCH 模型的一种特例。GARCH 模型是一个专门针对金融数据所量体定做的回归模型，除去和普通回归模型的相同之处，GARCH 对误差的方差进行了进一步的建模。特别适用于波动性的分析和预测，这样的分析对投资者的决策能起到非常重要的指导性作用，其意义很多时候超过了对数值本身的分析和预测。

一般的 GARCH 模型可以表示为：

$$r_t = c_1 + \sum_{i=1}^{R} \emptyset_i r_{t-i} + \sum_{j=1}^{M} \emptyset_j \in_{t-j} + \in_t \tag{1}$$

$$\in_t = u_t \sqrt{h_t} \tag{2}$$

$$h_t = k + \sum_{i=1}^{q} G_i h_{t-i} + \sum_{i=1}^{p} A_i \in_{t-i}^{2} \tag{3}$$

上式中，h_t 为条件方差，u_t 为独立同分布的随机变量，h_t 与 u_t 互相独立，u_t 为标准正态分布。（1）式称为条件均值方程；（3）式称为条件方差方程，说明时间序列条件方差的变化特征。为了适应收益率序列经验分布的尖峰厚尾特征，也可假设服从其他分布，如波勒斯勒夫（1987）假设收益率服从广义 t-分布，尼尔森（Nelson，1991）提出的 EGARCH 模型采用了 GED 分布等。

恩格尔在 1982 年提出 GARCH 模型时，其初衷是运用于金融领域，用来分析通货膨胀的异方差性。随着 GARCH 方法的不断发展，它如今已经运用到金融、保险等各个领域。田玲，张岳（2010）在我国保险公司的经济资本研究起步时期，利用一个 GARCH 模型初步讨论了保险公司投资风险的经济资本度量方法。

（二）RBF 神经网络模型

径向基函数（Radical Basis Function，RBF）神经网络是一种新颖有效的前馈式神经网络，它具有最佳逼近和全局最优的性能，同时训练方法快速易行，不存在局部最优问题，这些优点使得 RBF 网络在非线性时间序列预测中得到了广泛的应用。

RBF 网络是一种三层前向网络：第一层为输入层，由信号源节点组成。第二层为隐含层，隐单元的变换函数是一种局部分布的非负非线性函数，它对中心点径向对称且衰减。隐含层的单元数由所描述问题的需要确定。第三层为输出层，网络的输出是隐单元输出的线性加权。RBF 网络的输入空间到隐含层空间的变换是非线性的，而从隐含层空间到输出层空间的变换是线性的，不失一般性。假定输出层只有一个隐单元，令网络的训练样本对为 $\{X_n, d_n\}$ $(n=1, 2, \cdots, N)$，其中 $X_n=[x_{n1}, x_{n2}, \cdots, x_{nM}]^T$，$(n=1, 2, \cdots, N)$ 为训练样本的输入，d_n $(n=1, 2, \cdots, N)$ 为训练样本的期望输出，对应的实际输出为 Y_n $(n=1, 2, \cdots, N)$；基函数 $\varphi(X, t_i)$ 为第 i 个隐单元的输出，$t_i=[t_{i1}, t_{i2}, \cdots, t_{im}, \cdots, t_{iM}]$ $(i=1, 2, \cdots, I)$ 为基函数的中心；w_i $(i=1, 2, \cdots, I)$ 为第 i 个隐单元与输出单元之间的权值。当网络输入训练样本 X_n 时，网络的实际输出为：$Y(X_n)=\sum\varphi w_i(W_n, t_i)$。单输出的 RBF 网络的拓扑图如图 19-1 所示：

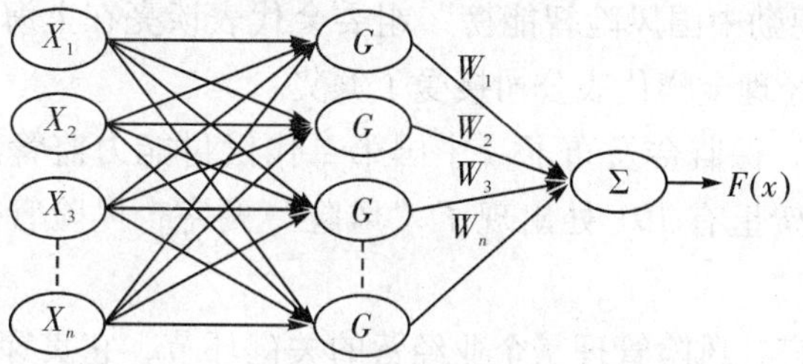

图 19-1　单输出 RBF 网络的拓扑图

RBF 网络具有良好的逼近任意非线性函数和表达系统内在的难以解析的规律性的能力，并且具有极快的学习收敛速度。基于径向基函数网络的上述优点，我们将其应用于对非线性函数的模拟当中。

同时，与 BP 网络同属前馈神经网络的 BRF 网络在一定程度上克服了 BP 网络所存在的一些问题。径向基函数网络包括两层：隐单元层和线性单元层，图 19-2 为径向基函数网络的结构图：

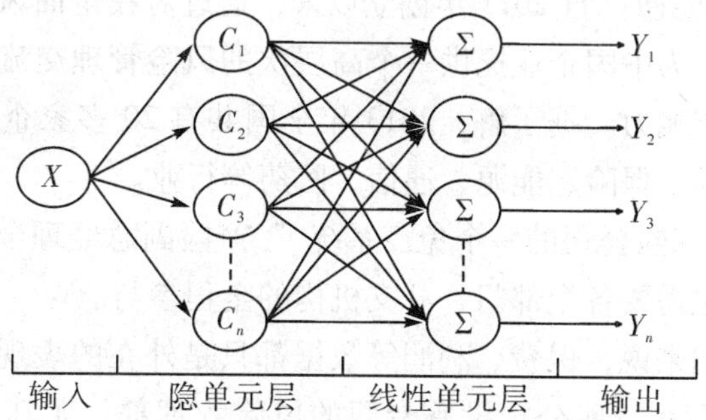

图 19-2　RBF 神经网络结构图

径向基函数（RBF）神经网络在逼近能力、分类能力和学习速度等方面均优于 BP 神经网络，因此它在保险研究领域已经得到较广泛的应用。对于寿险公司的财务预警研究方面，RBF 神经网络模型具有较好的预警功能。邓庆彪、郑韬（2011）选取我国保险行业中 80 家寿险公司 2005—2008 年的混合非平衡面板数据作为研究样本，结合寿险业务的特性及影响财务状况的综合因素，从公司综合财务风险的角度选取资本充足性、盈利能力、资产质量、成长能力四个方面的指标构建寿险公司预警指标体系，并利用熵权法求出寿险公司预警指标体系的权重，最后采用 RBF 神经网络模型进行公司财务的预警研究。

案例呈现

太平洋产险跻身“德勤中国风险智能榜”

日前，“第三届德勤中国风险智能榜”组委会代表谈亮在上海为太平洋产险颁发奖牌。太平洋产险副总经理金鹏代表公司接受了颁奖。

2013 年 5 月 3 日，保监会发布了《中国第二代偿付能力监管制度体系整体框架》。据统计，这份整体框架里有 191 处出现了“风险”两字，风险管理得到了前所未有的重视。

对于保险行业而言，风险管理是企业经营的关键环节，它贯穿到保险公司的资金运用、产品研发、承保理赔、客户服务、再保险等过程之中，保障了保险公司稳健运营。

近日，太平洋产险因较好的风险管理能力荣获“第三届德勤中国风险智能榜”综合实力优胜奖和年度风险管理创新驱动奖两项大奖。组委会发布的《中国企业风险管理白皮书》对太平洋产险风险管理体系做了全面推介。

太平洋产险副总经理金鹏认为，加强风险管理主要在于两个层面：一方面是保险公司自身要提高免疫能力。另一个方面，充分运用新兴技术和创新手段管控风险。“第三届德勤中国风险智能榜”的两个奖项正是全面肯定了太平洋产险在这两个层面的表现。

“德勤中国风险智能榜”自 2011 年创立以来，通过对在全面风险管理方面较为先进的中国企业进行评选，为中国企业提供一个高层次的风险管理交流平台，鼓励中国企业持续提升全面风险管理能力。据了解，2013 年全国共有 20 多家企业获得综合实力优胜奖，分布于银行、证券、保险、能源、通信、医药等行业。

“风险管理其实是保险公司的一个免疫系统。”产险副总经理金鹏认为，它既是风险管理部的主要职责，也需要各个部门、分支机构的全程参与。

对于一个保险公司来说，保费、利润等数据都只是外在的表现，公司内在是否持续健康地运作更重要。现在一些公司没有专职的风险管理部，尤其是刚刚起步的中小公司，忙于业务拓展，将风险管理当做后台、辅助性的职能，没有完全发挥风险管理的作用。

据了解，2007 年保监会发布《保险公司风险管理指引》后，太平洋产险就设立了专职的风险管理部。太平洋产险管理层每月都会收到两份报告：总公司层面的风险评估报告和分公司风险监测报告。总公司风险评估报告里会针对一些特定的指标来做出提示，比如偿付能力的风险情况、保费增长率、综合成本率变动、风险资本，也包括投资方面的投资收益状况、A类资产浮亏状况、价格风险敏感率分析、利率风险敏感率分析等一系列的监控指标等。通过分公司风险监测报告就可以对相应分公司的业务问题“一目了然”。

资料来源：根据 http://insurance.hexun.com/2013-06-14/155121029.html 和讯保险等材料综合整理。

理论分析

所谓风险无处不在，其贯穿于社会生活的各个环节。随着社会的不断发展进步，我们面临的生产生存环境日益复杂，风险问题日益尖锐。作为金融“三驾马车”之一的保险行业，其独特性在于保险公司恰恰是经营风险的企业，对各类风险的识别、管理与控制成为保险公司的重点经营内容。进入20世纪90年代后，日本连续出现7家保险公司倒闭，而美国仅在2000—2001年就有60家保险公司破产，最令保险业震惊的是国际知名保险集团AIG在2008年的全球经济危机中也陷入财务危机。面对变化莫测的市场和激烈的竞争，保险业要实现正常运营发展，一套有效的风险内控系统必不可少。如何营造良好的控制环境，如何进行风险的识别分析并配有通畅的信息沟通机制，最终实现风险控制至关重要。

风险的识别过程是保险公司风险内控的前提，在保险公司风险识别的基础上进行风险内控，有利于从全局把控风险，构建完善的监控体系，培养保险公司的核心竞争能力和内部风险防范能力。对保险公司的风险识别与控制经历了相当长的阶段，从单一风险分析到全面风险管理跨越了相当长的时间，也正是研究的不断深入拓展，才取得当今保险行业风险内控能力的不断提升与进步。

一、传统风险管理

全面风险管理理论出现之前，不仅仅是保险行业，引领各行各业的风险理论均为传统风险管理思想。在传统的风险管理理论中，传统理论将公司治理及内部控制与风险管理区分，并没有从整体的视角进行风险管理，在一定程度是具有片面性的，不过也正是在传统的风险管理理论不断发展的基础上才产生了全面风险管理理论。传统风险管理理论主要从减少保险费用和防范意外事故的发生出发，以提高企业的经济效益，保持其稳定发展为目标。

（一）投资风险控制

1. 国内研究分析

自1980年国内保险业务恢复以来，我国的保险资金投资大致经历了四个阶段，分别是无投资阶段、无序投资阶段、逐步规范阶段以及拓宽投资领域阶段。随着保险行业的不断迅猛发展，以国有保险公司和股份保险公司为主体，中外保险公司并存，多家保险公司竞争的保险市场格局已相当成熟。保险作为经营风险的行业，其资金投资运营的风险管理有其独到之处，如何识别投资风险并把握风险控制成为保险企业内部的核心课题。也正是因为投资风险控制处于重要的地位，所以学界对该风险已有相当多的研究。

在我国《保险法》制定之初，保险资金仅限于投资银行存款和买卖政府、金融证券，随着社会不断发展和我国经济实力增强，市场环境也愈发复杂，保险行业在时代要求下拓展投资渠道势在必行。首先是保险资金于证券市场的应用，就证券市场的投资风险而言，廖亮、杨静（2002）回顾了中国保险资金运用历程，引出证券市场的保险资金运用，并进行了证券市场的保险资金投资分析，同时据此提出保险资金投资的监管措施即保险投资渠道的理性选择以及保持保险资产结构的合理性[1]。王凯（2005）从系统风险和非系统风险的角度出发，研究了保险资金投资于证券市场的风险，并提出从资产管理水平以及引进投资技术等具体的角度控制投资风险的政策建议[2]。

除从投资的市场渠道出发对保险投资风险进行分析研究，兰东娟、宋军刚（2009）从境外投资风险角度出发，认为保险资金境外投资已逐步成为国内保险机构扩展投资领域、提高保险资金投资收益的重要途径，在分析了我国保险资金境外投资现状的基础上又分析了具体的投资风险，包括投资决策风险、市场风险等，并以此提出了防范保险境外投资风险的措施[3]。李薇、王淑娟（2012）针对后金融危机时代我国人寿保险投资所面对的复杂、高危的国际国内风险环境分析了我国人寿保险的投资风险环境及其影响，并在总结寿险企业资产管理体制和借鉴欧美风险管理机制的经验基础上，从转变对传统惯性思维的依赖出发，详细提出了规范人寿保险投资的规制政策，确保投资收益等政策建议[4]。

在对上述保险业的投资风险识别分析的同时，也有学者从投资风险控制出发进行分析。黄诚（2003）首先分析保险投资的风险类型，主要从系统和非系统两类风险出发，提出了避免风险、控制风险、转移风险以及分散风险的控制措施，同时阐述了测量投资风险的几种常见模型[5]。田玲、张岳（2010）则运用GARCH模型初步讨论了保险公司投资风险的经济资本度量方法及实证分析，并通过研究发现投资于基金所需经济资本最高，股票次之，债券最小。同时该文章通过真实保险公司案例进行实证分析，验证说明如何进行投资风险经济资本评估[6]。

2. 国外研究分析

相对于国内文章较大程度上从我国本身的保险行情出发进行投资风险研究而言，国外的研究则更多地专注于投资模型的构建，主要集中于从定量的角度分析风险的不同模式以及资产配置策略，对如何实现资产最优，以及最大程度降低投资风险进行了相当的研究。赖尔·佩雷拉（Ryle S. Perera，2010）在将担保风险和风险资产回报描述为恒定的绝对风险厌恶的前提下，研究如何获得一个以封闭形式存在的保险投资风险的解决方案，从而实现优化投资，得到协调消费和保险之间关系的战略方案[7]。杰罗姆·巴尔巴兰（Jérome Barbarin）、皮埃尔·德沃尔代（Pierre Devolder）（2005）从寿险的风险度量和投资保障的公平估值出发，在结合两种风险分析的可能方式的基础上，首先分析了投资保障前提下的资产负债管理框架的风险价值，以实现保险公司不同的投资策略在风险、资产与负债之间的匹配，然后通过使用公平估值原则，以计算市场价值合同和修复合同的参与率[8]。克思斯汀·伊尔根斯（Christian Irgens）、乔斯坦·保尔森（Jostein Paulsen）（2004）认为在保险公司的保险业务将追随传统风险管理扩展的前提下，资产可投资在无风险资产，或风险资产，后者的回报率将如同独立扩散扰动的传统风险过程。该文章试图找到在终端时间控制的基础上，最大限度地提高资产的预期效用的方法，尽管解决此问题将会很复杂，但是，该文章验证了只要控件没有复杂的约束，存在的风险问题也有相应的解决方案，同时文章还进行了定量和定性解决方案的讨论[9]。

（二）经营风险控制

作为经营风险的保险企业，其内部的风险管理工作的重要程度不言而喻。作为保险公司生存和发展基础的风险管理，其识别到控制的过程于保险业务的实现至关重要。在当今市场经济不断成熟的环境下，不仅仅是保险公司，任何企业均面临相当多的经营风险，而作为风险集散中介的保险公司，对经营安全的要求则更为严格，否则不仅是保险公司自身的生存危机，更是对千百万保户的切身利益的损害，甚至会影响社会安定状况。特别在当今中国发展速度如此快的市场环境，要实现长期可持续的发展，保险公司应克服片面的追求收益和发展速度的策略而忽略经营风险，经营风险的识别控制应自始至终存在于保险公司的日常工作中。

保险业经营风险的探索已经历了相当长的一个阶段，学者们主要是从风险的识别出发，并以一定的政策建议入手。袁辉（2002）对我国保险业的经营风险进行了具体分析，对由于行为人的有限理性和外部的不确定性造成的决策风险，信息不对称造成的逆选择和道德风险以及由保险公司委托人虚置而带来的风险进行了详细分析，提出了防范与化解保险公司经营风险的措施[10]。杨培根（2004）将保险公司所面临的主要风险诠释为人事风险、业务风险、竞争风险以及电子化风险，并提出做好经营活动的基础性工作等措施，来防范和化解保险公司的经营风险。同时针对我国外汇保险业务的发展前景提出了我国保险企业对外汇保险风险管理的可行办法[11]。陈志国（2008）则将保险公司运营风险划分为决策性风险、经营性风险以及道德风险，提出应立足于“经济人”追求利益最大化极其有限理性这一原理进行保险公司经营风险的防范与化解[12]。

随着生产的不断进步，保险业面临的环境愈发复杂。许晓明、金明星（2010）在混业经营的金融进程中，提出保险公司混业经营既面临经营各项业务所形成的一般风险，还面临着选择组织模式与实现途径所带来的特殊风险，并就中国保险业混业经营中面临的一般性和特殊性风险进行分析研究[13]。季米特里斯·肖拉法（Dimitris N. Chorafas, 2004）主要在文章中使用保险策略，用以减轻经营风险，并重点介绍如何缓解经营风险；与独立的信用评级机构相连接，阐述了应如何看待保险业中的新产品线，重点突出了于保险业中应如何采用有效的方案来抵御经营风险[14]。陆燕芬（2003）则从保险公司内部控制角度出发，提出通过保险公司自身内控制度的不断完善以营造良好的控制环境，从而实现全面风险评估，以此进行运营风险的防范[15]。也有学者从风险建模出发，通过不同保险策略的设定以实现风险解读。加雷斯·彼德斯（Gareth W. Peters）、亚伦·伯恩斯（Aaron D. Byrnes）、帕维尔·舍甫琴科（Pavel V. Shevchenko）（2011）在多重风险设定下论述了一系列损失模型以及不同的保险政策，对保险公司的经营风险通过潜在狄利克雷分配模型（Latent Dirichlet Allocation, LDA）进行风险分析。该文章在LDA模型结构下，解决了保险业务的分配形式以及索赔过程中的风险问题，同时还提供了每年损失分布的多重风险，包括缓解保险封闭形式的解析[16]。

（三）财务风险控制

财务风险是指公司发生无力偿还到期债务的困难和危机的可能性，作为金融三大支柱的保险公司，在经营过程中将面临着纷繁复杂的市场环境，也正是由于保险公司经营风险这一特征，预示着其自身面临着比一般企业更大的财务风险。不仅仅是由无法实现承诺带来的赔付风险，也有投资、融资过程中将面临的财务风险。因而，保险公司要实现长期财务平衡，需对财务状况进行实时跟踪，并在财务风险识别的基础上进行有效控制。

保险公司财务风险研究主要集中于预警模型的构建，通过预警模型构建实现对财务风险的控制，学者们大部分从寿险以及非寿险两类不同行业分类进行讨论。邓庆彪、郑滔（2011）通过选取我国80家寿险公司的数据，从资本充足性、盈利能力、资产质量、成长能力四个角度，运用径向基神经网络模型对寿险公司财务预警进行研究，认为利用熵权法对寿险公司财务预警指标体系确定权重，可以有效地减少预警模型计算的主观性[17]。李玲（2008）则选取非寿险公司作为研究对象，基于中国当前非寿险公司偿付能力特征与财务风险影响因素，同时联系保监会关于保险公司偿付能力方面的若干规定，采用回归模型以实证模型分析验证和构建了我国非寿险公司财务风险预警模型和指标系统，并提出了相关的后续研究建议[18]。邓庆彪、文辉（2011）同样也利用径向基神经网络模型从偿付能力、盈利能力、成长能力三个角度对非寿险公司财务预警进行研究，在选取40家非寿险公司财务数据的基础上进行实证研究，该模型能为管理层的财务预警提供更有效的信息[19]。

对财务风险的研究，虽大部分集中于预警模型的构建，也有学者从风险控制建议以及预警模型选择方面做研究。田畅（2013）首先分析了国内保险公司财务风险控制面临的挑战和原因，并结合实际提出了加强保险公司财务风险控制的措施和合理化建议[20]。杨阳（Yang Yang）、雷米吉尤斯·莱普斯（Remigijus Leipus）、乔纳斯·萨吕斯（Jonas

Šiaulys)(2012)认为在一些结构模型中，离散时间风险模型与保险风险和财务风险模型相互依赖，在一定的风险假设下，通过模型验证了离散时间模型的破产概率与保险财务风险的关系[21]。何惠珍（2010）在介绍国内外上市保险公司财务危机预警模型的基础上，通过对国内外有代表性的定性和定量财务预警模型的研究分析，得出对数（Logit）财务预测模型对上市保险公司的财务预警具有明显优势，并通过研究证明增加非财务指标后模型预测结果具有更高的精度和使用价值[22]。

纵观已有研究，对保险公司的风险控制研究主要从投资、经营以及财务三个角度来进行的，相当多的学者纷纷跻身这类研究，为实现保险行业的平稳有序发展不断努力。从现有的研究成果来看，国内学者对投资以及经营风险的研究集中于风险分析以及政策建议，很少有实际的数据进行实证分析，这于政策建议的准确度也提出了质疑。对财务风险的研究主要是从单一的精算模型出发，预警指标也缺乏可行度检验。针对上述情况，单一的风险控制模型已经不能适应当前保险公司的经营发展，一套全面、可靠、有效的内部控制制度的建立迫在眉睫，而从全面风险管理的角度对保险公司进行分析研究已是势在必行。

二、全面风险管理

全面风险管理（Enterprise Risk Management，ERM）是现代风险管理的最新发展，进入 20 世纪 90 年代后，人们对风险因素的认识随着金融企业面临的风险因素多样化变得更加全面，同时经济全球化进程给企业带来了新的风险，给传统风险管理带来了新的挑战，而 21 世纪金融混业经营的趋势愈加明显，风险在各个金融领域间的影响和传播更加紧密，全面风险管理应运而生。所谓全面风险管理，根据我国《全面风险管理指引》是指企业围绕总体经营目标，通过在企业管理的各个环节和经营过程中执行风险管理的基本流程，培育良好的风险管理文化，建立健全全面风险管理体系，包括风险管理策略、风险理财措施、风险管理的组织职能体系、风险管理信息系统和内部控制系统，从而为实现风险管理的总体目标提供合理保证的过程和方法。

随着越来越复杂的市场环境降临保险公司，静态性与孤立性的传统风险管理缺陷也逐渐暴露。传统风险管理手段单一，风险管理框架不完善，操作风险等的缺失，以及缺少对财务再保险、风险证券化等创新型风险管理工具的研究，种种不适应的表现预示着在新时代传统风险管理已不能胜任，迫切需要一套动态、可靠的风险理念，站在全局的角度把控保险公司各类风险，而全面风险管理能实现这一目标。

全面风险管理理论运用于保险公司的研究相对较少，研究一般集中于基于 ERM 的风险管理框架。曾忠东（2006）在对保险企业全面风险管理系统进行界定的基础上，构建了我国保险企业全面风险管理系统框架，并就战略、流程、基础设施以及环境构成我国保险企业全面风险管理系统框架的四个重要组成部分进行了详细的阐述[23]。张健（2008）在详细分析介绍全面风险管理的内涵原则的基础上，提出了保险公司的全面风险管理的制度设计方案，并对现阶段国内保险公司的全面风险管理工作提出了具体的意见措施[24]。杨树东、何建敏（2009）以制约保险业发展的诚信问题为主线，结合我国保险业发展的实际问题，针对我国保险企业信用评级的现状，运用全面风险管理理念，构建了定性与定量两个方面的新的指标体系，并据此进行指标的适用性分析[25]。刘洪渭、丁德臣（2009）通过借鉴当今国际上流行的全面风险管理的理念，建立了由全面风险预警警源、全面风险预警指标体系、全面风险预警辅助支持系统、全面风险预警预案体系和全面风险预警管理系统五个子系统组成的保险公司全面风险预警系统，克服了风险识别重视不够、风险因子考虑不周全、风险处理方案缺乏有效性等传统预警模式的缺点[26]。

全面风险管理除应用于保险业框架构建外，也有学者将其运用于保险资金运用以及公司经营等方面。张健（2009）分析了保险资金风险管理的重要性和迫切性，运用全面风险管理提出保险资金运用目标以及风险管理对象，并构建了保险资金运用的全面风险管理体系，最后提出了强化资金运用风险管理机制建设的具体举措[27]。迪金森·格里（Dickinson Gerry，2001）研究了 ERM 在保险行业的应用，并指出了全面风险管理作为一种综合风险管理战略所体现出的巨大作用，将 ERM 于保险行业的定位表示为一种识别、衡量和管理风险的新概念、综合观。孙蓉、王超（2013）基于全面风险管理的视角，构建了保险公司经营绩效综合评价指标体系，并利用我国 2010 年的保险公司财务数据进行主成分分析，研究发现全面风险管理因素在综合绩效评价中不容忽视，外资保险公司的综合经营绩效总体上高于中资保险公司，寿险公司绩效高于财险公司[28]。

综上所述，进入 21 世纪来，全面风险管理的研究获得蓬勃发展，正逐渐步入理论的成熟期，但于保险业风险管理的文章相对少见。保险公司全面风险管理研究主要集中于风险框架的构建，缺乏系统性、针对性的风险控制建议，且具体的建议措施主要出自定性分析结果，缺乏从量化风险的角度提出政策建议，造成建议措施缺乏可行性与实践意义。同时，基于全面风险管理理念的、针对保险公司风险控制的具体研究相对较少，对全面风险预警与控制起决定影响的综合支撑平台的研究更是缺乏。就预警指标而言，虽是基于全面风险管理的框架构建，但大多为行业级，缺乏单个保险公司应用，导致指标的针对性、有效性降低。运用全面风险管理思想进行保险公司风险控制虽已有一定成果，未来还需不断进步发展，实现保险公司全面风险管理，并获得长远的可持续发展。

从传统风险管理理论到全面风险管理经历了几个世纪，从单一、孤立、片面的风险管理到全面、整体、系统的风险管理理念，是社会大生产不断进步的成果。由于社会市场环境日益复杂，整个金融业、工业、服务业等各行各业更加重视企业风险控制这一问题，特别是以经营风险为生存条件的保险行业，风险管理是其核心竞争力，全面风险管理更是大势所趋。作为保险企业业务经营的重要支柱，风控严密、收益良好的保险全面风险管理工作是中国保险业又好又快发展的基础和重要内容。强化风险认知，加强风险管理，尽快建立全面风险管理系统，对我国保险企业不断注入新鲜血液、蓬勃发展、保持创造力与生命力具有重要意义。

延伸阅读：保险公司介入企业风险管理

国外通常将保险制度引进到安全卫生体系，通过保险公司的参与，促使企业更加主动地采取措施做好安全生产工作，减少政府强制干预。

根据化工安全专家、国务院安全生产专家组成员崔克清教授在国外考察的见闻：发达国家石油化工企业的安全管理由保险公司共同参与，保险公司根据企业前一年的事故情况来确定保费。如果该企业事故危险状态越高，保费也就越高；如果技术水平高、安全状态好，保费就低。

在保险公司承担同样责任的情况下，企业总是想方设法降低保费，这就促进企业自觉搞好安全工作。同时，保险公司为了确保投保公司的安全，减少其本身的事故赔偿费用，拥有一批专业的化工安全稽查人员，不定期到企业作安全检查，或为企业培训一批安全员，以预防灾害的发生，故企业的安全生产就又多了一道防线。

而国内的保险公司与投保企业间是单一的、纯粹的、一成不变的金钱往来关系，只是在损失发生后进行财务处理和经济补偿，没有制约和反馈作用，也就不能刺激、督促企业搞好安全工作，这是一种消极的、被动的保险，是一种事后保险。国内的保险公司与行业技术部门目前几乎没有什么联系，只有在发生赔偿纠纷时才会求助于行业技术部门。所以，保险公司有必要参与到企业的安全生产管理中去，与企业一起搞好安全生产工作。

举例来说，1994 年 12 月 13 日凌晨，美国依阿华州特拉（Treea）工业公司一家氮肥厂的硝铵装置发生爆炸，炸死 4 人，伤 18 人。爆炸夷平了工厂的一半设施，硝酸车间、硝酸铵车间和几间仓库被炸毁。由于破裂的储罐释放出氨气，附近城镇的2500 多名居民被迫疏散。公路和空中交通被中断。一些人被落下的瓦砾砸伤，另一些人因爆炸的冲击而受伤，许多人因吸入氨而受到伤害。这起爆炸还炸毁了氮肥厂附近居民房屋的窗户和门。临近的一个发电厂也受到结构性破坏，重建花了近 1 年的时间。损失相当惨重，对于保险公司来说，要承担如此庞大数额的赔偿，对其以后的经营能力是一次巨大的打击。

经过保险公司化工安全专家的事故调查，怀疑密西西比化工厂为特拉公司制造的生产设备存在设计缺陷，而且该公司没有向特拉公司提供合适的操作规程。于是，工业保险承包人拿着特拉公司工厂的修葺、重建和业务损失的清单，走上了依阿华西部法庭，要求密西西比化工厂赔偿损失。在整个事故调查及赔偿法律诉讼过程中，保险公司都承担了大部分的工作。保险公司为减少其事故赔偿费用，会选择在事故前参与企业的安全管理工作，在事故后积极主动地将事故原因调查清楚，并制订详细的事故预防措施，防止同类事故的重复发生。

资料来源：根据 http://www.cnstock.com/paper_new/html/2007-04/12/content_52588381.htm；《上海证券报》等材料综合整理。

问题与思考

20世纪90年代中后期，震惊世人的亚洲金融危机，巴林银行倒闭，瑞士联合银行集团（United Bank of Switzerland，UBS）、长期资本公司等巨额损失，迫使人们意识到要确保金融机构的安全运作，对企业面临的各种风险给予足够的重视成为核心问题。全面风险管理将公司治理与内部控制纳入风险管理的范畴，同时将保险公司的所有风险及风险间的相关性纳入其考虑范畴，不仅弥补了传统风险管理方法所表现出孤立性不足的问题，也决定了保险公司风险管理的未来发展方向。将全面风险管理理念灵活有效地运用到保险公司的内部风险的防范，且该全面风险管理的实施不能仅有内容，还必须有一套完整的机制来运行这些内容，如此条件下的风险管理才能实现其价值、发挥其特点。作为现代金融风险管理发展的必然趋势，全面风险管理实现了整个机构内各个层次的业务单位，以及各类风险的全盘管理。对保险公司而言，应当在全面风险管理预警管理体系下，构建一套覆盖所有业务流程以及操作环节的风险内控系统，并联系公司的实际业务发生特点，保证职能分工有效进行的基础上，合理配置风险控制资源，实现最低成本下的最优风险控制。

问题1：

中国保险业如何识别风险，构建有效的系统的全面风险预警指标体系？

问题2：

全面风险管理于保险业应从哪些方面着手，如何建立框架？

问题3：

针对中国保险业特征，如何有效实现全面风险预警与管理的协调配合？

参考文献

[1] 廖亮，杨静. 保险资金在证券市场中的投资风险与监管［J］. 经济师，2002（05）.
[2] 王凯. 保险资金投资证券市场的风险分析［J］. 中国市场，2005（50）.
[3] 兰东娟，宋军刚. 我国保险资金境外投资风险防范探析［J］. 保险研究，2009（01）.
[4] 李薇，王淑娟. 我国人寿保险投资风险环境与投资风险规制［J］. 求索，2012

(09).
[5] 黄诚. 保险资金投资风险控制研究 [J]. 上海保险, 2003 (01).
[6] 田玲, 张岳. 基于 GARCH 模型的我国保险公司经济资本度量 [J]. 保险研究, 2010 (03).
[7] Ryle S. Perera. Optimal consumption, investment and insurance with insurable risk for an investor in a Lévy market [J]. Insurance: Mathematics and Economics, Volume 46, Issuc 3, 2010.
[8] JéromeBarbarin, Pierre Devolder. Risk measure and fair valuation of an investment guarantee in life insurance [J]. Insurance: Mathematics and Economics, Volume 37, Issue 2, 2005.
[9] Christian Irgens, JosteinPaulsen. Optimal control of risk exposure, reinsurance and investments for insurance portfolios [J]. Insurance: Mathematics and Economics, Volume 35, Issue 1, 2004.
[10] 袁辉. 略论保险公司经营风险的防范与化解 [J]. 财贸经济, 2002 (06).
[11] 杨培根. 保险公司的经营风险管理 [J]. 浙江金融, 2004 (Z1).
[12] 陈志国. 我国保险公司的经营风险及其控制 [J]. 福建行政学院福建经济管理干部学院学报, 2008 (02).
[13] 许晓明, 金明星. 中国保险业混业经营风险及监管 [J]. 上海金融, 2010 (04).
[14] Dimitris N. Chorafas. The use of insurance policies to mitigate operational risk. Operational Risk Control with Basel II, 2004.
[15] 陆燕芬. 加强内控制度建设防范经营风险 [J]. 保险研究, 2003 (12).
[16] Gareth W. Peters, Aaron D. Byrnes, Pavel V. Shevchenko. Impact of insurance for operational risk: Is it worthwhile to insure or be insured for severelosses? [J]. Insurance: Mathematicsand Economics, Volume 48, Issue 2, 2011.
[17] 邓庆彪, 郑滔. 基于径向基神经网络的寿险公司财务预警研究 [J]. 求索, 2011 (06).
[18] 李玲. 我国非寿险公司财务风险预警模型研究 [J]. 保险研究, 2008 (12).
[19] 邓庆彪, 文辉. 基于径向基神经网络的非寿险公司财务预警研究 [J]. 财经理论与实践, 2011 (01).
[20] 田畅. 论保险公司的财务风险控制 [J]. 财经界: 学术版, 2013 (03).
[21] Yang Yang, RemigijusLcipus, Jonas Šiaulys. On thc ruin probability in a dependent discrete time risk model with insurance and financial risks [J]. Journal of Computational and Applied Mathematics, Volume 236, Issue 13, 2012.
[22] 何惠珍. 上市保险公司财务预警模型选择探讨 [J]. 宏观经济研究, 2010 (06).
[23] 曾忠东. 保险企业全面风险管理系统框架构建 [J]. 经济体制改革, 2006 (01).
[24] 张健. 基于制度设计与措施选择论保险公司全面风险管理 [J]. 保险研究, 2008

(04).

[25] 杨树东，何建敏. 保险企业信用评级指标体系的构建 [J]. 统计与决策，2009 (18).

[26] 刘洪渭，丁德臣. 基于ERM框架的保险公司全面风险预警系统研究 [J]. 统计与决策，2009 (20).

[27] 张健. 保险资金运用全面风险管理——基于机制建设的角度 [J]. 保险研究，2009 (03).

[28] 孙蓉，王超. 我国保险公司经营绩效综合评价 [J]. 保险研究，2013 (01).

[29] 吴威. 保险资金投资保障性住房的风险管理探讨 [J]. 保险研究，2011 (07).

[30] 梁昊然. 论我国巨灾保险风险证券化制度构建 [J]. 求索，2013 (02).

[31] 葛宇，王宇昕. 科技保险化解高新技术企业科技创新风险研究 [J]. 科学管理研究，2012 (01).

[32] 谢雪燕. 存款保险制度下的道德风险及对策——借鉴美国的经验 [J]. 国际经济合作，2013 (02).

[33] 易志刚，易中懿. 基于经济资本管理保险金融综合经营风险研究 [J]. 经济问题，2013 (05).

[34] 刘晓葳. 基于数据挖掘的保险客户风险—贡献评级管理 [J]. 保险研究，2013 (03).

[35] 洪梅，黄华珍. 我国保险公司操作风险管控体系建设研究——基于国际经验视角 [J]. 保险研究，2012 (11).

[36] 武萍. 社会养老保险基金运行风险管理存在的问题及对策 [J]. 中国行政管理，2012 (03).

[37] 沈蕾. 保险公司治理模式创新研究——基于风险管控治理理论 [J]. 保险研究，2012 (05).

[38] 高庆鹏，周振，何新平. 政策性农业保险巨灾风险分担模式比较——以北京、江苏、安徽为例 [J]. 保险. 研究，2012 (12).

[39] 袁力，朱文革. 模糊风险下的ASF模型和中国巨灾保险实证研究 [J]. 统计与决策，2011 (01).

[40] 王艳. 我国保险公司的治理与风险防范 [J]. 当代经济研究，2013 (05).

第二十章 保险公司综合经营架构

学习目的

通过对本章的学习，掌握保险业综合经营的基本概念和内涵，理解保险业综合经营的重要性和必要性，掌握保险业综合经营的实现途径，即直接设立、兼并与收购、合资、战略联盟等。了解保险业综合经营的组织运营方式，即整合金融集团的几种组织结构。了解发达国家金融综合经营的实践经验和启示，分析保险业综合经营的优劣势，从综合经营的实现步骤、资源整合、不同类型的保险公司的发展策略、优化营销体系、完善相关法律法规、完善监管、加强风险管控等几个方面重点掌握我国保险业综合经营的发展对策，思考如何科学确定保险公司的经营模式和发展战略。

引言

综合经营在这几年一直是我国保险业发展中令人关注的热点。中国平安、中国人寿、太平洋保险、中国再保险、中华联合和阳光保险等公司相继采取综合经营战略，组建成立了保险控股集团公司，并提出了打造国内、国际一流金融控股集团的战略目标，其他许多中小型保险公司也都跃跃欲试。特别是2008年以来，国内几家大银行参与银行投资保险公司试点的风生水起，似乎也为保险业综合经营改革加快步伐再次吹响了进军的号角。面对越来越多的竞争对手，保险业在综合经营的探索中应当如何扬长避短，发挥优势，并做到有效控制风险、稳健经营？而从另一角度看，即使是在国内外金融综合经营已成趋势的大潮流下，还处于发展初级阶段的我国保险业是否有必要集体转型去做综合经营？本章旨在概述国内外保险业和金融业综合经营实践与理论，正确认识和全面权衡集团化经营的利与弊，为保险业综合经营发展提供一些思考。

知识回顾

基本概念

（一）混业经营与综合经营

首先我们需要对上述两个名词进行概念区分，我国许多学者认为综合经营就是混业经营，事实上两者是有区别的。因为“混业经营”既可以指金融业之间的相互结合，也可以指金融业和实业之间的相互融合。而过去我们使用“混业经营”这个词的本义仅指金融业之间的相互结合，不包括金融业和实业之间的相互融合，范围比较小。由于“综合经营”比“混业经营”表达更为准确，因而自2005年开始金融界和学界更多是规范使用“综合经营”一词。

（二）金融业综合经营的定义

2012年出台的《金融业发展和改革“十二五”规划》中提出要继续积极稳妥推进金融业综合经营试点。引导具备条件的金融机构在明确综合经营战略、有效防范风险的前提下，积极稳妥开展综合经营试点，提高综合金融服务能力与水平。金融业综合经营是指银行业、证券业和保险业可以跨业经营。在综合经营的金融体制下，同一家金融企业可以同时开展银行、证券和保险等多种金融业务。

（三）保险业综合经营的含义

保险业综合经营的核心是保险公司，是由保险公司通过新设、购并等途径，围绕保险主业搭建的综合经营框架。一般认为可分为两种模式，一是保险业内的综合经营，即保险公司进入非寿险、寿险、再保险等多个业务领域；二是保险业外的综合经营，即保险进入银行、证券、信托机构甚至非金融领域，开展多元化经营。

案例呈现

综合金融发挥协同效应

2012年7月27日，深圳发展银行正式变更为平安银行股份有限公司。而2012年10月30日披露的2012年三季报显示，面对复杂的经济形势和市场环境，中国平安的综合金融模式发挥出巨大协同效应，保险、银行、信托三大主业利润可观，公司经营业绩实现逆市增长。

“首先是带来业务和利润结构的稳定。”提及综合金融经营收益，中国平安副董事长兼副首席执行官孙建一认为，目前平安在保险业务快速增长的同时，银行和投资业务也在快步跟上。“未来随着三项业务实现‘三足鼎立’，公司的业务结构将更稳定，利润来源更多元，抗风险能力将进一步增强，整个经营会更稳健，能为未来可持续发展奠定坚实的基础。其次，综合金融能创造很强的协同效应。一方面能够大幅度节约成本，综合金融集团内不同子公司可以共享客户、信息技术、后援平台、品牌等资源。以2008年为例，2008年集团整体运营费用率改善8.7%，同比节省2.9亿元，件均成本与2007年比下降11%。产、寿客户满意度全部超过90%，流程效率和自动化水平得到了进一步提升。同时各子公司也能互为支持，比如资产管理做好了能推动保险业务，提高分红、万能以及投连产品的销售优势；再如平安积累了大量优质的企业客户和个人客户，为开拓银行的对公业务和零售业务提供了客户资源支持。金融业务客户的共性大，同一位客户会有不同的金融服务需求，我们可以通过交叉销售，为每位客户提供各种产品和服务。”孙建一说。

据悉，目前平安产险、养老险每年都有近20%的业务量来自交叉销售；平安银行2008年开始发行信用卡，短短一年时间发卡就超过100万张，创造了信用卡市场发卡新纪录，其中65%以上的发卡量出自寿险及其他专业子公司的销售团队。2011年8月1日，平安银行推出具有交通意外保障及意外伤害医疗功能的“i车信用卡”，申办此卡的车主客户还可享受车险在线支付、车险分期支付优惠以及平安产险的各类汽车增值服务。这款基于综合金融经营的“多功能”金融产品备受市场欢迎。短短两个月就发行6.5万张，远超业内平均水平。

“实践证明，保险的快速增长，推动了银行和投资业务的发展，银行、投资业务的逐步成长，也对保险业务起到了有力的促进作用。我们的长期目标是建成集保险、银行和资产管理为一体的国际领先的综合金融服务集团，三大支柱业务均衡发展，持续地获得稳定的利润增长，为广大股东创造更大的价值，为客户提供更好的服务。”中国平安董事长马明哲说。

资料来源：根据 http://finance.ce.cn/rolling/201212/19/t20121219_17031409.shtml；中国经济网等材料综合整理。

理论分析

从目前的研究来看，国外对于金融集团的研究范围比较宽泛，而国内主要着重讨论保险公司集团化的战略模式以及效率实证分析。总的说来，国内外学者讨论内容主要分为以下几个方面：

一、保险业综合经营的重要性与必要性

（一）保险业综合经营的重要性

姜爱林等（2006）将其归纳为以下几点：一是保险综合经营可以大幅度减少各分业运作的环节和人员，减少关联业务交易的时间、费用和风险；二是可在不断扩大经营规模的同时，避免垄断及不适当竞争之嫌；三是综合经营聚集了雄厚的资金，形成抑制平衡金融、经营风险，扩大经营能力的良性循环；四是保险企业具有良好的精算和风险控制能力，可以更好地保证金融资产的安全；五是保险营销员纯熟的个性化销售技巧，及其对复杂客户关系的把握和亲近客户的特殊能力，可以促进金融产品的交叉销售，为客户提供全面的一揽子理财服务；六是保险公司在长期经营、资金运用过程中形成的资产管理优势，可以全面提高金融资产的整体收益[1]。

（二）保险业综合经营的必要性

国内学者对保险公司构建综合经营架构大多持支持态度，李心愉（2008）通过分析和比较国际金融综合经营制度的不同演进模式，指出在保险业实行金融综合经营是大势所趋[2]。此外，锦帜（2010）认为综合经营是保险公司加快业务发展和应对市场竞争的需要。原因有二：第一，利率市场化使保险公司利润空间受到挤压，有动力寻求新的利润来源；第二，业务竞争凸显了销售渠道和客户资源的价值，有动力加强渠道的掌控力度，寻求新的客户来源[3]。

二、保险业综合经营实现途径

李立松（2004）认为，单一金融机构都必须通过一定的方式才能逐步实现综合经营。而这一过程至少包括了两个步骤——转型和整合，就转型而言，存在着四种主要的方式：直接设立、兼并与收购、合资、战略联盟。

（一）直接设立

直接设立是指从建立一个独立公司开始销售非核心产品，例如保险公司从建立银行或储蓄机构开始经营相关的个人金融服务等。这种方式可以使集团公司对业务模式和营销方式直接进行设计，不会与已有公司产生利益和文化方面的冲突。

（二）兼并与收购

此方式的实质是与现有的一家或多家金融机构合并以开展新的金融服务，其主要优势是可以快速进入新的业务领域，并且刚开始即可获得专有技术和经验。其劣势在于并

购会有不少限制条件，公开并购的成本很高，要选择合适的并购对象也不容易，不同的管理方式和文化也存在摩擦。

（三）合资

一般由两个以上的独立公司签订协议建立独立机构，以快速获得技术、资源或是市场准入条件，也可能是为了分摊经营风险。合资公司大多经营比较稳定，也能获得一定的收益。但这种多样化战略最大的缺陷在于合资各方对追求的利益目标，尤其是短期利益和长期利益容易出现分歧。

（四）战略联盟

相比上述三种方式，战略联盟较为松散，例如保险公司通过自身业务渠道销售储蓄、投资和信贷产品等。其优点在于实施起来比较简单，操作性强，但其缺点是合作双方可能需要耗费大量精力来解决利益冲突和合作瓶颈。

李立松认为，总体上，大型保险机构集团化的转型路径应该适用直接设立与其拓展证券、信托、投资银行等方面的业务，而对于中小型保险机构，并购是比较可靠的转型路径，而保险业可以与银行建立战略联盟开展多层次的业务合作。

三、保险业综合经营的组织运营

转型后面对的是如何进行组织运营，这是综合经营优势是否能体现的关键所在。而不同的转型方式也会使整合运营的方法不同。

首先，一般说来，金融集团可以分为以下几种组织结构：

（1）合作各方保持自己已有的组织体系，业务相对分离运营，当公司选择战略联盟等松散的合作形式时，可以采用这种结构。

（2）建立多部门的控股公司，业务部门可自主运作，但受控股公司统一管理。当集团内有多个实体从事相似业务时，可以选择这种形式。

（3）创建一个控股公司，同时建立多个联合管理中心，这些中心介于控股公司和各个业务部门之间。当集团规模很大时可以采取这种形式。

（4）集团由大小公司组成，小公司主要是辅助和执行大公司的战略，往往大公司收购小公司时就可能采用这种形式。

其次，集团公司还需要通过强有力的管控使各子公司协调统一，并通过强有力的管控防范和化解金融风险。

最后，集团公司还需要从产品研发、市场开拓以及运营管理三个方面来对公司业务进行整合[4]。

四、国外保险业综合经营模式及对我国的启示

（一）发达国家保险综合经营模式概述

马蒙蒙等（2009）归纳了保险业综合经营的两种发展模式，即行业内综合经营模式与跨行业综合经营模式。在行业内综合经营模式中，大型保险或者再保险公司的综合经营方向是在保险行业内沿着产业链进行的，凭借雄厚的资本实力向上或向下购并及控股其他保险类子公司实现综合经营。此类模式的代表有瑞士再保险、慕尼黑再保险等。而保险公司采取行业内综合经营模式一般基于三方面的原因：基于扩展产品品种的需要、控制业务风险的需要以及进入国际市场的需要。而跨行业综合经营模式是指大型保险或者再保险公司本身拥有独立的保险产品和业务线，同时以保险主业为基础谋求与银行业和证券业的合作，通过交叉持股等途径实现新行业、新业务的拓展。此种模式下，同一保险集团内不仅拥有保险公司，而且拥有银行、证券或其他金融企业。此类模式的典型代表是美国国际集团（AIG）。保险公司采取跨行业综合经营模式主要出于三方面考虑：财务投资的需要、业务协同的需要以及经营周期的需要[5]。

（二）发达国家保险综合经营发展经验对我国的启示

郑伟（2009）认为，考虑金融市场上消费者的主流需求以及金融企业的具体情况，金融保险企业未必都适合选择综合经营和建立金融保险集团。换言之，若金融保险企业选择组建集团，那么该“集团”的核心功能应是“资源整合”，而不应是简单的资本和行政纽带，不应为组建集团而组建集团[4]。马蒙蒙等（2009）则指出无论是行业内综合经营，还是跨行业综合经营，这两种模式的形成与发展都有特定的客观环境和具体条件，两者各有利弊，国际上均有成功的经验，也有失败的教训，本质上无孰优孰劣之分。保险公司首先应选择进入与本身主营业务相近或者类似的领域进行综合经营拓展[5]。

五、我国保险业综合经营架构实现途径

许莉（2011）将我国保险业综合经营架构分为三类：第一类由国有保险公司改制形成保险集团（控股）公司，以人保集团、国寿集团等为代表；第二类由早期股份制保险公司发展而来，以平安集团和太保集团为代表；第三类由新兴保险公司发展而来，这类保险公司成立时间虽短，但发展迅速且相当活跃，以阳光保险集团为代表。其他如新华、华泰、天安和安邦等公司也都获得了多项保险业务的牌照，朝着保险集团化方向迈进[6]。于勇（2007）提出，我国保险公司实现综合经营的途径可分为三类：纵向发展，通过产业链或价值链的进一步延伸实现多元化经营，间接达到综合经营的目的；横向发展，通过金融控股公司或集团公司直接设立产险公司、寿险公司或其他子公司等实现集

团或控股公司的综合经营；混合发展，母公司既直接设立新公司，也通过子公司设立孙公司等形式实现综合经营[7]。

六、我国保险业综合经营架构优劣势概述

（一）优势概述

（1）实行综合经营，可以减少不同行业的经营成本，可以互相提供服务，共享客户、后援平台、品牌等资源，实现资源的有效整合与最优配置。

（2）产品和服务优势。李绍毅（2012）指出通过将特定保险产品与其他金融产品整合销售，可以为客户提供更为全面的财务保障[8]。

（3）风险管控优势。企业内部开展资源整合，银行、保险、资产管理互相补充，可以产生整体的风险管控协同效应。

（二）劣势概述

1. 集团公司之间风险传递放大

当某一子公司出现危机或违规运作时，整个集团公司可能都会面临风险，损害整个集团的品牌和信誉。

2. 集团公司的资本重复计算风险

张俊岩等（2009）认为金融控股集团与子公司的股权结构往往比较复杂，较容易产生关联交易、资本金重复计算等问题，随着综合经营步伐的加速，金融风险更容易在不同行业之间传播和蔓延。金融企业集团中单个子公司出现丧失偿付能力、丧失流动性或其他财务问题时，可能会通过交易、资金链接、资讯流通等途径传递到集团内部其他子公司[9]。

3. 保险集团公司的组织结构不透明风险

集团公司与子公司资产和股权关系日益复杂，相互持股已有发生，监管者和投资者难以识别集团内部风险。

4. 保险集团公司间的利益冲突

保险集团公司和子公司经营的业务同质化，而集团公司与各个子公司的经营目标又不尽相同，甚至在利益上是相互冲突的。

七、我国保险业综合经营发展对策

（一）把握保险业综合经营的重要理念

郑伟（2009）提出，我们应强调在保险业探索金融综合经营的过程中，需要从市场、法律、监管等方面把握一些重要的方向性理念。首先，金融市场的主流经营模式应

取决于消费者的主流需求；企业选择应取决于交易成本与适度规模边界；金融保险集团的核心功能应是资源整合；法律政策的重点应是协调相关各方利益；应建立健全分业监管基础上的监管协调机制；保险业更应当注重提升风险管理话语权[6]。

（二）阶段性实现综合经营

解强等（2009）提出鉴于我国保险业特殊的发展阶段应阶段性地实现综合经营，即在立足保险单一集团专业化经营的同时推动以保险集团为主的综合化经营，强化保险金融集团的综合化布局，推动中小银行参股保险公司试点，把握大型银行金融集团收购保险公司的速度[10]。

（三）实现真正意义的资源整合

郑伟（2009）提出要进行真正意义的“后台”资源整合，进行系统性的核心流程再造。如果不能进行有效的资源整合，而仅将保险、银行、证券等子公司纳入一个金融保险集团旗下，集团本身仅仅扮演简单的资本和行政纽带角色，那么“集团”的意义就被曲解了[4]。要实现真正意义的资源整合，首先要进行产品整合创新以满足客户多元需求，其次要对营销渠道作整合创新，最后要对整合创新后续服务以提高客户满意度和忠诚度。

（四）中小保险公司明确未来发展战略

马蒙蒙（2009）提出我国中小保险公司在面对是否参与综合经营，何时以及如何参与综合经营的战略时，关键在于对自身资源、人才、技术、产品、文化等核心竞争力要素的准确把握[3]。

（五）优化营销体系

当单一业务的保险公司以集团化模式开始运营后，营销体系也应随之变化，应对原有营销体系进行重组，拓展新型营销体系，对营销体系实现专业化建设。集团公司应该以全业务的营销人员的整体销售业绩作为绩效考核基础，同时进行交叉销售，发挥集团化经营的规模经济优势；同时利用发达的信息技术，拓展新影响渠道建设，加强营销人员培训，对营销体系实现专业化建设。

（六）完善保险业综合经营法律法规

应该制定有关保险综合经营的专门法规，应当对保险综合经营的内涵及外延、保险综合经营的业务种类及形式、保险综合经营的主体、保险综合经营的风险控制、保险综合经营的监管等加以科学明确的规定，从而为保险综合经营奠定坚实的基础，营造良好的法律环境。

（七）完善监管措施

李绍毅（2012）提出，可以选择分业监管与统一监管相结合的保险监管模式，在维持原有的分业监管职能部门的同时，成立实质性综合监管机构。对于未展开综合经营的各保险企业，由保监会对其实行机构性监管，对于综合性保险集团（控股）公司及其综合金融业务则由综合监管机构实行监管[8]。郑荷芬（2011）提出应明确对金融保险控股公司的监管内容，对进入保险控股公司的监管首先是市场准入的监管[11]。

（八）加强保险综合经营机构风险控制能力

保险集团公司应及时制定出一套针对综合经营风险度量及风险控制的内控及外控系统，建立风险预警系统以便控制综合经营风险内部传递和外部扩散。而我国保监会要做和正在做的就是，制度先行，靠更有长效机制的规章制度，构筑起防范金融综合经营系统风险的防火墙。

延伸阅读：并非所有公司都适合搞综合经营

首都经贸大学金融学院保险系教授庹国柱认为，目前，一些保险公司对综合经营还存在认识上的误区，盲目追求综合经营，并没有采取适合自己的经营方式；一些已经采取综合经营战略的保险公司也存在着综合经营战略方向不明确、保险集团内部治理结构和风险管控不完善等诸多问题，这些都将影响到我国保险业的长期健康发展与保险业功能的发挥。而北京大学经济学院风险管理与保险学系副主任郑伟在接受采访时表示，后来者大多会遇到一个路径依赖的问题，即企业在过去一段较长的时间内，并没有一个很清晰的规划蓝图，其综合经营的战略准备基本上是最近几年才提出来的。“国内一些企业只知道金融综合经营是国际趋势，但忽略了金融综合经营是需要很多条件的。一些企业没有认识到金融市场的主流经营模式应取决于消费者的主流需求，而企业选择应取决于交易成本与适度规模边界。”

随着平安、光大、中信等集团在金融综合经营之路上树立了成功的典范后，市场上逐渐出现了另一种倾向：一些公司认为规模大小与竞争力有直接关系，因此片面追求规模扩大，盲目扩张业务。对于目前国内一些集团资源整合能力较弱的原因，郑伟分析主要有文化冲突、部门利益之争及行业本身业务特点三个方面的因素。“尤其是文化冲突这一点最为重要，但平常又最为人们所忽视。比如银行和保险在经营理念、业务特点等方面都不尽相同，银行对寿险行业前5~8年普遍亏损得有心理准备，保险对银行等待客户上门存款的展业方式得有所理解等。如果双方磨合得不顺利，那集团的发展将会非常痛苦。”

对此，中国社会科学院保险与经济发展研究中心秘书长郭金龙亦表示赞同：“在进行综合经营的集团中，无论是不同的企业，还是不同的行业，在经营的理念、思路等方面都是有差异的，需要双方最大程度地理解对方的文化，这最终会影响到集团的业务发展和资源整合。”

此外，郭金龙表示，综合经营有利于金融企业规模的扩大，随着企业规模的扩大，其风险抵抗能力也随之增强。然而，风险从来就是一把“双刃剑”，“风险分散”和“风险扩散”总是相伴而行。同时，郑伟提出，集团建立完善的内部风险管控体系显得尤为重要，这也是国外很多综合经营成功的集团的通常做法。在金融企业进行综合经营的过程中，由于金融集团内部各金融机构的资金、业务联系增强，各个金融机构规模扩大导致集团内部关系复杂化、利益不一致，这些都将给金融集团带来潜在风险，从而加大金融集团面临的风险。朱俊生认为建立这种风险管控体系有四个方面的工作需要筹备：一是要明确金融企业的风险管理目标；二是要建立完善的风险识别、预警、控制和处理机制；三是要培养高素质的风险管理人才；四是完善金融集团内部组织结构和管理制度，建立“防火墙”制度，防止集团内部各金融机构风险的传递，防止利益冲突风险的发生。

2013 年 3 月 28 日，中国人寿董事长杨明生在业绩发布会上表示，中国人寿正在研究考虑未来的发展走向，其中就包括由保险自身的综合经营向金融综合经营转变这一条路。杨明生表示，中国人寿目前已实现了保险业自身的综合经营，但由于中国人寿投资的商业银行和期货公司都并未控股，因此它还不是一家真正的综合金融集团公司。

资料来源：根据 http://finance.caixin.com/2013-03-28/100507728.html；
http://www.chinaacc.com/new/184%2F186%2F2008%2F7%2Fxi2178338127800260O-0.html；
财新网等材料综合整理。

问题与思考

从国际来看，综合经营和集团化发展已经成为国际保险业发展的主流。在今天国内金融业实施分业监管的大环境下，我国保险业探索综合经营发展，既有外在环境的客观要求，也有客户导向驱动作用。我们应该积极支持保险业进行金融综合经营的探索和试点，但在保险业探索金融综合经营的过程中，选择综合经营战略首先需要了解保险业之外的环境为发展综合经营提供了怎样的空间，保险公司应该要选择适合自己特点的方式去发展。我们应该把握市场、监管等方面的重要理念以推进综合经营的合理和良好建构。

问题 1：

在金融综合经营背景下，保险业核心价值是什么？如何处理好专业化经营和涉足新的行业、搞综合经营的关系？从何处切入综合经营，才能巩固和提升作为保险企业的核心价值？

问题 2：

横向发展产品结构，跨多险种业务线好还是纵向发展，沿产品价值链向上或向下拓展机构好？这两种战略模式各自有什么优势，各自有哪些制约因素，它们的适用对象是哪些保险公司？

问题 3：

美国次贷危机表明金融综合经营的过程中风险管控是至关重要的一环，你认为我国保险公司应该从哪些层面谨慎入手？

参考文献

[1] 姜爱林，陈海秋．金融业综合经营研究述评［J］．宁夏社会科学，2006（4）．
[2] 李心愉．保险综合经营：历史经验、重要启示与未来发展［J］．保险研究，2008（8）．
[3] 锦帜．保险公司综合经营的突破与挑战［N］．中国保险报，2010-09-06．
[4] 郑伟．金融保险集团的核心功能应是资源整合［J］．中国金融，2009（23）．
[5] 马蒙蒙，林则夫，孙博睿．国际保险公司综合经营的实践及启示［J］．保险研究，2009（10）．
[6] 许莉．集团化提高了我国保险公司的经营效率吗［J］．中国经济问题，2011（3）．
[7] 于勇．我国保险业综合经营探析［J］．上海保险，2007（6）．
[8] 李绍毅．浅议我国保险业综合经营发展［J］．时代金融，2012（11）．
[9] 张俊岩，李冰．金融综合经营与保险业风险防范［J］．保险研究，2009（10）．
[10] 解强，李秀芳．保险集团经营效率的比较及其影响因素分析——来自欧、美、日和中国台湾的经验［J］．江西财经大学学报，2009（5）．
[11] 郑荷芬，肖文．综合经营趋势下我国保险监管模式的研究［J］．浙江金融，2011（12）．
[12] 任碧云，郭昱．论金融业综合经营趋势下的监管模式选择［J］．现代财经，2007（7）．
[13] 夏斌，陈道富．我国保险综合经营的五大发展趋势［N］．上海证券报，2005-06-17．
[14] 李常春，基于综合经营的保险集团发展战略研究［J］．南方金融，2007（10）．
[15] 陈旭东．论我国保险公司集团化建设中的战略协同问题［J］．金融发展评论，2011

(5).
[16] 易志刚，易中懿. 保险金融集团综合经营共生模式的机理研究——基于国际视角的分析 [J]. 经济问题，2013 (1).
[17] 卢玉志，张凤云，王向东. 借鉴发达国家经验，稳步推进综合经营 [J]. 河北金融，2007 (11).
[18] 杨荣. 中国金融机构从分业走向混业经营的分析 [J]. 价格月刊，2007 (6).
[19] 陶存文，张楠楠. 综合经营环境下保险监管比较研究与经验借鉴 [J]. 中央财经大学学报，2011，(6).
[20] 薄滂沱. 保险集团化理论与实践研究 [D]. 天津：南开大学，2008.
[21] 赵英. 中国平安保险（集团）股份有限公司估值研究 [D]. 重庆：西南大学，2012.
[22] 聂尚君，陈磊. 保险集团的综合经营及发展趋势问题探讨 [J]. 保险研究，2011 (2).
[23] 彭雪梅，柳媛. 混业经营趋势下保险业与其他金融业整合探析 [J]. 上海保险，2006 (5).
[24] 赵鹏举. 平安保险集团多元化战略研究 [D]. 北京：对外经济贸易大学，2005.
[25] 朱雷. 金融综合经营趋势下我国保险监管模式研究 [D]. 乌鲁木齐：新疆财经大学，2009.
[26] 舒廷飞. 中国保险集团公司风险管控研究 [D]. 成都：西南财经大学，2007.
[27] 赵婷婷. 基于混业经营视角的中国保险集团监管研究 [D]. 沈阳：辽宁大学，2012.
[28] 张兰. 保险公司纷纷变身保险集团，综合经营进程快马加鞭 [N]. 金融时报，2009-05-19.
[29] 江帆. 保险业：综合经营渐成大趋势 [N]. 经济日报，2006-11-02.
[30] 尚晓阳. 财务新规护航保险业综合经营 [N]. 中国证券报，2006-07-01.
[31] 朱南军. 保险业综合经营：连横还是合纵 [N]. 中国保险报，2007-12-05.
[32] 马蒙蒙. 金融综合经营下中小保险的五大发展策略 [N]. 中国经济时报，2009-09-03.
[33] 董迎秋，陶向京. 保险公司集团化战略发展模式分析 [J]. 保险研究，2009 (4).